本项研究成果受“安徽省教育厅省级质量工程项目‘省级教学团队·语言学教学团队（编号2019jxtd132）’课题”资助

汉语散论

HANYU SANLUN

郭辉 著

全国百佳图书出版单位
时代出版传媒股份有限公司
黄山书社

图书在版编目(CIP)数据

汉语散论 / 郭辉著. —合肥:黄山书社,2022.5

ISBN 978-7-5461-5595-1

Ⅰ.①汉… Ⅱ.①郭… Ⅲ.①汉语-文集
Ⅳ.①H1-53

中国版本图书馆 CIP 数据核字(2021)第 266811 号

汉语散论
HANYU SANLUN

郭 辉 著

出品人 贾兴权
责任编辑 周振华
责任印制 李 磊
装帧设计 熙宇文化
出版发行 黄山书社(http://www.hspress.cn)
地址邮编 安徽省合肥市蜀山区翡翠路 1118 号出版传媒广场 7 层 230071
印 制 合肥锐达印务有限责任公司
开 本 700mm×1000mm 1/16
印 张 18.25
字 数 320 千
版 次 2022 年 5 月第 1 版
印 次 2022 年 5 月第 1 次印刷
书 号 ISBN 978-7-5461-9951-1
定 价 76.00 元

服务热线 0551-63533706

销售热线 0551-63533761

官方直营书店(https://hsss.tmall.com)

目 录

一、词语研究

《汉语大词典》器物注商

《汉语大词典》(罗竹风等 1986)包罗万象,博大精深,熔古铸今,自成体系,考镜源流,审词释义,使全书基本上做到了释义确切,阐述准确、明晰。亦如其《前言》所说:"由于词目浩繁,时间紧迫,疏漏、错误在所难免。"[①]笔者在阅读使用过程中,发现了一些注音、释义、知识性的错误。现谨就其器物方面的训释不确处提出来予以考释。兹分田园器具、生活器具和其他器具三方面来说明。

一、田园器具有蓧、耰、犂镜、桔槔、络车等

蓧(9 卷 503 页)

"蓧 1 古代耘田用的竹器。《论语·微子》:'子路从而后,遇丈人以杖荷蓧。'杨伯峻注:蓧,'古代除田中草所用的工具。'唐·李商隐《赠田叟》诗:'荷蓧衰翁似有情,相逢携手绕村行。'"

对于"蓧"的训释,历来众说纷纭。何晏注作"竹器",失之笼统;《汉语大字典》训为"竹编农器,用以除草",但难详参其样式。另一角度有《尔雅·释草》:"蓧,蓨。"郭璞注:"未详。"黄侃《音训》曰:"羊蹄菜。"《集韵》训为"苗也"。皇侃疏为"箩篚之属。"三者均与耘田无关。《说文》有"莜"无"蓧",云:"芸田器,条省声。《论语》曰:'以杖荷莜'。"[②]唐·陆德明《经典释文》:"蓧,本又作條,又作莜,并字异而义同。"《王力古汉字典》:"蓧,同'莜'。一种竹器,古时芸田所用。"[③]器物样式,均无法想见。只有段玉裁《说文解字注》清晰:"依韵书论语疏作芸田器。《毛传》曰:'芸,除草也。'……《匚部》的匧字,《金部》的铫字。皆云田器。疑皆此字之古文也……见《微子篇》。谓子路见丈人手用杖,莜加于肩,行来至田则置杖于地,用莜芸田。

---

① 罗竹风等:《汉语大词典》,汉语大词典出版社 1986 年版。
② 许慎:《说文解字》,上海书店 1992 年版。
③ 王力等:《王力古汉语字典》,中华书局 2000 年版。

云'以杖''荷莜',置杖而芸,则莜为芸田器明矣……考《说文·匚部》:'匢,田器也。'"[①]段注:"匢与莜意义皆同,盖一物也。"段注解决了两个问题:一、把"以杖荷蓧"译为"手用杖,莜加于肩"比一般译为"用杖荷着蓧"容易理解;二、"蓧"既不是何说的"竹器",也不是"竹编农器",更不是"苗""菜""箩篦之属"。他因声求义、多方例证,结论说:同是田器的"匢与莜意义皆同,盖一物也";"《匚部》有匢字,《金部》有铫字,皆云'田器'。疑皆此(蓧)字之古文也"。按:铫,大锄,即长柄锄,准此,则丈人手拄拐杖,肩扛长柄锄的形象如在目前,千年的纷争涣然冰释。

耰[櫌](8卷598、599页)

"耰,①农具名。状如槌,用以击碎土块,平整土地和覆种。《淮南子·氾论训》:'后世之耒耜耰鉏,斧柯而樵,桔皋而汲,民逸而利多焉。'高诱注:'耰,椓块椎也,三辅谓之儓,所以覆种也。'《汉书·吾丘寿王传》:'民以耰鉏箠梃相挞击,犯法滋众,盗贼不胜。'颜师古注:'耰,摩田之器也。'②用耰松土并使土块细碎。《国语·齐语》:'及耕,深耕而疾耰之,以待时雨。'韦昭注:'耰,摩平也。'亦指覆种。《论语·微子》:'耰而不辍。'何晏集解引郑玄曰:'耰,覆种也。'《孟子·告子上》:'播种而耰之。'"用"耰"覆种、松土,前①有所本,但欠确切;后②似为误解。先说"耰"。它本作"櫌"。《说文》:"櫌,摩田器也。从木,憂声。《论语》曰:'櫌而不辍'。"《广雅·释器》:"终楑,殸、櫌、椎也。"《疏证》:"齐谓之终葵。终葵与柊楑同,即椎之反语(反切)也。《说文》:'櫌,摩田器也。'亦作'耰'。"可见"櫌"是木榔头。现在,徐淮(此指江苏的徐州与安徽的淮北,下同)间尚可见到:用长约30厘米、直径约20厘米的木桩作头,用略等同使用人身高的木杆作柄(参见徐光启《农政全书》之图),只作打坷垃(土块)平整土地用。所以它与覆种难发生关系;椎碎土的同时使土地平实,亦与松土无关。

再结合书证分析:首句为"长沮桀溺耦而耕","耕"而需要"耦"(即两人相助),可见墒情不好,所以接句中的"耰"应是"摩"(打土块、平整土地)而不可能是"覆种"。"深耕而疾耰之,以待时雨",说明干旱,所以只宜椎碎土块并夯实,何晏《集解》引郑玄说是"覆种也"乃"误信古注而不结合语境作

① 段玉裁:《说文解字》,上海书店1992年版。

具体分析，以致误解经文失误”[①]，所以“专恃注本，或兼恃工具书皆不行”[②]。权威著作作出了范例：《汉语大字典》（徐中舒等 1992）训“耰”说：“古农具。形如鎯头，用来击碎土块，平整土地。”[③]用上述《淮南子》例句取高诱注“椓块椎也”而删去“所以覆种也”；“覆种”另立义项。《王力古汉语词典·耰》亦用上述《淮南子》例，只注“粉碎土块的农具”，亦不取“所以覆种”，且不立“覆种”义项。至于《孟子·告子上》：“播种而耰之”，似为“覆种”，然从榔头的形制和实际使用的情形看，似为粉碎土块为主而同时起到覆种的作用，因为直接用为覆种的农具是“耢”而非“櫌。”

犁镜(6 卷 281 页)

“[犁镜]亦作‘犁镜’。亦称‘犁壁’。安于犁铧上方的金属部件。用以翻转和破碎犁起的土块。唐·陆龟蒙《耒耜经》：‘民之习者通谓之犁。冶金而为之者曰犁鑱，曰犁壁……耕之土曰墢，墢犹块也。起其墢者鑱也，覆其墢者壁也。’克非《春潮急》二：‘暗褐色的泥坯（即陆说的“墢”，今名“垡”。耕起的泥块——笔者）从犁镜上连续不断地翻滚下来，摆成一条整齐的小埂。’”

所谓“犁镜”，又名“犁壁”是由于竖安于犁键上如壁直立而得名；黄淮间俗称“犁铧面子”，是由于“垡头”（即“墢”）经常摩擦其明如镜而得名。其作用是把犁起的土块（“垡”）翻转过来以便疏松土地，同时把杂草等掩埋起来，说“破碎犁起的土块”是不符合事实的。如果土地湿时被践踏，犁起的土块则成坚硬的“坷垃”而需要用榔头破碎。陆龟蒙和克非说得很清楚，是“覆”，是“翻滚”，与“破碎”没有关系。

桔槔(4 卷 961 页)

“[桔槔]亦作‘桔皋’。井上汲水的工具。在井旁架上设一杠杆，一端系汲器，一端悬、绑石块等重物，用不大的力量即可将灌满水的汲器提起。《庄子·天运》：‘且子独不见夫桔槔者乎……’《淮南子·氾论训》：‘斧柯而樵，桔皋而汲。’唐陆龟蒙《江边》诗：‘江边日晚潮烟上，树里鸦鸦桔槔响。’……”

如此释桔槔，为以偏概全，因而不准确。一、桔槔不只是在“井上”。所

① 洪诚：《训诂学》，江苏古籍出版社 1984 年版，第 203 页。

② 吴孟复：《训诂通论》，安徽教育出版社 1983 年版，第 3 页。

③ 徐中舒等：《汉语大词典》，湖北辞书出版社、四川辞书出版社 1992 年版。

引前二例看不出在何处，陆例明显在江边。二、所设杠杆也不一定在“架上”，即既可系在独杆上，又可巧借适宜的树木。在农村，河边、沟边、池塘边均可设桔槔，故“井上”应为“水边”；“架上”后应加“或杆上”更为妥帖。

络车(9卷832页)

“[络车]缫丝车。宋·惠洪《资国寺春晚》诗：‘龙乡戒晓月空斜，唤起清圆响络车。’……”此误把络车当缫车。缫丝是抽茧出丝，抽出的是丝缕，极细，略等于现在说的纱；络丝是缠丝，把细丝缕缠起来或合起来成现在说的线。词典所插的《三才图会》的络车可以看得清楚；是络(缠)而不是缫(抽)；例诗说“月空斜”“响络车”也清楚地表明是缠丝车而不是缫丝车，因为月光下是难保证抽丝的质量的。

二、日常生活器物有砧、芦扉、芦笳、芦笛、笛膜、褡膊、褡子

砧(7卷1019页)

“砧……亦作‘碪’。①捣衣石。汉班婕妤《捣素赋》：‘于是投香杵，扣玟砧，择鸾声，争凤音。’唐·韩愈《和崔舍人咏月》：‘牖光窥寂寞，砧影伴娉婷。’南唐·李璟《望远行》词：‘辽阳月，秣陵碪，不传消息但传情。’清·纳兰性德《密云》诗：‘日暮行人寻堠馆，凉砧一片古檀州。’……”细审上述四例。班、韩“砧”为砧石，李、纳兰“砧”则与砧石颇不类。“辽阳月，秣陵砧”非月亮、砧石本身，而是其“光”“声”，因为它们能“传情”——石本身不能“传情”；“凉砧一片”亦非“一片冰凉的砧石”，而应是旅行在外的游子在寻住处时耳听到“一派凄凉的砧声”，不是眼看到的景象。

芦扉(9卷616页)

“[芦扉]①芦草编织的门扇。清·方文《夜泊牛渚》诗之一：‘客来争贳酒，灯火乱芦扉。’苏曼殊《遁迹记》：‘板桥垂柳，半露芦扉。’……”此“芦草”误，应为“芦苇”。芦草细弱而短，为野草。如生在麦子地里者，高不及麦，其小者高不及麦之半，细及麦秸。故是不宜编织门扇的。

芦笳(9卷616页)

“[芦笳]古代的一种管乐器。以芦叶为管，管口有哨簧，管面有音孔，下端范铜为喇叭嘴状，吹时用指启闭音孔，以调音节。清代兵营巡哨多用之。宋·曾慥《类说·集韵》：‘胡人卷芦叶而吹，谓之芦笳。’元·王逢《题蔡琰还汉图》诗：‘残生既免毡裘鬼，哀衷莫尽芦笳曲。’……”

训释芦笳的定义、制作、状况、吹奏等均极明晰，可惜“以芦叶为管”欠确

切。因为以芦叶的薄、柔,无法承受哨簧、铜喇叭嘴,亦无法制出九个音孔;且唐时已编入卤簿,兵营巡哨所用,似非芦叶所能承担。此其一。更重要的是簧管乐器的主体的制作原料是什么?是竹管。这是很多资料明确过的。如《资治通鉴》胡三省注:"胡人吹葭管。"《乐府杂录》:"葭管也,卷芦为头,截竹为管,出于胡地。制法角音,九孔漏声,五音。唐编入卤簿,名为笳管。"那么,为什么以竹为管而名芦笳呢?因为芦(蒹葭)和竹可互称。如芦笛乃一节芦竹管制成,唐·李益《受降城闻笛》诗句却为"不知何处吹芦管"。六根竹管制成的竹笙亦称芦笙。

何以致误?误在曾慥的"胡人卷芦叶而吹谓之芦笳"。曾慥是如何致误的呢?是误解了唐·刘商的《胡笳曲序》。"序"中说:文姬归汉后,"胡人思慕文姬,乃卷芦叶为吹笳,奏哀怨之音"。这里,"卷芦叶为吹笳"是说卷芦叶当作吹奏的笳,不是说笳的管是用芦叶卷成的。上引《乐府杂录》说得清楚:"卷芦为头,截竹为管。"——芦头应为管的哨头(哨子),即插于管的哨簧。

芦笛(9卷616页)

"[芦笛]即芦笳。元·袁桷《次韵继学途中竹枝词》:'我郎南来得小妇,芦笛声声吹鹧鸪。'参见'芦笳'。"按:芦笳,本名笳,是我国西北方广泛使用的管乐器,其声悲凉;芦笛是南方简单口哨式的小吹器,其声欢快。芦笛与芦笳很少关联而与芦笛岩有关。芦笛是用南方植物芦竹制成的。桂林市西北郊光明山附近多生芦竹——叶似芦而茎似竹。本地人截一节芦竹,开一小孔,竹筒内放一竹签,一端缚一棉花或布条做成的小球,吹时湿水抽动竹签,即发出清脆的鹧鸪等鸟鸣声似的声响。光明山上的岩洞因芦笛而得名[①]。结合袁桷诗"南来""小妇"吹出"鹧鸪"的芦笛,正是此物。

笛膜(8卷1119页)

"[笛膜]贴在笛子左端第二孔上,吹笛时振动发声的薄膜。这种薄膜取自竹子或芦苇的茎中。"此注说笛膜的作用和原料均妥,惟"左端第二孔"不切。因为笛子无左右端之分,吹奏姿势因人而异,如著名笛子演奏家高明,他即把笛身放在左边。故注成"贴在吹孔和按孔(调音孔)中间的孔上"就确切了。

褡膊(9卷111页)

"[褡膊]亦作'褡䙓'。一种长方形的布袋,中间开口,两端可盛钱物,

① 舒新城、沈颐、张相等:《辞海》,中华书局1985年版,第1525页。

系在衣外作腰巾，亦可肩负或手提。元·康进之《李逵负荆》第一折：‘你这老人家，这衣服怎么破了？把我这红绢褡膊与你补这破处。’《明史·舆服志三》：‘引舞、乐工，皆青罗包巾……浑金铜带，红罗褡膊。’……”

关于“褡膊“的形制，首先要分为肩负或手提的褡膊和系在腰巾上褡包；其次再确切说明：用特织的斜纹褡连布（即颜师古说的“粗厚之布”）作“基（里子）”（长约70—80厘米，宽约25—30厘米），两端各缝以与宽度相等的见方的“面”，三面缝合留中间一面作口，中间留15—20厘米便于搭提。钱物轻时搭在肘上，重时搭负于肩上。

褡褳（搭包）的尺寸约为褡膊的二分之一或更小，但做得更精致。或搭系在腰巾上或固定在腰巾上作荷包用。上例中李逵的可补衣的“红绢褡膊”即系在腰巾上的褡褳；《舆服志》的乐工所系之“红罗褡膊”，亦非肩负手提之物。准此则训为“长方形的布袋，中间开口”就显得欠确切；“系在衣外作腰巾”实际上是“系在腰巾上作荷包”。至于魏巍《东方》中（挑水的）“穿着破棉袄，腰里束着褡膊”亦不是“两端可盛钱物”的褡膊，而是长菱形袋上侧开口两端缝带的腰巾，徐淮间叫“缘转”，是一种兼有盛钱物和护腹作用的腰带，袋亦可“转”到后面护腰，故名。

褡子(9卷111页)

“［褡子］亦作‘褡子’。即褡膊。《中国民间故事选·夜闹山城镇》：‘老张将字条塞进褡子里。’张寿臣《化蜡千儿》：‘又拿出来一丈多白布，给老太太做这么一条斜襟儿褡子……把这条褡子往腰里给她这么一围，围上之后，系麻花扣儿。’参见‘褡膊’。”

此训第一例中的“褡子”不知是“可肩负或手提”的大褡膊还是“系在衣外作腰巾”（应为“系在腰巾上的”）小褡膊，应结合上文指明才确切；第二例中的“褡子”不是“褡膊”而是“褡护”，即搭附在外边的衣物，类似披风的外衣。见《汉武帝内传》。本例中说得比较明白：用“一丈多白布”做的、“斜襟儿”的，而且“系麻花扣儿”……明显有别于“一种长方形的布袋，中间开口，两端盛钱物……”的褡膊。

三、其他器物有菊篱、青帐、龙驭、龙子幡等

菊篱(9卷448页)

“[菊篱]篱边的菊花。语本晋·陶潜《饮酒》诗之五:‘采菊东篱下,悠然见南山。’唐·李郢《奉陪裴相公重阳日游安乐池亭》诗:‘莲沼昔为王俭府,菊篱今作孟嘉杯。’宋·戴复古《沈庄可号菊花山人》诗:‘连岁修茅屋,三秋绕菊篱。’元·萧国宝《次韵寄梵天方丈古岩》:‘剖破菊篱花雨散,心归莲社色身空。’”

菊篱,偏正结构的名词,“篱”为中心词。例一与“莲沼”对仗,例二对“茅屋”,例三“菊篱”对“莲社”,均为偏正结构,尤其例三“剖破”的宾语只能是“篱”而不大可能是“菊”。故“菊篱”应是菊花(或“圃”)边的篱笆而不是篱边的菊花。

青帐(11卷539页)

“[青帐]①青色的床帐、营帐。……③即青庐。清·蒲松龄《聊斋志异·寄生》:‘张……遂亦以舆马送五可至,因另设青帐于别室。’何垠注:‘青帐,青庐也。’参见‘青庐’。”

此训似轻信何垠之注而很难肯定不误。因为青庐有特定的含蕴:唐·段成式《酉阳杂俎· 礼异》:“北朝婚礼,青布幔为屋,在门内外,谓之青庐,于此交拜。”这说明一是北朝的;二是为屋状;三是在“门内外”;四是用于交拜。而《寄生》中是“另设青帐于别室(内)”,与青庐相似处少,更重要的是例句前5行闺秀与寄生交拜过“径坐青庐”而不是“青帐”。此其一。其二,蒲松龄用词是很确切的,同一篇中“庐”“帐”有别,另篇《神女》中亦用“青庐”而不用“青帐”。何垠未细辨设“在门内外”的“青庐”与设“于别室”的“青帐”的差别,而轻率地将二者画等号,是不足为训的。其三,嫡女闺秀坐青庐,媵女五可坐青帐,在封建时代也是顺理成章的。其四,中国古诗文汗牛充栋,“青帐即青庐”,孤证而已,从训诂的角度看,也是难准信的。

龙驭(12卷1481页)

“[龙驭]④婉词。谓帝王去世。《明史·方从哲传》:‘以药尝试,先帝龙驭即上昇。’参见‘龙驭上宾’。”

先考词义、句义。龙,传说中的神物,华夏的图腾,可喻指人君、帝王;驭,本义为驾驭车马,引申指车驾。龙驭指帝王的车驾。例句句义为“尝药

后先帝的车驾就上升了”。故“先帝龙驭”即皇帝车驾,“龙驭上升”(可称为“龙升”或“龙驭上宾”)即帝王去世。“先帝”后的“龙驭”本身似仍为“车驾”和“上升”组合,始婉称“帝王去世”,“龙驭”即使借指帝王,单独“谓帝王去世”,也显得勉强而欠确切。

龙子幡(12 卷 1461 页)

“[龙子幡]绣花的旗帜。《玉台新咏·古诗〈为焦仲卿妻作〉》:‘四角龙子幡,婀娜随风转。’《宋书·臧质传》:‘[臧质]之镇,舫千余乘,部位前后百余里,六平乘并施龙子幡。’……”

龙子幡不仅是“绣花的旗帜”,它有特定的图式与含义。《晋书·舆服志》《宋书·礼志》皆曰:“王公旗八游,侯七游,卿五游,皆画降龙。”古直《汉诗研究·焦仲卿妻诗辨证》:‘降龙者,龙首卷然向下之龙也。龙子幡盖即降龙旗之俗称。降龙是相对帝王用的“升龙”(“龙首昂然向上之龙也”)而言。唐陆德明《经典释文》:“天子画升龙于衣,上公但画降龙。”太守位低于“上公”,用降龙旗已是“越位”,在政令、礼乐毁坏的汉末也已够大胆的了,古直说:“此诗(《孔雀东南飞》)作于汉末,其称降龙旗为龙子幡,正应当时俗称也。”可见,龙子幡为画着降龙(龙头卷曲向下的龙)的旗帜,不是普通的“绣花的旗帜。”

《汉语大词典》释义考证

《汉语大词典》[1]包罗万象,博大精深,熔古铸今,考镜源流,自成体系,全书基本上做到了释义确切,阐述明确。但亦如其《前言》所说:“由于词目浩繁,时间紧迫,疏漏、错误在所难免。”笔者在使用过程中,发现了一些释义和知识性的错误。现仅就常见的错误或不确切处予以考释,以就正于方家和编者。

① 罗竹风等主编,汉语大词典出版社 1986 年版。

第一类:望文生训,释义舛错

"【利】(6)胜,胜过。《史记·项羽本纪》:'救钜鹿,战少利。'前蜀韦庄《闺怨》:'戚戚彼何人,明眸利于月。'"考:各工具书无释"利"为胜过者。《史记》之利,释义为顺利,是;《闺怨》之利,释为胜过,于训诂无据。《汉语大字典》[①]解释为善;美好。引例正是上述两句诗。是为确诂。

"【录】(2)登记以便存查。……《汉书·董仲舒传》:'量材而授官,录德以定位。'颜师古注:'录谓存视也。'"颜注之"存视"监察,考察,亦即"察其德而定其官位",重在"定官位",而训为"登记以便保存查看",仅为"存查",不符合"录"在本句中的含义。

"【辄】(1)车耳。《说文·车部》:'辄,车两輢也'段玉裁注:'按,车必有两輢,如人必有两耳。故从耴。耴,耳垂也。'"考:《说文·车部》:"輢,车两旁也。"即车两旁可以凭倚的木板,亦即车帮等。例如兵车两则用来插兵器的地方、大车两侧用来挡物或依靠人的地方、板车两侧用来挡物的地方均为车"輢"。段注"耳"比喻"輢",被误会成比喻"辄",因而误把两个车帮变成两个车耳。

"【陇】❺通'垄'。(3)畦,田块。《汉书·食货志上》:'苗生叶以上,稍耨陇草,因陨其土,以附苗根。'唐杜甫《晚登瀼上堂》诗:'雉堞粉如云,山田麦无陇。'……"考:对垄的释义,畦和田块均误。误在不了解垄的实际情况:垄是播种(耩地)时形成的小土埂和小作物沟。《汉书》的"陇草",即小土埂上的草。杜甫诗说"麦无陇"是因为"晚登",看不到小土埂(垄)。

"【菁】(1)韭菜的花。汉张衡《南都赋》:'春卵夏笋,秋韭冬菁。'"亦泛指花。考:《说文》段玉裁注:"菁菹,韭花菹也……"《南都赋》的"冬菁"是冬季收获的蔓菁,蔬菜。另一版本是"春笋夏蒜,秋韭冬菁"。揆之情理,冬天难有美好的韭菜花,而蔓菁正当其时。

"【九原】(1)九州大地。《国语·周语下》:'汩越九原,宅居九隩。'南朝宋鲍照《松柏篇》:'永离九原亲,长与三辰隔。'清孔尚任《桃花扇·沈江》:'跨上白骡鞯,空江野路,哭声动九原。'(2)春秋时晋国卿大夫的墓地。……后亦泛指墓地。(3)九泉,黄泉。……"考:(1)的三个例句,第二例为"九

① 汉语大字典编委会编,湖北辞书出版社、四川辞书出版社1986年版,第361页。

泉”,第三例为“墓地”,均误会成“九州大地”。

“【玉人】(1)雕琢玉器的工人。(2)玉雕的人像……后多用以称美丽的女子。(3)容貌美丽的人……唐元稹《莺莺传》:‘隔墙花影动,疑是玉人来。’……”考:全诗为:“待月西厢下,迎风户半开。拂墙花影动,疑是玉人来。”用玉人称美女,无误;误在把《莺莺传》里此诗,称张君瑞为“美丽的女子”,显然错误。

“【杏眼】亦称‘杏子眼’。如杏子形状的眼睛。多用以形容女子的美目。”考:杏子是杏树的果实,圆球形,用以形容女子的眼睛则很不美。其实杏眼的杏是杏果实的核儿,扁而且呈椭圆形,边缘有细美的条痕,两头儿钝尖,恰似美目的两端。俗有“眼如掰杏”的说法,即掰开的杏子核儿在正中,恰似女子的美目。

“【讽怨】怨恨讽刺。南朝梁刘勰《文心雕龙·明诗》:‘春秋观志,讽颂旧章,酬酢以为宾荣,吐纳而成身文。逮楚国讽怨,则《离骚》为刺;秦皇灭典,亦造仙诗。’”考:用现代汉语解释古代汉语字面的意思,与其内涵有距离:释义用怨恨解释“怨”,语义重。用埋怨似比较妥;用讽刺解释“讽”,语义更重。用现代汉语的“委婉劝说”比较妥帖。

“【瓦解】瓦片碎裂。比喻崩溃或分裂、分离。”考:“瓦片碎裂”,既用来释“瓦碎”,又用来释“瓦解”,必然有一处误解。误在对“解”的误会。《广雅·释诂三》:“解,散也。”《说文》:“解,判也。”“判,分也。”瓦解的解正是用其本义“分散”。而瓦,不是瓦片而是瓦陇(瓦屋面上凸起的条状部分);解是分散,散开。各种工具书无用“碎裂”训“解”者。《中华大字典》[①]四音54义,唯独无碎裂义,故训瓦解为碎裂,于训诂无据。

第二类:以偏概全,词义残缺

“【烽】(1)古时边境报警的烟火。《墨子·号令》:‘昼则举烽,夜则举火。’……(2)指战火。(3)指烽火台。”考:报警是主要的功能但不全面,应该加“或者报平安”于“报警”后。参见“烽火”。

“【烽火】(1)古时边防报警的烟火。《史记·周本纪》:‘有寇至,则举烽火。’(2)指战争,战乱。”考:“报警”后加“或报平安”才全面。《通典·兵

① 陆费逵、欧阳溥存等编,中华书局1915年版。

部·烽式》:寇众,举双烽;寇寡,举单烽。均不拘泥时间。单烽用以报平安:或初更举火或日落时举烟。故而王维有名句:“大漠孤烟直,长河落日圆。”此烟或火称之为夕烽、平安火。杜甫《夕烽》诗:“夕烽来不近,每日报平安。”

“【朵颐】(1)鼓腮嚼食。《易·颐》……(2)指突鼓的腮颊。……(3)喻向往,羡馋。……”考:三个义项九个例句均准确明晰,但是少一义项:“(4)比喻名位利禄。”陈子昂《感遇》诗之十:“深闺观元化,悱然争朵颐。”

“【捣衣】洗衣时用杵在砧上捶击衣服,使之干净。北周庾信《夜听捣衣》诗:‘秋夜捣衣声,飞度长门城。’”考:捶击使衣服干净,洗衣服的手法之,庾信诗也许是;而捣衣则是属于古代汉族服饰民俗。一、妇女把织好的布帛铺在平滑的砧板上,用木棍敲平,并使之柔软熨帖,好裁制衣服。二、六朝人《捣衣图》上为两女子对立执一杵,如舂米然(杨慎语)。李白《子夜吴歌》:“长安一片月,万户捣衣声。”此捣衣则非洗衣。

“【黄鸡】黄羽毛鸡。唐李白《南陵别儿童入京》诗:‘白酒新熟山中归,黄鸡啄黍秋正肥。’宋苏轼《浣溪沙……寺临兰溪溪水西流》词:‘谁说人生无再少?门前流水尚能西,休将白发唱黄鸡。’……”考:李白诗意与释义正合,但苏词词义不是“黄羽毛鸡”而是典故,典源是白居易的《醉歌示伎人商玲珑》:“黄鸡催晓丑时鸣,白日催年酉前没。”其义为叹息岁月无情、年华易逝。

“【断山】陡峭壁立的高山。南朝宋刘义庆《世说新语·赏誉》:‘世目周侯,嶷如断山。’……明文徵明《题画》诗:‘目送秋光入断山。’”考:秋光进入“高山”,费解;结合唐畅当《登鹳雀楼》诗“山势围平野,河流入断山”,断山应是中断的山脉,即“山脉的断缺处 ”,河流可入。释义应补充此义项。

“【积薪】(1)积聚木柴。……亦指堆聚的木柴。(2)喻隐伏危机……(3)喻选用人才后来居上。”考:所举十数例证均无问题,问题在薪不仅指木柴。《说文》:“薪,荛也。”“荛,草薪也。”木柴是薪的引申义,薪含木柴,实指柴草,柴火。卧薪尝胆,不是卧在木柴上而是柴草上。

“【近侍】(1)谓对帝王亲近侍奉。……(2)指亲近帝王的侍从之人。……”考:二义项及例句义项例句明确,但缺少“泛指亲近尊者、长者的侍从之人”一项,故显得残缺不全。如《杨修之死》:“[曹操]昼寝帐中,被落于地,一近侍慌取覆盖。曹跃起,拔剑斩之。”

“【邻女】语源:战国楚宋玉《登徒子好色赋》:‘然此女登墙窥臣三年,至今未许也。’后以‘邻女’指怀春的少女。”考:此乃典故一义,不能概括邻家女子。如李白《宿五松山荀媪家》:“田家秋作苦,邻女夜舂寒。”邻女明显只是田家勤劳的女人,不能说是“怀春的少女”。

第三类:拘泥旧注,所择不善

“【蓧】古代耕耘田的竹器。《论语·微子》:‘子路从而后,遇丈人,以杖荷蓧。’”考:对于蓧的训释,历来众说纷纭,择取善者颇不易。何晏注作“竹器”,笼统,难以参详其样式。《尔雅·释草》:“蓧,蓨。”郭璞注:“未详。”黄侃《尔雅音训》曰:“羊蹄菜。”《集韵》:“苗也。”《说文》有莜无“蓧”,曰:“耘田器。”《论语》曰:“以杖荷莜。”陆德明《经典释文》:“蓧,本又作条,又作莜,并字异而义同。”均不明样式。只有段玉裁《说文解字注》明晰:“依韵书论语疏作芸田器。”毛传曰:“芸,除草也。……《匚部》有㔜字,《金部》有銚字,皆芸田器。疑皆此字之古文也。……见《微子篇》。谓子路见丈人手用杖,莜加于肩,行来至田则置杖于地,用莜芸田。……云‘以杖荷蓧’,置杖而芸,则莜为芸田器明矣。”《说文·匚部》:“㔜,田器也。”段注:“㔜与莜音义皆同,盖一物也。”段注解决了两个问题:一、把“以杖荷蓧”注为“手用杖莜加于肩”比一般注为“用杖荷着蓧”准确清晰;二、蓧既不是竹器,也不是竹编农器,更不是苗、菜。他因声求义、多方例证,说《匚部》的㔜字、《金部》的銚字,皆“是蓧字之古文”。而銚是大锄,即长柄锄。准此,则丈人手拄拐杖,肩扛长柄锄的具体鲜明形象如在眼前,千年纷争涣然冰释。

“【杜】(1)木名。即杜梨,也叫棠梨。一种野生梨。《诗·唐风·杕杜》:‘有杕之杜,其叶湑湑。’朱熹集传:‘杜,赤棠也。’……”考:杜梨,即棠梨。是。但“一种野生梨”,名不符实。因其花叶不类而果实小如豆粒;朱熹的“赤棠说”更错。因为杜是乔木,赤棠是灌木,花赤色而果粒极小、极涩,判然二物,相提并论,徒增混乱。

“【筑】(9)通‘祝’。切断。《古文苑·王褒〈僮约〉》:‘斫苏切脯,筑肉臛芋。’章樵注:‘筑,与祝同。断也。’”考:祝乃祭祀时的司仪。有祷告、颂扬义而无切断义,作“断”乃借作“斫”。筑、祝、斫三者常常混乱。旧注明显迂曲不顺,不如直接注:筑,通“斫”。切断。

“【鸤鸠】即布谷。古为鸠鸽类,种类不一。如雉鸠、祝鸠、斑鸠等。亦有非鸠鸽类而以鸠名的如鸤鸠(布谷)。……”考:以鸤鸠为布谷,误解,误在郭璞注《尔雅·释鸟·鸤鸠》："今之布谷也，江东谓之获谷。"后人注多用郭注。其实鸠，即强占雀巢的鸠，猛禽，学名鹯，又名晨风，俗名鹰鹯子，与布谷风马牛不相及。

"【欸乃】象声词。(1)摇橹声。唐元结《欸乃曲》：'谁能听欸乃，欸乃感人情。'题注：'棹舡之声。'唐柳宗元《渔翁》诗：'烟销日出不见人，欸乃一声山水绿。'清黄遵宪《夜宿潮州城下》诗：'橹声催欸乃，既有晓行船。'(2)棹歌，划船时歌唱之声。……"考：《辞源》亦用摇橹声，释题注"棹舡之声"，同样笼统说是"摇橹声"。摇橹声"感人情"，不太可能。故后来就有不同理解：《字汇》注为"棹舟相应声"；《康熙字典》注为"湘中节歌声"；《正字通》竟然说："欸乃，今行船摇橹戛轧声似之。"（ǎinǎi/jiázhá 绝难"似"！）以上欸乃五注，以《字汇》棹船时相互应和的声音较妥[①]。著名音乐家管平湖先生，经过多年研究得结论说是呼号声……划船号子声，最妥。

"【蜂台】蜂王居处。《埤雅·释虫》：'蜂……王之所居叠积如台，语曰蜂台。'"纯是误解。蜂台，今名王台，是工蜂专为培育蜂王而建筑的，宝塔形状，大如两节小手指，尖儿朝下，培育出蜂王，以备分群。旧注错误。

"【蜂衙】(1)蜂群早晚聚集，簇拥蜂王，如旧时官吏到上司衙门排班参见。——参阅《埤雅·释虫》。亦指飞绕的蜂群。"考：旧注误。实际是新蜂们出巢试飞。群蜂头向巢门纷飞，由一两米增加到三五米，辨识周围环境，以便将来外出采集归来不至于认错巢门。而且更不簇拥蜂王，因为蜂王负责产卵育后代，除交尾、分群外从来不外出。

"【温蠖】昏愦。《史记·屈原贾生列传》：'又安能以皓皓之白，而蒙世俗之温蠖乎！'司马贞索隐：'温蠖'，犹惛愦。《楚辞》作'蒙世之尘埃哉'。"一说犹混污。汤炳正《释"温蠖"》："'混污'为本字，而'温蠖'则为同音借字。"考：一、释义用"犹昏聩（耳聋眼花）"，误；"尘埃""混污"均近似而不切。二、汤炳正"同音借字说"亦误。朱骏声《说文通训定声》："涽（污浊水不流也）与温形体相乱，濩与蠖形声相涉而误。"故温蠖本字为涽濩，其义为污浊，污秽。

第四类：词性混淆，释义不切

"【鸡栖】(1)鸡栖息之所，鸡窝。语本《诗·王风·君子于役》：'鸡栖于

① 郭辉：《"欸乃"再探》，《淮北职业技术学院学报》，2007 年第 4 期。

埘，日之夕矣，羊牛下来。'《后汉书·陈蕃传》：'车如鸡栖马如狗，嫉恶如风朱伯厚。'……"考：释义误在既把主谓结构"鸡栖"直接解为名词，又没说明后人把"鸡"和栖息的动作"栖"合二而一代称鸡窝，直接解做名词，致使二者混淆不清。

"【涟猗】亦作'涟漪'。水面波纹；微波。《诗·魏风·伐檀》：'河水清且涟猗。'"考：释义和例子两误。一、涟猗与涟漪不同，不能"亦作"。因为"漪"是风吹水面形成的波纹，名词；"猗"是句末语气助词，《王力古汉语词典》例句正是"河水清且涟猗"。二、"漪"是后起字，是"涟猗"偏旁同化而产生的，故《说文》未收。

"【距堙】亦作'距闉'。靠近敌城所筑的土丘。借以观察城内虚实，并可登城。《孙子·谋攻》：'修橹轒辒，具器械，三月而后成；距闉，又三月而后已。'"考：土丘是名词；这里，距闉是指筑土丘，动词；距闉，动宾结构，动词性，原文是说"筑土丘"又需要三个月后才能完成。"所筑的土丘"则是名词。

"【缥碧】浅青色。晋左思《吴都赋》：'紫贝流黄，缥碧素玉。'宋王子韶《鸡跖集·缥瓦》：刘陶诗云：'缥碧以为瓦。'清蒲松龄《聊斋志异·酒狂》：'移时，至一府署，缥碧为瓦，世间无其壮丽。'康有为《泛漓江到桂林》：'漓水一千里，缥碧溜清绝。'"考：一、左思诗句，八个字四个名词并列，缥碧不可能是浅绿色用来形容"素玉"。二、"缥碧为瓦"的缥碧，乃有色半透明的玉石，名词；在"瓦"字前面，形容浅绿色，则是形容词。二者混淆，造成含义不明晰。三、康诗的缥碧，似代指碧水，不只是浅绿色。

"【虏尘】指敌寇或叛乱者侵扰。唐王维《凉州赛神》诗：'凉州城外少行人，百尺峰头望虏尘。'唐白居易《江楼望归》诗：'道路通荒服，田园隔虏尘。'宋张孝祥《水调歌头·和庞佑父》词：'雪洗虏尘静，风约楚云留。'"考：虏尘本义指敌人奔驰扬起的烟尘。就所举例看，似均为名词"烟尘"，而"侵略骚扰"是动词，三例中似乎无恰切者。而且敌寇与侵扰似不宜并列。

"【玲琅】玉声；清越的声音。南朝梁吴均《步虚词》之八：'至乐无箫歌，玉音自玲琅。'宋刘子翚《听詹温之弹琴歌》：'玲琅一鼓万象春，铁面霜髯不枯槁。'"考：依释义，"玉音自玲琅"就成了"玉音自声音"，释义应是"形容声音清越"，就是说玲琅是形容词，释义却成了名词，词性错，意义有别。

"【玲珑】(1)玉声；清越的声音。《文选·班固〈东都赋〉》：'凤盖棽丽，和銮玲珑。'李善注引《埤苍》:'玲珑,玉声。'唐贾岛《就峰公家宿》:'残月华晻暧,远水响玲珑。'"考:注为名词,而四个例句均为形容词,即声音清越。就是《埤苍》注是玉声,仔细体味,实质是玉声清越,形容词,因为诗句中与"玲珑"相对的是形容词"棽丽"而不是名词玉声。

第五类:知识欠缺,似是而非

"【蒲】植物名。(1)香蒲。《诗·大雅·韩奕》:'其蔌维何?维笋及蒲。'北魏杨衒之《洛阳伽蓝记·景明寺》:'寺有三池,萑蒲菱藕,水物生焉。'"亦指蒲席。考:一、蒲,蒲草的总称。此诗句中的蒲,即使是注为香蒲,也不能当菜蔬。能吃的是蒲的嫩芽,所以与笋并提。故应注为蒲芽。二、寺池中蒲,可能是香蒲,也可能是普通蒲草。

"【瓢虫】昆虫名。成虫半球形,头小。种类很多,颜色不一。前翅坚硬,上有黑色或黄色斑点,也有无斑点的。幼虫体略长,尾端细小。多数种类捕食蚜虫、螨类等,对农业、林业有益。"考:一、前翅,误。实际为外翅;二、"幼虫"后宜加体软二字;三、末尾应补"唯二十八星瓢虫是农业、林业等害虫。"

"【黄蒿】枯黄了的蒿草。亦泛指枯草。《汉书·五行志中之上》:'长安城南有鼠衔黄蒿、柏叶,上民冢柏及榆树上为巢。'汉蔡琰《胡笳十八拍》之十七:'塞上黄蒿兮枝枯叶干……'唐杜甫《乾元中寓居同谷县作歌》之五:'黄蒿故城云不开',韩起祥《翻身记》:'黄蒿捆子把门堵……'"考:蒿类繁多,有青蒿、白蒿、黄蒿、艾蒿、蒌蒿、萝蒿等数种。黄蒿株形高大,谚语有"山中无树木,黄蒿便为尊",所以捆了可以堵门,而一般的枯草则比较难以做到这一点。

"【芦笋】芦苇的嫩芽。形似竹笋而小,可以食用。……"考:芦苇嫩芽是芦笋的一种,食用不普遍,价值不大。真正的蔬菜芦笋,又名石刁柏,是世界十大名菜之一,在国际市场上享有"蔬菜之王"的美称。干茎粗约1厘米,高30—40厘米时割取,去皮食用嫩茎,为著名的健康食品。

"【芦花】(1)芦絮。芦苇花轴上密生的白毛。隋江总《赠贺左丞萧舍人》诗:'芦花霜外白,枫叶水前丹。'……(2)借指芦衣。清王士禛《悼亡诗》之二三:'……不教儿女衣芦花。'"考:一、芦絮,意义狭隘,不合江总诗指成熟的芦苇花穗;二、"花轴上密生的白毛。"误。实际是花轴的丛枝上芦苇的众多微小种子,成熟后失水变成白色绒,可借助绒毛飘飞,形状似棉絮。

“【凌眼】严冬河水冰封后冰层特别薄的地方。《西游记》第四八回：‘凡是冰冻之上，必有凌眼；倘或躧着凌眼，脱将下去……如何钻得上来！’”考：一、“河”意义太狭隘，可删；二、缺少形成原因，可否补充成“严冬水冰封很薄时，遇到水位下降等原因，形成大小不等的空洞，多圆形，故称凌眼，俗称冰窟窿”。

“【介母】(2)汉语注音符号丨ㄨㄐ的别称……因其兼做声符，故名介母。后因其实际应用与他韵相拼为结合韵母，应归入韵符，介母之名遂废不用。”考：丨ㄨㄐ的读音是“衣、乌、鸡”，ㄐ是为ㄩ之误，正确的写法是丨ㄨㄩ，读音是“衣、乌、鱼”。

“【龙子幡】绣花的旗帜。《玉台新咏·古诗〈为焦仲卿妻作〉》：‘四角龙子幡，婀娜随风转。’《宋书·臧质传》：‘〔臧质〕之镇，舫千余乘，部位前后百余里，六平乘并施龙子幡。’”考：龙子幡有特定的图式与含义[①]。《晋书·舆服志》《宋书·礼志》皆曰：“王公旗八游，侯七游，卿五游，皆画降龙。”古直《汉书研究·焦仲卿妻诗辩证》：“降龙者，龙首卷然向下之龙也。龙子幡盖即降龙之俗称。”降龙是相对帝王用的“升龙”（“龙首昂然向上之龙也。”）而言。陆德明《经典释文》：“天子画升龙于衣，上公但画降龙。”太守位低，用降龙旗已“越位”，在政令、礼乐毁坏的汉末，不足为奇。古直说：“称降龙旗为龙子幡，正应当时俗称也。”而释义为“绣花的旗帜”，似是而非[②]。

《学生古汉语词典》的成就与舛误

上海辞书出版社出版的《学生古汉语词典》[③]，在众多的辗转稗贩、漏洞百出的古汉语类词典中独树一帜，令人耳目为之一新。它以全面性、知识

① 郭辉：《〈汉语大词典〉词语考辨二则》，《古汉语研究》，2008年第2期。

② 郭辉：《〈汉语大词典〉器物注商》，《江汉大学学报》，2011年第3期。

③ 张抝之、沈薅仲、卢元主编，上海辞书出版社2010年版。

性、科学性、实用性、比较贴近学生等优点，赢得了广大师生及一般读者的喜爱。自1988年8月第1版至2010年1月第3版，累计重印33次。编者说："畅销二十年，印数一百万！"可见其使用范围之广，受读者欢迎程度之深。然而，正如初版时"编者的话"所说的"不足和错误之处"在新版中仍存在一些。现就新版《学生古汉语词典》（以下简称《词典》）的成就及舛误作以论述。

一、《学生古汉语词典》的成就

（一）适用面广

读者群主要是高、初中学生，仅此数量已够巨大，而大专学生手中亦曾见过；社会上喜爱古诗文的人群中也有使用的。笔者曾见过文教工作者案头把该《词典》与《现代汉语词典》[①]并放在一起的，起到了实用古汉语词典的作用，因为《词典》比《辞源》《辞海》更易普及。

（二）释义的科学性与人性化

训释词义达到科学地步尚易，而体现人性化则难能可贵，《词典》却做到了既科学训释又体现对学生（读者）的照顾和关爱。如释"隘"：

"一 ài①狭窄，狭小。宋·司马光《训俭示廉》：'厅事前仅容旋马，或言其太隘。'厅事：厅堂。旋：转身……③困穷。《荀子·大略》：'君子隘穷而不失，劳倦而不苟'。不失：指不改信仰。"[②]

上述训释、例句中的"厅事""旋"及"不失"的加注，就体现了编著者对读者的关爱，既帮助读者完整而正确地理解例句，又省去了读者翻检之劳。

（三）与时俱进

新版《词典》及时跟上国家教育部"中学语文课程标准"[③]，紧跟语文教材的修订、调整，把新增古诗文的词语予以补收，在补收词语的过程中，用课内的例句调换课外的书例，从而使《词典》进一步贴近学生的学习。与此同时，对"新标准"规定必须掌握的120个文言实词和15个文言虚词，加上"★★必考文言词"的醒目标志，并加"【辨析】"。而在辨析时多与其同义词对比。

---

① 中国社会科学院语言研究所词典编辑室编：《现代汉语词典》（第6版），商务印书馆2012年版。

② 张㧑之等：《学生古汉语词典》，上海辞书出版社2010年版，第9页。

③ 这里指中华人民共和国教育部制定的《义务教育语文课程标准》（北京师范大学出版社2012年出版）和《普通高中语文课程标准》（人民教育出版社2003年出版）。

如辨析“爱”时与“怜”对比；辨析“安”时与“焉”对比。如此，辨析的实词200多个，虚词20多个。这对于中学生来说，助力不少；对一般读者则多了一次重新学习的良好机会。如用近200字辨明“爱”“怜”含义的异同；用150多字辨明“安”“焉”用法的相似。其余如“卑”“鄙”，“病”“疾”，“当”“挡”，“度”“渡”……辨析细致入微，显示了编著者之良苦用心。

紧跟“新标准”还体现在《词典》的实用性上，即对各地中、高考试题的链接上。《词典》收54份全国各地近年来的中考、高考试卷中古汉语试题，所附答案用不同字体，倒排在试题后。这对即将应考的学生来说，直接面对真实的试题，有亲临考场的感觉，比各校自编的模拟试卷，更具有针对性和权威性。试卷的知识点数以百计，助力学生功莫大焉。

（四）条目义项释文后温馨提示

条目义项释文后特别提示“注意”，既温馨又传知识。如“阨”后加要言不烦的提示读者“注意”：“古代‘阨’和‘厄’是两个字。‘阨’现在读 è；”释“穷困”义时，提示“阨”，“今已作为‘厄’的异体字。”文字知识已传。【操纵】释文的“注意”则传授词义变迁的知识。“沉（chén）”释义后提示注意：“‘沉’古代作‘沈’，与姓沈的‘沈’（shěn）字形同。”既把深奥的文字知识进行了简明清晰的阐释，同时又进行了字形教育。“冲一（chōng）……二【衝】（chōng）……三【衝】（chòng）……后的“注意”为：“古书中‘冲’和‘衝’是两个字，意义各不相同。‘冲二三’的各个义项古代不能写‘冲’，应写‘衝’。”此提示具有汉字的音、形、义以及用法的教育作用。【从事】后的“注意”进行了词法、语法教育：“现代多用于致力于某事，带宾语。”【干】后对“干”“乾”（乹、乾）、“幹”对比讲文字应用，音、形、义同时厘清，可避免社会上“干隆”“幹涉”等乱用之误。

（五）巧用插图，直观形象

《词典》插图多达64幅，如【鉴】盛水的铜盆，用以照容貌。可纠正一般认为古代专指铜镜之误，竽与笙显示明显的区别；斧与钺、两种磬均不相同；琴、瑟、筝等极易相混，看图则判然；即使单独一种，如：豆、简、戟、埙、霞帔等等，也会起到较为直观的作用。

（六）及时修正旧版的疏误

新版对旧版的修改，是新版的成就之一，对《词典》质量影响较大的是对释义的改正。如对《诗经·渭阳》中“阳”的训释，原为“山的南面，河的北面”。新版改“河”为“水”，就比原注确切。《滕王阁序》训“地灵”为“土地的灵秀之气”，新版为“山川的灵秀之气”，妙在“山川”！《窦娥冤》“造恶的富贵又寿延”的“延”训为“延续，延长”，欠切，改用《过秦论》例句“延及孝文王、庄襄王”就显确切了。《楚辞·橘颂》“行比伯夷，置以为像兮”训“像”③为“效仿”，误名词为动词，改为名词“法式，榜样”，确切。《琵琶行》“转轴拨弦”句训“二【絃】(xián)弦乐器上用以发音的丝线、钢丝等”，比旧版的“线索”以文言释文言顺畅明晰，又避免了与现代汉语的纠结，一举两得。

(七)对释义略加增删，既体现了编著者的精益求精，又使《词典》文字更为精切、省净。如对《史记·屈原贾生列传》的“怀瑾握瑜”句的“瑾”，旧版只释为“美玉”，似是而非，新版加“瑾、瑜：以美玉喻好的才能和品德”；张巡《守睢阳》诗的“登陴”解“陴”为“城墙上呈凹凸形的矮墙”，新版加“即女墙”，均全面些。

二、《学生古汉语词典》的舛误

经过编著者精心的增、删、改、易，初版的“不足和错误之处”确实减少了许多。然而，对新旧版《词典》对读一部分后，发现在词语释义方面还有不少“错误和不足”。而释义又是词书的核心和灵魂。现对释义从以下几个方面提出商榷。

(一)望文生义，诠释致误

竣“竣(jùn)退立。《国语·齐语》：‘有司已于事而竣。’有司：指官吏。引申为完毕。如：竣工，竣事。”《词典》训释为“退立”，因见“竣”之“立”字旁而误。按：《说文·立部》：“竣，居也。从立，夋声。”段玉裁注：“《尸部》曰：‘居，蹲也。’……竣，盖与蹲音义相同也……”[1]韦[昭]注：“竣，退伏也。”见《广雅·释诂三》：“匍、竣、跧，伏也。”[2]韦昭深谙当时上朝时臣子俯伏的礼节，故训释确切。全面地说，应为“退而蹲伏或蜷伏”。

剽：“剽(piāo)……(4)剽窃。明·黄宗羲《柳敬亭传》：‘而敬亭耳剽口熟。’此谓耳朵经常听到的，嘴里经常说的。”《词典》训为“剽窃”。误。按：“剽”本义为砭刺，亦有劫义。但无“窃”(“暗取”“偷取”)义，故《康熙字典》

① 段玉裁：《说文解字注》，上海书店1992年版，第500页。

② 王念孙、王引之等：《广雅疏证》，上海古籍出版社1995年版，第125页。

(张玉书、陈廷敬等 2004)、《中华大字典》(徐元诰、欧阳溥存等 1915)、《汉语大字典》(徐中舒等 1995)、《辞源》(广东、广西、湖南、河南辞源修订组 1988)均未取,但严师古注《汉书·朱博传》"亦独耳剽日久"曰:"剽,劫也,犹言行听也。"所谓"行听"乃道听途说耳闻所得的无根据的传闻。即使释为"耳朵经常听到的"已经不切,训为"剽窃"更属误训。如依《汉语大词典》(罗竹风等 1989,汉语大词典出版社)训为"剽闻"或"剽声"则切。

吝:"吝(lìn)……(3)《后汉书·张衡传》:'得之不休,不获不吝。'休:善。"《词典》训为:"耻辱"。误。按《说文》:"吝,恨惜也。"即悔恨,遗憾。结合前句"姑亦奉顺笃厚,守以忠信。"更可见吝无耻辱义(见《汉语大词典》)。王念孙《读书杂志·后汉书》说得最简单明了:"吝,恨也。言得之不喜,不得不恨也。"恨,本义为怨(《说文》),有怨恨、悔恨义而无耻辱义;训为耻辱于训诂无据。

攘:"攘(一)(rǎng)……(2)窃取,夺取。《墨子·非攻》:'至攘人犬豕鸡豚者,其不义又甚入人园圃窃桃李。'……"按:邢昺疏《论语·子路》"攘羊"条曰:"有因而盗曰攘,言因羊来入己家,父即取之,而子言于失羊之主,证父之盗。"而"取",《说文》:"捕取也。"就是说羊走入其家而捕取。取与"舍"相对,为拿来,拿到手之义。训为"窃取"已不确,"夺取"更错。

证:"证(zhèng)(1)《论语·子路》:'叶公语孔子曰:吾党有直躬者,其父攘羊,而子证之。'……"《词典》注:"证明,证实。"误。按《说文》:"证,告也。"即告发。《庄子·盗跖》:"直躬证父,尾生溺死,信之患也。"《史通·序传》"证父攘羊",谓儿子直接[向失主]告发父亲取羊,而非向谁"证明、证实"父亲偷羊。

瓦解:"【瓦解】(1)《史记·淮南衡山列传》:'于是百姓离心瓦解,欲为乱者十家而七。'……"《词典》训释为"比喻崩溃之势像瓦片碎裂分离。如:土崩瓦解"。释为"比喻崩溃之势像瓦分离"意思尚可,而训"瓦解"为"瓦片破裂"则与训诂无据。按:《说文》"解,判也","判,分也"。《广雅·释诂三》:"解,散也。"而瓦解之"解"正是用其本义"分散"。

要弄清"瓦解"是何意,还是弄清"瓦"指的是什么。按《说文》:"瓦,土器已烧之总名。"(段玉裁《说文解字注·瓦部》上海书店 1992)即陶制器物的总称,特指纺砖、覆屋的材料等。但"瓦解"的瓦不只是覆屋的瓦片,因为瓦片是不会“解(散)”的,《汉语大字典》3音39义无“碎裂”义,《汉语大词典》3音44义、《中华大字典》5音50义均无“碎裂”义。由此可见,训瓦解为“瓦片碎裂”于训诂无据。

那么,能够“解(分散)”的瓦指的是什么?是瓦陇,瓦陇又名瓦垅、瓦楞,屋顶用瓦垒成的凹凸相间的行列,即“鸳鸯瓦冷霜华重”(《长恨歌》)中的“鸳鸯瓦”的凸起的、竖列条状部分。在组成合成词时其瓦陇的意义最明显。如瓦沟,即瓦陇之间的泄水沟(凹下部分)。例如白居易《宿东亭晓兴》:“雪依瓦沟白。”(中华书局《全唐诗》14)因为瓦陇是用灰泥粘连而成的,风吹日晒尤其是冰冻,灰泥松散,遇雨水则“自分解”(见《中华大字典》中华书局缩印本·上册),称瓦解,即瓦垄纷解,此“纷解”与“瓦片碎裂”无涉。因之,瓦解的意思是用来比喻溃散分离的形势。

国门:“【国门】指城门。如:御敌于国门之外。借指故乡。唐·李白《早春于江夏送蔡十还家云梦序》:‘海草三绿,不归国门,又更逢春,再结乡思。’”按:一、把御敌之“国门”误解为“指城门”(见后)。二、细审题意,是说蔡十已居江夏三年没回国都(的城门),今年早春“再结乡思”。《词典》此例两误,对照《汉语大词典》国门的五个义项:即“(1)国都的城门;(2)指国都城门的守门官;(3)主城门之神;(4)指国都附近要地;(5)指国家的边境”,则可一目了然。从而显见训国门为“借指故乡”于训诂无据。

(二)以偏概全,似是而非

乙:“乙(一)(yǐ)(1)……(2)打钩,画‘乙’字形的符号。古人读时用以标志暂时停止的地方。《史记·滑稽列传》:‘人主从上方读之,止,辄乙其处。’亦用以钩出有脱误之处,予以增补。唐·韩愈《读鹖冠子》:‘文字脱谬,为之正三十有五字,乙者三。’”此注片面:一、“打钩”,表读书时的四种用法,暂停仅为其一;二、说“予以增补”训释片面。因为作为校勘术语,首先用表倒转,其次表删削,再次才表增补(见《汉语大词典》)。韩文“脱谬”既含“脱”又含“谬(误植)”,“脱”者“正三十有五字”,为“增补”;“乙者三,”不用“三字”说明是“三处”,“乙”三处是“倒转”三处,即让三处颠倒者正过来,不是“增补”——韩文确切明晰,绝不含混。

计:“计(jì)(1)计算……(2)计议,商量。《战国策·赵策》:‘父母之爱子,则为之计深远。’(《触龙说赵太后》)”按:“计”训为“计议,商量”,近似而不准确。《说文》:“计,会也,算也。”此处用其本义计算,谋划(《广雅·释诂》“计”,“谋也”)、考虑。见《国语·吴语》注。确切地,应注为“谋划,考虑”。

弦:“弦(xián)①张在弓上用以发箭的牛筋绳子。②月半圆时形似弓弦……③弦乐器上用以发音的线索。……”“弦”之三训皆不准确。首先,“弓上”含混不清,到底在何处?应为“张在弓背两端”才确切;“牛筋绳子”片面单一,应为“丝、麻、牛筋等”。《说文》:“弦,弓弦也,从弓,象丝轸之形。”段玉裁注:“弓弦以丝为之。”《天工开物·弩》注“麻弦”,唯独无“牛筋”。其次,“月半圆时形似弓弦”绝不可能!因弦乃一线,其形可知。应为“指半圆形的月亮”或“月半圆时的直边”。第三,“线索”应为“弦索、绳索”或单用“线”。这样可避“以文言词释文言词”之弊。

寤:“寤(wù)(1)睡醒。《史记·赵世家》:‘赵简子疾,五日不知人……七日而寤。’”训“寤”为“睡醒”,不切。按:疾,患病(病重)。“不知人”,即不省人事,今称休克,非一般的睡,因而,“七日而寤”的“寤”应为休克后的“苏,苏醒”,不是“睡醒”。“睡,坐寐也”。见《说文》段玉裁注:“知为坐寐者,以其从垂也。目睑垂而下则尔。”可训为打瞌睡。故与“不知人”的“寤”(苏醒)迥然不同。

影壁:“【影壁】在大门外作为门口屏障的墙壁,俗称照墙。《红楼梦》第六回:‘周瑞家的将刘老老安排等着,自己却先过影壁,走进了院门。’(《刘老老一进荣国府》)”训“影壁”为“在大门外”,误。按:“影壁”为建在大门内或屏门(遮隔内院和外院的门,俗称二门子)内做屏蔽的墙壁。木制者则安底座,可移动。又称照壁、照墙、影壁墙。刘老老进的荣国府大门临大街,门外是不可能建影壁的,影壁的位置,在《西游记》第九十六回中说得最清楚:“门里边影壁挂着一面大牌。”具体地说,《红楼梦》例中周瑞家进的院门不是“大门”,而是“屏门”,进的内院(第二进院子)。

遗恨:“【遗恨】人死后留下的愤恨之事。唐·杜甫《八阵图》:‘江流石不转,遗恨失吞吴。’宋·欧阳修《五代史伶官传序》:‘此三者,吾遗恨也。’”《词典》注“遗恨”为误训。此注不全面:一、“人死后”;二、“愤恨”。前者应为“到死”。因为:一、此为活人的话,二、死后即无恨可言;后者,“愤”应为“悔”或“憾”,更何况尚有遗恨无穷、遗憾终天、遗恨终篇等等,均为活人的说法。故此“遗恨”应为“到死还感到悔恨”。

（三）不明词性，误解词义

冶：“冶（yě）（1）熔炼金属。如：冶金，冶铁。《礼记》：‘良冶之子，必学为裘。’裘，皮衣。”《词典》注“冶”为“熔炼金属。”此注将铸造金属物的工匠误为动词。按：冶，《汉书·董仲舒传》颜师古注为“铸匠”，《汉语大词典》注为“塑造金属器物的工人”[①]，《辞源》〔《辞源》（一）商务印书馆 1980.3〕注为：“铸造金属器物的工匠。”书例正是此句。故“良冶”应为：“指代精于冶炼铸造的工人。”

扑：“（一）扑（pū）（1）击，搏斗……（二）（1）清代的一种刑具，即板子。清·方苞《狱中杂记》：‘主梏扑者亦然。’”《词典》注有两误。首先，误棍子为板子。按：《说文》：“扑，小击也。”段玉裁注：“经典隶变作扑。”《书·舜典》孔传：“扑，楚也。”《左传》杜注：“扑，箠也。”《汉书》颜注：“扑，杖也。”可见应为箠杖，即棍子。其次，更重要的是其本义为动词“小击”，古亦多用为动词扑打，击。（见《中华大字典》上、《汉语大词典》6）这里是“杖责”，即打棍子。主梏扑者即执掌、主管戴铐子、打棍子的人（不是“管理”铐子、棍子的人员），联系下文即可明白。

宪：“宪（xiàn）（1）法令。……（4）效法。《诗·大雅·嵩高》：‘王之元舅，文武是宪。’”《词典》训“宪”为“效法”，误。按《尔雅·释诂一》：“宪，法也。”（《十三经注疏》本）据此《汉语大词典》第一义即为法令，法度；引申（第二义）为典范，榜样。均为名词。《说文》训为形容词“敏”，段玉裁注曰：“引申之义为法也。”《诗·小雅·六月》：“文武吉甫，万邦为宪。”朱熹集传：“宪，法也……能文能武，则万邦以为法矣。”而“效法”为其远引申义，动词，以之注《嵩高》显然误。“文武是宪”为尹吉甫颂申伯有文有武，故《词典》注为“周文王、周武王”更错。“文武是宪”，程俊英教授可能依据《诗三家义集疏》注为“法式、模式”并译为：“能文能武是榜样。”确切[②]。

艳：“艳（yàn）（1）色彩鲜明，艳丽。……（2）长得漂亮。古乐府《孔雀东南飞》：‘东家有贤女，窈窕艳城郭。’”按：训“艳”为“长得漂亮。”误。因为此乃形容词性词组，不能带宾语。因而既不确切又与宾语“城郭”无法相搭配。

---

① 罗竹风等：《汉语大词典》，汉语大词典出版社 1986 年版，第 366 页。

② 王先谦：《诗三家义集注》，中华书局 1987 年版，第 966 页。

因为“窈窕”已含有漂亮(形容词)的意思(窈窕:娴静,美好,妖冶,艳丽)。而艳,《方言》曰:“美也。”《汉语大词典》注:“艳丽,特指人的容色美好动人。”古常用作动词照耀,闪耀,羡慕,炫惑,倾慕,爱等。如李峤《二月奉教作》:“日艳临花影,霞翻入浪晖。”张先《好事近》:“双歌声断宝杯空,妆光艳瑶席。”此“艳瑶席”与“艳城郭”动宾结构相同。故“窈窕”句是说[贤女]艳丽的容色“照耀”城内外。

地灵:“【地灵】。唐·王勃《滕王阁序》:‘人杰地灵,徐孺下陈蕃之榻。’”《词典》原训“地灵”为“土地的灵秀之气”。新版改土地为“山川”,仍误将形容词性主谓结构“土地灵秀”释为名词性偏正结构且添“气”字作解,因此无法与本文文句贯通。“人杰地灵”谓人物英俊而山川灵秀,而不是说明“气”。《汉语大词典》注:“亦谓土地山川灵秀。”如《镜花缘》七十一回:“古人云:‘人杰地灵。’人不杰,地安得灵?”灵亦为形容词灵秀。

局促:“(1)匆促。……(2)【局促】狭小,紧迫。明·袁宏道《满井游记》:‘局促一室之内,欲出不得。’”训“局促”为形容词“狭小,紧迫”,误。因为“‘受束缚’(动词)于室内”与“受束缚于‘狭小,紧迫’(形容词)的室内”,显然文义有别。这里的局促是受拘束,亦“谓限制在狭小的地区里”(见《汉语大词典》4)。

泾渭:“【泾渭】指泾水和渭水。南朝梁·任昉《出郡传舍哭范仆射》诗:‘伊人有泾渭,非余扬浊清。’”训“泾渭”为:“《诗经·邶风·谷风》:‘泾以渭浊。’以:因为。意为泾水因渭水流清而显其浊。因以比喻人品的清浊。”按:新版用“泾水因渭水清而显其浊”代替颠倒清浊的“泾水因渭水流入而浑浊”,勉强纠正过来。但仍加注:“以:因为。”误使动词“以”为连词“因”,无法从根本上畅达地表明诗意。而外加的“[注意]古人以为泾浊渭清,实则泾清渭浊”。这便把纠正过来的“意思”颠倒回去了,且与正确的前注相矛盾。其实,渭清泾浊是不争的事实,这是地理常识:渭水(渭河)流经关中平原(亦称渭河平原),草木茂密,水流平缓而河水清澈;泾水(泾河)流经陕甘高原(黄土高原),草木稀疏,水流湍急而奔涌。故汉·应劭《风俗通·山泽》云:“泾水一石,其泥数斗。”唐·陆德明《经典释文·毛诗音义》(《经典释文》中华书局影印1983.9)据此曰:“泾,音经,浊水也;渭,音谓,清水也。”《词典》所据可能是《辞源》或《汉语大词典》。《辞源·水部·泾渭》“按语”谓:“泾清渭浊,合乎实际,其两水交会之处,泾因渭入而浊。《诗》意甚明,《释文》说误。"这里是《辞源》编者误解了《诗》意,否定了应劭、陆德明正确的阐释而致误。

《诗·邶风·谷风》:"泾以渭浊,湜湜其沚。"其"泾以渭浊"意思是泾水使(让)渭水混浊了。如《战国策·秦策》:"泠向谓秦王曰:'向欲以齐事秦,使攻宋也。'"高诱注:"以,犹使也。"《孟子·公孙丑上》:"管仲以其君霸,晏子以其君显。"两个"以"均为使动词。"以"的意义甚明,则泾渭之清浊亦甚明。

(四)不明修辞,笼统不切

陴:"陴(pí)城墙上的矮墙,即女墙。唐·张巡《守睢阳》诗:'裹疮犹出阵,饮血更登陴。'"按:《词典》的训释,就"陴"的本义而论,不误。而弃其修辞意义,直解本诗则有悖事实。按《说文》:"陴,墙上女墙俾倪也。"段玉裁注:"城上为小墙,作孔穴,可以窥外,谓之俾倪……亦曰陴;陴,裨也,言裨助城之高也。"可见,此矮墙(即小墙,俗称城垛子)有孔,供瞭望用,因其小且高于城墙,即使在和平时期,也无人冒生命危险登上去的!登陴之"陴"为借代修辞,借指城墙。

尊:"尊(zūn):(1)地位、辈分或声望高。……⑤古代酒器。《后汉书·张衡传》:'合盖隆起,形似酒尊。'也泛指一切酒器。宋·苏轼《念奴娇·赤壁怀古》词:'人生如梦,一尊还酹江月。'"按:此句中的"尊"不是酒器,此训比第一版"也指代酒"距离确切的意义又远了一些。致误的原因在于不明省略定语中心词的修辞格式,"尊"已由名词酒器变为量词,中心词"酒"已包蕴在量词之中。故全句意谓:人生如梦,还是一尊美酒祭奠江上的明月吧。

崔嵬:"《楚辞·九章·涉江》:'带长铗之陆离兮,冠切云之崔嵬。'"训"崔嵬"为"犹'嵯峨'。山势高大的样子"。训释笼统不切。因为"山势高大"仅是崔嵬的词义之本义而未指出它在本句中具体的比喻义,即高耸而无"山势",故王逸注"崔嵬,高貌",此为确诂,即暗喻(无"像")切云冠像山峰高高耸立。

冤孽:"【冤孽】冤仇罪孽。《红楼梦》第四回:'这也是前生冤孽。'"训"冤孽"为"冤仇罪孽"。若仅就词面不错,但综观全句则系明显误训:"这也是前生冤孽:可巧遇这丫头,他便一眼看上了,立意买来做妾。"此"冤孽"系指因缘，指冯渊和香菱的因缘（见《汉语大词典》）。词义的感情色彩，似修辞上的反语，即难遇的因缘，而直白地训作“冤仇罪孽”，整整翻了个过儿。

雁足：“【雁足】《汉书·苏武传》载：苏武出使匈奴被拘禁海上十余年。其后匈奴与汉和亲，汉求归还苏武，匈奴诡称苏武已死。苏武随行人员对匈奴说汉天子射得一只大雁，雁足系一封信，说苏武在某大泽中。匈奴只得让苏武回国。后因用‘雁足’为传达书信人的代称。”按：《汉书》原文是“言天子射上林中，得雁，足有系帛书”。后用雁足指书信，南朝梁王僧孺《咏捣衣》有“尺素在鱼肠，寸心凭雁足”句。唐权德舆《寄李衡州》诗有“唯望衡阳雁足书”句。《词典》此注将书信误为传达书信的人（无证）。

斗筲：“【斗筲】斗和筲都是较小的容器。……也比喻气量狭小，才识短浅。《汉书·谷永传》：‘永斗筲之材，质薄学休。’”这里误把谦辞当作修辞上的比喻。谷永的话本是谦语，而此训却使读者误以为谷永真是气量狭小、才识短浅的人。《汉书·谷永传》事实说明，谷永宽宏量大，知识丰富。故“谦辞”二字实在是不能漏掉的。

另外，《词典》中的错字也不少，虽然没有词义错误明显，但也不容忽视。使用过程中随手记下一串，如《词典》中：《岳阳楼记》的皓月错成浩月，《马伶传》错成《马俭传》，《游黄山记》作者徐宏祖错成徐宏道，《屈原列传》“一篇之中三致志焉”错成“三改志”，《滕王阁序》的“下临无地”错成“下临天地”，《孙子·军争》错成《孙子·军事》，《屈原列传》的“张仪佯去秦”成了“张仪佯出秦”，《西湖香市》“有屋则屋，无屋则厂”成了“无物则厂”，《雁荡山》“谷中大水冲激”错成了“谷中大小冲激”……错字也改变了词义，可见校对不严，统稿不细。

再者，《词典》的“编者的话”说：“引例……尽量从中学文言文教材中选取。”新版又说：“遵照新课标，紧扣新教材。”但在翻阅过程中，总觉得与新旧教材扣得不紧密，可是又说不清。于是笔者就做一下宏观的统计工作：选十页即第10、20……和第100页的引例，结果10页中句例，除去第70页课内的11个、课外9个，其余9页都是课内少而课外多。其中第60页为课内6个、课外23个……10页引例总数为课内94、课外159。这样就显示出，编者摘抄其他辞书太多而取用于课内文言诗文少。

为了更加精确，我们又做了微观的统计工作，在《词典》的前300页内，每隔5页随机取1个词头，计取50个进行分析，其概况如下：一、课内多、课外少者14个；二、课内、课外基本持平者7个；三、课内少、课外多者25个；四、无课内而全是课外者8个。相比之下，课外多者是课内少者的两倍，而无课内全部为课外者，肯定是摘抄其他工具书。略加翻检，发现倡、候、象、仗、轰等字全是摘抄《辞海》。

结语

综观《词典》的成就和舛误，前者是主要的，尤其是"词典"外的内容的补充，体现出创新的精神。其不足之处表现在诠释词义不切或错误，以及较多词语和书证脱离新旧教材，与学生产生隔膜，也难与《学生古汉语词典》名实相符。新旧版对照校读一部分，发现上述五十多处问题（不含通假、年代、标点等），具体指出来供编者再版时参考。其余大部分似亦需校读考辨，予以修改，以期精益求精，日臻完善。

《孔雀东南飞》训诂三考

《孔雀东南飞》是中学语文教材中的传统篇目。中学语文的编著者为之做了大量的工作：名物、职官、地名、典章制度等注释十五处，实词、虚词、难字、通假字等一百五十七条，计七千二百六十余字。这对语文教学无疑起到了巨大的作用。可是从注释的科学性、实用性来看，近半个世纪的实践证明，上述注释尚不足以解决教学的实际问题，且存在着缺点、缺陷，乃至错误。现就知识方面的问题予以考释。

一、六合

"便利此月内，六合正相应"。课本〔2004年6月第一版全日制普通高级中学教科书（必修）《语文》第三册。人民教育出版社中学语文室编著。下同〕注："［六合］旧时结婚要选好日子，要年、月、日的干支（干，天干，甲、乙、丙、丁……支，地支，子、丑、寅、卯……年、月、日的干支合起来共六个字，例如甲子年、乙丑月、丙寅日)都适合,这叫‘六合’。”按:这纯属误释。因为“六合”是十二地支两两相合,与天干毫无干系。课本所注“甲子年、乙丑月、丙寅日”乃是古代阴阳家所谓人的生时“八字”(当然还要加上“丁卯时”)而非吉日良辰的“六合”。此“八字”,《辞海》注得明白:“旧中国迷信的一种。认为一个人出生的年、月、日、时,各有天干地支相配,每项用两个字代替,四项就有八个字……”而“六合”是指月建(农历每月所置之辰,即子、丑、寅、卯……十二地支配置十二个月周而复始)和日辰的地支(与天干无涉)相合,即子与丑合,寅与亥合,卯与戌合,辰与酉合,巳与申合,午与未合,总和六合。阴阳家以六合为吉日。质言之,十二地支两两相合的吉日“六合”与天干毫无关系。新版《辞海》①《辞源》②和《汉语大词典》③均作如是解,而书例也正是上述诗句。可见古诗文旧注亟须用训诂的新成果来纠正谬误。

二、复斗帐

“红罗复斗帐,四角垂香囊”,课本注:“红色纱罗做的小帐子,四角挂着香袋。复,双层。斗帐,帐子像倒置的斗,所以叫‘斗帐’。”按:《玉台新咏》《古诗源》本句均为“红罗复斗帐”,可能是注“复”为“双层”所本,但红色纱罗做的斗帐,“双层”是有悖于情理的,因为“罗帐”是防蚊设施,无须双层。所以闻一多先生说:“‘复’疑当为‘覆’。”(见《古典新义》闻一多,30 年代,生活书店)。余冠英先生说:“有人疑‘复’字是‘覆’字之误,但古人实有帐。”何为帐?古代冬季用的保暖帐子。晋陆翙《邺中记》载:“石虎御床,辟方三丈,冬月施熟锦流苏斗帐。……丝以房子绵百二十斤,白缣里,名曰复帐。”明显为北国的防寒设施。而本句中的罗帐是南国(长江北的庐江)的防蚊设施,不会用“复”的。故闻一多先生的灼见无误。杨伯峻说:“复乃假借字。”高亨说:“复假借为‘覆’。”(参见余樾《诸子评议》)新版《辞海》“斗帐”条注:“古乐府《孔雀东南飞》‘红罗覆斗帐,四角垂香囊’。”径以‘覆’易‘复’不知所据,却合情合理(参见彭杰《复斗帐小议》。广西大学《语文园地》1981年第三期)。

三、龙子幡

“青雀白鹄舫,四角龙子幡”,课本注:“画着青雀白鹄的船,四角挂着龙

① 夏征农、陈至立等:《辞海》(第六版),上海辞书出版社 2010 年版。

② 广东、广西、湖南、河南辞源修订组:《辞源》(修订本),商务印书馆 2009 年版。

③ 罗竹风等:《汉语大词典》,汉语大词典出版社 1986 年版。

子幡。舫,船。龙子幡,旗帜名。"以"旗帜名"释"龙子幡",语焉不详。《汉语大词典》:"[龙子幡]绣花的旗帜。"更不知所云。比朱东润先生主编《中国历代文学作品选》注为"绣龙的旗帜"尚差一筹。肖毅等编著《中学古体诗词评点译释》(华中工业学院出版社版1986年版)注为"绘龙形长方形旗子"。然而,"旗帜名"也罢,"绣龙的旗帜"也罢,加上"长方形"也罢,均使人无法知道为何种旗帜。按:幡为旗无疑,关键是"龙子"的解释。所谓"龙子",应是《续汉书·舆服志》所说的"降龙";此"降龙"是对"升龙"而言。唐陆德明《经典释文》说得明白:"天子画升龙于衣,上公但画降龙。"《汉诗研究·焦仲卿妻诗辨证》说:"升龙者,龙首昂然上向之龙也……降龙者,龙首卷然向下之龙也。龙子幡盖即降龙旗之俗称……此诗作于汉末,其称降龙旗为龙子幡,正应当时俗称也。"当然,太守不够"上公"的资格,那是由于汉末政令废弛、法制不彰,太守僭用上卿之礼,显示自己的高贵、阔绰,那是很自然的事。这可以从迎新所用的其他器物及四五百从人等描绘上看出来;当然也可以民歌的善于铺张扬厉、浪漫夸张的手法来阐释。

《孔雀东南飞》虚词例考

文言虚词在古诗文中,用法虚而灵活,经常扮演着"虚字传神"的角色。《孔雀东南飞》中的虚词,一词多义的现象十分复杂,因而十分容易被误解:误解词性,误解词意,进而误解句意,自然也就误解了句子的语气神情。这对于分析诗篇的思想性、艺术性及美学价值都是不利的。

笔者见到的各种材料,误虚为实有之,望文生训者有之,误此为彼者亦有之。然而更多的是略而不注、不译者,兹分考之。

自

1.本自无教训,兼愧贵家子

此"自"有工具书看作双音词的语素,训"本自"为"本来",虽勉强可通,但结合语境，似显不确。因为“本”“自”有相对的独立性，“自”的意义较实。在汉魏诗中，“自”常用作“是”，动词。如曹植《七步诗》：“本自同根生，相煎何太急?”《古诗源》及[日]前野直彬、石川忠久《古诗辞典》即作“本是同根生……”至唐·高适《燕歌行》：“男儿本自重横行(一本作‘本是重横行’)。”故“本自无教训”之“自”即“是”。

2.汝今何罪过，不迎而自归

“自”作为代词，表第一人称，相当于“自己”“本身”。此义，本诗中出现七次，大约有三种情况：(一)“不图子自归”“自挂东南枝”等，意义实在，均表自己；(二)“进止敢自专”“汝岂得自由”等，“自”为语素，但为实语素，亦表“自己”；(三)“物物各自异，种种在其中”，是说“物品各不相同”。此“自”意义稍虚，似为虚语素。有书硬性训为“有”，动词，显得太实而欠虚活。

3.东家有贤女，自名秦罗敷

“自”，指示代词“其”(指人为“她的”)，结尾有“中有双飞鸟，自名为鸳鸯”。此“自”亦为“其”，(指物，“它的”)。韩愈诗《岐山下》“丹穴五色羽，其名为凤凰”，句式同(参见《助字辨略》)。

4.我自不驱卿，逼迫有阿母

有书[①]训“自”为“自己”“自然”，有的译诗略掉，有的误译为“是”。按：“自”应为副词“本”“本来”[②]。

5.自可断来信，徐徐更谓之

中学教材[③]以译代注为：“可以回绝来做媒的人……”有的译为“可以回绝做媒的来使”。显然，“自”落空。此“自”，应为时间副词，表短暂，可训为“即”(自、即，古音同)。如汉书《王褒传》颜师古注：“屐，自今之鞋耳。”官本“自”作“即”，谓屐，即今之鞋耳(参见《广释词·自——即》)[④]。

6.自君别我后，人事不可量

此“自”为介词，从。表时间由始。可训译为“自从”。

---

① 此指各类大中专院校的《中国古典文学作品选》及《大学语文》等教材，因参考过多，不一一注出。

② 裴学海：《古书虚词集释》，中华书局1954年版。

③ 此指人民教育出版社从1956年至今出版的《高中教材·文学课本》和《高中教材·语文课本》，下同。

④ 徐仁甫：《广释词》，四川人民出版社1981年版，第358页。

7.妾有绣腰襦,葳蕤自生光

"自",转折连词,"而"。如曹睿《短歌行》:"衔土缮巢,有式宫房;不规自圆,无矩而方。"杜甫《遣兴五首》之三:"漆有用而割,膏以明自煎。"均"而"与"自"相对为文①。有工具书训为"自然地;不借助光等外物"。虽勉强可通,但不如训为"而"自然而顺适。

8.勤心事公姥,好自相扶将

本句中"自"的意义相对较虚,故中学教材把后句译为:"好好地服侍老人家。"而训"自"为"自己",从而句译为"好好照料自己"或"希望你把自己照顾好",这样训释太实且不合兰芝本意。

总括来看,《孔雀东南飞》中,"自"出现十六次,其意义用法八九种,可谓复杂多变,但除两处以译代注带过外,绝大部分均未给予训释。多年的实践证明,很有补注的必要。

复

1.念与世间辞,千万不复全

中学教材译此两句为"想到他们将要永远离开人世,无论如何不能再保全了"。有书译为"……无论如何不能再活"。也有书译为"无论如何生命再不能保全……"总之,都在强调"再",似把"复"解为"再"?

以译代注,事倍功半,二十四字的译句,只需注:"复,能。全,保全。"即可。为何是"能"而非"再"? 请看:《汉乐府·长歌行》:"百川到东海,何时复西归?"复,即"能"。《古诗十九首》:"河水清且浅,相去复几许?"复亦"能"。至唐,仍"复""能"通用。如杜甫诗《发阆中》:"女病妻忧归亦急,秋花锦石谁能数?"仇兆鳌注:"能",一作"复"。(《杜诗详注》,中华书局1979年版)可证"复"即"能"。

2.今若遣此妇,终老不复取

此"复"为"再",表频率。与此用法相同者尚有"勿复重纷纭""何言复来还"。

3.视历复开书,便利此月内

中学教材未注,有人讲此"复"为句中助词"啊",虽可通,但似不宜舍近

① 徐仁甫:《广释词》,四川人民出版社1981年版,第358页。

求远，理解为“再”的略引申，即“又”，似更顺适。

4.阿母为汝求，便复在旦夕

中学教材未注，“教参”谓“复”是“答覆”“回话”。有书注为：“复：回信。”有书译为：“一天半天便有回信。”意虽可通，句式却甚不顺畅。如训为“亦”则较顺畅。例如《汉书·儒林传·瑕丘江公》：“会(蔡)千秋病死，证江公孙为博士……江博士复死，乃证周庆、丁姓为待诏保宫。”曹植《箜篌引》：“知命复何忧。”郭茂倩说：晋乐“复何忧”，本辞作“亦何忧”。另外，如理解为加强语气的副词，于句式则通畅，而全句的意思也比较明确；就表现手法说，却更委婉、含蓄，韵味十足，焦母的虚伪如见。

5.儿已薄禄相，幸复得此妇

中学教材未注，有材料注为“又”，有材料注为“能”……但多数材料都略而不问。《汉语大词典》认为只起“加强语气”的作用，可见此“复”的训释似易实难。细玩此二句，“复”与“已”相呼应，故应训为表态副词“尚(还)”。如《汉乐府·东门行》“君复自爱莫为非”，即“尚自爱而没有为非”。卢思道《有所思》：“复闻隔湘水，犹言限桂林。”“复”“犹”为对文，皆为“尚”①。

6.媒人下床去，诺诺复尔尔

中学教材注：“(诺诺复尔尔)连声说：‘是，是，就这样办，就这样办。’……”此“复”落空。“尔尔”即“唯唯”，略同于“诺诺”②。“复”的用法略同于“唧唧复唧唧”(《木兰诗》)或“今夕复何夕”(杜甫《赠卫八处士》)之“复”。故可见“复”为重叠词中的表声字，犹“啊”③。有书释为副词“又”固可通，但诗的美学价值则明显的减弱了。

7.红罗复斗帐，四角垂香囊

中学教材注：“复，双层。……”按《玉台新咏》《古诗源》本句均为“红罗复斗帐”，但是红色纱罗做的小帐子，功用是防蚊，“双层”是有悖于情理的。所以闻一多先生说：“‘复’疑当为‘覆’。”余冠英说：“有人疑‘复’字是‘覆’之误，但古人实有复帐。”但北国石虎有复帐，絮棉百余斤，是华丽的防寒设

---

① 徐仁甫：《广释词》，四川人民出版社1981年版，第233页。

② 彭杰：《孔雀东南飞——词语探微》，《安徽教育学院学报》，1994年第3期。

③ 罗竹风：《汉语大词典》，汉语大词典出版社1994年版，另见徐仁甫《广释词》，四川人民出版社1981年版，第355页。

施;长江北岸的庐江,此物则不宜。20世纪五六十年代高中《文学》《语文》均注为:“复斗帐,意思是说帐子的样子像个向下复着(罩着)的斗。”新版《辞海》“斗帐”条注:“古乐府《孔雀东南飞》:‘红罗覆斗帐……’”虽不知以“覆”易“复”的根据,但有道理,故《汉语大词典》亦如此是解。杨伯峻说:“复乃假借字。”高亨说:“复,假借为‘覆’。”[①](参见俞樾《诸子平议》)

见

1.君既若见录,不久望君来

“(君既若见录)既然蒙你记住我。录,记。”此句是以译代注。“见”,译为“蒙”(被),亦欠允当。有书注:“若,如此。见,我。”有书注:“若,如此。见,被。”均欠妥。徐仁甫先生说:“‘若’犹‘尚’也,‘见’犹‘有’也,言君既尚有录,则不久望君来。”[②]是为灼见。故此句应注为:“若,尚、还。见,有,有心。录,记。”确切地应译为:“你既然还有心记住(我)。”当然可以不译,而译成“既见承蒙你永远记着我”或“您既然如此厚爱”,既不确切又显得意译味太浓。

2.兰芝初来时,府吏见丁宁

中学教材旧注:“(见丁宁)再三嘱咐。……”新注改为:“(府吏见丁宁)即‘见府吏丁宁’,受到府吏的嘱咐。……”

按:见,释为“再三”,于训诂无据;新版把“见”移至句首,译为“受到”,是用在动词前表示被动的用法,意思是“被”,于义欠确切,句式亦不顺。究其原因是不理解“见”有“有”义。如陶潜《和刘柴桑》:“荒涂无归人,时时见废垆。”其“见”一作“有”,与“无”为对文,可见“见”犹“有”。此用法,正与上“见录”同。

3.转头向户里,渐见愁煎迫

此“见”的用法,为用在动词前表被动的助动词,与引进主动者之介词不同,它虽可破译成“被”,但其意为“遭受”“受到”。

其他,如“君既为府吏,相见常日稀”等,“见”为动词见到,兹不予考释。

---

① 彭杰:《复斗帐小议》,《语文园地》,1981年第6期。

② 徐仁甫:《广释词》,四川人民出版社1981年版,第354页。

“螽斯”辨证

对《诗经·周南·螽斯》的解释，基本上可分两大类：一类认为“螽”“斯”分读，“螽”为虫名，“斯”为语词，旧注已有；今注如离亨、袁梅主此说，程俊英以为此说亦通。一类认为“螽斯”不可分读，为专名词。主此说者较多，对“螽斯”的界定基本一致，即“螽斯”属“蝗”类。如朱熹《诗集传》：“螽斯，蝗属，长而青，长角长股，能以股相切作声，一生九十九子。”今人程俊英《诗经译注》：“螽斯，蝗类的虫，亦名蚣蝑、斯螽，是多子的虫。”陈子展《诗经直解》未注，然述义中指出“螽斯害虫”，可见也看作蝗类的。

我们认为这两种注解皆欠恰当：一、不可将“螽斯”分读为“螽”“斯”而分别作虫名和语词；二、“螽斯”不可解作蝗属。

“螽斯”为不同于“螽”的一种虫的名称，与《豳风·七月》之“螽斯”为同一虫，盖倒呼而成。三家诗的“斯”作“蜇”，这就是“螽斯”不可分读的有力证据，总不能将“蜇”也当作语气词吧？《尔雅·释虫》：“蟔，蛄蜇。”《说文》：“蛄，蛄斯，墨也。”“蛄蜇”“蛄斯”既不可分读，“螽蛄”“螽斯”，其情亦然。王先谦对造成“螽斯”分读的原因有精到的见解，他在《诗三家义集疏》中说：“盖三家文‘螽斯’，与‘螽’截然二物。《毛诗》作‘斯’，故后人以‘斯’为语词，而溷‘螽斯’与‘螽’为一物，此大谬也。”至郑玄笺《毛诗》后，三家诗渐佚，学者皆习《毛诗》；而“斯”在古汉语中常用作语词，故遂误“螽斯”为“螽”。

考“螽斯”与“螽”，二虫之性绝异。《说文》：“螽，蝗也，从虫虫，夂声，夂，古文终字。蠓，螽或从虫，夂声”。又：“蝗，螽也。”以是知《说文》“螽”“蝗”互训；《广雅·释虫》：“螽，蝗也。”《众经音义》：“蝗，螽也。”《辞海》释“蝗”：“昆虫纲，直翅目，蝗科。……产卵管短而弯曲，以此凿土产卵。……食量很大，主要为害禾本科植物。”可见，“螽”即“蝗”，属蝗科，是一种为害禾本植物极大的害虫,这就是王先谦所谓“食苗为害之螽”(依《诗三家义集疏》)。“螽斯”则与“螽”截然不同。王先谦《诗三家义集疏》:“‘螽(斯)’随地皆有,初不为害,与食苗为害之‘螽’形略同而性绝异。”《辞海》“螽斯”条:“昆虫纲,直翅目,螽斯科。……常以长形产卵管成行或成列产于叶或茎秆的组织内。一般为肉食,也有杂食性的。”与“蝗”比较,一为螽斯科,一为蝗科;产卵方式和习性皆不同。

从古文献出现的“螽斯”的别名看,“螽斯”亦应为一物之名,不可分读为一虫名、一语词,也不可释作蝗。《毛传》:“螽斯,蚣蝑也。”《说文》“蜙”下曰:“蜙。”又“蝑”下云:“蜙蝑也。”是以“蜙蝑”连读,即螽斯。《方言》:“舂黍谓之。”《毛诗正义》引陆机云:“幽州人谓之‘舂箕’。舂箕即舂黍。……或谓似蝗而小,班墨,其股似瑇瑁文。五月中以两股相切作声,闻数十步。”按陆机此说(陆机另有他说,见下文),既“似蝗而小”则非蝗;而“五月中以两股相切作声”,则恰与《豳风·七月》“五月斯螽动股”相合。《毛诗正义》曰:“此(《螽斯》)言螽斯,《七月》云‘斯螽’,文虽颠倒,其实一也。”《方言》:“舂黍谓之䗫。”故王先谦说:“‘螽斯’‘蜙蝑’‘䗫蝑’‘舂箕’‘舂黍’,一物数名,并字随音变。”

从《周南·螽斯》诗旨推求,释“螽斯”为“螽”或为“蝗属”,亦皆极不得当。

先看旧说。毛诗,韩诗,齐诗基本同,言《螽斯》美后妃贤德不妒,多子而能使子贤。朱熹《诗集传》曰:“后妃不妒忌而子孙众多,故众妾以螽斯之群处和集而子孙众多比之。言其德而宜有是福也。”诗人既为此意,又焉能取为害极大的害虫作比?

再看新说。比较一致的观点,《螽斯》是祝人多子多孙的诗。如程俊英、金启华;或为贺人生子女之歌,如袁梅。试想,在祝人多子孙或祝人生子女之时,竟然用为害极大的害虫作比,岂不是对人的咒骂?咒骂人而能为人接受,绝无此理。

究“螽斯”误解之因,与古注有关,李巡释:“蜇螽”等物云:“皆分别蝗子异方之语。”(见郝懿行《尔雅义疏》引)《毛诗正义》引陆机语:螽斯,“幽州人谓之舂箕。舂箕即舂黍。蝗类也”。《穀梁传·桓五年》“虫灾之螽”,范宁注曰:“蜙蝑之属。”后人不辨其实,辗转相沿,遂使“螽斯”与“螽”混为一物,而释为蝗类。

那么,应该怎样恰当地注释“螽斯”呢?我们认为,应该结合正确的旧注与《辞海》释为:直翅目昆虫,螽斯科,亦名“斯螽”。此虫群处。群飞而多繁衍,因此用以比人,借以赞美或祝贺(按“群飞”,据王先谦《诗三家义集疏》)。

说“以”

“以”是个极常用的文言词,它本义为动词,《说文》:“以,用也……贾侍中说,已意已实也。”段注:“用者,可施行也……已者,我也;意者,志也。已意已实,言人意已坚实见诸施行也。”[①]本用作使用,作使、令,凭借、仗恃;引申为以为、认为,连及,带领;又用指缘由、缘故;虚化后可用作代词、副词、介词、连词、助词;又通“已”。

一、作实词

(一)【名词】缘由;缘故。唐李白《春夜宴从弟桃李园序》:“古人思秉烛夜游,良有以也。”明高启《书博鸡者事》:“然未有以极也。”

(二)【动词】①用;使用。《晏子春秋(晏子使楚)》:“吾欲辱之,何以也。”《楚辞·涉江》:“忠不必用兮,贤不必以。”《史记·廉颇蔺相如列传》:“相如度秦王特以诈详为予赵城。”引申为任命。《资治通鉴》(赤壁之战):“遂以周瑜、程普为左右督。”又:“以鲁肃为赞军校尉。”②使;令。《孟子·公孙丑上》:“管仲以其君霸,晏子以其君显。”③凭借;仗恃。《左传·庄公十年(曹刿论战)》:“可以一战。”《韩非子·五蠹》:“富国以农,距敌恃卒。”宋曾巩《墨池记》:“盖亦以精力自致者。”④以为;认为。《战国策·齐策》(邹忌讽齐王纳谏):“皆以美于徐公。”《墨子·非攻》:“臣以王之攻宋也。”清黄宗羲《原君》:“以君臣之义无所逃于天地之间。”⑤做;从事。《论语·为

① 段玉裁:《说文解字注》,上海古籍出版社1988年版,第746页。

政》:“视其所以,观其所由。”《韩非子·扬权》:“彼自以之。”⑥率领;带领。《左传·僖公五年》(宫之奇谏假道):“宫之奇以其族行。”⑦连及;涉及[①]。如《易经·复卦》:“用行师,终有大败,以其国君,凶。”《国语·汤誓》:“余一人有罪,无以万夫。”⑧通“已”。完结;停止。《礼记·檀弓下》:“则岂不得以。”孔颖达疏:“岂不得休已者哉。”

(三)【代词】①表示近指[②],相当于“这,这样”“此”。《论语·宪问》:“以告者过也。”《吕氏春秋·知化》:“未死而言死,不论。以虽知之与勿知同。”《汉书·娄敬传》:“妾唯以一太子、一女,奈何弃之匈奴?”②用在介词“于”后询问处所,相当于“何”“哪里”“什么”[③]。《诗经·召南·采蘋》:“于以采蘋?南涧之滨。”又《邶风·击鼓》:“于以求之?于林之下。”《礼记·檀弓下》:“天则不雨,而望之愚妇人,于以求之,毋乃已疏乎?”

二、作虚词

文言虚词所含内容广泛,其词汇意义和语法意义又很复杂,再加上各家释义经常相互牴牾,使用起来甚至连分类亦不相同,故更增加了理解的难度。

(一)【副词】①表示程度。相当于“太”“甚”。《孟子·滕文公下》:“三月无君明吊,不以急乎。”《史记·伍子胥列传》:“子以报仇,其以甚乎。”②表示频率。相当于“又”。《左传·成公十六年》:“旧不必良,以犯天忌。”③表示范围,相当于“只”“唯”。《战国策·齐策》(冯谖客孟尝君):“君家所寡有者,以义耳。”《史记·韩世家》:“彼韩急则变而佗从,以未急,故复来耳。”④表示情态,相当于“这么”“如此”。《论语·子张》:“无以为也!仲尼不可毁也。”《水经注·江水》(三峡):“虽乘奔驭风,不以疾也。”⑤通“已”,表时间,意为动作已经实施,情况已经出现。相当于“已经”。《国语·晋语四》:“其闻之者,吾以除之也。”《战国策·齐策》(冯谖客孟尝君):“窃以为君市

① 杨伯峻认为,这种用法只有上古才有。见杨伯峻:《古汉语虚词》,商务印书馆 1981 年版,第 262 页。

② 杨伯峻认为,“以”作指示词,也可作形容词(定语),当“以”下有名词,“以”为形容词。如《汉书·娄敬传》:“妾惟以一太子一女,奈何弃之匈奴。”《韩非子·爱臣篇》:“夫燕、宋之所以弑其君者,皆以类也。”见杨伯峻《古汉语虚词》,商务印书馆 1981 年版,第 255 页。

③ 杨伯峻认为,“以”作疑问词,多在“于”字下,唯见于《诗经》。见杨伯峻:《古汉语虚词》,商务印书馆 1981 年版,第 256 页。其实《礼记》中也有此类用法。

义。"《汉书·张敞传》:"今两侯以出,人情不相远。"《柳河东集·封建论》:"秦制之得,亦以明矣。"宋苏轼《教战守策》:"唐室固以危矣。"[①]

(二)【介词】①表示对事物的处置,相当于"用""拿""把"。《庄子·养生主》(庖丁解牛):"臣以神遇而不以目视。"宋欧阳修《卖油翁》:"徐以杓酌油沥之。"《清稗类抄》(冯婉贞):"何异以孤羊投群狼。"②表示方式、原因。有"依据""凭借""按""工具""身份""原因"等意[②]。《吕氏春秋·察今》:"以所见之所不见。"唐柳宗元《捕蛇者说》:"今以蒋氏观之,犹信。"蔡元培《图画》:"亦多以记忆所得者为之。"《史记·李将军列传》:"而广以良家子,从军击胡。"《论语·卫灵公》:"君子不以言举人,不以人废言。"③表示行动的时间、处所、范围。相当于"在""于"。《汉书·苏武传》:"武以始元六年春至京师。"宋沈括《梦溪笔谈·采草药》:"岂可一切拘以定月哉。"清顾炎武《复庵记》:"以崇祯十七年夏。"④表示行动或变化的起点。相当于"从""由""自"。《吕氏春秋·察今》:"贵以今知古。"清周容《芋老人传》:"然世之以今日而忘昔日者。"林觉民《与妻书》:"第以今日世事观之。"⑤表示行为产生的原因。相当于"因为""由于"。《史记·廉颇蔺相如列传》:"以先国家之急而后私仇也。"宋范仲淹《岳阳楼记》:"不以物喜,不以己悲。"明张敷《五人墓碑记》:"率以吾郡之发愤一击而不敢复有株治。"⑥表示论事的对象、依据及标准,相当于:"以……而论""就……而论"。《孟子·万章下》:"以位,则子君也,我臣也。"⑦"以"介词,用法同"与"[③]。如《战国策·周策》:"天下有变,王割汉中以楚和。"《左传·成公二年》:"王以巩伯宴,而私贿之。"《史记·留侯世家》:"陛下起布衣,以此属取天下。"

(三)【连词】①顺承关系,位于两个动词之间,前者为后者的方式,后者为前者的目的或结果,相当于"而"。《楚辞·涉江》:"吾不能变心以从俗兮,固将愁苦而终穷。"晋陶潜《归去来兮辞》:"木欣欣以向荣,泉涓涓而始流。"唐柳宗元《三戒·黔之驴》:"黔无驴,有好事者船载以入。"②并列关系,相当于"而/而又""和"。《史记·滑稽列传》(西门豹治邺):"三老、官

① 杨伯峻认为,"以"作"已经"用,战国前比较常见,秦以后极少见。见杨伯峻:《古汉语虚词》,商务印书馆1981年版,第262页。此引唐宋之例实属偶然现象。

② 马贝加:《近代汉语介词》,中华书局2001年版,第292页。

③ 杨伯峻:《古汉语虚词》,商务印书馆1981年版,第255页、256页、260页、262页。

属、豪长者、里父老皆会，以人民往观之者三二千人。”唐韩愈《原毁》：“古之君子，其责己也重以周，其待人也轻以约。”宋王安石《游褒禅山记》：“夫夷以近，则游者众；险以远，则至者少。”③递进关系，相当于“并”“并且”。《孟子·梁惠王上》（齐桓晋文之事）：“挟太山以超北海。”又“非挟太山以超北海之类也。”唐柳宗元《捕蛇者说》：“以啮人，无御之者。”④转折关系，相当于“却”。汉刘向《说苑·杂言》：“少以犯重，弱以侮强。”唐魏徵《谏太宗十思疏》：“斯亦伐根以求木茂。”⑤表示因果关系，相当于“因此”“因而”。《三国志·蜀书·诸葛亮传》（出师表）：“不宜妄自菲薄，引喻失义，以塞忠谏之路也。”宋苏洵《六国论》：“辟荆棘，暴霜雪，以有尺寸之地。”孙文《黄花岗七十二烈士事略序》：“不半载而武昌之大革命以成。”⑥表示目的，相当于“去”“来，用来”等。《左传·宣公二年》：“晋灵公不君，厚敛以雕墙。”汉曹操《步出夏门行·观沧海》：“东临碣石，以观沧海。”宋范仲淹《岳阳楼记》：“属予作文以记之。”⑦连接状语和谓语主要成分。可语译为“地”，或不译。《汉书·食货志上》：“淫侈之俗日日以长，是天下之大贼也。”晋陶渊明《归去来兮辞》：“舟遥遥以轻飏，风飘飘而吹衣。”唐韩愈《原毁》：“早夜以思，去其不如舜者，就其如舜者。”⑧用在“上、下、来、往、南、北”等词前，表示范围、时间等。可仍译作“以”，或根据上下文义灵活译出[①]。《论语·雍也》：“中人以上，可以语上也；中人以下，不可以语上也。”《汉书·王莽传》：“自今以来，敢犯此者，辅捕系。”《乐府诗集·有所思》：“从今以往，勿复相思。”

（四）【助词】①用于名词作状语时，相当于结构助词“地”。《楚辞·涉江》：“鸾鸟凤皇日以远兮。”《史记·屈原贾生列传》：“其后楚日以削。”宋苏轼《教战守策》：“人民日以安于逸乐。”有时亦用于形容词之后。《孟子·梁惠王上》（齐桓晋文之事）：“明以教我。”明马中锡《中山狼传》：“匍匐以进。”②用在句中以舒缓语气。《玉台新咏·孔雀东南飞》：“逆以煎我怀。”唐柳宗元《小石潭记》：“全石以为底。”③用于句末，表示叙述语气。可语译为“了”，或不译出。《战国策·楚策四》：“蜻蛉其小者也，黄雀因是以。”《史

① 中国社会科学院语言研究所古代汉语研究室：《古代汉语虚词词典》，商务印书馆 1999 年版，第 715 页。

记·礼书》:“步骤驰骋厉骛不外是以。”[1]

三、复合词语

(一)yǐshàng 以上

1.【准方位词】以“以”前的名词为起点,上溯大于起点词的范围。清方苞《狱中杂记》“中家以上,皆竭资取保”。

2.【动词性短语】“以”为承接连词,“上”为动词,与“以”的词语相呼应,意为“向上攀登”。明徐宏祖《徐霞客游记·游黄山记》:“由山以上五六里。”又:“复从峡度栈以上。”

3.【名词】表示品第、数量、级别、位置等在某一点上。《史记·商君列传》:“民有二男以上不分异者,倍其赋。”

4.【时间名词】表示时间在前的,犹言“以前”。《左传·襄公二十四年》:“自虞以上为陶唐氏。”

(二)yǐwéi 以……为……:“以”与“为”呼应出现

1.“以”是介词“把”,“为”是动词“当作”“看成”“作为”等。《孟子·梁惠王上》(齐桓晋文之事)中:“百姓皆以王为爱也”;宋王安石《答司马谏议书》:“士大夫多以不恤国事,同俗自媚于众为善。”林觉民《于妻书》:“则亦教其以父老为志。”

2.“以”是介词“用”“拿”,“为”是动词“治理”。《吕氏春秋·察今》:“以故法为国者与此同。”

3.“以”是介词“用”,“为”是判断词“是”。晋傅玄《马钧传》:“以机鼓轮为常则。”

4.“以”是介词“用”“拿”,“为”是动词“当成”“作为”。《墨子·非攻(公输)》:“以牒为械。”宋苏洵《六国论》:“至丹以荆卿为计。”[英]赫胥黎著、严复译《天演论导言(察变)》:“以天演为体。”

5.“以”是动词,义为“任命”“分派”;“为”也是动词,义为“担任”“充任”。《战国策·赵策》(触龙说赵太后):“必以长安君为质。”《史记·屈原贾生列传》:“以其弟子兰为令尹。”《资治通鉴》(赤壁之战):“遂以周瑜、程

---

① 此二例转引自中国社会科学院语言研究所古代汉语研究室:《古代汉语虚词词典》,商务印书馆 1999 年版,第 715 页。

普为左右督。”

6.“以”是动词,义为“认为”;“为”是判断词“是”。《战国策·魏策四》(唐雎不辱使命):“以君为长者。”《史记·魏公子列传》(信陵君窃符救赵):“市人皆以嬴为小人而以公子为长者。”

7.“以”是介词“用”,“为”也是介词,义为“为了”“替”。孙文《黄花岗七十二烈士事略序》:“倘国人皆以诸先烈之牺牲精神为国奋斗。”

8.“以”是介词“凭”,“为”是动词,义为“作为”“当成”。清全祖望《梅花岭记》:“汝当以同姓为吾后。”

9.“以”是介词“数(shuǒ)”,“为”是动词,义为“算是”。孙文《黄花岗七十二烈士事略序》:“以辛亥三月二十九日围攻两广总督署之役为最。”

(三)yǐwéi 以为

1.【动词】认为或认为是。汉贾谊《过秦论》:“自以为关中之固,金城千里。”宋苏轼《石钟山记》:“郦元以为下临深潭。”梁启超《谭嗣同》:“以为今日谕旨将下。”

2.与“以……为……”结构相同。“以”是介词,其宾语前置在主语后;“为”是动词,义为“当作”。《韩非子·喻老》(扁鹊见蔡桓公):“医之好治不病以为功。”唐魏徵《谏太宗十思疏》:“乐盘游则思三驱以为度。”清蒲松龄《聊斋志异·促织》:“欲居之以为利。”

3.“以……为”的紧缩式[①]。“以”是介词,义为“把”“用来”其后宾语前置或省略。“为”是动词,义为“当作”“当成”“制成”等。《论语·阳货》:“君子义以为上。”《荀子·劝学》:“木直中绳,輮以为轮,其曲中规。”唐柳宗元《捕蛇者说》:“然得而腊之以为饵。”孙文《黄花岗七十二烈士事略序》:“并以为国人之读兹编者勖。”

4.为。“以”是助词,无义。见上《小石潭记》例。

(四)yǐzhì 以至【连词】表递进。相当于“乃至”“甚至”。宋沈括《梦溪笔谈·雁荡山》:“以至诸峰之顶,亦低于山顶之地面。”明魏学洢《核舟记》:“以至鸟、兽、木、石,罔不因势象形。”清薛福成《观巴黎油画记》:“自王公卿相以至工艺杂流。”

---

① 这种情况有学者认为是意动用法,如于长虹、韩阙林《常用文言虚词手册》,河北人民出版社1983年版,笔者认为此种情况也有使动用法,如《荀子·劝学》:“木直中绳,輮以为轮,其曲中规。”

（五）yǐzhìyú 以至于【动词性短语】“以”为副词，义为“才”；“至”为动词，义为“到达”；“于”为介词，引进“到达”的时间处所（与现代汉语的递进连词不同）。如《左传·昭公十六年》：“故能相保，以至于今。”《后汉书·列女传（乐羊子妻）》：“一丝而累，以至于寸。”

（六）yǐhuán 以还【时间词】

1.指起点词到现在的时段，相当于“以来”“以后”。英·赫胥黎著，严复译《天演论导言》（察变）：“则三古以还年代方之。”唐白居易《与元九书》：“晋宋以还，得者益寡。”

2.在某一点之下，相当于“以下”。南朝宋刘义庆《世说新语·文学》：“自中人以还，北人看书如显处视月。”

（七）yǐcǐ 以此

1.【连词】表因果，相当于“因此”“所以”。《史记·廉颇蔺相如列传》：“以此知之。”《玉台新咏·孔雀东南飞》：“以此下心意。”明宗臣《报刘一丈书》：“以此常不见悦于长吏。”侯方域《与阮光禄书》：“而其子以智，余之夙交也，以此晨夕过从。”

2.【介词结构】相当于“用这”“由于这样”“由于这个缘故”。《吕氏春秋·察今》：“以此为治，岂不难哉。”《史记·屈原贾生列传》：“卒以此见怀王之终不悟也。”宋欧阳修《卖油翁》：“公亦以此自矜。”

（八）yǐlái 以来 1.【动词】来；拿来。《左传·僖公三十二年》（殽之战）：“若潜师以来，国可得也。”《公羊传·昭公三十一年》：“夏父曰：‘以来’！”清周容《芋老人传》：“使人访其夫妇，载以来。”2.【时间词】(1)指起点词到现在的时段。《史记·廉颇蔺相如列传》：“秦自缪公以来二十余君。”清黄宗羲《柳敬亭传》：“有此以来。”林觉民《与妻书》：“吾自遇汝以来。”(2)犹言“以后”。《史记·孝文本记》：“自今以来，有犯此者勿听治”。

（九）yǐgù 以故【连词】表因果，相当于“因此”“所以”。《史记·刺客列传》（荆轲刺秦王）：“以故荆轲逐秦王。”宋王安石《游褒禅山记》：“以故其后名之曰‘褒禅’。”

（十）yǐshì 以是 1.【连词】表因果，说明结果的所自，有时也用作“是以”[①]。均相当于现代汉语的“因此”“所以”。如《史记·魏公子列传》(信陵君窃符救赵):“以是知公子恨之复返也。”《庄子·养生主》:“是以十九年而刀刃若新发于硎。”明宋濂《送东阳马生序》:“是以人多以书假余。”2.【介词结构】“以”义为“凭”“用”;“是”义为“这”。《礼记·礼运》:“吾以是观之。”英·赫胥黎著、严复译《天演论导言》(察变):“以是(蜃灰),知其地之古必为海。”

“欸乃”再探

暖气微微,云气淡淡,春山隐隐,春水溶溶……春的消息已从山山水水之间泄露了出来。于是,我的脑海中便忽然闪现出一幅神奇的画面,油然漾起一曲“春之歌”——

渔翁夜傍西岩宿,晓汲清湘燃楚竹。
烟消日出不见人,欸乃一声山水绿。
回看天际下中流,岩上无心云相逐。

这是柳宗元著名的《渔翁》诗。诗中有画,“神韵独步千古”,“熟味此诗,有奇趣”(苏东坡语)。尤其是“欸乃一声山水绿”一句,声情并茂,诗情画意似新开樽的浓烈醇酒,散发着醉人的气息,遂成千古绝唱!可是其中的“欸乃”到底是什么声音,千百年来,有三种不同的说法——一说是橹声,一说是歌声,一说是歌唱的和声。这样就直接影响着人们对这一名句的理解、欣赏、玩味……

全日制普通高级中学教科书(必修)《语文》(人教版)第三册柳宗元《渔翁》诗注:[欸(ǎi)乃] 摇橹声。一说,指渔歌《欸乃曲》,亦通。

《新华字典》(修订本,2004年版)注:欸乃(ǎin ǎi)拟声词,摇橹声:~~一声山水绿。

① 于长虹、韩阙林:《常用文言虚词手册》,河北人民出版社1983年版,第332页。

《新华词典》注:[欸乃]形容摇橹声:~~一声山水绿。[1]

《现代汉语大词典》注:[欸乃]ǎin ǎi(拟)<书>形容行船摇桨、摇橹的声音:~~一声山水绿。

而且,主张"欸乃"是摇橹声的,不仅只是《新华字典》《新华词典》和《现代汉语大词典》,常用工具书中影响颇大的《辞海》《辞源》也是如此:

[欸乃](ǎi-)摇橹声。柳宗元《渔翁》诗:欸乃一声山水绿。[2]

"[欸乃]行船摇橹声。唐元结《元次山集》(三)有《欸乃曲》。又柳宗元《柳先生集》(四三)《渔翁》诗:'烟消日出不见人,欸乃一声山水绿。'按:'欸乃'象声词,本无定字,刘言史诗作'暧迺',刘蜕诗作'靄迺'。自宋黄庭坚以柳诗集注云:一本作'袄靄',遂读欸为袄,后多读ǎo。"[3]

为什么会出现如此众说纷纭的情况呢?这可能和《正字通》有关。

实际上,欸乃与橹桨声本是无关的。《说文解字》云:"欸,訾也。"段玉裁注:"訾者,咨字之误。……咨者,诃也。"即陆德明《经典释文》注:"欸,谓语余声。"朱骏声说:欸,"实与诶同字。……假借为唉"。唉,又可"假借为诶、为欸"(见《说文通训定声》)。这样,欸、诶、唉三者可以通假使用的关系就很清楚了。而"乃",《说文解字》注:"曳词之难也。"朱骏声说:"象气之出难。"亦用作语助。可见,欸乃与橹桨声是风马牛不相及的。

如历史地考查一下,可以知道,六朝以前诗文中找不到"欸乃"连用的书证,很有可能是柳宗元从民歌中汲取的营养成分。

为什么会把欸乃注成摇橹声或打桨声呢?《辞源》本自惠洪《冷斋夜话》。惠洪讥"评诗之误而自误不足为训",张自烈《正字通》欲通"欸乃"而未通。试看他说:"欸乃本作靄乃(未说明所本),今行船摇橹戛轧声似之。柳宗元诗,'欸乃一声山水绿'。"

《正字通》这样来"正字",实在是很难通的。因为不论今古,行船摇橹的戛轧(jiā zhā)声和渔歌声或"和声""号子声","欸乃"(āin ǎi)或"袄靄"(ǎo ǎi),其声、韵、调和情韵都是截然不同的几种声音,它们之间无论如何也

---

① 郑刚编著:《新华词典》(修订本),内蒙古人民出版社2003年版。

② 舒新城、沈颐、张相等:《辞海》,中华书局1985年版,第1525页。

③ 广东、广西、湖南、河南辞源修订组、商务印书馆编辑部:《辞源》(修订本),商务印书馆1998年版,第1653页。

是根本无法相“似之”的。然而,由于《正字通》以“正字”的面目出现,而且又以字书的形式解“欸乃”又较早,所以对后世的工具书影响也很大。

上述误解是怎样产生的呢？是张自烈误解了“欸乃”是“棹船之声”而产生的——

查:宋代蔡正孙的《诗林广记·前集》卷之五收录了柳宗元的《渔翁》诗,而题名为《渔父词》,附元次山的《欸乃曲五首》之三、四,并加注解说:“黄山谷云:‘元次山《欸乃曲》乃湘中节歌声也。《元次山集》云棹船之声。’”按:棹,“所以进船也”(见《说文新附》)。所以,“棹船之声”,即《词谱》说的用棹进船的声音(元次山有“父子棹船抱酒瓮”之句可证)。蔡正孙的引注,是迄今为止见到的最早的以“欸乃”与橹声无关的解释。明代梅膺祚的《字汇》注“欸乃”为“棹船相应声”。这解释亦和“棹船之声”意思相同,应该理解为(船夫)用棹进船时发出的互相应和的声音(着重号为笔者所加),即为了协调动作而发出的行船号子的和声;但也可以误解为船和棹相摩擦而发出的声音。张自烈的解释正是后一种,所以,得出“戛轧”似“欸乃”的、颇为奇特的结论。20世纪80年代出版的几部有影响的工具书,几乎全主“橹声”说,所以尤有辨明的必要。然而,近期出版的工具书解注是另外一种情况:《现代汉语词典》既说“欸乃”是“形容摇橹的声音”,同时又说是“划船时唱歌的声音”。因为没有引例句,因而不知具体所指(见2005年7月增订本第5版)。

明确指出“欸乃”是歌声的有《康熙字典》和《中华大字典》等。

《康熙字典》注:“欸乃,湖中(宋代蔡正孙的引注及唐代元结的《欸乃曲》均作‘湘中’——笔者注)节歌声。唐元结有《欸乃曲》。”(中华书局,1980年版)没引柳宗元的诗句,而引用的另外例子没有橹声的字样。

《中华大字典》注:“欸乃,棹船相应之声,又湖中节歌声。[柳宗元诗]欸乃一声山水绿。[按:欸本音哀,亦作上声。后人因柳集中注字云一本作霭袄,遂欲音欸为袄,音乃为霭。不知彼注别本作袄霭,非谓欸乃当音袄霭。]”

这里的注及“按”,明确地肯定了两条:

一、“欸乃一声山水绿”中的“欸乃”是“湖中(应为‘湘中’)节歌声”。

二、“欸乃”,别的本子作“袄霭”,是用“袄霭”代替“欸乃”,并不是说“欸乃”的读音是“袄霭”。如果改用现在的习惯用法,则可写作“哎来”(āilái 湖湘地区以 l 代 n)或“噢哎”(ō’āi)。作为号子的和声,彼可此亦可,无关宏旨。

《辞通》引《词谱》云:“欸乃之声,或如唐人唱歌和声,所谓号头者。盖逆流而上,棹船劝力之声也。”这解释具体而且明确:逆流用棹划船,用号子来协调动作,以鼓励划船人有节奏地用力。这也就是说“欸乃”是划船号子的和声,亦即所谓号子头(现在也有用在号子词的尾部的)。这也许就是黄山谷说的“湘中节歌声”吧!

《辞通》援引的第二个材料说:“史潇湘诗云:‘闻歌欸乃深峡里。’”笔者按:“闻”乃“閒”字之误。閒,古“闲”字。查《全唐诗》卷四百六十八,刘言史的《潇湘游》(不是“史潇湘诗”)云:

夷女采山蕉,缉纱浸江水。
野花满头妆色新,閒歌欸乃深峡里。
欸乃知从何处生?当时泣舜断肠声!
翠花寂寞婵娟没,野篆空余红泪情。

诗中既说明了民歌或渔歌《欸乃曲》唱的是娥皇、女英哭舜南巡而不返的故事,更说明它是“夷女”边采山蕉边唱歌的“断肠声”。朱东润先生主编的《中国历代文学作品选》(中编第一册)柳宗元《渔翁》诗注云:“欸(ǎo)乃(ǎi)一声,即渔歌一声。唐时民间渔歌有《欸乃曲》。欸乃,亦读靄乃,棹船声。”这是很有见地的,只是其注音取自《唐诗三百首》的旧注,如前所述,尚欠公允。

《辞通》一方面肯定:“欸乃,棹歌声也。”一方面又加“按”:“靄乃,橹声。元次山造《欸乃曲》,亦不过摹仿其声,以相唱和。”这“按”不但和前面的材料和说明矛盾,而且也不合情理:因为歌声模仿橹声既无可能,也无必要。

我们知道,《欸乃曲》系乐府《近代曲》曲名,唐元结作。《全唐诗》卷二百四十有元结的《欸乃曲》,其词云:

谁能听欸乃,欸乃感人情。
不恨湘波深,不怨湘水清。
昔闻扣断舟,引钓歌此声。
始歌悲风起,歌竟愁云生。
遗曲今何在?逸为渔父行。

曲中不仅三次提到“歌”,而且指出了《欸乃曲》与渔翁的联系。至于前面黄山谷等提到的《欸乃曲》，是元结的另外一组《欸乃曲》，共计五首，亦见《全唐诗》该卷。

这里有两点值得注意：一、五首《欸乃曲》根本没有“欸乃”字样；二、该曲的小序末句为“词曰”。从这里可以看出：五首《欸乃曲》均系行船号子的歌词，而“欸乃”只是歌词的和声，亦即从语言上看，五首《欸乃曲》均具有民歌的风格，如“零陵郡北湘水东，浯溪形胜满湘中”“下泷船似入深渊，上泷船似欲升天”以及“无朝无暮”“来谒大官”等词语，都通俗易懂、明白如话，作为划船号子的歌词，是颇为琅琅上口的。这正像宋代程大昌在《演繁露》中所说的，“欸乃”，“殆舟人于歌声之外，别出一声，以互相其歌也”。可见“相唱和”或“互相其歌”的声音，只可能是划船号子的和声，即“别出一声”，而不可能是行船的橹声本身。因为不仅划船的人模仿橹声有悖于情理，且没有多大可能和必要。何况元结的《欸乃曲五首》的小序说得明白。

小序曰：“大历丁未(767)中，漫叟[元]结为道州刺史，以军事诣[长沙]郡，使还州，逢春水，舟行不进，作《欸乃曲》[五首]，令舟子唱之，以取适于道路云。”由此可知，曲名“欸乃”而唱词中又没有“欸乃”字样，故“欸乃”为唱词外的和声“别出一声”应该说是没有疑问的。

至此可以说很明确了：欸乃、霭乃、暧迺或袄霭是棹船之声，或者棹船相应声，即用棹进船的声音，或者船夫用棹进船发出的互相应和的声音。换言之，即用棹划船发出的号子的和声，而不是棹和船相摩擦而发出的噪声。欸乃可指渔歌或号子，“欸乃一声山水绿”即“渔歌(或‘号子’)一声唱绿了潇湘的山山水水”，画面清新、韵味悠长；如解成“戛轧”之声不唯声音根本不像，而且大煞风景，哪有“神韵”“奇趣”可言？“戛轧一声山水绿”那还是柳宗元吗？

为此诠释是否偏颇？抑或“大谬不然”？希望广大同好给予指正。

二、汉语音韵与方言研究

中国音韵流变及当前实行“双轨制”的必要性

——兼谈皖北中原官话的语音特点

一、中国音韵流变纵观

音韵学的定义，我们借助罗常培先生的说法，“音韵学就是分析汉字或汉语里所含的声、韵、调三种元素，而讲明他们的发音和类别，并推究他们的相互关系和古今流变的”[①]，而诗词的格律用韵，正是以音韵学为基础的。

1.1 上古、秦、汉、魏、晋音韵——用韵、格律的自发阶段

首先，诗歌起源应是伴着语言的产生而产生的。鲁迅先生就说过，某些原始人在抬木头，抬着抬着有个人累了，便“杭育、杭育”地叫了几声，那便是诗歌了。这当然是一种开玩笑式地推测，不过从大自然来看，我们不妨推测我们的原始祖先的叫声应和现在牛、马、鸟的叫声有一定的相似之处，而这些动物的叫声都有一定的节奏感，这应当是语言产生前的萌芽。一旦这种有韵律的叫声发展成语言，便是诗歌。所以我们应当推测，人类最早的语言形式是诗歌。

推测当然是推测，更可靠的证据是史料，“《吴越春秋》卷九所载的《弹歌》：‘断竹，续竹，飞土，逐宍。（宍，古肉字。）’反映的是原始人制造弹弓和狩猎的过程，语言古朴，但已经具有韵律，显然是一首十分古老的歌谣。”[②]即使到今日读起来仍然大致有韵。这也足以说明我国的诗歌与生俱来便是讲求韵律的。

两千多年前，我国出现了最早大规模的诗歌总集《诗经》，《诗经》里的诗是用韵的，“《诗经》三百零五篇中只有七篇没有韵，这七篇都在祭祀诗里（《周颂》《商颂》）。至于国风、《小雅》和《大雅》，就没有一篇是没有韵

① 罗常培：《旧制中的几个音韵问题》，《东方杂志》，1936 年第 33 期。

② 袁行霈、聂石樵、李炳海等：《中国文学史（第一卷）》，高等教育出版社 2005 年第 2 版。

的”[1]。《诗经》里的诗全是配乐歌唱的，主要以四言为主，四言平仄也有一定的特点，但那是一种自发的，比如平平仄仄，仄平平仄、仄仄平平，占比较大，平仄相间的四言词汇比较多，同时现在我们依然沿用的成语也多是如此，但这并不是一个规则，这都是自发的过程。但可以推测，这些形式流传下来的多，必然是因为更适合人们的语言感觉，除去有精华的意义，必然是还有更好的音乐感，比其他形式的四字更有音乐感，方能更容易流传下来。

汉代文学的民间创作和文人创作都呈现兴旺的景象，二者相互促进，有力地推动了汉代文学的发展。汉代已经发展到以五言诗为主，诗赋创作也讲声韵，但那时讲的仍是自然的声韵，而且也多与音乐有关。从诗歌自身的发展来看，随着文人五言诗创作的不断繁荣，五言古诗已逐步脱离乐府而独立发展成为不入乐的徒歌，即钟嵘所说“不备管弦”[2]的五言诗，与此同时，随着佛教的传入和佛经翻译的逐渐繁荣，也进一步促进了我国音韵学的发生与发展。汉末发明的反切注音之法即与此有关，这对后来音韵学的发展是关键的一步。此外，三国时孙炎的《尔雅音义》，魏李登的《声类》，晋代吕静的《韵集》，这些书目的研究成果，推动了当时人们对于声韵学的认识。但从总体看来，从上古至魏晋都是人民自发的运用声韵写诗用来歌唱。

1.2 南北朝、隋朝音韵（四声的发现、格律的发明，用韵走向自觉，妥协的各方言音，《切韵》）

双声叠韵的发现及佛经的梵文的拼音诵读，使人们发现了汉语言语音也具有拼音性质。根据这个性质人们发明了反切的注音方法，并逐渐认识到汉语言是天然的音乐材料。文献记载始自南朝宋代的周颙发现了四声，刘滔曰：“宋末以来，始有四声之目，沈氏乃著其谱论，云起自周颙。”[3]其中沈氏便是指的沈约，由于沈约推广了四声的应用，并且发明了最原始的格律诗——永明体，所以很多人也说沈约发现了四声，因为永明体明确地提出了诗的押韵，韵以及句中对字的韵母要求，这就需要一本明确的韵书来规定用韵的标准。于是六朝出现了很多的韵书。《颜氏家训》曰：“孙叔言创《尔雅音义》，是汉末人独知反语。至于魏世，此事大行。高贵乡公不解反语，以为

① 王力：《古代汉语》（校订重排本），中华书局1999年版。
② 钟嵘：《诗品序》，郭绍虞编《历代文论选》，上海古籍出版社2001年版。
③ 《四声论》，王利器《文镜秘府论》（天卷），中国社会科学出版社1983年版，第80页。

怪异。自兹厥后,音韵锋出,各有土风,递相非笑,指马之谕,未知孰是。"[1]由此可知,因为当时的各地语音相差太大,各地有各地的方言,以至于各地出版了各地的韵书,最后不知道谁对谁错。这是历史造成的,因为当时秦始皇虽然武力统一了文字,却没有技术和能力统一语音。最后隋朝陆法言所谓"取诸家音韵,古今字书,以前所记者定之为《切韵》"就是依据颜之推诸人的意思,把六朝诸家的韵书综合考虑,编成《切韵》一书。此书如今只剩残卷,对于各地的韵书,一般只取分不取合,所以韵部分得特别细密,这主要因为要照顾到各地的方言读音,要求一个韵部在各个地方基本都要押韵,所以不免会使韵部变得细密。但可以推测,即使如此,也肯定有的地方按此韵仍然有不押韵的情况存在。由于《切韵》编得很好,六朝其他地方方言的韵书全部亡轶。《切韵》也就成了我国用韵以来从自发到自觉、到完善,不断演变而成的第一本标准韵书,也是后世南北方言妥协韵书的始祖。

1.3 唐、宋音韵——四声二元化,韵律的发展及成熟,《广韵》《平水韵》

四声二元化,是声韵改革里的一个大步。在沈约等人的努力下,虽然创制了永明体,但声分四种,八病烦琐,要求甚严,包括沈本人也很少能够创制出标准的永明体。这就要求人们对音韵进行简化,以求得即能有和谐音律,又易于记忆和练习的新格律声韵。于是四声便出现了二元化,把字音依据音乐的原理分成平声和仄声,打个比方就相当于跳舞中的鼓声和锣声。这样就出现了平仄,经过数代人的努力,到沈佺期、宋之问完善了近体格律,格律诗定型工作趋于完成。

韵书是根据具体的语音制定的,所以韵书应随着语音的重大变化而变化,自《切韵》形成之始,到宋代《广韵》的产生,此间每每有人重订切韵。《切韵》产生不久便有一次大的改革。因为其制定就存在一个很大的缺点,分类过细,当时可以押韵的字也分到了不同的韵部。如仙、先、删、山分别为韵,使人们在诗歌创作上受到了很大的局限,迫切需要改革。于是唐初在许敬宗的主持下,进行了诗韵的改革,虽未明确进行各韵的合并,但经过详细的审音和设定,规定了哪些韵部可以同用,哪些不可以同用。这是韵书统一化以来,发现的第一次大规模诗韵改革,也为后来的韵部合并打下了基础,同时这次改变带有官方色彩,也为以后的官修官定韵书开了先例。后来宋

[1] 颜之推:《颜氏家训·音辞第十八》,吉林文史出版社 2009 年版。

代的《广韵》还记载着,除陆法言及颜之推等同著《切韵》八人外,还列有增字重订诸家郭知玄、王仁煦等十位的姓名。这都说明韵书是随着语音的改变而不断修订改革的。此间还产生了孙愐的《唐韵》,以及《唐广韵》等韵书。

进入宋代以来,陈彭年等人以陆法言《切韵》为蓝本,沿用了唐《广韵》名称重修韵书,这便是我们所能见到的最早的完整韵书——《广韵》。《广韵》的地位在中国音韵学史上非常重要,它起到了一个承上启下的作用。宋仁宗时,将《广韵》里之独韵之字并十三处,这便是《礼部韵略》和《集韵》的韵目,尤其在《集韵》时都采取了当时的读音归类,“在《集韵》当中便把这种类隔的切语统统改成音和,公然采用当时的读音,不愿守着古人的藩篱了”[①]。这是一次小的变革,不影响整体的大局,算是因为读音的变化而加以修订。《礼部韵略》是宋代流行最广的韵书,也是士子考试的韵书标准。《礼部韵略》所能同韵的字一合并,便产生了众所周知的《平水韵》。《平水韵》的成书虽仍有争议,但通过考证已经基本得到确认,《平水韵》成书是出于金人之手。金人继承了宋朝的考试功令,但依据读音,重新制定了一部韵书,其韵部便是平水韵的韵部,刘渊把这部韵重新加以刊印,“毛氏增修《礼部韵略》只是增字易注,未曾并合韵目;至于刘渊所刊《壬子新刊礼部韵略》于增字外,又将二百六韵并为一百七”[②]。原书名为《壬子新刊礼部韵略》,刘渊可能作了一定的校定,但此书不传,而韵部后来为黄公绍在《古今韵会》(亦有言不是原书者,在此不作烦琐考证)里采用,凡例中在刘渊之上冠以江北平水,后来人们误把《平水韵》当成了《壬子新刊礼部韵》的别名,此后《平水韵》正式流传。后元椠的王文郁《平水新刊韵略》(有证据证明并非王文郁首用一百零六韵)把拯韵和迥韵合并,共一百零六韵,便是今日所沿用《平水韵》。以后朝代,一直便把《平水韵》作为考试的国家官方诗韵,士子们必须掌握此韵方有可能通过考试。至清虽然官方又编成了《佩文诗韵》成为考试韵书,但实际上仍是《平水韵》字排列顺序的变化,只是《平水韵》的另一版本,仍属《平水韵》的范畴。

唐末,出现了词,由于词只是服务于民间,并不作科举考试之用,盛于宋代的词的用韵,便按照当时的实际读音押韵,大大超出了《平水韵》的韵部。

1.4 五代、元、明、清、中华民国、中华人民共和国改革开放前音韵——

① 张世禄:《中国音韵学史》,上海书店1938年版,第117页。

② 张世禄:《中国音韵学史》,上海书店1938年版,第125页。

《中原音韵》《洪武正韵》及《佩文新韵》，语音的北音南渐，南北语音的竞争

由于北方政权更替，民族融合，许多少数民族建立了不同的政权，民族人口融合的同时，文化也在融合，读音是文化的一个部分，不免会相互影响，由于北方一直是政治中心，这种影响不断扩大，读音系统一直向南方入侵，称之为北音南渐，这种北音南渐在北宋时间就已经开始，至元朝，北方读音已基本形成我们现在的普通话读音体系。在北方，《平水韵》已经有所不适合各种韵文的创作，尤其表现在当时戏曲创作上，戏曲是直接作用到广大人民群众身上的一种文体，当时的文人地位卑下，诗文的政治功用基本消失殆尽，创作出的诗文人民大众不承认，文人只好屈就去适应群众，转向戏曲的创作，而依《平水韵》创作的戏曲，不再适合北方语音，于是很多文人使用当时的语音系统押韵，以便适合更多人民群众的需要。这种情况下，便会促生出新的韵书。公元 1324 年周德清归纳总结了戏曲的用韵，辑成了新的韵书《中原音韵》，此书对《平水韵》作了大胆的变革，合并了部分韵部，取消了一个音种。其中家麻和车遮是分解《平水韵》而来，取消的入声韵，分别派到三声（平声、上声、去声）里了，平声分了阴平和阳平，由此我们看到，中原音韵已经接近现代普通话的读音系统①。但这种改革仍是不彻底的，当时的戏曲韵里，八寒山、十八监咸、十九廉纤，七真文、十七侵寻等仍是通押的，只是为了适合《切韵》系统的传承，而分立了诸韵。当时由于周德清一人之力毕竟有限，所以归音出现这样那样的问题，之后便有一系列的韵书加以补充，如卓从之 1351 年辑成的《中州乐府类编》等等。

由于《中原音韵》改革过快，且只适合于北方语音系统，招至很多人的反对，其中就有人说《中原音韵》实北方土音也（这是有一定道理的，比如现在

---

① 1.从声母方面看，《中原音韵》有二十一个声母，但和现代北京话声母相比，其不同点是：1）没有[tɕ tɕʰ ɕ]这套声母，这套声母的字仍然分别读见母[k]、溪母[kʰ]、晓母[x]及精母[ts]、清母[tsʰ]、心母[s]；2）有唇齿半元音，即微母仍然独立，还没有变成零声母。3）还有残存的[ŋ]声母。2.从韵母方面看，《中原音韵》共有 19 个韵部，其韵母和现代普通话韵母之间存在的差别是：1）《中原音韵》的韵部比现代普通话要多；2）《中原音韵》有一个[iai]韵母，跟[ai uai]同属于皆来韵，现代北京话就没有这个韵母了；3）《中原音韵》有一个[io]韵母，跟[o uo]韵母同属于歌戈韵，这个韵母到现代变成了[yɛ]；4）现代北京话里的卷舌元音[er]韵母是《中原音韵》所没有的；5）现代北京话的[ə]是《中原音韵》没有的；6）《中原音韵》鱼模韵的细音韵母是[iu]，其他韵部合口细音的介音也是[iu]，这个二合音后来变成一个[y]，既单独充当韵腹，也作介音，即现代汉语的撮口呼韵母。3.从声调方面看，《中原音韵》的调类系统已经分阴平、阳平、上声、去声，和现代普通话已趋相同。参见张双棣、张联荣等《古代汉语知识教程》，北京大学出版社 2002 年版。

的皖北中原官话的语音系统就和《中原音韵》十分接近)①,确实此韵也违背了南方方言的读音系统,一时士人不能适应。为了解决这个问题,1375 年,编成《洪武正韵》,《明史》乐韶凤传记载:“八年(即公元 1375 年)帝以旧韵出江左,多失正,命与廷臣参与中原雅音正之,书成,名《洪武正韵》。”《洪武正韵》也是一次大的变革,是综合了以前韵书各方妥协的结果。参照《中原音韵》系统,把《平水韵》作了更大的解析合并,如卷首宋濂序里所云:“有独用当并为通用者如:东冬清青之属,亦有一韵当析为二韵者如虞、模、麻、遮之属。”这样解析合并的结果,共得七十六韵,平上去各二十二韵,另外还保留入声十韵。《洪武正韵》本来是用来打算代用诗韵的,但事实上只成了曲的用韵(其中的原因后有论述)。《洪武正韵》后,又出现了据音识字的小学派,代表是兰廷秀的《韵略易通》,此种韵书多以实际的语音为准,亦受到了《洪武正韵》的影响。清朝 1654 年至 1673 年间,樊氏作《五方元音》,对《韵略易通》进行了合并,合并后更符合北方方言语音。之后又产生了徐州为中心的《十三辙》,便是完全的北方语音体系。虽然赵元任在民国 1922 年作了《国音新诗韵》仍以阴阳上去入分为五种音,但 1932 年,中华民国教育部公布了一部《国音常用字汇》,是完全根据北京方言语音所规定的标准读音,黎锦熙等人根据字汇编成了《国音分韵常用字表》又名《佩文新韵》(相对于清代《平水韵》另一版本《佩文诗韵》而言),此韵书已经完全符合普通话的读音了。

还有值得一提的是,清人戈载的《词林正韵》,基本上是把《平水韵》合并为十九部,其中平上去三声分为十四部,入声分为五部,和古体诗的宽韵差不多,成了现在填词用的韵书。

---

① 据孟庆惠《安徽省志·方言志》(方志出版社 1997 年版)、徐红梅《皖北方言词汇研究》(暨南大学博士论文 2003 年)、郭辉、王旭东《皖北濉溪方言音系》(载《皖北文化集刊》,黄山书社 2010 年版)、王旭东《濉溪方言语音研究》(西安外国语大学硕士论文,2007 年)、胡利华《蒙城方言研究》(合肥工业大学出版社 2011 年版)、王琴《阜阳方言与普通话》〔《阜阳师范学院学报》(社会科学版)2007 年第 1 期〕、吕永卫、张鹏《萧县方言同音字汇》(上)(彭城职业大学学报 2003 年第 6 期)所载,皖北中原官话区的阜阳、涡阳、蒙城、濉溪、颍上、界首、砀山七个点的声母分别是 23 个,比《中原音韵》多声母[tɕ tɕʰ ɕ ɣ Ø]五个;萧县有声母 24 个,比《中原音韵》多[tɕ tɕʰ ɕ Ø ɣ v]六个声母;蚌埠有声母 21 个,比《中原音韵》多[tɕ tɕʰ ɕ Ø ɣ v]六个声母。每个点比《中原音韵》都少[ŋ]和唇齿半元音[ʋ]两个,唯独蚌埠比《中原音韵》还少[tʂ tʂʰ ʂ]三个。韵母方面阜阳、涡阳、蒙城、濉溪、颍上、界首、砀山七个点分别是 37 个,蚌埠点有韵母 33 个,萧县有 38 个,总体上看比《中原音韵》要少,没有[iɑi io]这两个韵母,而[er ə]两个韵母是《中原音韵》没有的;声调方面,皖北中原官话和《中原音韵》的调类系统已经大体相同,都是阴平、阳平、上声、去声四个调类。

1958 年中华人民共和国公布了汉语拼音方案，引进了西方字母或组合，作为汉语拼音的声母和韵母，并进行普通话的推广，使汉语言文字，语法，语音都进入了科学化、规范化的轨道，使得诗词的用韵不再受南北语音差异的困扰，使之有可能成为即符合所有实际读音，又能符合国家政策的道路上来，也为新的韵书的产生搭建了可能且必要的平台。

1.5 改革开放后用韵——《新韵》

由于“左”倾思想的错误思潮，旧体诗在改革开放前受了史无前例的打压，人为的因素扼杀一门成熟的艺术，写旧体诗甚至能带来生命的危险，旧体诗的发展和音韵的发展都产生了倒退或者停滞不前，但即便如此，仍有无数的喜爱旧体诗的人写旧体诗，并且出现了如聂甘弩一样成果比较大的诗人。改革开放后，旧体诗重新萌芽并加速发展，各个地市都出现了旧体诗刊，1987 年中华诗词学会成立，标志着旧体诗被打倒后萌芽的开端，随着旧体诗词的复兴，音韵问题又被摆到了桌面上，诗词创作用《平水韵》在各地都出现了一定的问题，不能完全适合当地的实际语音，中华诗词学会适时地提出了《新韵》。《新韵》自然牵涉到语音问题，南北的语音仍有很大的差异，经过几次改良，最终确定，以法定普通话为基础，形成的十四韵。平分阴阳，入派三声，至此音韵的流变结束。

二、从中国音韵流变中得到的结论

限于篇幅，虽然不能详细论述考证中国音韵的流变，但完全可以看清中国音韵发展的脉络，可以得到以下结论：

2.1 中国音韵使用是从一个从自发到自觉的过程。

2.2 中国音韵是一个变化的过程，韵书形成之后一般都会有人修订增删（《平水韵》是一个特例，原因后议）。

2.3 中国音韵是一个斗争的过程，也是一个妥协的过程，尤其宋以后，南北音的斗争加剧，韵书的斗争也在加剧，但由于需要各方也做了一定的妥协。

2.4 韵书都是一个渐变到突变的例子，比如《平水韵》，也是经过了唐人最鼎盛时期的运用和渐变，才在宋时期出现了完整的《平水韵》书。宋朝词的实际用韵，到清朝才编成《词林正韵》。

2.5 存在不同的韵书现象，如明朝即有《平水韵》也有《中原音韵》也有《洪武正韵》，清朝有《佩文诗韵》（《平水韵》另一版本），同时使用《词林正韵》虽然使用于不同的题材，但也标志着可以存在不同的韵书。

2.6《平水韵》自宋以来至清一直是官方诗韵（原因后议）。

2.7 民间用韵比官方变化快。

三、《平水韵》在很长一段时间内作为诗韵没有被改变的原因

3.1 政治原因。“陆氏切韵一书的精神，到了《平水韵》上，殆已消失净尽，乃元、明以来，大部分的人，还是把这种残留的躯壳保存不废，虽或明知其不合于现代实际的音读，也沿着一般的习俗，不敢加以厚非。这是因为近代六百年间‘北音’的势力虽然日渐扩张，而政府考试功令，文士撰作诗赋，仍是沿用一百六韵的部目；所以这一类的韵书，还是暂时保持着他的正统的地位”[①]这是一个极其重要的原因，科举之用，国家必须制定一个统一的标准，来平等地对待所有的考生，便不可能按照某一地方的语音来制定，这样对其他方言语音的学子太不公平，所以才会出现一定的妥协韵书，各方都有相合的地方，各方又都有不合的地方。再深究其原因，这是国家大一统的象征，是政治的需要，其实有许多人攻击《新韵》有政治倾向，其不知，《平水韵》几百年的时间不变，最重要的一个原因就是政治原因，若非国家科举之用，《平水韵》早被更替过了。

3.2 文言语义环境的稳定性。在古代，语言的发展缓慢，无论语音和语义，北方方言语音的在近千年的时间才逐渐走向一致，但普通话推广以来，在几十年的时间几乎走了一千年的路程（很多人反对国家强行推广普通话，那是另一个题目，但事实已经存在）语义环境变更也很慢，近一千年的时间几乎没有改变，五四运动开展白话文之前，一直用的古文，看清朝的古文和唐时的古文用的古文言是很相近的，这语义的稳定性也一定会影响人的用字习惯。进而也使得韵书更改受到一定的影响。

3.3 北音南渐是一个过程，那时南音的比例还较为大，不容易再妥协出来一个较各方都满音的韵书来。所以尽管《平水韵》即不适合北方，也不适合南方，但还是被一字不变的保留着。应该说《词林正韵》是一个较好的合并，也已为大多数人所接受，且部分人也以《词林正韵》作为自己的诗韵。同样《洪武正韵》也是如此，只作了事实上的曲韵，却没有撼动诗韵，不能说是一个奇怪的现象。

---

① 张世禄：《中国音韵学史》（下册），上海书店 1938 年版，第 134 页。

3.4 人类的习惯性。无论一个人,一个民族还是一种文化形象,都存在这种习惯现象,比如吸烟,比如吸毒,比如民族习惯,而《平水韵》已经用了将近千年,诗人一开口便诗依平水,成了一种习惯,这种习惯是一种文化现象,这种习惯在一代一代的旧体诗人中存在一种极强的习惯性。

3.5 作为一种韵书《平水韵》仍有能力作为妥协的产物存在。虽然此后又出现了《词林正韵》《洪武正韵》,但作为《平水韵》来说由于其分部不是太过繁琐(相比切韵),作为有一定诗词水平的人来说,在《平水韵》里仍能发挥比较大的能力,并写质量较高的诗来(只是相对来说,比其鼎盛时期已经不可比了)。

3.6 诗被过分地抬高地位。诗被作为正统,尤其是近体诗,被用作选拔人才之用,一直作为最高雅的象征,过分地抬高了地位,变成了有点同祭品的感觉,使人心存畏惧,心存敬意而不敢也不愿去更改它,所以相关的诗韵也被过分的抬高地位,以至于无人敢动。

四、《平水韵》几百年间不改变的弊病

4.1 随着语音的变迁,字音是随着时间的变迁而有变化的。如《随园诗话》记载:"声音不同,不但隔州郡,并隔古今。《穀梁》云:吴谓'善伊'为'稻缓'。淮南人呼'母'为'社'。《世说》:王丞相作吴语曰:'何乃渹?'《唐韵》:江淮以'韩'为'何'。今皆无此音。"[①]《平水韵》不变,学子必须押《平水韵》,部分诗的创作在当时的时代便失去了音乐的节奏美,存在的弊病是离普通民众越来越远,广大人民群众不再参与,诗词成了读书人的专有产品,不像唐朝一样,人人可以作诗,人人可以读诗,人人可以读懂诗,人人读诗能上口,人人可唱诗,而宋以后,诗逐步脱离群众,成为一种科举考试的特有品,语言也被雅化,基本不随着大众语言的改变而改变,所以基本也是愈来愈见凋零,一旦科举考试被取消,便出现了五四运动以来的彻底打倒现象(当然这是矫枉过正的现象)。至今日诗词艺术虽然萌芽,但仍然是赵京战老师所说三无的艺术(不给评奖,作协不承认,主要刊物不发表。青春诗会时赵老师所讲,不一定记得准确。)这种艺术曾经是最辉煌的艺术而今却沦落到这个地步,和一些抱守残缺的读书雅士阶层是分不开的。我们需牢记:远离人民大众的艺术是走向消亡的艺术。

---

① 袁枚:《随园诗话》卷十二,浙江古籍出版社 2011 年版。

4.2 随着语音的变迁，本来应该能押韵的，却不能押韵，人为的为这门成熟的艺术制造困难，即使是读书人可以选择的字范围人为的缩小，也不利情感的抒发。

4.3 本来押韵应是个自然的现象，应该说如果用某种语言的语音，押韵几乎是一种音乐的本能，自然就顺口了，正如即使从没有学过外语，但听外语歌的时候押韵仍然是能听出来的，对诗来说，押韵在当代学诗的应该不存在什么特别的障碍，但由于强制的标准长时间不变，声音改变后，人们本来该押韵的不押韵，本来不押韵的可以押韵，人为的为学诗制造不必要的困难。当然在民间不存在这种现象，民间的用韵一直就是按实际的读音押韵，如《随园诗话》卷十二记载："偶见坊间俗韵，有以'真元'通'庚青'者，意颇非之。及读《三百篇》，爽然若失。'山榛''隰苓''十蒸（按：原作"真"，据民国本改）'，通'九青'。'有鸟高飞，亦傅于天。彼人之心，于何其臻。曷予靖之，居以凶矜。'是'一先''十一真''十蒸'俱通也。《楚辞》'肇锡余以佳名'，'字余曰灵均'，'八庚'通'十蒸（按：同上）'也。其他《九歌》《九辨》，俱'九青'通'文元'。无怪老杜与某曹长诗，'末'字韵旁通者六；东坡与季长诗，'汁'字韵旁通者七。"[①]《随园诗话》卷九记载："邵子湘作《韵略》，以'江''阳'为必不可通。余读《史记·龟策传》、韩昌黎《此日足可惜》及李翱《祭韩公》诸篇，'江''阳'皆通。庾信《柳遐墓铭》云：'起兹礼数，峻此戎章。长离宛宛，刷羽凌江。'《吴越春秋·河梁歌》云：'诸侯怖惧皆恐惶，声传海内威远邦。'吕温《昭陵功臣赞》云：'经纶八方，晏海澄江。'李翰《裴晏射虎赞》云：'弧矢之说，以威四方。群虎既夷，狄人来降。'此汉、唐乐府通'江''阳'之证也。至宋诸大家，尤不胜屈指。"[②]也从一个侧面说明，诗词离人民大众愈来愈远了。

4.4 韵制的僵化，也必然影响到了创作的僵化，唐宋以后，语音语义变化加快，但诗词创作非但没有与时俱尽，反而出现倒退现象，创作的语音语义皆窠臼于古人，鲜能再有高出前辈者，不能说和不变的韵及过度雅化的语言没有关系。

五、实行《新韵》的原因

首先我们要看到韵的本来目的是什么，为什么要使用韵，用韵是和语音

---

① 袁枚：《随园诗话》卷十二，浙江古籍出版社 2011 年版。

② 袁枚：《随园诗话》卷九，浙江古籍出版社 2011 年版。

有必然联系,和形式没有必然联系,首先这个观点要树立。韵的目的是什么,是使作品具有音乐性。

5.1 基本的语音环境已经发生重大变化。

北音南渐的结果使北方方言成为现代汉民族共同语的基础方言,以北京话为代表,内部一致性较强。在汉语各方言中它的分布地域最广,使用人口约占汉族总人口的73%。其他方言只占27%,以这个方言为基础,国家以法律的形式制定了普通话标准,对汉语的语音,语法进行了标准化、规范化建设。同时国家对普通话推广使用,而普通话的语音就是采取了北京话的语音,制定韵书当以使用最多的语音,法定语音作为基础,而不可能以某种方言语音作为基础,比如:我见过韵母 ang 和 an,en 和 eng 等通押的(仅是个反例),不能说它们不押韵,在他们方言的读音里,肯定是押韵的,但我们不可能再根据他们的方言来制定这样通押的韵书。作为妥协产物的《平水韵》很多地方已经不适合现代的语音体系,这种情况古已有之,最出名的一个典故便是该死十三元了,“李慈铭《越缦堂日记》记载,谓高心夔:朝考以诗出韵,置四等归班。以己未会试中式,覆试诗亦出韵,置四等,停殿试一科。其出韵皆在十三元。湖南人王闿嘲以诗云:‘平生双四等,该死十三元。’”①而诗的韵律美是应该为当代人服务的,今天全国绝大部分人都已经了解普通话,进而掌握普通话,我们都能欣赏押普通话韵的诗词,所以我们应该用以普通话为基础制定韵书,而《新韵》就是在这种情况下产生的。今天《平水韵》无论是和占有大多数人的北方方言还是国家标准的普通话,都有一定的差距了,即便是和南方方言亦有一定的差距,这是最主要的原因。

5.2 本身《平水韵》制定过程就是一个妥协产物、今日妥协的条件已经基本消失。

因为中国疆域很大,各地语音有所不同,所以在当时制定《平水韵》的时候,照顾到不同地域的方言,仍是能不合并的韵部则不合并,这从唐诗的用韵就可推知。如袁枚的《随园诗话》记载:“余祝彭尚书寿诗,‘七虞’内误用‘余’字,意欲改之。后考唐人律诗,通韵极多,因而中止。刘长卿《登思禅寺》五律,‘东’韵也,而用‘松’字。杜少陵《崔氏东山草堂》七律,‘真’韵也,而用‘芹’字。苏濒《出塞》五律,‘微’韵也,而用‘麾’字。明皇《饯王腹巡

① 星汉:《“该死十三元”平议》,《中华诗词》,2009 年第 4 期。

边》长律，'鱼'韵也，而用'符'字。李义山属对最工，而押韵颇宽，如'东、冬''萧、肴'之类，律诗中竟时时通用。唐人不以为嫌也。"[①]但随着语音的发展，《平水韵》显得更加窄，因为可以合并的韵部越来越多。《平水韵》以后的韵书都比《平水韵》韵部为少，这便是一个说明。现在非但国家地域上大一统，而且语音随着法律的强化也将大一统，越来越多的方言变成普通话，既然是《平水韵》是一个妥协的产物，失去了他妥协的条件，便无再妥协的必要了。

5.3 诗韵是一个发展变化的产物，这是中国音韵发展的结论，而不是停留在某个地方不走的，《平水韵》不是诗韵发展的终极，也不应该是诗韵的终极，《平水韵》亦应该随着语音的变化修订发展，不发展的东西只能是死路一条。诗韵之改革古已有之，如《唐封演闻见记》云："随陆法言与颜、魏诸公定南北音，撰为《切韵》，凡一万二千一百五十八字，以为为文楷式；而先、仙、删、山之类，分为别韵；属文之士共苦其苛细。国初，许敬宗教等详议，以其韵窄，奏合而用之；法言所谓'欲广文路，自可清浊皆通一者也'。"[②]而我们现在所使用的《平水韵》本身就是诗韵改革的产物，而非亘古就已有的，自古以来革新与守旧就是两个相对斗争的统一，但观所有的改革之斗争，总是新事物代替旧事物，但其道路都非一帆风顺的，比如袁枚随园诗话里发现了这个问题，如他在《随园诗话》写道："王氏《续通考》言：唐武夷山人吴棫深恶沈约、周颐之韵，以为穿凿无理。乃稽考《毛诗》《周易》《尚书》，而别为韵书，分'麻''遮''归''飞'为二，合'东''冬''江''阳'为一。"予以为此《洪武正韵》之先声也。然积习已久，虽帝王之力，尚不能挽；况其下乎？文公逆祀，去者三人；定公顺祀，叛者三人。商鞅废井田而天下怨，王莽复井田而天下怨。一改旧习，人以为怪。从前解经者，河北宗王，河南宗郑。今之经解，专宗程、朱，亦《诗韵》类耳。"[③]周德清《中原音韵》也提出了音韵改革的主张："余尝于天下都会之所，闻人间通济之音，世之泥古非今，不达时变者众。呼吸之间，动引广韵为证，宁甘受鴂舌之音而不悔，亦不思混一日久，四海同音，上自缙绅讲论治道，及国语翻译，国学教授言语，下至论庭理民，莫非中原之音。不尔，止依广韵呼吸。……如此呼吸，非鴂而何？不独中原，尽使天

---

① 袁枚：《随园诗话》卷十二，浙江古籍出版社 2011 年版。

② 张世禄：《中国音韵学史》（下册），上海书店 1938 年版，第 96 页。

③ 袁枚：《随园诗话》卷六，浙江古籍出版社 2011 年版。

下之人俱为闽海之音可乎？……合于四海同音，分豁而归并之，与坚守广韵方语之徒，转其喉舌，换其齿牙；使执而不变迂阔庸腐之儒，比为通儒，道听途说，轻浮市廛之子，悉为才子矣。”（见正语作词起例）[①]周氏认为广韵一系韵书为闽海之音，可能是因为广韵为六朝时中心在江南一带，而由此形成的，其实应该不是这个原因，广韵当时应该适合中原的读音的，只是随着北方民族的入侵及民族的大融合，文化和语言都发生了相互的影响，而不再适合当时的读音了。周氏还认定语言和文学都是适应时代而演变的，尤其是语言，是文学的基础，适合某时代最通行的语言，才可算是某时代的正式文学；诗当然也一样。这个观点，到今天仍然是先进的观点。早在前朝，便有人发现此种情况，现在虽然一切都在飞速的改革，但相对传统而言，仍是一个很难改动的思想。但作为有识之士，却不应该躺在已经不适合主体人的旧韵上睡大觉，《新韵》之改革势在必行也。

5.4 国家推广普通话的需要。周德清《中原音韵》自序中云：“言语一科；欲作乐府，必正言语，欲正言语，必宗中原之音。”[②]当然他的这种观点肯定有人批判，毛先舒《声韵丛说》里说：“或以周德清中原音韵，不过 写北方土音耳。不知此书，专为北曲而设，故往往与北人土音相合，至其斟酌声韵，宛喉吻，则具有精微焉。”其实当时北音已经具有统一全国的趋势。即此说的北方土音，随着北音南渐，终于在新中国成立后，北方读音系统以法律的形势统一全国。当然我们现在中原的界限已经不明显了，却有了法律依据的语言体系，即普通话。

普通话即已经是我国的法定语言，诗也属于语言的范畴，所以诗应该符合国家的法律法规的规定，诗韵亦应如此，再者，诗韵符合国家的规定，有了统一的标准，更适合人们的鉴赏和交流，对诗词的发展也是一个促进作用。

5.5 语义环境的改变。新文化运动、白话文诞生，标志着我国最激烈的一次语言变革的完成，改变了文章的语义环境，前几个朝代语音渐变的时候，语义环境尚未改变，依旧是古文言占有正统地位，而今日所有的文章已经变成白话文，音韵实行《平水韵》语义环境也不复存在了。

5.6 为了满足人民日益增长的文化需要。国家法定语言为普通话，而普通话韵即《新韵》有水平的诗尚寥寥无几，质量也不能令人满意，而古诗语音

① 张世禄：《中国音韵学史》（下册），上海书店 1938 年版，第 210 页。
② 张世禄：《中国音韵学史》（下册），上海书店 1938 年版，第 209 页。

却离我们越来越远，越来越不上口，这就需要有人创作出广大群众能接受的高水平诗词来，所以用《新韵》一个重要的目的也是如此。再者《平水韵》的主人是官方，是大一统的国家选拔人才的需要，《平水韵》的使用人是学子，是为了科举考试的学子，这两个人群现在都不存在了，官方已经不再以《平水韵》作为考试的诗韵，甚至作文时除去诗体裁其他什么都可以。相应的现在的学生，除了几个特别喜爱旧体诗的人，没有谁再去学创作即不能赚钱又不能留名的旧体诗了。广大人民群众是韵的主人，只是为了创作而用，不再为了科举考试了，这是一个很重要的原因，使用的还有一些老同志，或者这些老同志的弟子或者习惯了使用《平水韵》的人，再者就是南方方言接近《平水韵》的人。

5.7 有些人说，近体诗就要用《平水韵》，近体诗决定要使用《平水韵》，因为这是固定下来的，我们可以分析一下，因为语音，为了诵读的上口，才产生节奏和韵，才产生了格律，才产生了近体诗，也就是说，语音音韵是基础，是根本，近体诗是枝叶，再怎么说，枝叶也不会决定根本的，根本如果大的改变，枝叶肯定要有大的改变，按照数学的观点，语音是自变量，韵书是因变量，因变量应随自变量的变化而变化。持《平水韵》绑定旧体诗观点的人明显没有很好的逻辑思维，含混不清，本末颠倒。

5.8 由中国音韵的发展可以看到，《新韵》不是一个孤立的产物，不是一个突然就产生的东西，而是有所传承的，它是《中原音韵》和《佩文新韵》相结合的产物。不管制定《新韵》时是否参照了《佩文新韵》，都有对《佩文新韵》的承接，即是音韵发展的产物，当有一定的合理性，其最主要的原因就是北音南渐，和普通话的推广，是语音发展的必然结果。但不能保证以后永远都是《新韵》，语音如果继续发展，《新韵》也将成为旧韵。

六、不能废除旧韵的原因

6.1 20%以上的人所使用的方言仍是中古音的残留，入声的存在，使他们读《平水韵》格律的诗，仍然具有最美的音乐性，读普通话格律的诗有的便会失去音乐性。这从另一个方面来说，80%的人是没有权力决定20%人的命运的。应该为他们的方言提供必要的平台，推广普通话的目的也不是为了消除方言。

6.2 习惯的改变会产生痛苦，前面已经讲了，如不是五四运动一直到“文化大革命”对旧体诗词的灭绝性打击，恐怕根本谈不上诗韵的改革，也不会能提出来诗韵的改革，正是五四运动一直到"文化大革命"对旧体诗词进行了一次灭绝性打击，在旧体诗词涅槃的过程中，才得以提出诗韵的改革。但习惯毕竟是习惯习惯一旦形成，改变就会产生痛苦，这是个最主要的问题。很多老诗人及老诗人的弟子，他们学的就是《平水韵》，如果一旦改变，就会产生别扭的感觉。

6.3 祖宗之法不可变，因为那是我们一直流传下来的，尤其在中国，历来的变法都会出现这种情况，如商鞅变法、王安石变法等等，不论什么原因，这是一个比较大的原因。

6.4 感情原因，《平水韵》毕竟已经使用近千年，且我们的师长，学院派教授，相关研究人员对他都有深厚的感情，如果贸然取消，会伤害到此类人员的感情，同时我们每个人亦都有一定的恋旧心理，从这一点来说亦不宜取消《平水韵》。

6.5《平水韵》仍有一定的实用性，即使北方人，经过一段时间的学习，也能掌握《平水韵》，写作起来不甚费力。况且仍可以用《平水韵》写出适合现在语音的标准的诗，比如后面也会谈到，有人能写了即合《平水韵》也合《新韵》的诗，虽然难度加大，但也并非不可能的。

6.6 艺术产物不像实用的东西，不宜用法令或者团体的命令给以强行取消。若是强行打倒《平水韵》，则与五四运动和"文化大革命"无异了。

6.7 依据历史的经验，诗韵历来都是妥协的产物，贸然强制取消，可能会出现意想不到的后果。

6.8 因为中国幅员辽阔，一段时间内语音肯定会仍有很大的差异，尤其是南北语音，根据音韵发展史的经验，主流韵书始终是一种妥协的产物，而今天为了诗词的发展，仍要有一定的妥协，所以仍要照顾各地方，各类人群的需要而保留《平水韵》。

6.9 根据音韵流变的结论，我国可以同时存在两种或者两种以上的韵书的。

6.10 有部分人认为诗词已经是一种僵化过时的艺术形势，他们(一些新诗人)攻击诗词，不但要取消《平水韵》，甚至要取消诗词、当然这种人是眼光是短浅的，看不到短小上口的诗词抒情作品，正好才是更符合现代人快节奏的生活方式，从最近几年的发展也证明了这一事实，不少文学形式走向凋零，独有诗词逐渐复苏。这是从大的方面说应该保留诗词和诗韵。

6.11 虽然创作有的已经不再用《平水韵》,但作为诗词鉴赏,在吸收古代文化遗产时,《平水韵》仍是不可或缺的,否则就是会出现很多的问题,这也要求我们即使用今韵,也必须懂《平水韵》,以便更好地吸收我国古代文化的精华。

七、几种折中的办法

7.1 写诗即合《平水韵》,又合《新韵》,这是最严格的一种,用平水标,和用新韵标都可以符合格律和韵,这是最好的方法,但这个缺点是可用的字便会减少,不利情感的发挥。

7.2 按《平水韵》放宽,放宽到词韵,甚至放宽到《新韵》的韵目,只把入派平声字拣出来,用作仄声,这和把《新韵》的入声字重新找出来用作仄声作用是一样的,但这样一做便会产生一个问题,就是让人感觉不新不旧,不伦不类。

7.3 格律即合《平水韵》又合《新韵》,即入派平声字不用到关键位置上,用韵则合《新韵》(入派平声字仍不用韵脚)大致合《词林正韵》,这样韵虽不合《平水韵》,但格律符合平水,对南方人有《平水韵》的音乐感,对北方人则有《新韵》的音乐感。这样也同样是可用字减少,不利于情感的抒发,但权衡一下,不失为最好的一种解决方法。笔者的绝大多数诗便是用这种韵来写的,发表的五百首也基本是用这种韵法,各个刊物基本都能接受这种格律及韵。这种相当于把较宽的《新韵》,较窄的《平水韵》格律合并,窄宽合并后的格律更能各取两韵的优势以取中庸之道。

7.4 以《词林正韵》为诗韵,现在有许多人是用这个方法来写诗。

7.5 汉语拼音方案的引入,使中国的音韵更加的规范化系统化,使韵不必再一个字一个字地列举出来,只要知道读音,甚至没有上过学的,不认字的也能知道字的平仄和韵部,这就是本来应该和人民群众,艺术是离不开广大人民群众的,脱离了广大人民群众,就是这门艺术的终结。依情况而定,必要时细分《新韵》也不适为一个比较好的折中方案,比如,韵母 ing 、eng、ong 的字,在写古风时,可以通押,但为了更美的音乐感,在书写近体时,则可尽量地押同一个韵母的韵。比如可以再把平声分为阴阳分押。但是,断不可为声律而声律,毕竟形式是为内容服务的,只是一味追求美的形式和韵律,不免落入形式主义。

呼吁刊物,双轨并行,提倡《新韵》,不废旧韵,用新知旧,用旧知新。对于任何一种用韵方式皆不必大惊小怪，以不知新韵为高雅，以不知旧韵为时尚，都是一种不成熟的表现。

八、发展展望

8.1 若旧韵派占领所有的地盘，势必“文必诸子，诗必盛唐”，旧体诗将会离人民愈来愈远，最终被人民抛弃。

8.2 若《新韵》派激燥冒进，势必没有一个过渡的阶段，没有一个文化缓冲的基础，发展将会和新诗一样，自己走到死胡同里。

8.3 若双轨并行，在继承的基础上发展，从旧韵雅诗缓慢地过渡到一个人民大众都接受的《新韵》雅诗程度，诗家亦能接受，大众亦能接受，加之短小的诗词更能符合现代人的快节奏特点，不久的将来，再一次的复兴也未必不可能。

8.4 白话文中有可能再一次形成一种新的雅化文言，创造新的意象，如飞船、电列等新的意象雅化亦有可能。

经过新文化运动和“文化大革命”的摧残，旧体诗词几乎被彻底打倒，但有生命的东西，必将焕发青春，但也留给我们不少的思索，如果诗词不过度雅化，死守不合时宜的《平水韵》，使诗词更加贴近人民大众，让人民大众都感觉到这是个好东西，又有谁会发起这两场运动呢？也就是说，诗词真的出现了一定的问题才会被打倒，当然这种打倒是太过左了，只需要适当的改变，便可使诗词重新走近占人口大多数的人民群众，并非诗词老了，是那些抱守残缺的自谓雅士的阶层把诗词带进了死胡同，所以才能会出现如此的问题。

诗在唐以前可歌唱，词在宋时可歌唱，曲在元时可歌唱，戏剧在清朝可歌唱，他们都是诗的形式，而今可歌唱的只是那很多半通不通的流行歌词。这和不知变通的韵和过度的雅化有一定的关系，而我们当代旧体诗人在提倡《新韵》的同时，必须要创作出适合广大人民群众的旧体诗，从而完成另一个任务，就是把诗的地位重新在广大人民群众中树立起来。

我们相信，随着经济文化的发展，不久的将来我们一会读到音韵和内容俱美的精品的。

皖北濉溪方言音系

濉溪位于安徽省北部，东、南、西、北分别与宿州市、涡阳县、河南永城市、萧县接壤。按《中国语言地图集》(1987)①的分区，濉溪县属中原官话郑曹片，濉溪话是笔者的母语，它的内部存在着老派跟新派，文读和白读等诸多差异，这里只描写分析濉溪话音系及其特点。本文的记音以老派说法为准。

一、濉溪方言的声韵调

1.1 声母濉溪话有 23 个声母，包括零声母在内。

p	布傍八白	p^h	怕婆喷泼	m	馍漫明木	f	付帆坟服		
t	躲动跌夺	t^h	脱贪腾秃	n	挪南拧捏			l	萝兰嫩劣
ts	早增字祖	ts^h	粗餐从词			s	桑苏搜旋		
tʂ	知争张主	tʂ^h	耻柴船深			ʂ	所扇赏事	ʐ	人永日肉
tɕ	家妗脚掘	tɕ^h	掐期琴曲			ɕ	虾兄杏学		
k	哥跪钢革	k^h	跨筐狂客			x	花河恢鹤	ɣ	爱熬摁讹昂
Ø	窝亚夜晚玉闰								

说明：

1.濉溪方言的[ȵ]与[n]分布互补，属于同一个音位的自由变体，本文把[ȵ]归在 n 音位里。

2.说明：[tʂ]组声母卷舌色彩不明显，舌位较北京话稍靠前，本文仍记作[tʂ tʂ^h ʂ]；[ts]组声母舌位较北京话稍靠后，与上齿背接触不明显，本文仍记作[ts ts^h s]；[tɕ]组声母舌位较北京话稍偏前，本文也记作[tɕ tɕ^h ɕ]。

1.2 韵母濉溪话有韵母 37 个，包括自成音节的[ŋ][ʅ]，本文记作[ŋ][ʅ]。

---

① 中国社会科学院、澳大利亚人文科学院：《中国语言地图集》，香港朗文出版(远东)有限公司 1987 年版，第 83 页。

ɿ	资雌自四次						
ʅ	知师世吃直	i	毕遗细尾笛	u	做抽谋缩没淹~	y	女矩俗吕玉
a	马查杀腊罢	ia	家瞎匣侠牙	ua	瓜画挖袜抓		
ə	婆薄车褶鹅			uə	棵初烙略雪勺	yə	瘸约月阅药学
ɛ	来败太挨海	iɛ	姐矮灭叠液	uɛ	外拽快歪揣		
e	对煤刻测格			ue	回脆味国或		
ɔ	毛劳吵贸矛	iɔ	教笑鸟要饺				
əu	头口手都肉	iəu	秋牛游六有				
æ̃	般班砍敢产	iæ̃	减厌店间边	uæ̃	短完关晚全	yæ̃	卷权宣院鹃
ẽ	沉森任根针	iẽ	品邻紧拎音	uẽ	顿论昏嫩俊	yẽ	均群孕润闰
aŋ	帮狼常方扛	iaŋ	娘两将江巷	uaŋ	网矿汪庄双		
əŋ	侦仍耕蒙风	iŋ	冰兵另杏顷	uŋ	东中荣拥嗡	yŋ	窘穷熊汹兄
ɭ	儿而二耳						
ŋ	嗯						

说明：

①[i]逢阴平舌位略低；[ɛ iɛ uɛ e ue ɔ iɔ æ̃ iæ̃ uæ̃ yæ̃ ẽ iẽ uẽ yẽ]逢阴平，末尾稍有动程。

②[ə]在舌根声母[k kʰ x ɣ]后，实际音值为[ɤ]。

③[e]在舌根声母[k kʰ x ɣ]后，实际音值为[ɪ]。

④[iæ̃]、[yæ̃]的实际音值为[iɛ̃][yẽ]。

⑤自成音节的[ŋ]多见于口语音，表应答或质疑或表不乐意，有时也表否定。如：$ŋ^{53}$，俺知道咾了。｜$ŋ^{53}$，你说啥子唉？｜$ŋ^{213}$，我才不尅吃这来！

1.3 声调 濉溪话有四个声调，轻声在外。

阴平［213］ 诗梯方高天婚竹月

阳平［44］ 时题房平娘笔急白

上声［24］ 使体等椅比死老暖

去声［53］ 是弟厚盖共漏怒用

二、濉溪方言的语流音变

2.1 连读变调

2.1.1 非叠字两字组连读调

甲、阴平在阴平前由 213 变成 24。阴平在阳平、上声、去声前均由 213 变成 21。阴平在原为非阴平(阳平、上声、去声)而改读轻声的字音前均由 213 变成 21;在原为阴平而改读轻声的字音前,则有两种不同的变调。其规律大致为:如果该两字组的末音节在普通话中也是轻声,前字变 21,如果该两字组的末音节,濉溪读轻声,普通话一般不读轻声,此时前字则变 24①。例如:(轻声音节标语流中的实际读音。)

阴平+阴平(213-24)+213 北京 pe tɕiŋ 当兵 taŋ piŋ 烧鸡ʂɔ tɕi

阴平+阳平(213-21)+44 高楼 kɔ ləu 一年 i niæ̃ 科学 kʰuə ɕyə

阴平+上声(213-21)+24 伸手 tsʰẽ ʂəu 开水 kʰɛ ʂue 喝酒 xə tɕiəu

阴平+去声(213-21)+53 黑路 xe lu 吃饭 tʂʰʅ fæ̃ 高兴 kɔ ɕiŋ

阴平+轻声(213-21)+ · | 木头 mu təu 金子 tɕiẽ tsɿ 热闹 ʐə nɔ

公鸡 kuŋ tɕi 开封 kʰɛ fəŋ 招呼 tʂɔ u

(213-24)+ · | 公家 kuŋ tɕia 西安 ɕi ɣæ̃ 小心 ɕiɔ siẽ

乙、阳平在阴平、阳平、上声、去声及轻声前均读原调 44。例如:

阳平+阴平 44+213 梅花 me xua 平安 pʰiŋ ɣæ̃ 提高 tʰi kɔ

阳平+阳平 44+44 羊毛 iaŋ mɔ 回潮 xue tʂʰɔ 和平 xə pʰiŋ

阳平+上声 44+24 存款 tsʰuẽ kʰuæ̃ 牙齿 ia tʂʰʅ 红枣 xuŋ tsɔ

阳平+去声 44+53 棉被 miæ̃ pe 咸菜 ɕiæ̃ tsʰɛ 奇怪 tɕʰi kuɛ

阳平+轻声 44+ · | 黄瓜 xuaŋ kua 忙活 maŋ xuə 名字 miŋ tsɿ

丙、上声在阴平、阳平、上声、去声及轻声前均读原调 24。例如:

上声+阴平 24+213 酒杯 tɕiəu pe 许多 ɕy tuə 保温 pɔ uẽ

上声+阳平 24+44 九年 tɕiəu niæ̃ 感情 kæ̃ tɕʰiŋ 打雷 ta le

上声+上声 24+24 火腿 xuə tʰe 水果ʂue kuə 检举 tɕiæ̃ tɕy

上声+去声 24+53 好受 xɔ ʂəu 写信 ɕiɛ ɕiẽ 赌气 tu tɕʰi

上声+轻声 24+ · | 斧头 fu tʰəu 打他 ta tʰa 婶子ʂẽ tsɿ

丁、去声在阴平、阳平、上声、轻声前均读原调 53,在去声前由 53 变 43。例如:

去声+阴平 53+213 半天 pæ̃ tʰiæ̃ 跳高 tʰiɔ kɔ 负责 fu tʂe

去声+阳平 53+44 菜园 tsʰɛ yæ̃ 化肥 xua fe 拜年 pɛ niæ̃

---

① 郭辉:《濉溪方言研究》,安徽教育出版社 2015 年版。

去声+上声　53+24　政府 ʈʂəŋ fu　半碗 pæ̃ uæ̃　占有 ʈʂæ̃ iəu

去声+去声(53-43)+53　道路 tɔ lu　破布 p^huə pu　寄信 tɕi ɕiẽ

去声+轻声　53+·|　败乎 pɛ xu　郑家 ʈʂəŋ tɕia　硬实 iŋ ʂʅ

戊、单音的性质形容词带上后缀所构成的两字组,后字不论原调是什么,均变为55调,且多儿化;前字按其与阳平字组合的连调规律来读。例如:

黑乎儿(的)$xɛ^{213-21}xu^{213-55}$(·ti)　白茫儿(的)$pe^{44}mar^{44-55}$(·ti)

紧绑儿(的)$tɕiẽ^{24}par^{213-55}$(·ti)　黑洞儿(的)$xe^{213-21}tur^{53-55}$(·ti)

2.1.2 叠字两字组的连读调

甲、其中属名词、动词的叠音两字组,后字多读轻声;前字按其与轻声结合连调规律来读。例如:

说说$ʂuə^{213-21}$·ʂuə | 拿拿 na^{44}·na | 姐姐 $tɕiɛ^{24}$·tɕiɛ | 看看 $k^hæ̃^{53}$ · k^hæ̃

乙、属形容词、副词、方位词的叠音两字组,后字大都变读55调,并且多儿化;前字则按该字与阳平结合的连调规律来读。例如:

多多儿(的)$tuə^{213-21}tuə^{55}$(·ti) 白白(的)$pe^{44}pe^{55}$(·ti)

刚刚(的)$tɕiaŋ^{213-21}tɕiaŋ^{55}$(·ti) 满满儿(的)$mæ̃^{24}mɛr^{55}$(·ti)

边边儿(上)$piæ̃^{213-21}piɛ^{55}$(·ʂaŋ) 快快儿(的)$k^huɛ^{53}k^huɛr^{55}$(·ti)

值得说明的是乙类中有一些叠音两字组,后字又可读213调,多儿化;前字则按该字与阴平结合的连调规律来读,并且也多儿化。例如:

满儿满儿(的)$mɛr^{24}mɛr^{24-213}$(·ti)慢儿慢儿(的)$mɛr^{53}mɛr^{53-213}$(·ti)

2.2 轻声 濉溪话的轻声,失去原有调值,读得轻短。轻声的高低决定于前字的调值:阴平后的轻声调值最高,约为3度,如"脚上|抓手";阳平后的轻声约为2度,如"来吧|床上";上声后的轻声,调值略高于2度,如"走吧|逮住";去声后的轻声调值最低,约为1度,如"上吧|盼头"。为简便起见,本文记录轻声字音时均在其音标前加"·"表示,不标具体调值。语流中,轻声音节里的声母、韵母有时也发生变化,具体如下:

2.2.1 声母的变化

2.2.1.1 清塞音有的读为浊塞音,例如:(括号中<号表示轻声音节的单字音)

走吧 tsəu · bɐ(<pa) | 萝卜 luə · ba(<pu) | 打扮 ta · bæ̃(<pæ̃) | 葡萄 p^hu · dɔ(<t^hɔ) | 舌头ʂə · dəu(<t^həu) | 打听 ta · diŋ(<t^hiŋ)。

清音是强辅音,浊音是弱辅音,上述轻声音节的声母由清辅音变成浊辅音自然可以看作是辅音的弱化。从另一个角度看,语流中这些夹在元音或者元音跟浊辅音之间的清辅音变为浊辅音，也是语音同化现象。

潍溪方言中清擦音声母[s]在有的轻声音节里还浊化为塞音[d]，例如：咳嗽 k^{h}ə ·dɐ(<səu/sɔ) | 合瑟$_{\text{哆嗦}}$xə ·dɐ(<sə)。

2.2.1.2 一些塞音、塞擦音弱化后读为同部位的擦音。例如：

[tʂ]、[tʂ^h]→[ʂ]：扫帚 sɔ^{53} · ʂu(<tʂəu^{213}) | 排场 p^{h}ɛ^{44}·ʂaŋ(<tʂ^{h}aŋ^{24})

[tɕ^h]→[ɕ]：排气 p^{h}ɛ^{44}·ɕi(<tɕ^{h}i^{53})

[k^h]→[x]：凉快 liaŋ^{44}·xuẽ(<k^{h}uɛ^{53})

2.2.1.3 舌面前声母[tɕ]、[tɕ^h]、[ɕ]以及合口韵前的[x]、[f]常因弱化而脱落。例如：

[tɕ]：对讲 te^{53}·iaŋ(<tɕiaŋ^{24}) | 娘家 niaŋ^{44}·ia(<tɕia^{213}) | 簸箕 puə^{53}·i(<tɕi^{213})

[tɕ]：回去 xue^{44}·y(<tɕ^{h}y^{53}) | 下去 ɕia^{53}·y(<tɕ^{h}y^{53})

[ɕ]：弟兄 ti^{53}·yŋ(<ɕyŋ^{213}) | 年下 niæ̃^{44}·i(<ɕia^{53})

[x]：叫唤 tɕiɔ^{53}·uẽ (<xuæ̃^{53}) | 暖和 nuæ̃^{24}·u (<xuə^{44}) | 麻花 ma^{44}·u (<xua^{213}) | 瞎话 ɕia$^{213-21}$·ua (<xua^{53}) | 败坏 pɛ^{53}·u (<xu ɛ^{53}) | 招呼 tʂɔ$^{213-21}$·u (<xu^{213}) | 窗户 tʂ^{h}uaŋ$^{213-21}$·u (<xu^{53}) | 理会 li^{24}·u (<xue^{53}) | 家伙 tɕia$^{213-21}$·u (<xuə^{24})

[f]：媳妇 ɕi^{44}·u (<fu^{213}) | 豆腐 təu^{53}·u (<fu^{213}) | 咋呼 tʂa$^{213-21}$·u (<xu^{213})

2.2.2 韵母的变化

2.2.2.1 鼻音同化

潍溪话轻声音节中韵母被鼻音同化的现象很常见。即不带任何鼻音色彩的韵母因受自身音节或者前后音节里鼻音或鼻化音的影响，从而变成了鼻化元音韵母或鼻音尾韵母。例如：

甲、受自身音节鼻音声母的影响：

书呢　ʂu$^{213-21}$·niẽ (<ni^{44})　　姊妹　tsɿ^{24}·mẽ (<me^{53})

乙、受前后音节里的鼻音或鼻化音的影响：

难为　næ̃^{44}·uẽ (<ue^{44})　　晌午　ʂaŋ^{24}·uẽ (<u^{24})

耽误　tæ̃$^{213-21}$·uẽ (<u^{53})　　凉快　liaŋ^{44}·uẽ (<k^{h}uɛ^{53})

这种鼻音同化的现象在非轻声音节中也常见。例如：

努力　nuŋ^{44}(<nu^{44}) li^{213}　　奶奶 næ̃^{24}(<nɛ^{24}) · næ̃(<nɛ)

奴隶　nuŋ^{44}(<nu) li^{53}　　每常　mẽ^{24}(<me^{24}) ʂaŋ

吆唤　iaŋ^{213}(<iɔ^{213}) · xuæ̃　　闺女 kuẽ^{213}(<kue^{213}) ny

早晚$_{\text{什么时候}}$tsaŋ^{44}(<tsɔ) uæ̃　　安慰 ɣæ̃^{213}uẽ^{53}(<ue^{53})

泡桐树 pʰaŋ^{213}(<pʰɔ^{213}) ·tʰuŋ ʂu^{53} 茴香 xuẽ^{44}(<xue^{44}) ɕiaŋ^{213}

上例中“努、奴;吆、姥、早、泡”受鼻音或鼻化音的影响,本来应当像其他字那样,韵母成为鼻化元音,变成[ũ/uẽ][ɔ̃],但由于濉溪话声韵配合中不存在[nũ/nuẽ iɔ̃ tsɔ̃]音节,更主要的是[u ɔ]是后元音,这样自然被同化成后鼻音尾韵。

2.2.2.2 主要元音央化

由于弱读时,舌位处于自然状态,所以韵母主要元音便会趋向发音较为轻松自然的央元音。例如:

拾掇 ʂʅ^{44}·tɐ(<tuə^{213}) 屋里 u$^{213-21}$·lɜ(<li^{24})

数落 ʂuə^{24}·lɐ(<luə^{213}) 葫芦 xu^{44}·lɐ(<lu^{44})

叫唤 tɕiɔ^{53}·xutə̃(<xuæ̃^{53})

2.2.2.3 圆唇元音[y]变为展唇的[i]。例如:

红芋 xuŋ^{44}·i (<y^{44}) 闺女 kuẽ$^{213-21}$·ni (<ny^{24})

回去 xue^{44}·i (<tɕʰy^{53})

2.2.2.4 合口呼韵母[ua uɛ uə ue]与[x]相拼的轻声音节,不仅声母脱落而且韵母中主要元音也脱落,整个音节只剩下了韵头。例如:

瞎话 ɕia$^{213-21}$·ua (<xua^{53}) 麻花 ma^{44}·u (<xua^{213})

败坏 ptɛ^{53}·u (<xutɛ^{53}) 暖和 nutæ̃^{24}·u (<xuə^{44})

理会 li^{24}·u (<xue^{53}) 拐回去 kutɛ^{24}·u (<xue^{44})i (<tɕʰy^{53})

此外“老爷”“年下”两词中,“爷”“下”弱读也只剩下了韵头 i。如:

老爷 lɔ^{24}·i (<iɛ^{44}) 年下 nitæ̃^{44}·i (<ɕia^{53})

2.2.2.5 韵母全部脱落,整个音节只剩下声母。这种情形大致有两种情况:

甲、轻声音节多为[fu][sɿ][ʂʅ][ɕi][tsʰɿ][tʂʰʅ][tɕʰi]。例如:

豆腐 təu^{53}·f (<fu^{24}) 地方 ti^{53}·f (<faŋ^{213})

意思 i^{53}·s (<sɿ^{213}) 抛撒浪费 ptɔ^{213}·s (<sɿ^{24})

老实 lɔ^{24}·t ʂ(<ʂʅ^{44}) 东西 tuŋ$^{213-21}$·ɕ(<ɕi^{213})

推辞 tue$^{213-21}$·tsʰ (<tsɿ^{44}) 吭哧 kəŋ$^{213-21}$·tʂʰ(<·tʂʰʅ^{44})

站起来 tʂæ^{53}·tɕʰ (<tɕʰi^{24})·lɜ(<ltɛ^{44})

我们注意到上述轻声音节中大多数为[fu][sɿ][ʂʅ][ɕi][tsɿ][tʂʅ][tɕi],这些音节中韵母的舌位唇型和声母的发音部位很接近,加上声母都“带有不同程度的清擦持续音，那就有点近似耳语，尽管没有响元音作韵母，但也可以使人听得见”[①]。因此在弱读时即使丢掉韵母，也不影响表义。

乙、声母为双唇音[p]、[p^h]、[m]，且轻声音节多夹在中间。例如：

怎么样 tsəŋ^{24}·m (<mə^{44})iaŋ^{53}　　丈母娘 tʂaŋ^{53}·m (<mu^{24})niaŋ^{44}

拿不动 na^{44}·b(<pu^{213})tuŋ^{53}　　大半碗儿 ta^{53}·b(<pæ̃^{53})utɛr^{24}

2.2.3 整个音节读音不稳定

潍溪方言轻声音节弱读的程度与各人言语习惯及语速快慢有关，所以就使得同一个轻声字的读音有多种。例如：（以使用频率的多少排列不同的读法）

回去 ·i/·y/·tɕ^{h}y｜凉快 ·uə/·uẽ/·xuə̃/·k^{h}uɛ｜叫唤·uə̃/·xuə̃/·xuẽ/x ·uæ̃/·xuæ̃｜年下 ·i/·ia/·ɕia｜萝卜 ·pɐ/·pu/·pe/·pə｜媳妇 ·u/·f｜扫帚 ·ʂu/·ʐu/·tʂu/｜亮着 ·dəu/·tsɿ｜嘟噜·lɐ/·lu/·ləu｜咳嗽·tɐ/·sɿ/·səu。

2.3 儿化韵

潍溪话 37 个基本韵母中，除[yŋ]和自成音节的[ɭ]、[ŋ]外，其余 34 个韵母均有其儿化读法。34 个韵母的儿化韵合并为 25 个。情况如下：

儿化韵	本韵	例词	儿化韵	本韵	例词
er	ɿ ʅ e ẽ	拾子儿、大年三十儿	uɛr	uɛ uæ̃	方块儿、当官儿
		一辈儿、折本儿	yɛr	yæ̃	试卷儿
ir	i iẽ	老底儿、今儿个	uer	ue uẽ	小鬼儿、作文儿
ur	u	糨糊儿、额头儿	ɔr	ɔ	超道儿、水泡儿
yr	y yẽ	小曲儿、小鱼儿	iɔr	iɔ	插销儿、水漂儿
ar	a	打杂儿、海趴儿海贝	əur	əu	小偷儿、搜抠儿小气
iar	ia	当家儿、一下儿	iəur	iəu	顺口溜儿
uar	ua	白褂儿、小花儿	ar	aŋ	上当儿、卖唱儿
ər	ə	自个儿、听喝儿听指挥	iar	iaŋ	走样儿、对象儿
uər	uə	差不多儿、背锅儿驼背	uar	uaŋ	一对双儿
yər	yə	顶缺儿、小雪儿	ẽr	əŋ	外甥儿、一生儿一岁
ɛr	ɛ æ̃	男孩儿、上班儿	ir	iŋ	生意精儿
iɛr	iɛ iæ̃	河沿儿、滴点儿	ur	uŋ	百事通儿

说明：[t t^h]、[ts ts^h s]、[tɕ tɕ^h ɕ]声母后的所有儿化韵以及其他声母后

① 鲁允中：《轻声和儿化》，商务印书馆 2001 年版。

出现的齐、撮呼韵母的儿化韵，韵母实际读音中都伴有舌尖闪音[ɾ/ɽ]。如：上当儿 ʂaŋ^{53}tɽar^{43} | 小偷儿 ɕiɔ^{24}t^{h}ɽəur^{213} | 谝能儿 piæ^{24}nɽər^{44} | 两截儿 liaŋ^{24} tsɾɛr^{44} | 前儿个 ts^{h}ɾɛr^{44}kə | 影信儿 iŋ^{24}sɾər^{53} | 孙女儿 suẽ$^{213-21}$nɽuər | 小鸡儿 ɕiɔ^{24}tɕiɽər^{213}。

2.4 同化濉溪话中，韵母鼻音同化的现象很常见。即不带任何鼻音色彩的韵母因受本字或者其前（后）音节里鼻音的影响，而被同化成鼻化元音韵母或鼻音尾韵母。这种音变现象在轻声音节和非轻声音节中都有表现。例如：（括号中<号表示音节原来的读音，下同。）

甲、受本字鼻音声母同化：

努力 nuŋ^{24}(<nu^{24})li^{213}　　奶奶 næ̃^{24}(<nɛ^{24})·næ̃(<nɛ^{24})

奴隶 nuŋ^{24}(<nu^{44})·li　　书呢？ʂu$^{213-21}$ ·niẽ (<·nə)

每常 mẽ^{24}(<me^{24})·ʂaŋ　　姊妹 tsɿ^{24} ·mẽ (<me^{53})

乙、受前（后）音节里的鼻音同化：

难为 næ̃^{44} ·uẽ (<ue^{44})　　晌午ʂaŋ^{24} ·uẽ (<u^{24})

耽误 tæ$^{213-21}$ ·uẽ (<u^{53})　　凉快 liaŋ^{44} ·uẽ (<k^{h}u ɛ^{53})

吆唤 iaŋ^{21}(<iɔ^{213})·uẽ　　闺女kuẽ^{21}(<kue^{213})·ni

养活 iaŋ^{24} ·uẽ (<xuə)^{44}　　光脊梁kuaŋ$^{213-21}$ ·tsiẽ (<tɕi^{213})·niaŋ

需要说明的是，上例“光脊梁”中的“梁”声母读成了[n]，则是原声母[l]又受了前字鼻化元音韵母同化的结果。

2.5 弱化与脱落濉溪话的轻声和大多数北方话的轻声一样，丧失了原有的调子，读得又短又轻。这种轻声实际上也是一种调值的弱化。伴随着整个音节调值的弱化，濉溪话轻声音节里的声母和韵母除了容易受其前后的鼻音同化外，还常常发生弱化甚至脱落。这具体表现为：

甲、声母为塞音、塞擦音的，或者由送气读为不送气，如[p^{h}][t^{h}]；或者弱化为同部位的擦音，如[tʂ^{h}][k^{h}]；或者全部脱落，如[tɕ][tɕ^{h}]。声母为擦音的，则多因弱化而走向脱落，如[f][x][ɕ]。举例如下：

葡萄 p^{h}u^{44} tɔ(<t^{h}ɔ^{44}) | 舌头 ʂə^{44} ·təu (<t^{h}əu^{44}) | 牲口 ʂəŋ$^{213-21}$ ·kəu (<k^{h}əu^{24}) | 糊涂 xu^{44} ·tu (<t^{h}u^{44}) | 打听 ta^{24} ·tiŋ (<t^{h}iŋ^{213}) | 算盘 suæ̃^{53} ·pæ̃ (<p^{h}æ̃^{44}) | 每常 me$^{\sim 24}$ ·ʂaŋ (<tʂ^{h}aŋ^{44}) | 排场 p^{h}ɛ^{44} ·ʂaŋ (<tʂ^{h}aŋ^{44}) | 凉快 liaŋ^{44} ·xuẽ (<k^{h}uɛ^{53}) | 排气 p^{h}ɛ^{44} ·ɕi (<tʂ^{h}ɿ^{53}) | 对讲 te^{53} ·iaŋ (<tɕiaŋ^{24}) | 娘家 niaŋ^{44} ·ia (<tɕia^{213}) | 簸箕 pə^{53} ·i (<tɕi^{213}) | 回去 xue^{44} ·y (<tɕ^{h}y^{53})

媳妇 sɿ^{44} ·u (<fu^{213}) | 瞎话ɕia$^{213-21}$ ·ua (<xua^{53}) | 弟兄 ti^{53} ·yŋ (<ɕyŋ^{213})

叫唤 t ɕiɔ^{53} · uẽ (<xuæ̃^{53}) | 咋呼 ʈʂa$^{213-21}$ · u (<xu^{213}) | 招呼 ʈʂɔ$^{213-21}$ · u (<xu^{213})。

需要说明的是:上例中“每常、排场”之“常、场”读[ʂ]声母确系弱化所至,此二字在非轻声音节中皆读[ʈʂ^{h}]声母。相对而言,声母[p m n l ʈʂ ʂ ʐts ts^{h} s]在轻声音节里较为稳定。

乙、单元音韵母,舌位由后元音向央元音靠拢、且多由高变低,唇形由圆变展。复元音韵母,属齐齿呼及合口呼的常常发生脱落,只剩下韵头[i]、[u]。有的音节有时整个韵母全部脱落,只剩下了韵头。例如:

拾掇ʂʅ^{44} · tɐ(<tuə^{213}) | 屋里 u$^{213-21}$ · lɜ(<li^{24}) | 数落ʂuə^{24} · lɐ(<luə^{213}) | 葫芦 xu^{44} · l ɐ(<lu^{44}) | 红芋 xuŋ^{44} · i (<y^{24}) | 闺女kuẽ$^{213-21}$ · ni (<ny^{24}) | 老爷 lɔ^{24} · i (<iɛ^{44}) | 败坏 pɛ^{53} · u (<xuɛ^{53}) | 理会 li^{24} · u (<xue^{53}) | 麻花 ma^{44} · u (<xua^{213}) | 拐回去kuɛ^{24} · u (<xue^{44}) · i (<tɕhy^{53}) | 大半碗儿 ta^{53} · p (<pæ̃^{53}) uɛr^{24} | 丈母娘 ʈʂaŋ^{53} · m (<mu^{24})niaŋ^{44} | 意思 i^{53} · s (<sʅ^{213}) | 没地方 me$^{53-43}$ ti^{53} · f (<faŋ^{213}) | 怎么样 tsəŋ^{24} · m (mə^{44})iaŋ^{53} | 头发 t^{h}əu^{44} · f (<fa^{213})。

2.6 分音濉溪话中也有不少分音词,即把一个字分成两个音节来说。例如:(表中分音词均用同音字代替,无同音字的则用声韵相同的字,外加符号指出调类)

分音词	本字	例句
支拉	渣	炼油剩的油~子香得很。
敌拉	提	口袋太沉,我~不动。
ᶜ跌拉	嗲	这几个女学生~得很
模拉	抹	吃好叫桌子~~。
醭拉	拨	这点菜都~你碗里吧。
巴拉	驳	我说话他不听,还给我~。
滴拉	吊	把篮子~搁梁头上。
不楞	蹦	鱼搁盆里直~。
可熥	坑	路上净是~,太难走。
窟窿	孔	裤子烂个大~。
꜀个꜀浪	腔	气的我心~子疼。

侯精一先生(1999)①以山西平遥话为例,说明了分音词的构造规律。他

① 侯精一:《现代晋语的研究》,商务印书馆 1999 年版。

指出,前音节的声母是本字的声母,通常是塞音[p t k;p^{h} t^{h}k^{h}];前音节的韵母是入声韵[ʌʔi ʌʔu ʌʔ]。后音节的声母是[l],所以又称嵌 l 词[①]。韵母和声调是本字的韵母和声调。

可见,濉溪话中的分音词和晋语中的分音词,构造的方式大致相同。濉溪话没有入声,但实际读音中,前一音节也是很短促的。这和晋语分音词前音节是入声韵是一致的。

需要说明的是,濉溪话里分音词的后一音节绝大多数读轻声,但韵母还是与本字一致的。其中像“醭拉、巴拉、滴拉”等分音词,今天看来,它们后一音节的韵母为[ɐ],与本字“拨、驳、吊”的韵母并不一致,但这又是可以解释的。其⑤中“拨、驳”的韵母读成[ɐ]恰和上文“拾掇、说落”之“掇、落”的韵母在轻声音节中的弱化规律是一致的。“吊”字的韵母虽然与“掇、落、拨”不同,但是缓读分音发生时,介音与声母合读,韵母便剩下了后元音,由此再弱化为[ɐ]就不足为奇了。

三、濉溪话的语音特点[②]

①今读塞音、塞擦音的古全浊声母字,跟北京话一样,其中平声字多读送气的清音;仄声字多读不送气的清音。需要指出的是“特”字的读音:在常用词“特意”(故意)中该字读为[te^{44}i^{53}]。“特”为中古曾开一入声德韵定母字,濉溪读不送气声母、阳平,符合语音发展演变的规律。北京话读[t^{h}ɤ^{51} i^{51}],声母、声调则皆属例外。

②中古知、庄组字,今北京大多读[ʈʂ ʈʂ^{h}ʂ],有少量的庄组字和知组澄母字读[ts ts^{h} s];濉溪情况跟北京大致相同。但在《方言调查字表》[③]庄组和澄母,今北京读[ts ts^{h} s]的 31 字中,濉溪除“阻、洒、淄、滓、搜、馊、飕、搜~集邹、簪、篡”11 字也读[ts ts^{h} s],“辎、俟、参、差、岑、啬”6 字暂未见用例故读音不明外,其余 14 字老派仍为[ʈʂ ʈʂ^{h}ʂ];新派有的字产生文白异读。具体情况如下:(“责、侧”为庄母,“策”至“测”为初母,“所”至“缩”为生母,“择、泽”为澄母。)

	责	侧	策册厕测	所	森	瑟色涩	缩	择泽
北京	tsɤ^{35}	ts^{h}ɤ^{51}	ts^{h}ɤ^{51}	suo^{214}	sən^{55}	sɤ^{51}	suo^{55}	tsɤ^{35}
濉溪老派	ʈʂe^{213}	ʈʂ^{h}e^{213}	ʈʂ^{h}e^{213}	ʂuə^{213}	ʂẽ^{213}	ʂe^{213}	ʂu^{213}	ʈʂe^{44}

① 张崇:《“嵌 1 词”探源》,《中国语文》1993 年第 3 期。

② 这里指的是濉溪话语音和中古音、北京音相比较所显示出的特点。

③ 中国社会科学院语言研究所:《方言调查字表》(修订本),商务印书馆 2002 年版。

潍溪$_{新}$	tsɛ^{213}	tsɛ^{213}	tsɛ^{213}	tsuə^{24}	ʂẽ^{213}	se^{213}	tʂʰu^{213}	tse^{44}

③中古章组书母字，今北京一律读[ʂ]声母；潍溪则是绝大部分读[ʂ]，老派个别字读为[tʂʰ]，还有个别字在特定词语中读为[ʐ]。新派则产生文白异读。文读为[ʂ]，白读同老派。比较如下：

	暑	鼠	深	伸	束$_{\sim腰}$	舒$_{\sim适}$	输$_{\sim钱}$
北京	ʂu^{214}	ʂu^{214}	ʂən^{55}	ʂən^{55}	ʂu^{51}	ʂu^{55}	ʂu^{55}
潍溪$_{老派}$	tʂʰu^{44}	tʂu^{24}	tʂʰẽ^{213}	tʂʰẽ^{213}	tʂʰu^{213}	ʐu^{44}	ʐu^{213}
潍溪$_{新派}$	ʂu^{44}	ʂu^{24}	ʂẽ^{213}	ʂẽ^{213}	ʂu^{213}	ʂu^{213}	ʂu^{213}

④潍溪话大部分分尖团。例如：

姐$_{精}$ 解$_{见}$	妻$_{清}$ 欺$_{溪}$	聚$_{从}$ 锯$_{群}$	箱$_{心}$ 香$_{晓}$	细$_{邪}$ 系$_{匣}$
tsiɛ^{24} ≠ tɕiɛ^{24}	tsʰi^{213} ≠ tɕi^{213}	tsy^{53} ≠ tɕy^{53}	siaŋ^{213} ≠ ɕiaŋ^{213}	si^{53} ≠ ɕi^{53}

但值得说明的是潍溪话的分尖团，只限于齐齿韵和[y]韵母前。因为中古精组，北京话今声母为[tɕ tɕʰ ɕ]，韵母是[yɛ yan yn]的字，潍溪声母为[ts tsʰ s]，韵母分别读成了合口韵[uə uæ̃ uẽ]。例如：

	雀$_{精}$鹊$_{清}$	绝嚼$_{从}$	薛削雪$_{心}$	全泉$_{清}$	旋$_{心}$	俊骏$_{精}$	汛讯	询$_{心}$	寻旬巡$_{邪}$
北京	tɕʰyɛ^{51}	tɕyɛ^{35}	ɕyɛ^{55} ɕyɛ^{214}	tɕyan^{35}	ɕyan^{51}	tɕyn^{51}	ɕyn^{51}	ɕyn^{35}	ɕyn^{35}
潍溪	tsʰuə^{213}	tsuə^{44}	suə^{213}	tsʰu æ̃^{44}	su æ̃^{53}	tsue^{53}	su ẽ^{53}	suẽ^{44}	suẽ^{44}

例外字："宣心、驯邪"二字，潍溪与北京一样都读舌面音[ɕ]声母、撮口韵。读音分别为[ɕy æ̃^{213}]、[ɕuẽ^{42}]。但这两个字在潍溪话口语中几乎不用。

⑤中古疑、影两母，今北京读开口呼、零声母的字，潍溪读[ɣ]声母。例如：

	鹅	爱	恩	袄	昂
北京	ɤ^{35}	ai^{51}	ən^{55}	au^{214}	aŋ^{35}
潍溪	ɣə^{44}	ɣɛ^{53}	ɣẽ^{213}	ɣɔ^{24}	ɣaŋ^{44}

⑥今北京话所有读[yŋ]韵零声母的字，潍溪话均读成[ʐ]声母。例子见下⑱。

⑦北京话[ai uai]、[ei uei]和[ɑu iɑu]三套韵母，潍溪是[ɛuɛ]、[e ue]和[ɔ iɔ]。例如：败 pɛ^{53}｜怪kuɛ^{53}｜煤 me^{44}｜追 tʂue^{213}｜包 pɔ^{213}｜饺 tɕiɔ^{24}。

⑧没有鼻辅音韵尾[n]。中古咸、山、深、臻四摄的舒声字，北京话读作前鼻尾韵母[an ian uan yan]和[ən in uən yn]；潍溪话读作鼻化元音韵母[æ̃ i æ̃ uæ̃ yæ̃]和[ẽ iẽ uẽ yẽ]。例如：

安ɣæ̃^{213}｜烟 iæ̃^{213}｜关kuæ̃^{213}｜圆 yæ̃^{44}｜恩ɣẽ^{213}｜因 iẽ^{213}｜昏 xuẽ^{213}｜云 yẽ^{44}。

⑨今北京读[yɛ yan yn]韵母的中古来母及精组字，潍溪话读合口韵[uə

uæ̃ uẽ]。例如：

	略掠来	雀精	绝从	雪心	全清	旬邪
北京	lyɛ^{51}	tɕ^{h}yɛ^{51}	tɕyɛ^{35}	ɕyɛ^{214}	tɕ^{h}yan^{35}	ɕyn^{35}
濉溪	luə^{213}	ts^{h}uə^{213}	tsuə^{44}	suə^{213}	ts^{h}uæ̃^{44}	suẽ^{44}

⑩中古见系，今北京读[yɛ]韵母的字，濉溪话绝大多数读作[yə]韵母。这些字主要来自中古山合三薛韵、月韵，山合四屑韵，臻合三物韵，宕开三药韵，江开二觉韵以及果合三戈韵（举平声以赅上去，下同。）；另外，宕开三药韵见系个别字，今北京读作[iau]韵，在濉溪仍读作[yə]韵。这两类情况举例如下：

	阅$_{山合三、薛}$	月$_{山合三、月}$	缺$_{山合四、屑}$	掘$_{臻合三、物}$	虐$_{宕开三、药}$	学$_{江开二、觉}$	靴$_{果合三、戈}$	脚	药钥$_{宕开三、药}$
北京	yɛ^{51}	yɛ^{51}	tɕ^{h}yɛ^{55}	tɕyɛ^{35}	nyɛ^{51}	ɕyɛ^{35}	ɕyɛ^{55}	tɕiau^{214}	iau^{51}
濉溪	yə^{213}	yə^{213}	tɕ^{h}yə^{213}	tɕyə^{213}	yə^{213}	ɕyə^{44}	ɕyə^{213}	tɕyə^{213}	yə^{213}

⑪中古果摄合口一等戈韵见、晓组字，北京读[uo ɤ]两类韵母；濉溪话老派人都读作[uə]；新派已有部分字读为[ə]韵母，个别字产生文白异读，文读[ə]，白读[uə]。比较如下：

	科颗蝌稞	课	和$_{\sim平}$禾	棵
北京	k^{h}ɤ^{55}	k^{h}ɤ^{51}	xɤ^{35}	k^{h}ɤ^{55}
濉溪$_{老}$	k^{h}uə^{213}	k^{h}uə^{53}	xuə^{44}	k^{h}uə^{213}
濉溪$_{新}$	k^{h}ə^{213}	k^{h}ə^{53}	xə^{44}	k^{h}uə^{213}/k^{h}ə^{213}

⑫中古假摄开口三等麻韵章组字，今北京读[ɤ]韵母，濉溪有部分字在个别词语中白读为[a]韵母。例如：蛇$_{青\sim白\sim}$[ʂa^{44}] | 扯$_{白\sim}$[tʂ^{h}a^{24}] | 蔗$_{甘\sim}$[tʂa^{24}]

⑬今北京读[u]韵母的中古遇摄合口三等鱼、虞两韵的庄组字，濉溪话则有部分读[uə]韵母。此外，中古遇合一模韵精母字"做"，北京今读[uo]韵母，濉溪则读[u]韵母。两类情况举例如下：（"初、锄、梳"为遇合三鱼韵，"数"为遇合三虞韵，"做"遇合一模韵）

	初	锄	梳	数$_{动词}$	数$_{名词}$	做
北京	tʂ^{h}u^{55}	tʂ^{h}u^{35}	ʂu^{55}	ʂu^{214}	ʂu^{51}	tsuo^{51}
濉溪	tʂ^{h}uə^{213}	tʂ^{h}uə^{44}	ʂuə^{213}	ʂuə^{24}	ʂuə^{53}	tsu^{53}

⑭今北京读合口[uei]韵的中古蟹摄合口一等端组字，濉溪均读作[e]韵母。例如：

	堆	对碓	推	腿	退	队兑
北京	tuei^{55}	tuei^{51}	t^{h}uei^{55}	t^{h}uei^{214}	t^{h}uei^{51}	tuei^{51}
濉溪	te^{213}	te^{53}	t^{h}e^{213}	t^{h}e^{24}	t^{h}e^{53}	te^{53}

⑮今北京读为[ei o ɤ ai]四类韵母的中古曾开一德韵、曾开三职韵庄组以及梗开二陌韵、麦韵字，潍溪话老派读成[e]韵母；其中北京话读[o ɤ ai]三种韵母的，潍溪话新派有文白异读，文读倾向于北京话，白读同老派。例如：

	墨	德	贼	塞$_{\text{曾开一、德}}$	测$_{\text{曾开三、职、庄}}$	白	伯$_{\text{梗开二陌}}$	擘	革$_{\text{梗开二麦}}$
北京	mo^{51}	tɤ^{35}	tsei^{55}	sai^{55}	tsʰɤ^{51}	pai^{35}	po^{35}	pai^{55}	kɤ^{35}
潍溪$_{\text{老}}$	me^{213}	te^{213}	tse^{44}	se^{213}	tʂʰe^{213}	pe^{44}	pe^{213}	pe^{213}	ke^{213}
潍溪$_{\text{新}}$	mə^{53}	tə^{213}		sɛ^{213}	tsʰə^{53}	pɛ^{44}	pə^{44}	pɛ^{213}	kə^{213}

例外字：梗摄开口二等麦韵匣母字“核审核核果子核”，虽然北京也读[ɤ]韵母，但潍溪话并不读[e]韵母。其中“核$_{\text{审核}}$”文读为[xə^{44}]，白读作[xɛ^{44}]；“核$_{\text{果子核}}$”文读为[xə^{44}]，白读作[xu^{44}]。

⑯今北京读[uo]韵母的中古曾合一德韵字、梗合二麦韵字，潍溪话老派均读[ue]韵母，新派则读[uə]韵母。例如：

	国$_{\text{曾合一、德}}$	或惑$_{\text{曾合一、德}}$	帼$_{\text{梗合二、麦}}$	获$_{\text{梗合二、麦}}$
北京	kuo^{35}	xuo^{51}	kuo^{35}	xuo^{51}
老派	kue^{213}	xue^{24}	kue^{213}	xue^{24}
新派	kuə^{213}	xuə^{53}	kuə^{213}	xuə^{53}

⑰中古通摄三等入声精组部分字，今北京读合口[u]韵母，潍溪话老派读撮口[y]韵母，新派多读[u]韵母。例如：

	肃宿	足	俗
北京	su^{51}	tsu^{35}	su^{35}
老派	sy^{213}	tsy^{213}	sy^{44}
新派	su^{213}	tsu^{213}	su^{44}

⑱中古梗合三庚韵喻母字以及通合三钟韵影、喻母字，在北京话中绝大部分读零声母[yŋ]韵，只有少数几个转入了日母，读[ʐ]声母[uŋ]韵；而潍溪话则把这些字全读成[ʐ]声母[uŋ]韵。比较如下：（表中“荣”至“咏”为梗合三庚韵喻母；“雍”至“壅”为通合三钟韵影母；“容”至“用”为通合三钟韵喻以母字。）

	荣	永泳咏	雍痈臃拥壅	容蓉镕	庸	甬勇踊俑涌	佣用
北京	ʐuŋ^{35}	yŋ^{214}	yŋ^{55}	ʐuŋ^{35}	yŋ^{55}	yŋ^{214}	yŋ^{51}
潍溪	ʐuŋ^{44}	ʐuŋ^{24}	ʐuŋ^{213}	ʐuŋ^{44}	ʐuŋ^{213}	ʐuŋ^{24}	ʐuŋ^{53}

值得注意的是：从调类上看，这些在今北京话中读[yŋ]韵零声母的字，只有阴平、上声、和去声，唯独少了阳平，而转到日母中读ʐuŋ 的“荣容蓉镕”

等字恰均为阳平;再看北京话中今读[ʐ]声母[uŋ]韵的 17 个字[①],恰没有阴平和去声,读上声的仅“冗、氄”二字;其余 15 个字均读阳平。而读阳平的这 15 字中,“荣容蓉镕”等来自喻母的“外来户”占了 12 个。这些情况为我们去探寻中古通、梗摄合口三等舒声日、喻母字在方言中部分乃至全部合流的原因,提供了重要启示。(我们拟专文讨论,在此不作具体论述)

⑲中古宕摄开口铎韵、药韵及江摄觉韵,这三韵中的少数字在个别词语中,濉溪话白读为[ŋ]尾韵,读同与之相配的同摄阳声韵字。列举如下:

	落$_{宕开一铎、来}$	着$_{宕开三药、澄}$	戳$_{江开二觉、彻}$	搠$_{江开二觉、生}$
白读	·laŋ(利落)	$ʈʂaŋ^{44}$	$ʈʂ^{h}uaŋ^{44}$	$ʂuaŋ^{24}$
文读	·luə(利落)	$ʈʂuə^{44}$	$ʈʂ^{h}uə^{44}$	

就有限的了解,这种读音现象在其他方言中也有不同程度的存在。例如:在陕西,宕开一铎韵“颀”字,户县方言读为唐韵,念[naŋ]。通摄屋韵“缩”字,陕西绥德读[ʂuaŋ](“因为该字与铎韵字合流走了与‘颀’字同样的道路”)[②]。在河北“魏县方言中还有一个义为‘放;搁进去;派遣’读音为[$ʈʂaŋ^{53}$]的词,用在‘[$ʈʂaŋ^{53}$]点儿油’‘[$ʈʂaŋ^{53}$]个人去一趟’等当中”[③]吴先生并认为“它是‘着上’的合音”。我们认为这个词就是“着”字。在入声韵保留较为完整的南方方言中也有同类现象。据考证,赌博工具“麻将”起源于江苏昆山,道光咸丰之际初行于宁波一带。初叫“马将”,其音恰与当地方言中鸟名“麻雀”读音相同,故又作“麻将”“麻雀”[④]。由此可以得知,江浙一带方言中把宕开三药韵精母字“雀”读同与之相配的宕开三阳韵精母“将”字。我们认为这是音韵学中所谓的阴阳对转现象。准确地说应叫阳入对转。因为“孔广森不认为上古有入声韵,他把入声韵看作是阴声韵并与真正的阴声韵归做一类,所以他将这一规律叫作阴阳对转。阴阳对转,准确地说,应该叫作阴阳入对转,即阴、阳、入三类韵在发展中可以互相转化。”[⑤]

值得指出的是:濉溪话中也有将中古宕摄舒声字读同与其相配的入声

---

① 中国社会科学院语言研究所词典编辑室:《现代汉语词典》(修订本),商务印书馆 1998 年版。

② 张崇:《关中方言中一些口语常用词语的本字》,2004 年第一届西北方言与民俗研讨会交流论文。

③ 吴继章:《魏县方言中的“着”》,2005 年全国汉语方言学会第十二届年会暨汉语方言国际学术研讨会交流论文。

④ 罗新本、许蓉生:《中国古代赌博习俗》,陕西人民出版社 2003 年版。

⑤ 胡安顺:《音韵学通论》,中华书局 2003 年版。

字的现象。如宕开三阳韵庄母字“壮”在濉溪话中一般读作[tʂuaŋ^{53}],但在口语较常用的“壮实”一词中却读作[tʂuə^{42}],韵母和与其相配的药韵(非见系)字的今韵母相同。这种“宕摄舒声字白读,同与其相配的入声字和果摄字音值基本一致”的音变现象在今秦晋之交南部方言中大量存在。①

⑳濉溪话中还有一些字的白读音与北京话比较显得较为特殊。因较零散,且多在个别词语中读音特殊,故集中列举如下:

	在蟹开一咍、从	械蟹开二皆、见	矮蟹开二佳、影	涯蟹开二佳、疑	微②止合三微、微	尾止合三微、微
北京	tsɛ^{51}	ɕiɛ^{51}	ai^{214}	ia^{35}	uei^{55}	ue^{214}
濉溪	tɛ^{24}	tɕiɛ^{53}	iɛ^{24}	iɛ^{44}	uɛ^{213}	i^{24}
	剖流开一侯、滂	否流开三尤、非	抽③流开三尤、彻	有④流开三尤、云	陷咸开二咸、匣	粘咸开二盐、知
北京	p^{h}ou^{55}	fou^{214}	tʂ^{h}ou^{55}	iou^{214}	ɕian^{51}	tʂan^{55}
濉溪	p^{h}ɔ^{24}	fɔ^{24}	tʂ^{h}u^{213}	iɔ^{24}	ɕiɛ^{53}	tʂẽ^{213}
	寻⑤深开三侵、心	嫩臻合一魂、泥	闰臻合三谆、日	凿宕开一铎、从	虹江开二江、见	凝曾开三蒸、疑
北京	ɕyn^{35}	nən^{51}	ʐuən^{51}	tsau^{35}	xuŋ^{35}	niŋ^{35}
濉溪	siẽ^{44}	luẽ^{53}	yuẽ^{53}	tsuə^{44}	tɕiaŋ^{53}	iŋ^{44}
	猛⑥梗开二庚、明	弄通合一东、来	六⑦通合三屋、来	粥通合三屋、章	绿通合三烛、来	轴妯通合三屋、澄
北京	məŋ^{214}	nuŋ^{51}	liou^{51}	tʂou^{55}	ly^{214}	tʂəu^{35}
濉溪	maŋ^{24}	nəŋ^{53}	lu^{213}	tʂu^{213}	lu^{213}	tʂu^{44}

㉑没有入声。古入声字的分派规律是:清声母与次浊声母的大都归阴平;全浊声母的归入阳平。与北京话不尽相同。例外字如下:

甲、清声母归阳平:逼笔必毕摘戳鹄佛察急咳劫胁别区~给掘著衣~作凿祝隙。

清声母归上声:叔撤瘪卜饺眨嘱乙迫魄的目~。

清声母归去声:壁惕妾泄忆亿咽。

---

① 张维佳:《秦晋之交南部方言宕摄舒声字白读音层次》,《语言研究》2004年第2期。

② “微”只在常用词“微微”中,读[uɛ^{24}]。如在“稍微”等词里,“微”字都读[ue^{24}]。

③ “抽”字,只在表抽打义时读[tʂ^{h}u];在“~烟、~水、~筋”等词语中读[tʂ^{h}əu],与北京一样读复合元音韵母。

④ “有”字只在副词“没有”中韵母为[iɔ],作动词时韵母为[iəu]。

⑤ “寻”只在表改嫁义的“寻人”一词中读[siẽ^{44}],其他情况下读[suẽ^{44}]。

⑥ “猛”在濉溪话中常用作副词,“~一看、~一下子、~一进屋”等。这时韵母读[aŋ]。“猛”作形容词时仍读[əŋ]。

⑦ “六”字只在当地传统节日“六月六”(农历六月初六,兴吃糖包子)这一词语中读音为[lu^{213}]。注意:该词语在老派读音中,前后两个“六”都读作[lu^{213}]。而在新派读音中,前一个“六”读[liəu^{53}],倾向于北京话;后一个“六”读[lu^{213}],则与老派相同。

下列清声母入声字，在濉溪话中很少听到，调类归属暂不清楚："倔郁鬱泣讫恰陟啬穑梏酷迄谡亵飒萨葺碧壁曝瀑忒弗绂嫡辄琢笃郝索窃窒赫臆"。

还需指出的是：因避讳，凡清入字，今声韵为 pi 的，皆不读阴平。如：逼笔必毕 pi24 | 壁 pi53

乙、全浊归阴平：突叶夕涉辑复。

全浊归上声：获惑。

全浊归去声：鹤画剧续。

"屐核弼枥弋翼淑泊掷"等口语少见，声调暂不明朗。

丙、次浊归去声：没觅幕历玉跃易液育栗易肉拽以母

次浊归上声：抹涂~。

次浊归阳平：膜译役疫。

"寞鄂逸溺"声调暂不明。

皖北方言的量词

一、引言

"皖北"指安徽省淮河以北的县市及跨淮的县市，包括安徽省宿州(市区及砀山县、萧县、灵璧县、泗县)、淮北(市区及濉溪县)、亳州(市区及涡阳县、蒙城县、利辛县)、阜阳(市区及界首市、临泉县、颍上县、阜南县、太和县)、蚌埠(市区及怀远县、固镇县、五河县)、淮南(市区及凤台县、寿县)六市的全部行政区域，其中凤阳县、寿县是跨淮的县。

"皖北"处在中原官话向江淮官话的过渡地带。按《中国语言地图集》(2012)的分区①，淮北市、砀山县、萧县属中原官话徐淮片，阜阳（市区及太和、界首、临泉、阜南四县）、宿州市、灵璧县、濉溪县、亳州全境属中原官话商阜片，蚌埠市、颍上县、凤台县、怀远县（北部唐集、耿集等 7 个乡镇）、寿县、

① 中国社会科学院语言研究所、中国社会科学院民族学与人类学研究所、香港城市大学语言资讯科学研究中心：《中国语言地图集》（第二版），商务印书馆 2012 年版，B-5 图、9 图。

灵璧县、泗县属中原官话信蚌片，怀远县（南部孝仪、马城等 14 个乡镇）、淮南市属江淮官话洪巢片①。

皖北方言中的量词和普通话的量词相比有同有异，大体上是，普通话中的量词在皖北方言中多数都能够使用，但是在皖北方言中也有一部分有特色的量词普通话里不用。本文主要描写这些较有特色量词的使用情况。同时，皖北方言中一些特殊量词也具有很强的主观性，它们表示具体数量的意义较虚，更多表现说话人的主观认识②。

本文描写的量词大体是皖北方言各片共同使用的量词，对有些非共用的量词则随文标出使用地。另外，本文语料大多是笔者内省式调查和田野调查而得，有的也参考了时彦的研究成果③。

二、皖北方言量词的分类及例析

1.物量词

物量词是表示事物数量的词，根据事物的“离散性”和“非离散性”的特点，物量词可以分为“个体量词”和“非个体量词”两大类。

1.1 个体量词

个体量词是修饰“离散性”事物的量词。李宇明（2000）认为：“能用表示个体单位的量词计量的事物，是离散性的。”④例释如下：

【扑棱$^{=}$】$pu^{21}lə\eta^{0}$ 多用于丛生的植物，相当于棵：一～大白菜（专指叶子没有包在一

起的大白菜，这种大白菜也叫～蒿）｜一～腊菜（雪里蕻）｜一～白蜡条。濉溪、宿州、亳州、阜阳有此用法。

【搂】$ləu^{24}$用于树或其他圆形较粗的东西，一个人两条胳膊弯成弧形合拢在一起叫一～。如“这棵桐树有两～粗｜这个人真胖家伙，肚子有两～粗”。较土的说法也称为“抱”：这个洋灰柱子有两抱粗。用于特别粗的东西时也称为“围”：这个烟筒（烟囱）有好几围。

【□】$p^{h}\varepsilon^{213}/p^{h}ɔ^{213}$用与人或牲畜的大便，当（人或牲畜）解出的大便较稀，在地上占的面积较大，就叫一～屎。如“地上有一～屎｜这～牛屎真大，有半

① 赵日新：《安徽省的汉语方言》，《方言》，2008 年第 4 期，第 362—363 页。

② 梁晓玲：《黑龙江方言的量词》，《方言》，2010 年第 3 期，第 273—278 页。

③ 可参见胡利华的《蒙城方言研究》，合肥工业大学出版社 2011 年版，第 171—174 页；王琴的《皖北中原官话历史演变及现状研究》，黄山书社 2016 年版，第 229—233 页；徐红梅的《皖北方言词汇比较研究》，暨南大学语言研究所 2003 年，第 104 页。

④ 李宇明：《汉语量范畴研究》，华中师范大学出版社 2000 年版，第 38 页。

粪箕头子(箕畚)”。

【挂】kua^{53}①辆,用于车,尤其是自行车。如“一~洋车子|一~汽车”。用于火车时,在“挂”前可以加“长”:一长挂火车。②盘,用于折=子:三~折=子|买一~折=子。

【门儿】mər^{44}①桩,专指男女之间的婚事。如“一~亲事(婚事)”。②用于学校开设的课程:这学期总共开了六~课。

【疙瘩】kə^{21}ta^{0} 用于球形或块状的物体。① 如“一~酱|一~纸|一~猪油|一~棉花”。

【劈儿】p^{h}ir^{24}多用于白菜等叶片较硬的蔬菜,一棵蔬菜由若干叶片构成,每个叶片叫劈儿。如“一~白菜帮|三~芹菜”。

【头】t^{h}əu^{44}个,用于鞭炮,一挂鞭炮有若干个,每一个叫一头。如“一百~|一千~|五千~”等。另外,皖北方言中还有一个和“头”同义的量词“响儿”,一千头也叫一千响儿,这和北京话和东北方言是一致的。再者,皖北方言中量词“头”还可以用于猪牛等:一头猪|一头牛。这与北京话和很多方言也是一致的。

【锭子】tiŋ^{53}tsɿ^{0} 用于成锭的东西,多指墨锭。如“一~墨|一~分角儿(硬币)|一~生铁”等。孙立新报道了关中方言有“一~墨|一~白墨(粉笔)|一~粉锭儿”的说法②,这与皖北方言是基本一致的。

【刀】tɔ^{213}①茬,专用于韭菜,指在同一块地上韭菜生长的次数,一次叫一刀:二~韭菜(割了一次以后又生长的韭菜)③。②计算纸张的单位,通常一百张为一刀:买一~草纸(手纸)|买两~宣纸,三~毛边纸。④ 需要说明的是,现在“刀”用于计量黄表纸(专用于冥纸)时,其纸的张数也不是一百张了,有的四五十张,有的更少一些,如“他家死人了,拿两刀纸去烧个素纸(花钱较少,略表哀思的烧纸方式)吧”。

【股】ku^{24}一个大家庭分成若干个小家庭单独过日子,每个小家庭叫一股:他们家分三~,爹娘在老大那过,现在就数老二那~过得好。

---

① 《现代汉语词典》(第7版)437页【疙瘩】gē·da条义项④为:<方>量用于球形或块状的东西,一~石头|一~糕。

② 孙立新:《关中方言语法研究》,中国社会科学出版社2013年版,第799页。

③ 中国社会科学院语言研究所词典编辑室:《现代汉语词典》(第7版),商务印书馆2016年版,第135页。

④ “刀”作为表一百张纸的量词时,是一个定量集体量词,为了行文之便才用在此处的。

【幅】fu^{213}用于被子的规格，以前农村的被子一般分为两种规格，即三幅被和四幅被，小一点的为三幅，大一点的为四幅。例如：这个被里子有三~。

【个】$kə^{0/53}$从读音上看，皖北方言的“个”多读“$kə^{0}$”，如：五~梨｜三~馒头；除非在应答句中表示强调时读“$kə^{53}$”，如：他家有几个人？五个。皖北方言中的量词“个”用法比较普遍，几乎可以称量所有个体事物，比北京话“个”的使用范围要大得多①：一~茶壶｜一~蚊子｜三~板凳｜一~大车｜一~帽子｜一~羊羔子｜一~算术题｜一~大刀｜两~事儿。据孙立新报道，关中方言中的量词“个”，凡个体事物，基本上都可以用“个”来称其量，与北京话相比，“个”大致有“个、只、枝/管、根、头/匹、副、本、幅、张/页、床、条、把、台、架、座、家、块/片、件”18种用法②。毋效智也报道了陕西扶风的量词“个”用得非常普遍，几乎所有事物都可以用它计量，不仅可以指单个的事物，也可以指某一种东西，某一些东西，举例如：一个椅子｜一个刀｜一个笤帚｜一个帽子｜一个墨｜一个马｜一个河｜一个鱼｜一个飞机｜一个山｜一个虫｜一个事｜这个米（这种米、这些米）③。皖北方言与陕西关中、扶风方言的量词“个”大体一致，只是皖北方言的“个”多用于个体事物，扶风方言的“个”可以用于集体。

“箇”的本义是“竹干”（《说文》：“箇，竹枚也”），用作量词最初用于竹子，《史记·货殖传》：“竹竿万箇。”“箇（个）”发展到南北朝，不但可用于物，连人也可用了，如：但愿樽中九酝满，莫惜床头百个钱。（鲍照《拟行路难》）｜天生男女共一处，愿得两个成翁妪。（梁《横吹曲辞·捉搦歌》）。④ 唐宋时多用于人，以后人物均可见，如：十年后要个人下茶也无在。（《景德传灯录》卷八）｜叫庄客杀一个羊。（《水浒传·二回》）。⑤

1.2 非个体量词

不能用表示个体单位的量词进行计量的事物，是“非离散性的”事物，它是不可数名词，所以要用表示“集体、度量、临时”的量词来计量，称作非个体量词。

1.2.1 集体量词

---

① 吕叔湘：《现代汉语八百词》（增订本），商务印书馆2006年版，第221—222页。

② 孙立新：《户县方言研究》，东方出版社2007年版，第437—438页。另见孙立新：《关中方言语法研究》，中国社会科学出版社2013年版，第785—786页。

③ 毋效智：《扶风方言》，新疆大学出版社2005年版，第275页。

④ 刘世儒：《魏晋南北朝量词研究》，中华书局1965年版，第85—86页。

⑤ 余光中、植田均：《近代汉语语法研究》，学林出版社2000年版，第342—346页。

(1)不定量集体量词

简称“不定量词”，它表示人或事物的数量是不定的，可以是几个/斤、几十个/斤、甚至上百个/斤或更多。例如：

【扑儿】$p^{h}ur^{213}$①用于打麻将，数字相连的三张牌在一起称一扑儿。[①] 如“俺这~牌真好”。②用于人，大致相当于普通话的“伙儿”：那边来三~人｜这来(里)没有多少活了，来~人就够了。

【箅子】pi^{53}笼，用于蒸馏的食品。如“一~窝头儿｜一~馒头｜一~花卷儿ʯ。黑维强(2016)报道了陕西绥德有”一箅子[$iəʔ3phiər^{21}tsəʔ^{21}$](馍馍)ʯ的说法，这与皖北方言的用法是一致的。[②]

【嘟噜】$tu^{21}lu^{0}$①串，用于计量葡萄等物。如“一~葡萄｜一~桑葚子｜一~肠子”。乔全生报道了山西山阴、和顺用于计量葡萄等物时不用量词“串”，而用“嘟噜”[③]。不过陕西神木用“圪抓”[④]，皖北方言中也多有用“疙瘩”的，这也是音义皆近的用法。②用于计量人，多含贬义：这个女的后边跟着一~孩子，真能生｜这个小痞子腚后头(屁股后头)跟了一~女的。

【处】$tʂ^{h}u^{53}$①所：一~(房子)。②块：他家有两~宅子(宅基地)。

【拉溜】$la^{44}liəu^{53}$排，行，用于成排或成行的人物等：一~人｜一~电线杆子｜一~汽车。

【排溜儿】$p^{h}ɛ^{44}liəur^{53}$队，行，多用于成排或成行的人：后边站了一~小孩｜一~站 6 个，别多了。

【子儿巴】$tsər^{24}pa^{0}$ 用于能用手指掐住的一束细小(长)的东西：一~洋线子｜一~水萝卜｜一~韭菜｜一~香椿芽子｜两~香。

(2)定量集体量词

简称“定量词”，它表示的人或事物的数量总是固定不变的。

【充】$tʂ^{h}uŋ^{213}$副，专用于纸牌。如“一~爬似牌(扑克牌)(54 张)”。

【副】fu^{53}表示两个或一定数量的事物。如“一~门对子(对联)|一~手套”均表示两个或一对；“一~象棋(32 个)|一~麻将(144 张)牌”。

【提搂】$ti^{21}ləu^{0}$捆，专用于成捆的啤酒、汽水(在皖北，一~汽水和一~啤酒都是 10 瓶)：买两~啤酒｜一~汽水。

---

① 苏晓青、吕永卫：《徐州方言词典》，江苏教育出版社 1996 年版，第 51 页。

② 黑维强：《绥德方言调查研究》，北京师范大学出版社 2016 年版，第 309 页。

③ 乔全生：《晋方言语法研究》，商务印书馆 2000 年版，第 137 页。

④ 邢向东：《神木方言研究》，中华书局 2002 年版，第 426 页。

【打】ta^{213} 12个为一打，多用于手套、袜子等纺织品：俺家来买了一~手套子|俺娘打(织)了一~毛线袜子。

【旬】$ɕy^{44}$ 12年，12生肖每轮回一次叫一旬，专用来指人的岁数：他比我整整小了一~。

据我们所知，黑龙江方言中也有这种用法，举例是“我正好比你大一旬”。

【具】$tɕy^{53}$套，用于成组的牲口，犁耙地时每三头牲口在一起叫一具：一~牛｜一~马｜一~骡子。普通话书面语表达中，“具”这个量词只用于棺材、尸体、和某些器物，不用于成套的牲口。

1.2.2 度量词

【超】$ts^{h}ɔ^{53}$步，指两腿迈开从后脚脚跟到前脚脚尖的距离，当两脚迈的步子较小时叫一小超，当两脚迈的步子较大时叫一大超，一般用于丈量土地，多在对丈量结果的准确度要求不高时使用：咱把这块地分分，一人两~宽｜这溜子地有十来~长。量词“超”应该来自动词“超”，在皖北，用单脚跨越宽度稍窄的沟壑时称作“超”(《集韵》笑韵抽庙切：“逾也”，这里读如清母。)，相当于普通话的“跳”，如“这条小沟不宽，一步就超过去了”。单脚跨越过沟壑时正好是一(大)步，因此叫“超”。

【拃】$tʂa^{24}$长度单位，拇指和食指或中指叉开的距离叫一~，拇指和食指叉开的距离叫一小~，拇指和中指叉开的距离叫一大~：她的脚真小家伙，差不离(差不多)有一小~长｜这条鱼长得怪快来，有一大~长了。据黑维强报道，在陕西绥德，大拇指和中指张开的 长度叫一拃①。这比皖北的“一拃”意义范围要小。

【庹】$t^{h}uə^{213}$两臂平伸时两手之间的长度，多用于丈量横的距离或绳索的长度，一般用于随手丈量，也是在对丈量结果的准确性要求不高时才使用：你量一下这捆子电线有几~长｜你把那扇子墙量量，看看有几~宽。据苏晓青、吕永卫、黑维强报道，中原官话区江苏徐州和晋语区的陕西绥德都有“庹”这个量词，且意思也是一致的，只是表述有差异(苏晓青等：两臂左右平伸时两手之间的距离；黑维强：两臂平伸两手伸直的长度)②。

【指】$tʂʅ^{24}$一根手指的厚度或宽度，用来量制宽度或厚度较小的物品：这沓子纸有一~厚｜这个尺子有三~宽。

---

① 黑维强：《绥德方言调查研究》，北京师范大学出版社2016年版，第309页。

② 苏晓青、吕永卫：《徐州方言词典》，江苏教育出版社1996年版，第51页；黑维强：《绥德方言调查研究》，北京师范大学出版社2016年版，第309页。

【把】pa²⁴两把手中指弯曲然后指尖相触形成的圆形的周长叫“一把”，一般用于量圆柱的东西：院里的桐树有一~粗了｜这小丫头腰细得只有两~粗了[①]。

2.时量词

时量词语可以分为两大类：时点词语；时段词语。吕叔湘先生认为：实指性时间词（如晋太元中）和称代性时间词（如将来、今、昔）都是时点；此外还有时段，表时间长短的，或应用年、月、日等单位，上面加定量词或不定量词，如‘三年’‘数日’；或泛表久暂，如‘一会儿、好久、长、久、暂、少、片刻、俄顷、须臾’等等[②]。本文的时量词主要指时段，且这类量词要与数词“一”组合使用，举例如下：

【一木娄】$i^{21}mu^{21}l\partial u^{0}$ 一觉［$t\c{c}i\supset^{53}$］，主要用于睡觉的时段：这孩子累很了（很累了），一~睡了好几个钟头儿｜别给那磕头打盹地，快去床上睡一~。“木娄”用于较短的时段时，前可加“小”进行限制，如“俺将将（刚刚）睡了一小~，兆晚（现在）不困了。”“木娄”用于较长的时段时，它的前面不能加“大”等限制性词语，如“俺将将睡了一大~，兆晚（现在）不困了。”是不成立的。这种用法主要在濉溪、宿州、亳州、阜阳、蚌埠一带使用。

【一会儿】$i^{21}xuer^{44}$ 一会，多用于较短的时段，“会儿”前常加“小”进行限制：俺娘一~就来，你等一~就管（行）了｜他才走了一小~，你早来一小~就能见到他。

皖北方言中还有借用名词、动词、动词性短语的时量词，这类量词多与数词“一”组成数量短语，去修饰或补充说明动作行为。举例如下：

【一口气】$i^{21}k^{h}\partial u^{24}t\c{c}^{h}ir^{53}$ 有时表示时间较短，指中途没有喘气：这孩子~吹灭了十几支蜡烛｜他渴很了，一碗茶~就尅（喝）完了；有时表示时间较长，但中途没有停歇：他一~把这块豆子割完了｜俺几个~走了三十多里路。

【一眨眼】$i^{21}t\c{s}a^{24}i\ae^{24}$ 表示极短的时间：我的钱包~功夫就被小偷儿偷跑了｜俺孩子~就没［mu^{44}］见了，真奇怪。

【一袋烟】$i^{21}t\varepsilon^{53}i\ae^{213}$ 一会儿，表示时间较短，常与“功夫”组成定中短语，去补充说明动作的时间：干了一袋烟功夫｜去了一袋烟功夫｜才走了一袋

① 这也是一个个体量词，其在皖北方言中的用法有：a.用于有把手的器具：一~椅子｜一~剪子｜一~扇子｜一~大刀。b.用于一手抓起的数量：一~粮食｜一~盐｜一~韭菜｜一~红糖。皖北方言中，量词“把”的这两个用法与普通话是一致的。

② 吕叔湘：《现代汉语八百词》（增订本），商务印书馆 2006 年版，第 221—222 页。

烟功夫

【一早起来】i^{21}tsɔ^{24}tɕ^{h}i^{24}lɛ^{0} 一早晨，表示时间较长：干了～｜～就出去干活了｜拉了～粪。

【一清口】i^{21}tɕ^{h}iŋ^{0}fɛ^{53}一上午，也说成“一半天”，表示时间较长：听了～戏｜打了～席｜割了～麦｜这孩子玩了～。

【一晌午】i^{21}ʂɑŋ^{44}ue^{0}一中午，一般用于吃饭、睡觉等在中午能够完成的事情：做了～饭｜睡了～觉｜喝了～酒。

【一晚黑来】i^{21}uæ̃^{24}xe^{21}lɛ^{0}①一晚上：尅了～牌九｜听了～丝弦（一种曲艺形式，一人一边拉胡琴一边唱，并脚蹬木鱼打拍子。）｜开了～会。②一夜：俺男人来了～麻将，到天笼明才回来，你说气人不气人｜这条死狗在外头打野打了～，到第天早起来才回来。

3.动量词

【和】xuə^{53}①喂牲口时，将铡好的草与粮食磨成的粉状颗粒物（料）搅拌在一起，拌几次就叫几和：这个（头）牛真能尅（吃），俺一连给它拌了两～草｜俺家的驴今天就喂了一～草。②洗、淘或擦东西时换水的次数[1]：把褂子再（漂洗）两～｜把碗再涮一～｜把草再淘两～就管了（行了）｜把豆子再展$^{=}$（用湿毛巾擦）几～。苏晓青等报道徐州方言中也有与“和②”同音同义的量词，只不过是汉字选用的是“货”，释义是“衣物、食物过一遍水叫‘洗一货’”，举例是：“葡萄洗一货就齐｜这条裤子我都再两货了。”[2]梁晓玲报道了黑龙江方言有“和①”的用法，释义举例为：“喂牛马时，拌几次草料叫几和：每天早晨都给牛拌两和草，今天就喂了一和。”[3]可见皖北方言的“和”比徐州、黑龙江方言的“和”适用范围要大。

【家实】tɕia^{21}ʂʅ^{0}　次、下、回，常与撞击义的动词配合使用，尤其是常与皖北方言中的泛义动词“尅”配合使用：我就打他一～｜俺大（爸爸）叫驴尅（踢）了三～｜他用皮锤（拳头）尅（搋）我两～，脸都肿了。“家实”是较粗俗的说法，一般限于老派，新派多说成“家伙”，且“X家伙”前的动词也没有“撞击义”的限制了：他踢了我一～｜我揍他两～｜我盛饭就盛了一～。次，回：

① 中国社会科学院语言研究所词典编辑室《现代汉语词典》（第七版），第595页：和^{2} [量]用于洗东西换水的次数或一剂药煎的次数，举例是：衣服洗了三～｜二～药。可以看出量词“和”在普通话中适用范围比皖北大。

② 苏晓青、吕永卫：《徐州方言词典》，江苏教育出版社1996年版，第51页。

③ 梁晓玲：《黑龙江方言的量词》，《方言》，2010年第3期。

这~跑的长，有两节地远｜这一圈他跑了好几~｜走一~歇一~。

【赶翁儿】kæ̃^{24}uər^{213} 多与数词"一"组成"一赶翁儿"，相当于普通话的"一下子、一次"，多用来修饰动词作状语：这几沟红芋咱一~栽完就是了，别歇了｜一~蒸了好几锅子馒头。

【头】t^{h}əu^{44} 可用于人的动量，相当于"趟"：你看他忙的，东一头西一头的。

【起】一起

4.重叠量词

皖北方言的重叠量词都是要与数词"一"结合组成"一XX"的固定格式，明显具有词汇化的特征。因为"一XX"中的"一"已经不能被其他数词替换了①。

另外，"一XX"多数表示量级极小，程度极浅，且带有很强的主观性。少数表人或家禽时可以表示量大，也有很强的主观性。

【一点儿点儿】i^{21} tiɛr^{24} tiɛr^{44} 多用于较少的物品，尤其适用于细小的物品。"一点点"本身已经表示量少，加上儿化之后表少意味更加浓厚，不称心、不如意的主观意味也更加强烈：这~盐够弄啥的｜饭还有~，别剩了，吃完吧｜真干净，地来（里）~草都没有｜这~肉还不够塞牙缝子来（呢）。

【一拧拧】i^{21} niŋ^{213} niŋ^{44} 多适用于固态，表细小，既可表拂意，也可表称心。表拂意时，在"一"和"拧拧"之间加"小舅子、小舅子将的"等粗俗的词缀表示极度的不满：表称心时，多用于切面条等：俺娘的面条子切得~细，刀工好得很得很｜这细粉（粉丝）下得~细，好吃得很得很。

【一丁丁】i^{21} tiŋ^{213} tiŋ^{44} 相当于普通话的"一丁点儿"，多用于细碎的物品：~胡萝卜丁子｜~萝卜条子｜~红芋片渣子。

【一星星儿】i^{21} ɕiŋ^{213} ɕiŋ^{44} 多适用于液态（只有表示颗粒小的物品时可以表示固态），表量少和拂意：这几天~油都没见，｜俺大（爸爸）今个~酒都没沾。在表示颗粒小的物；品时也可以表示固态：这个大桌子真干净，~灰都没有｜俺都好几个月没尝~肉了。

【一聊儿聊儿】i^{21} liɔ^{44} liɔ^{213} 多用于物，表量少和拂意：这稀饭~面都没放｜俺今个体检~水都没喝｜河来~水都没有。

【一会儿会儿】i^{21} xuer^{44} xuer^{213} 时间量词，表较短的时间：他才走了~｜恁

① 邵敬敏认为，"一把"中的"一"不能被其他数词替换的组合，就说明词汇化了。见邵敬敏：《说"V-把"中V的泛化与"一把"的词汇化》，《中国语文》，2007年第1期，第14—19页。

别急，他~就到了。有时“一”和“会儿会儿”之间可以加“小”组成“一小会儿会儿”，借以表示时间很短，也表示了说话人的主观看法：饭一小会儿会儿就做好了，恁都别急吭。

【一丝丝】i^{21}sɿ^{21}sɿ^{44}多适用于触觉和味觉，表示量小和拂意：空调风没有~凉气儿｜红糖茶~甜味都没有。

【一窝窝】i^{24}uə^{24}uə^{213}多用于猪鸡等家畜家禽，表示量大：~小猪子都长大了｜~小鸡都学会自己找食儿吃了｜~兔子真喜人。也可用于人，表量多，贬义色彩浓厚：这~的孩子真难缠。黑维强报道了绥德方言也有“一窝窝”的用法，另外还有“一些些、一阵阵、一点点、一摞摞、一层层、一把把”的用法，这些与皖北方言都是一致的①。

5.约量词

【个】kə^{53}皖北方言中的“个”除了在应答句中读去声外，表约数时也读去声，主要限于充当定语的语境，既可用于人，也可用于物。如：一两~人｜三五十~男劳力｜四五十~馒头｜八九十~羊｜几十~学生。

【个把儿】kə^{53}par^{24}一个多一点，多指物：一顿能剋~馍了｜碟子来还有~咸青皮（鸭蛋或鹅蛋）；指人时一定是整数，大约是两个人：这炮活再来~人就管了，来多了窝工。也说成“个把儿个儿 kə^{53}par^{24}kər^{53}”，意思同“个把儿”②。

【个把儿两个儿】kə^{53}par^{24}liɑŋ^{24}kər^{53}　1—2 个或几个，指人指物均可：俺买~变蛋｜他一顿能剋~馒头了｜操场上只有~人了。

【千把儿】tɕʰiæ̃^{21}par^{24}一千多，多指人：场上有~人。有时“千把儿”前可受“小”修饰，意思是接近一千人：挖河的人有小千把儿。

【千把儿个儿】tɕʰiæ̃^{21}par^{24}kə^{53}一千多个，多指人，与“千把儿”不同的是，其前面不能受“小”的限制：那边儿有~羊。

【千老八百儿】tɕʰiæ̃^{21}lɔ^{0}pa^{24}pe^{213}一千左右，多指钱，也说成“千二八百 tɕhiæ^{21}ər^{0}pa^{24}pe^{213}”。：一个月来能挣个~的｜~的能算有钱吗？

【十来个】ʂʅ^{44}lɛ^{44}kə^{53}十多个，可用于人或物：他家一家伙来了~人｜俺娘攒了~鸡蛋｜篮子里有~苹果。

【百十人】pe^{21}ʂʅ^{0}ʐe^{44}一百多人：这个屋能盛~｜他们班有~，是个大班。也说成“百把人 pe^{21}pa^{24}ʐe^{44}”“百把十人 pe^{21}pa^{24}ʂʅ^{44}ʐe^{44}”。“百十”作为约

① 黑维强：《绥德方言调查研究》，北京师范大学出版社 2016 年版，第 132 页。

② 郭辉：《濉溪方言研究》，安徽教育出版社 2015 年版，第 184 页。

数的用法在近代汉语中已见用例,《金瓶梅》(第10回):“好似一对儿粉头也,值百十两银子。”|《醒世恒言》:“须臾间,又见里老乡民,共有百十人,连名具呈前事,诉说秋公平日惜花行善……”

【百十两】pe^{21}ʂʅ^{0}liɑŋ^{24}一百多两,多用于重量较小的细碎物品:他家有~碎银子|这袋子烟丝有~重。

【百把来个】pe^{21}pa^{24}lε^{44}kə^{53} 一百多个,多用于可数的人物:这车能装~箱子|这个戏园子能坐~人|一筐能盛~梨。

【百把十来个】pe^{21}pa^{24}ʂʅ^{0}lε^{44}kə^{53}一百一十多个,可用于人物:这节火车有~座位|幼儿园里有~孩子。

【万把块】uæ̃^{53}pa^{24}k^{h}uε^{53}一万多块,多指钱:这个牛得值~钱|买一个手镯就得~。有时也可指物,主要指砖头:这一窑烧了~砖|盖好这个房子还少~砖。黑维强(2016)报道,陕西绥德有“万把块钱”的说法,可见比本方言适用范围要小。

【里把】li^{24}pa^{24} 一里多,多用于距离较近的路程:再走~路就到了|这来(里)到俺家只有~路。

【里把二里】li^{24}pa^{24}ər^{53} li^{24} 一里多(路),最多不超过二里(路):你的病才将好,每天最多能走~路|这来(里)到街上有多远?~吧。

【亩把二亩】mu^{24} pa^{24}ər^{53} mu^{24} 一亩多(地),最多不超过二亩(地):这块地有~|俺大今儿个耪(锄)了~豆子。

三、余论

皖北方言的量词除了上文所述的物量、时量、动量、重叠量、约量外,还有空间量、程度量、主观量、虚量等,一些量词(如物量、动量、主观量)的来源如何,表达的方式(如空间量)如何、和其他词语组合时的制约条件如何……,我们还需进一步调查并深入研究,以期取得更好的成绩。

皖北濉溪方言的介词

一、引言

濉溪县位于安徽省北部,东临宿州市,南接蒙城县、怀远县,西连涡阳县和河南永城市，北依淮北市相山区、烈山区和萧县，隶属淮北市，面积 1982 平方公里，人口 109.8 万。按《中国语言地图集》（1987）的分区，濉溪属中原官话郑曹片。濉溪话是笔者的母语，本文语料主要是笔者田野调查和自省调查而得，有些语料参考了时彦的研究成果。

二、关于介词

介词是具有介引作用的一类虚词。朱德熙（1982）指出："介词的作用在于引出与动作相关的对象（施事、受事、与事、工具）以及处所、时间等。"

介词主要用在名词或名词性短语前面，组成介词短语，所以介词又叫前置词。介词后面的成分叫作介词宾语。介词短语对于谓词而言主要是前置的，只有少数是后置的。现代汉语普通话的介词主要是前置的，介词短语主要也是前置的。现代汉语有的方言介词也有后置的，比如刘丹青先生在对吴方言的许多个案研究中发现："比起普通话和古代汉语来，吴方言是后置词的作用更加重要和活跃、前置词的作用相对较弱的一群方言。"（刘丹青 2003）虽然我们不能因此说其他方言也都有后置的相当于介词的成分，但如果从方言类型学的角度去考察，一定能更全面地认识和揭示方言事实。濉溪方言的介词都是前置的，本文将采用与普通话对比的方法对濉溪方言一些常用介词进行描写和分析。

汉语介词中的大部分是由动词虚化而来，它是汉语精密化的必然结果。但是每个介词虚化的速度和程度是不同的。有的速度快一点，有的慢一点；有的程度深一点，有的浅一点。那些已经完成了虚化过程的介词，其虚化的程度就深；反之，就浅。濉溪方言的介词也是从动词虚化而来的，有的虚化较深，有的虚化较浅。

三、濉溪方言与普通话介词系统比较分类

对于介词，不同的学者有不同的分类，但总体上是大同小异的。本节对介词的描写和分析主要借鉴李如龙、张双庆（2000）等先生的做法，先按介词的语义整理出濉溪方言的介词系统，并将其大概分为 5 大类 18 小类，然后对时间处所、施事和受事介词进行讨论[①]。讨论时也参考吕叔湘先生（1999）主编的《现代汉语八百词》和朱德熙先生（1982）所著的《语法讲义》。

① 濉溪方言的其他介词大多较有特色，这里限于篇幅不再论述，另有专文论及。

介词类别		濉溪方言所有	普通话所有	共有成分
时间处所	1.所在	在[kɛ⁴⁴]、摸、搁	在[ts ai⁵¹]	
	2.起点	打、起、从、打从、走、押、自、自打	打、从、自、自从	打、从、自
	3.经由	打、从、押、吕=、吕=着、漫着、沿着、顺着、挨着、漫	从、沿、沿着、顺、顺着、经、经过	从、沿着、顺着
	4.方向	往、上、朝、照、照住、擅=、扫=、搂=、对、对住	往、朝、朝着、向、向着、照	往、朝、照
	5.终点	到	到	到
	6.距离	离	离、距、距离	离
施事受事	7.施事	叫、来、给	被、叫、让、给	叫、给
	8.受事	把、给	把、将	把
关涉对象	9.关涉	对、给、问、同着、可着、自打	对、对于、关于、至于、给	对、给
	10.替代	替、给	替	替
	11.协同	跟	和、跟、同、与	跟
	12.比较	比	比、比较	比
	13.包括	连、连……带……	连、连……带……	连、连……带……
	14.排除	除、除了	除、除了、除开、除去	除、除了
工具依据	15.工具	使、着、用、拿	用、拿	用、拿
	16.依据	趁、趁着、按、按着、照、照着、依、依着、凭、任	趁、趁着、按、按着、照、照着、依、依照、据、依据、根据、凭、凭着、靠、尽、尽着、任、任由	趁、趁着、按、按着、照、照着、依、任
原因目的	17.原因	因为[iŋ²¹³ ue⁰]	由于、因为	因为
	18.目的	为	为、为了	为

* 说明:表中所列的介词只是常用介词,不是全部。

四、濉溪方言表时间处所、施事受事介词的讨论

3.1 引进时间处所的介词

濉溪方言引进时间处所的介词主要有"在[kɛ⁴⁴]、搁、摸、打、起、从、打从、走、押、自、自打、吕⁼着、漫着、沿着、顺着、挨着、漫、往、上、朝、照、照住、

擅$^{=}$、扫$^{=}$、搂$^{=}$、对、对住、到、离”，其中“打、从、自、沿着、顺着、往、朝、照、到、离”与普通话共有，意义和用法完全相同的地方我们从略或只举例子，对于不同的地方我们将着重描写和分析。

3.1.1 在［kɛ^{44}］、搁［kə^{213}］、摸［mə^{213}］

“在”单字音读“［kɛ^{44}］”①，有时也读“［ke^{44}］”，是一个训读字，其本字不明。“在”是濉溪方言引进处所的常用介词，大致相当于普通话的“在”，但从读音和用法上看，濉溪方言的“在”与普通话的“在”不同源。

濉溪方言的介词“在”引进处所名词，在句中充当状语。例如：

①你这晚在哪来？俺在湖来干活来。你现在在哪里？我在地里干活呢。

②他在上海打工，好长时间都没回家了。他在上海打工，很长时间没回家了。

③恁大在床上睡着来。你爸爸在床上睡觉呢。

④小小水在树顶上叫来。麻雀在树上叫着呢。

值得一提的是，淮北市所辖濉溪县城区及周边地区，有的老年人将“［kɛ^{44}］”读为“［tɛ^{44}］”，“［kɛ^{44}］”和“［tɛ^{44}］”显然不具有同源关系，属于两种不同类型，从声母看可以叫作k声母类型和t声母类型。辛永芬（2006）报道了河南浚县方言的介词“在”也有这两种声母类型，并说“浚县处于豫北晋语区向中原官话区过渡的地带，相当于普通话‘在’的成分”，浚县周边晋语区的人倾向于使用t声母类型，中原官话区的人倾向于使用k声母类型。濉溪方言属于中原官话，为什么两种声母类型都有，关于它的源头，目前我们还不能做出较为准确的推测。

介词“搁”应该是由“搁置”义的动词“搁”逐渐演变虚化而来的。濉溪方言中的介词“搁”可以用在动词后构成“V+搁+N（L）”格式，也可与名词组成介词短语后修饰动词，构成“搁+N（L）+V”格式②。例如：

⑤小偷跑搁草菈子里去了。小偷跑到草丛里去了。

⑥他躲搁俺后头搋了俺一皮锤。他躲在我后头捶了我一拳头。

⑦要搁前两天，这个价钱我不卖。要在前两天，这个价钱我不会卖。

⑧石磙搁场上转好几圈子。石磙在场上转了好几圈。

⑨天天搁家来窝着，就不出屋。天天在家里憋着，就是不出屋子。

在“V+搁+N（L）”格式里，当“V”具有“位移义”时，“搁”的语义相当于

---

① 据李申（1985）报道，徐州方言的“在”读音是［kɛ^{55}］，与濉溪方言的读音大体是一致的。

② “V”代表动词，N（L）代表处所词或短语。

介词“到”，因为“V+搁+处所词”格式强调动作的结果导致了位置上的变化，它后面的处所词表示说话时的终点，如例⑤；当“V”是静态动词时，“搁”的语义相当于介词“在”，因为该格式强调动作行为发生的处所，如例⑥。（张德岁等 2011）

在“搁+N（L）+V”格式中，不管“V”是否具有“位移义”，“搁”的语义都相当于介词“在”，如例⑧的“转”是位移动词，例⑨的“窝”是静态的，但“搁”都相当于“在”。

濉溪方言中这一格式中的“搁”有时也相当于“到”。例如：

⑩这几天风声怪紧黄子，你搁恁娘家去躲几天吧。这几天风声很紧，你到你娘家躲几天吧。

⑪这个床太窄了，你搁东屋大床上去睡吧。这个床太窄了，你到东屋大床上睡吧。

濉溪方言中，和“搁”一样具有“在”意义的还有介词“摸”（苏晓青、吕永卫 1994）。

它主要引进处所。例如：

⑫你摸那来可覅动吭！你在那里可不要动啊！

⑬俺摸这来干好几年了，咋没见过你哎？我在这里工作好多年了，怎么没见过你呀？

3.1.2 打［ta^{24}］、从［ts^{h}uŋ^{44}］、打从［ta^{24}ts^{h}uŋ^{44}］、起［tɕ^{h}i^{24}］、走［tsəu^{24}］、押［ia^{213}］、自［tsɿ^{53}］、自打［tsɿ^{53}ta^{24}］、吕$^{=}$着［ly^{24}tʂɔ^{0}］、漫着［mæ̃^{53}tʂɔ^{0}］、沿着［iæ̃^{44}tʂɔ^{0}］、顺着［ʂuẽ^{53}tʂɔ^{0}］、挨着［ɣɛ^{213}tʂɔ^{0}］、漫［mæ̃^{53}］

这是一组表示时间、处所起点或经由的介词，其中“打”和“从”与普通话的意义和用法大致相同，在濉溪方言中，“打”是一个较土俗化的介词，而“从”却是一个较文一点的介词。但从近期的使用频率来看，“从”比“打”越来越常用。“打”和“从”既可以引进时间，也可以引进处所，二者可以自由替换。例如：

①这几个小舅孩子才打/从河来爬上来。这几个小孩刚从河里上来。

②他昨个晚黑来才打/从外边回来。他昨天晚上刚从外地回来。

③他打/从小就是个万难孩子。他从小就是个调皮捣蛋的孩子。

④就打/从恁俩开始吧！就从你们两个开始吧！

⑤打/从明个起，恁几个熊孩子就覅来了。从明天开始，你们几个就不要来了。

⑥俺俩打/从小到如今都没红过脸。我们俩从小到现在就没吵过架。

“打从”是这两个词的叠加，但只能引进时间起点，不能引进处所起点。所介引的时间成分一般都是较为复杂的短语形式（辛永芬 2006）。例如：

⑦打从俺跟他结婚，就没过过一天好日子。我自从和他结婚，就从来没过过好日子。

⑧打从跟他剋过架，俺俩就没搭过腔。自从和他吵过架之后，我们俩就再没说过一句话。

⑨打从他得过病，就再来没喝过一口酒。自从得了病以后，就再也没喝过一点酒。

⑩打从明年开春，恁俩就得正老八式地干了。从明年打春以后，你们就要正式地干了。

⑪打从上海回来，俺俩还没见过一回来。从上海回来以后，我们俩还没见过一次面呢。

上例的⑦—⑩例中，“俺跟他结婚”“跟他剋过架”“他得过病”“明年开春”都是短语，它们后面都可以加上“以后”，说成“打从俺跟他结婚以后”“打从跟他剋过架以后”“打从他得过病以后”“打从明年开春以后”，表示时间节点，但以不加“以后”为绝对优势用法。在濉溪人的语感上，这个“打从”已经凝固成一个词了，也可以换成单用的“打”或“从”，意思不变。上面⑪例比较特殊，从表面上看，“打从”后面像是处所成分，引进的好像是处所起点，但实际上这个介词短语不能分析为“打从上海+回来”，应该分析为“打+从上海回来”，或者分析为“打从+从上海回来”，其中两个“从”合成了一个。“打从”只能引进时间起点，不能引进处所起点。如果换成单用的“打”或“从”，句子的意义没有发生变化，但结构却发生了变化，“打/从上海回来”只能分析为“打/从上海+回来”，“打”或“从”引进的是处所起点。这个句子如果对译成普通话，只能用“从”或框式结构“从……以后”，这里的“从” 是引进处所的介词，跟濉溪方言用“打从”等义不等值。（辛永芬 2006）

“起［$tɕ^{h}i^{24}$］”是由表示“站立；坐起”义的动词虚化而来的，目前在濉溪方言中，“起”的动词义使用仍占主流，如“拿起”“站起”“起来”等。“起”作为介词，主要引进处所起点。例如：

⑫俺是起地来冈［$kaŋ^{44}$］家的。我是从地里回家的。

⑬起学屋到家来得走多长时间。从学校到家里要走多长时间。

⑭赶着起屋顶上下来吭！赶快从屋子上面下来吧！

“走[tsəu^{24}]”是由表示“行走、步行”意义的动词虚化而来的,在濉溪方言里,“走”的动词意义的用法仍是主流,例如“走路”“走亲戚”“走回家”等。“走”作为介词可以引进处所成分,表示起点,相当于现代汉语的“从”,例如:

⑮咱走小路回家吧,走小路回家近。咱们从小路回家吧,从小路回家路程近。

⑯走咱家到北京有多远吭?从咱们家到北京有多远呀?

⑰走那来走昂?从哪里走呀?

⑱你打哪来来?俺走上海来。你从哪里来呀?俺从上海来。

⑲你走后庄上是几点起身的?你从后面的村庄是几点启程的?

“押[ia^{213}]”是由表示“跟随着照料和看管”的动词虚化而来的,在濉溪方言中,“押”还有动词的用法,如“押车”“押送”“他叫派出所押走了”等。“押”作为介词可以引进时间起点,也可以引进处所起点或经由,如果“押”后是时间成分,“押”只表示起点;如果“押”后是处所或其他成分,“押”有时表起点,有时表示经由(辛永芬 2006)。如:

⑳押前个起,俺娘就不能上地来干活了。从前天开始,我妈妈就不能下地干活了。

㉑押一开始上学,他就没好过,天天病怏怏的。从开始上学,他的身体就不好,天天病怏怏的。

㉒押他那来开始报数吧。从他那里开始报数吧。

㉓押他门口过,恁可得小心点吭,他家的狗厉害得很得很得很。从他门口过,你们可要注意点呀,他家的狗凶得很。

上述各例中前两例表示时间起点,第三例表示处所起点,第四例表示经由。

“自打[tsɿ^{53}ta^{24}]”是一个既可以引进时间起点,又可以引进处所起点的介词。且引进的时间须是已然的,即过去的时间;不能是将然的,即将要发生的时间。例如:

㉔自打年时开始,俺就没有瞅见过他。自从去年开始,我就没有见过他。

㉕自打昨个他来,就没给俺好脸看过。自从昨天他回来,就一直没给我好脸看过。

㉖* 自打明年开春,咱就得正式地干了。自从明年春天开始,咱就要好好干了。

上述各例中,前两例是可以说的,后一例不能说。

“吕⁼[ly^{24}]、吕⁼着[ly^{24}tʂ̣ɔ^{0}]、漫[mæ̃^{53}]、漫着[mæ̃^{53}tʂ̣ɔ^{0}]”几个介词都是表示经由的,相当于普通话的“沿着[iæ̃^{44}tʂ̣ɔ^{0}]”“顺着[ʂ̣uẽ^{53}tʂ̣ɔ^{0}]”。例如:

㉗吕⁼/吕⁼着小路上前走,就到咱家了。沿着小路向前走,就到咱家了。

㉘漫/漫着这来朝西南看，就能看到口子集了。顺着这里向西南方向看，就能看到濉溪县城了。

3.1.3 往[uaŋ^{44}]、朝[tʂ^{h}ɔ^{44}]、照[tʂɔ^{53}]、照住[tʂɔ^{53}tʂu^{0}]、对[te^{53}]、对住[te^{53}tʂu^{0}]、上[ʂaŋ^{53}]、擅⁼[ʂæ̃^{53}]、扫⁼[sɔ^{53}]、搂⁼[ləu^{44}]

这是一组引进动作方向的介词，其中“往”和“朝”是跟普通话共有的，用法和意义与普通话大体相同，“往”侧重于表示动向的处所，“往”字句所表示的动作一般是有方向性的移动。“朝”既可以表示动向的处所，也可以表示静态的朝向，静态的朝向是指动作朝向何方，是非移动性的。因此，“往”都可以用“朝”替换，但表示静态时“朝”不能用“往”替换。（辛永芬 2006）如：

①往/朝北走一点个就是学屋。往/朝北走一点就是学校。

②他把小褂子往/朝床上一拌[pæ̃^{24}]就玩去了。他把小褂儿往床上一扔就出去玩了。

③你老是往/朝前跑啥子的？你总是往前跑干什么呀？

④恁几个往/朝后挪挪可管？你们几个往后挪一下行吗？

⑤那个小偷往/朝巷口子来跑了。那个小偷朝小巷子里跑了。

⑥你脸往/朝里睡，他脸往/朝外睡。你的脸朝着里边睡，他的脸朝着外边睡。

⑦堂屋门都是往/朝南开的。堂屋门都是朝南开的。

“往”字介词短语在普通话中有时可以放在动词后边做补语。如“这架飞机是飞往昆明的。|这些水果是运往上海的。”而在濉溪方言里，表示方向的介词短语是不能用在动词后的。

“照”和“照住”与普通话的“照”和“照着”是相同的，其中“照住”和普通话的“照着”是历史同源词。在濉溪方言中，“照”和“照住”既可用于未然的情况，也可用于已然的情况。例如：

⑧照/照住腚帮子打。对着屁股打。（未然）

⑨照/照住腚帮子打了两耳巴子。对着屁股打了两巴掌。（已然）

“照”和“照住”引进方向时跟“往”“朝”有区别，“往”“朝”一般侧重于引进纯指方向的成分，如例①—⑦；“照”和“照住”一般只引进具体事物所代表的方向（辛永芬 2006）。如例⑧—⑨。

“对”和“对住”与普通话的“对”和“对着”是相同的，其中“对住”与普通话的“对着”是历史同源词。这两个介词都是可以引进方向的，但引进方向时与“往”和“朝”也是有区别的，而跟“照”和“照住”相同，只引进具体事物所代表的方向。例如：

⑩要对/对住锅说话，唾沫星子迸锅来了。不要对着饭锅说话，不然唾液迸溅到锅里了。（未然）

⑪对/对住瓶嘴子喝酒不好看。对着瓶口喝酒不雅观。（未然）

⑫电风扇对/对住我的胳老拜子吹了一大会子！电风扇对着我的膝盖吹了好大一会儿。（已然）

“上[ʂaŋ⁵³]”这个介词也是引进方向的，它和普通话的“往”“朝”也是有区别的，既可以引进纯指方向的成分，也可以引进具体事物所代表的方向。例如：

⑬你上仅仅前头走。你往最前面走。

⑭快上树高头看。快朝树顶上看。

⑮上脚脖子上看了一眼。朝脚腕上看了一眼。

⑯上腚帮子顶上使劲打。朝屁股上使劲打。

“扫⁼[sɔ⁵³]、擅⁼[ʂæ̃⁵³]、搂⁼[ləu⁴⁴]”三个介词都是引进方向的，与介词“上”不同的是，“扫⁼[sɔ⁵³]、擅⁼[ʂæ̃⁵³]、搂⁼[ləu⁴⁴]”只引进具体事物所代表的方向，且引进的事物多指人体的某一具体部位。另外，“扫⁼、擅⁼”相当于普通话的“照”，“搂⁼”相当于普通话的“对着”。例如：

⑰这孩子老骂人，用耳巴子扫⁼/擅⁼嘴揔[xu²¹³]。这个小孩总是骂人，用手掌照嘴打。

⑱恁几个熊羔子再敢来捣乱，俺就扫⁼/擅⁼腿踢恁。你们几个坏孩子再敢来捣乱，我就照腿踢你们。

⑲这几个流氓真坏，见了人搂⁼头就打。这几个流氓真坏，见了人对着头就打。

3.1.4 到[tɔ⁵³]

“到”跟时间或处所词构成短语放到动词前，“到”已经虚化为介词了。例如：

①咱到明个早起来再去可管？咱们到明天早晨再去行吗？

②剋不完的到明个儿再剋吧。吃不完的到明天再吃吧。

③恁几个到前头妈似妈似⁼去。你们几个到前头看看去。

④他年时就成家了。他去年就结婚了。

“到”还常常和引进起点的“打”“从”构成框式结构“打/从……到……”表示范围。例如：

⑤打这来到仅前头都是俺家的地。从这里到最前边都是我们家的地。

⑥这条老街打南到北有四、五里路。这条老街从南到北有四、五里路长。

⑦从清早起来到这晚俺连口水来没喝。从早晨到现在我连一口水也没喝。

"到"放在动词后是否是介词,学界意见不一。辛永芬(2006)认为:"介词本是由位于连动结构前一个位置的动词虚化而来的,当'到'字短语位于动词后,跟动作相关的体貌成分一般是附加在'到'后的,这跟介词一般不可以附加体标记的特点不合。可见,这里的'到'动词性更强,因此,附加在动词后的'到+时间或处所'还没有完全变成介词短语。"我们同意这种观点。濉溪方言的"到"可以用在动词后,表示趋向。例如:

⑧一块大石头咕噜家伙滚到他脚跟下,真吓人家伙!一块大石头突然滚到他脚跟前,吓死人了!

⑨年轻时从天明干到天黑来不知道累。年轻时从早晨干到晚上也不觉得累。

3.1.5 离[li^{44}]

"离"是由表示"距离"义的动词虚化而来的,在濉溪方言中已是个纯介词了。既可引进空间距离或时间距离,也可引进对象和条件。

引进空间距离或时间距离时,意义和用法同普通话一致,均是由表示"距离"义的动词虚化而来,此不赘述。引进对象和条件时,和普通话的"离了"大体相当,是由"离开"义的动词虚化而来,虚化的程度较普通话要高。作介词时,普通话的"离了"和濉溪话的"离"是受一定条件制约的,普通话的"离了"只能引进动作行为依赖的对象,如:离了你我也能干好这件事。而濉溪方言的"离"除了可以引进动作行为依赖的对象外,还可引进动作行为依赖的条件。例如:

①这个毛蛋孩子离大人没法活。这个小孩离了父母就活不了。

②离酒不成席。离了酒不成宴席。

③这个人,离你去请他谁都不管。这个人,非你去请他才可以,其他人都不行。

④这个病离吃中药不管。这样的病非吃中药不行。

⑤你等着瞧,他今个儿离去找你不管。你等着瞧,他今天非去找你不行。

前两例的"离"引进的都是对象,和普通话的"离了"相对应。后三例中"离"引进的是条件,分别为"你去请他、吃中药、去找你",不能对译成普通话的"离了"。

3.2 引进施事受事的介词

潍溪方言中，引进施事的介词有“叫、来、给、连”四个，引进受事的有“把、给、来”三个，虽然有的和普通话相同，但也有自己的特点。

3.2.1 引进施事的“叫[tɕiɔ⁵³]、给[ke⁴⁴]、来[lɛ⁴⁴]、连[liæ̃⁴⁴]”

3.2.1.1 叫[tɕiɔ⁵³]、给[ke⁴⁴]

施其生先生(2000)指出:“语源不同的成分在不同的方言里不约而同地走了同样的演变路线，形成了有趣的平行现象。”普通话中有四个可以引进施事的介词“被、叫、让、给”，其中“叫”“给”分别由表示“容许义”的动词“叫”和“给予义”的动词“给”虚化而来。与普通话相比，潍溪方言引进施事的介词有“叫”“给”两个，但它们差不多涵盖了“被”和“让”的用法。例如：

①俺哥叫俺娘吵了一顿。我哥被我妈妈训了一顿。

②他的腿叫汽车轧断了。他的腿被汽车轧断了。

③俺将将出来又叫他叫回去了。我刚刚出来又被他叫回去了。

④他的腿给狗咬烂了。他的腿被狗咬烂了。

⑤小麦都给风刮倒了。小麦都被风刮倒了。

丁声树等(1961)、朱德熙(1982)认为“普通话中的‘被、叫/让、给’字句中，‘被、叫/让、给’的宾语均可省略，紧接动词前头。”在潍溪方言中，被介引的施动者不需要说出或无法说出时也可以省略，“叫/给”也可直接用在动词前。例如：

⑥他叫带走了。

⑦手叫咬烂了。

⑧俺姐给骂哭了。

⑨饭给吃完了。

潍溪方言的“叫/给”字被动句都可以表不幸或不愉快的事；有时表示中性，如“羊叫/给俺娘牵走了。”(郭辉 2012)

3.2.1.2 来[lɛ⁴⁴]

介词“来”的作用是引出动作的施事，动作的受事往往在全句的主语位置上出现。有的时候“来”字介词短语后头的动词另有受事宾语，这时的主语不是直接的受事。例如：

①他来狗咬了一口。他被狗咬了一口。

②老鼠来猫衔跑了。老鼠被猫衔跑了。

③他来炸药炸断了一个胳膊。他被炸药炸断了一条胳膊。

④他来风刮到沟里去了。他被风刮到沟里了。

例①中,介词“来”字引出动词“咬”的施事“狗”,而“咬”这个动作的承受者是全句的主语“他”;例②中,介词“来”字引出动词“衔”的施事“猫”,而“衔”这个动作的承受者是全句的主语“老鼠”。而例③中,“来炸药”介词短语后头的动词“炸”另有受事宾语“一条胳膊”,这时的主语“他”并不是直接的受事,而是受事宾语“一条胳膊”;例④中,“来风”介词短语后头的动词“刮”另有受事宾语“路沟子来里”,这时的主语“他”并不是直接的受事,而是受事宾语“路沟子来里”。

濉溪方言中,介词“来”的宾语一般不能省略,省略以后就不成句。如:

⑤他来风刮倒了。 ＊他来刮倒了。

⑥他来狗咬伤了。 ＊他来咬伤了。

⑦茶杯来他摔碎了。＊茶杯来摔碎了。

濉溪话中,介词“来”可与“给”字配合起来使用,能起到强调施事舒缓语气的效果。如:

⑧桥来轧路机给压塌了。桥被轧路机压塌了。

⑨毛头儿来他娘给哄睡了。小孩儿被他妈妈哄睡着了。

⑩庄稼来风给刮到了。庄稼被风刮到了。

受事/主语和“来”字介引的对象(宾语)是代词或指人名词时,“来”字往往会出现歧义。如:

⑪小偷来他打倒了。

⑫他来领导熊了一顿。

⑬他来他咬伤了。

⑭他来人骗了。

⑪—⑭例中,受事主语均为人称代词或指人名词,“来”的宾语为代词或指人名词,“来”既有“被”的意思,又有把的意思。当“来”有“把”的意思时,“把”引进的是受事,有“被”的意思时引进的是施事。这就使句子的意思出现了多义。

濉溪方言介词“来”构成的被动句具有表意传情性。

被动句可以用来表达某种感情，具有强影响性和弱施动性[①]。丁声树（1961）认为：就传统用法说，“被”字句主要是说明主语有所遭受，遭受自然不是自愿的，因此只能表示有损伤或不愉快、不愿意一类的行为。邢福义（2001）从分析现代作品的实例出发而得出结论：“事实是，拂意、称心和中性三种情况都存在，但表示拂意的居多数。”“通过实际用例分析，可以看到两个倾向：第一，表示称心的，一方面其谓语动词不是‘提、升、选、拔’之类，另一方面谓语部分所表示的意思跟主语有必然的利弊关系。第二，如果谓语动词不是‘提、升、选、拔’之类，如果谓语部分所表示的意思跟主语没有必然的利弊关系，那么不用‘被’时情况两可，用了‘被’便是拂意的。”

濉溪话介词“来”构成的被动句和普通话的被动句有所不同。它可以表示拂意，又可以表示称心。例如：

⑮他的手来马蜂蜇肿了。他的手被马蜂蜇肿了。

⑯家来的钱都来他抹牌输光了。家里的钱都让他打牌输完了。

⑰特等奖来他姐摸走了。他姐抽走了特等奖。

⑱恁难的事来他办成了。这么难的事情他也办成了。

上例⑮⑯表示拂意，即表示一种不称心、不如意。⑰⑱表示称心。“来”字句表示称心，它的谓语核心动词不是“提、升、选、拔”之类，谓语部分所表示的意思跟主语也没有利弊关系。往往表示意外、暗自高兴、惊喜等意义。

濉溪方言中表示“提、升、选、拔”等喜庆意味的被动和普通话一样。如：

⑲他来领导提拔为干部了。

⑳他来大家选为班长了。

这时“来”的宾语有时可以省略，这是为了强调谓语动词的表意性，使肯定语气更明显。

习惯说法。张志公（1982）认为：受动者（受事主语）如果是无生命的事物，而且不出现施动者，就不必加“被”字。这是汉语的习惯说法。濉溪话中这种习惯说法也是较普通的。例如：

㉑电灯关上了。

㉒菜炒好了。

㉓酒瓶摔烂了。

① 张伯江（2001）认为，“被/把字句”跟普通“主动宾”句比较，有“强影响性”和“弱施动性”的特点。

㉔水熬干了。

濉溪方言中，如果受动者(受事主语)是无生命的事物，用不用被动句两可。不用被动句，可能是称心的，也可能是拂意的。而一旦用了被动句，那就一定是拂意的(左福光 2005)。

受事可以出现在谓语动词之后作宾语。这和普通话被动句中受事一般都是作句子的主语是不同的。如：

㉕可来他气死俺了。我可被他气死了。

㉖可来这档子事儿愁死俺了。我真被这件事愁死了。

例㉕中，动词“气”的宾语“俺”是全句的受事，“可来他气死俺了”就是“俺可来他气死了”的意思，句中的“俺”要承受“气”这个动作。而在普通话中不能把“我可被他气死了”说成“可被他气死我了”。同样，例㉖在普通话中一般也不说成“真被这件事愁死我了”。

除了“来”字被动句外，“叫、给”字被动句都可以这样说。如：

㉗可叫他气死俺了。我可叫他气死了。

㉘可给这档子事儿愁死俺了。我可给这档子事儿愁死了。

例㉗、㉘中，虽然被动标记“叫、给”和普通话相同，但例㉗中的受事“俺”可以直接置于动词“气”后作宾语，而普通话“我可叫他气死了”一般不说成“可叫他气死我了”；同样，例㉘中的受事“俺”也是直接置于动词“愁”后作宾语，而普通话“我可给这档子事儿愁死了”一般也不说成“可给这档子事儿愁死我了”。

3.2.1.3 连[liæ⁴⁴]

濉溪方言的介词“连”，其作用也是引出动作的施事。例如：

①鱼连猫偷吃了。鱼被猫偷吃了。

②小孩连狗吓哭了。小孩子被狗吓哭了。

③可连他坑死我了。我可被他坑死了。

④可连这孩子愁死俺了。我可被这孩子愁死了。

濉溪方言中，介词“连”作被动标记时和“来”字表被动一样，句子的施事不能省略，如例①—④；句子的受事也可以出现在谓语动词之后作宾语[①]。如例③的受事“我”出现在动词“坑坑害”后作了宾语，例④的受事“俺”出现

---

① 介词“连”字表被动时只有这种用法较自然，其他都不太常说。

在动词“愁”之后也作了宾语，而在普通话中是没有这种用法的。

这种情况下也一定是拂意的，如例①—④均是如此。当然，有时也表示中性，如“这个事儿连俺大来不知道。这件事就是我爸爸也不知道。”

3.2.2 引进受事的“把[pa^{53}]、给[ke^{44}]”

3.2.2.1 把[pa^{53}]

濉溪话的介词“把”和普通话在引进受事，表示处置(其中包含致使)义时是一致的。但濉溪方言的介词“把”又可表示“责怪、埋怨”和“描写”义，这是自己的特点。

(1)表处置

①快把手幅子揉揉。快把手帕洗洗。

②把洋车子借给他吧。把自行车借给他吧。

③孩子把菜扒了[$liɔ^{24}$]啦。孩子把菜吃完了。

④俺哥把红芋拉回来了。我哥哥把红薯拉回来了。

濉溪话表处置的“把”字句大体上和普通话的“把”字句平行。按“把”字介词短语后面动词或动词及其附加成分的情况，以上四句分别为“动叠式”“动介式”“动补式”“动趋式”。

(2)表责怪、埋怨

濉溪话的口语表达中，常把“把+名词+动词”结构中的动词省略，只剩下“把+名”结构，听起来好像言犹未尽，但寓意却是自足的(郭辉 2011)。例如：

⑤我把恁几个小舅子孩子！我把你们你个淘气的孩子！

⑥我把你个没有囊气的哎！我把你个不争气的东西！

有时，后面还可以带小句，但这个小句并不是“拜+名”结构的补充，而只是原句意义上的引申。如：

⑦俺把你个万难头，连老师的话都不听了。我把你个调皮捣蛋的孩子，你连老师的话都不听。

(3)表描写

濉溪方言中，“把+名”常和“动/形的”组成“把+名+动/形的”结构。比如濉溪老派常说：“把他景景⁼高兴的｜把你美的｜把人晒的｜把他恣儿舒服的”。这类句子还可以扩展成“你看把他高兴得不知咋着好了｜你看把你美得不知姓啥了｜恁这么毒的太阳把人晒得咋受｜你看把他恣儿得直摇头”。

这类“把”不是表处置，只是引进名词或代词。如“晒”虽是动词，但并非处置的结果,而是描述情状,这类句子的表意功能主要是描述(郭辉 2011)。

另外,介词"把"也可和助词"给"配合使用。例如:

⑧他把他叔给打了一顿。他把他叔打了一顿。

⑨他一不小心把饭给戽了一地。他一不小心把饭洒了一地。

⑩真没想到,他把两大碗饭都给剋完了。真没想到,他把两大碗饭都吃完了。

濉溪方言的"把+N+给 VP"句式中的助词"给"表达三层意义:违背常理、意外过失和意外获取。(郭辉 2011)违背常理,即是在说话人看来,施事的动作行为违背了常理,如例⑧;意外过失,即是施事者在无意识的状态下出现失误并造成损失,如例⑨;意外获取,即指预期目标的实现出乎说话人的意料,如例⑩。

3.2.2.2 给[ke^{44}]

濉溪方言的介词"给"可引进受事,表示处置。例如:

①他给喉咙眼子哭哑了。他把喉咙哭哑了。

②他给脸都气白了。他把脸都气白了。

③俺老给饭吃净了。我爷爷把饭吃完了。

④他给眼皮子一翻,死了过去。他把眼一翻,昏了过去。

例①和②是一种带有致使义的处置式。这类句子谓语的核心动词都由不及物动词或形容词充当,谓语中心语后常有表示结果、状态、趋向、动量的补语构成"给+N+VC"或"给+N+V 得 C"(C 为补语)的格式。例③"给+名"后是"动词+体标记'了'"的句子。例④"给+名"后是"状语+动词"的句子。

淮北方言中的古汉语词

一、引言

淮北市[1]位于安徽省北部,北靠萧县,西接河南永城,南与蒙城、怀远相

① 本文是指淮北市区及下辖的相山区、杜集区、烈山区和濉溪县。

毗，东与宿州为邻。按《中国语言地图集》的分区，淮北属中原官话郑曹片[①]。淮北话是笔者的母语，本文材料有的是笔者调查收集，有的是参考时贤研究成果，有的是查阅了古典文献而得。本文分析的淮北话中的古汉语词只是我们掌握到的一小部分，并不是穷尽的。

文中的古汉语包括了上古汉语和中古汉语。

二、淮北方言词汇的历史层次

1.1 关于方言词汇的历史层次问题

方言地理学派认为“每一个词都有它自己的历史。”探寻方言词汇的历史，是方言研究者乐此不疲的事情。而“方言词汇的历史层次”，就是为方言词汇整体探寻历史。

“历史层次”是指某一方言的词汇系统中沉积的、产生在不同历史时期的词汇层。从共时方面看，各种类型的词汇成分有系统的共处于一个方言中。历时地看，处于共时平面的各类词语又是在不同的历史时期产生的，经过历史上草该方言(或其前身)的人民的选择，不同方言之间词汇的竞争、整合，逐渐沉积下来。方言词汇的历史层次研究就是要通过对历史文献的考察，一方面揭示隐藏在共时平面下的方言词汇的历时的累积过程，把平面拉成立体，让他们有层次地呈现出来。另一方面考球古代某一方言的词语在今方言中的遗存，考察古今方言的变迁，进而探究古今方言、现代各方言之间的联系。

汉语方言有两大词汇层，一是宋代以前文言系统的文献、字书、韵书有记载的词汇形成的一个大体的层次，这个层次就是古汉语词汇层。另一方面，自晚唐五代近代白话文始肇其端，大量口语词汇得到记录，其中许多词语一直保留在方言口语中。晚唐五代直至明清是近代汉语时期，产生在这一时期的词汇，构成了方言词汇的另一大历史层次——近代汉语层次。邢向东认为，古代汉语和近代汉语本来就不是划然而分的两个时代，中间有很大的模糊域。同时，古代汉语和近代汉语的划分与汉语书面语体的嬗变有直接关系，近代汉语的标志是晚唐五代变文和笔记，把晚唐五代产生的口语词作为近代汉语词来看是完全行得通的。因此，他把见于《广韵》《集韵》的

---

① 中国社会科学院、澳大利亚人文科学院：《中国语言地图集》，香港朗文出版(远东)有限公司1987年版。

词界定为古语词，把晚唐五代始见记录的口语词作为近代汉语词[①]。笔者同意这种观点。

1.2 关于淮北方言词汇的历史层次问题

淮北话属中原官话，其方言词汇也是从古代汉语母体中分化出来的一支，与古代汉语有着千丝万缕的联系，淮北话在语音方面与古代汉语有着齐整的对应关系，在词汇上也保留了一批古代汉语不同时期的词汇，这也是很自然的事情[②]。这就是说，淮北方言中的词汇存在着古汉语层次。只不过是存在的情况不同而已。

当然，淮北方言中一定存在着大量的近代汉语词汇，限于篇幅、文献和精力，近代汉语词语暂付阙如。

二、淮北方言中古汉语词 注意！

【枇】[pi^{53}]　细齿的梳子。《广韵》："枇，细栉。"今淮北方言中"枇"有两义：①~子，细齿的梳子。②梳理：把头~~。

【覆】[fu^{213}]盖。《庄子·德充符》："夫天无不覆，地无不载。"魏晋庾信《春腐》云："麦才青而覆雉。"欧阳修《泷冈阡表》曰："无一瓦之覆。"上述三例中的"覆"均为"盖"的意思。今淮北方言中有"给麦地里头~一层坑泥来能当粪用。"|"屋上~层草就不漏咾（了[③]）。"|"地上~层土就不滑咾。"的说法。孙立新报道，陕西方言中的"覆"有"盖"的意思，举例是："给脚地（地面上）覆一层纸。"[④]这和淮北方言"覆"的用法是一致的。

【治】[$ts^{h}ɿ^{44}$]刮，剖（鱼）。《说文》刀部："蓟，楚人谓治鱼。"《晏子春秋·内篇·谏下》第二十三："景公走狗死，公令外公之棺，内给之祭，晏子闻之，谏……公曰'善'。趣庖治狗，以会朝属。"[⑤]《搜神记》卷一："有大鱼数百头，使人治之。"《广韵》平声之韵，直之切，"理也。"~，古庄组崇母。淮北话有少量古庄组三等字今读[ts]组声母，如"阻滓邹皱庄母骤崇母"读[ts]。《乐府诗选·清商曲辞·华山畿》之四"开门枕水渚，三刀~一鱼"。王旭东指出，"~鱼"一词广见于汉语其他方言，例如：河北盐山 cī，1916 年《盐山新

---

① 邢向东：《神木方言研究》，中华书局 2002 年版。

② 徐红梅：《皖北方言词汇研究》，暨南大学语言研究所 2003 年。

③ 淮北话中的"咾"相当于普通话的"了"，下同。

④ 孙立新：《陕西方言漫话》，中国社会出版社 2004 年版。

⑤ 庖，庖人。治，宰也。

志》："~鱼，剖鱼也。~读若池。"；徐州、曲阜、济宁均有"~鱼"一词，"~"均读[tsʰɿ]；安徽含山、巢县、南京、扬州、镇江等地"~鱼"之"~"读[tsʰɿ]；《湖南通志》："楚俗以二月祭饮食曰鲕，楚人谓~鱼也"；南昌"~鱼（刮鳞剖腹去内脏）"中"治"音[tsʰɿ][①]。今淮北话中把"剖鱼"叫"~鱼"，如："把鱼~~。"不说"治鸡、治狗"，这说明淮北话的词义范围缩小了。

【敹】[liɔ^{44}] 粗略地缝。《广韵》平声萧韵，落萧切。"择也"。义不合。但《尚书・周书・费誓》："善~乃甲胄"郑玄注"~，谓穿彻之。"孔颖达《尚书正义・疏》："郑云~谓穿彻之，谓甲绳有断绝，当使~理穿治之。"《重校增补五方元音》獒韵雷母平声下："~，缝缀。"《书・费誓》："善~乃甲胄。"郑玄注："敹，谓穿彻之，谓甲绳有断绝，当使敹理穿治之。"清屈大均《广东新语・土言》："缝衣曰敹。《书》曰'敹乃甲胄。'凡细折曰缝，粗曰敹；敹里曰缝，着边曰敹也。"今淮北方言中将"粗略的缝合"均称作"敹"如："把裤脚子给俺~~。"

【南蛮】[næ̃^{44}mæ̃^{44}]即"南蛮子"，义为"南方人"。《孟子・滕文公上》："今也南蛮鴃舌之人也。"孟子称许行为"南蛮鴃舌之人"，因为北方儒者很轻视楚人，所以把他们比作"蛮夷"。今淮北有"南蛮北侉"之说，把 南方人称为"南蛮子"。如："这几个~讲话咦咾啊啦地，一点来（都）听不懂。"

【念思】[niæ̃^{53}sɿ^{0}]思念，念叨。扬雄《方言》："念，思也。"《说文》："念，常思也。"均以"思"解释"念"，"念"即为"思"。又《说文》十下心部："怀，念思也"。以"念思"释"怀"，"念思"应是汉代通行的话。段玉裁注："念思者，不忘之思也。"今淮北方言有"念思、念叨"等，如，你走之后，咱娘老是在~你。｜别老~他，赶明个儿不就来了吗？

【膏】[kɔ^{53}]润，上油。《诗・下泉》："芃芃黍苗，阴雨膏之。"《广韵》："膏，润也。"今淮北称"上点油"为"膏点油儿"。如："给洋车子（自行车）~点油儿。｜架车子该~油了。"

【觳觫】[xu^{24}su^{53}]合瑟，哆嗦，颤抖。《孟子・梁惠王上》："吾不忍其觳觫，若无罪而就死地。"今淮北话语中称"觳觫"为"合瑟"，只是词形不同，但意义完全相同。如："他吓得直~。"普通话叫"哆嗦、颤抖"。

【劙】[li^{53}]割、划。《荀子・强国》："剥脱之，砥历之，则劙盘盂，刎牛马，

① 王旭东：《濉溪方言语音研究》，西安外国语大学 2007 年。

忽然耳。"杨倞注:"劙,割也。音戾。劙盘盂,刎牛马,盖古用试剑者也。"《广韵》去声霁韵,郎计切,"割破"。如:我的手叫玻璃给~个口子。

【盖】[kɛ53]压倒,胜过。《史记·秦始皇本纪》:"德兼三皇,功盖五帝。"《三国志·诸葛亮传》:"刘豫州王室之胄,英才盖也。"如:"人家的文章写的真盖了,咱俩绑一起来不如人家。"据李申报道,徐州也有此种着法①。

【嬎】[fæ̃53]禽鸟下蛋。字同"娩"。先秦遗语。《说文·女部》:"嬎,生下齐均也。"本义是生子多而素质均匀。引申为繁殖。《玉篇·女部》:"嬎,孚万切。产娩也。"《广韵·愿韵》:"嬎,嬎息也。"唐玄应《一切经音义》卷九:"今中国谓蕃息为嬎息。"而后词义范围缩小,专指禽类生蛋。元曹明善《沉醉东风·村居》曲:"嬎弹鸡,和根菜。"清蒲松龄《蓬莱宴》第一回:"燕子头上去嬎蛋。"淮北方言中鸡下蛋称"嬎蛋"。如:"俺的老草鸡到处乱蹦,想找地方~。"有时,"指人没能耐、不付出就得到"叫"嬎蛋",如,这人就会摸(就)窝~。|摸(就)人家的窝~有啥意思。

【踒】[uə213]腿脚扭伤。《说文解字》:"踒,足跌也。"《广韵》平声戈韵乌禾切。淮北方言常说"脚~着咾"。

【脬】[pʰɔ213](胞、泡、抛)"膀胱"叫"尿脬"。大小便的次数叫脬,量词。《公羊传·桓公四年》:"自左膘射之,达与右,中肠胃亏泡。"王念孙疏证:"泡,亦与脬同。"晋·嵇康《与山巨源绝交书》:"每常小便而忍不起,令胞中略转乃起耳。"《儒林外史》三回:"也该洒抛尿自已照照 ……"《广韵》平声肴韵布交切:"腹中水也。"今淮北方言中有"猪尿~、一~屎、一~尿"的说法。但"脬"只作为构词语素,已不能单独用来表示膀胱。

【胮】(胖)[pʰaŋ213]肿,胀大。《广雅·释诂二》:"胀肛,肿也"。《玉篇》肉部:"胀,胀肛,胀大貌。"《广韵》平声江韵,匹江切:"~胀。"《博雅》:"~,肿也。"唐韩愈《病中赠张十八》:"连日挟所有,形躯顿胮胀。"胖:《集韵》平声江韵披江切,"同~。"《现代汉语词典》:"~"写作"膀"。例如淮北方言中可以说,豆子泡~了。|他是个大~脸。|脚~的给发面馍呢.

【牚】[tʂʰəŋ53]斜着顶住屋架的木头。《集韵》去声映韵耻孟切。《广韵》:"牚,邪(斜)柱也。"今淮北方言家具的小横木均称作"牚",词义范围扩大。如"你把俺这个床多加几根~儿。"

---

① 李申:《徐州方言志》,语文出版社 1985 年版。

【摦】[ua^{213}]（用手指）搔、挠、抓。《集韵》平声麻韵乌瓜切："～，手捉物。"又上声马韵乌瓦切："～，吴俗谓手爬物曰摦。"明张岱《陶庵梦忆·炉峰月》："余挟二樵子从壑底摦而上，可谓疾绝。"今淮北方言中把用手抓叫"摦"，如，我的手面子（手背）叫他～烂唻。｜他的脸叫人～的给鸡挠的吷。有时，被别人"讽刺、挖苦"也叫"摦"，如，你说话别～人可管（行）。｜你一说话就～人，还会啥？

【捼】[$uə^{213}$]折（既指使挺直的东西变曲，也指把弯曲的东西变直）《广韵》：平声戈韵乌禾切："手荥也。"淮北方言常说"把钢筋棍儿～弯。｜把铁条（铁丝）～直。"

【摞】[$ləu^{213}$]掏挖。《集韵》平声侯韵朗侯切："小穿也。"如"把耳眼子（耳孔）里的耳笋（耳屎）～出来。"

【清】[$tɕiŋ^{53}$] 让食物凝固。《玉篇》："～，七性切，寒也，冷也。"如淮北方言中常说："肉汤了上头（上面）～一层油。｜鱼汤子～成鱼冻唻。"

【搧】[$ʂæ̃^{213}$]用手掌打。《集韵》平声仙韵尸连切："～，批也。"《通俗编》："今谓以手批面曰～。"元曲《争报恩·二折》："搽旦云：'呸！不识羞的狗骨头，这个是你的儿，你的女，恼了我，～你那贱弟子孩儿。'"淮北地区用巴掌猛打叫"搧"，如："他老骂人，我溯脸(朝脸)～唻他两个耳巴子(耳光)。"

【㕓】[$iæ̃^{53}$]塞垫。《说文》："坏也，一曰塞补，从土厌声。"《集韵》上声琰韵於琰切："～，塞也。"淮北方言中有时读[$iæ̃^{53}$]，有时读[$iɛ^{213}$]。如："把包被子（包小孩的小棉被）往里～～。｜把被（被子）～到身底下。"

【谝】[$p^{h}iæ̃^{24}$]（骗、偏拉）夸耀。《集韵·上猕》："～，巧佞言也。"符蹇切，又符沔切。元王实甫《韩彩云丝竹芙蓉亭》残折："我不比你穷酸般胡谝教君怪……"元刘唐卿《降桑椹》一折："不是俺骗了你那驴嘴……"《醒世姻缘传》七十回："情管在酒席上偏拉，叫老公知道，要的去了。"淮北方言中"夸耀"常用"谝"，如："还没上三天大学来就～啥哎！"

【搡】[$saŋ^{24}$]填，塞。《集韵》上声荡韵写朗切："～，填也。"淮北话中常把"填、塞东西"叫"搡"。如："牛肉不烂，老～牙。｜上（朝）枕头皮子里～点草。"有时生气时说人吃东西也叫"搡"，这是"搡"的引申说法，如"恁几个熊孩子快来～饭"。

【眯】[mi^{44}] 细物入眼中，使睁不开。《集韵》平声支韵民卑切："～，眇目也。"又上声荠韵母礼切："说文艹入目中。"淮北话中称细小杂物入眼中，使

睁不开叫"眯眼",如:"注意扬场别~着眼。|沙土把小孩的~着了。"

【莛子】[$t^hiŋ^{44}tsɿ^0$] 梗,茎。《广韵》上声炯韵徒鼎切:"莛,草茎。"淮北方言中把植物长出来的细长的茎叫"~",如"秫秸~。|麦秸~。"

【聒】[kuo^{213}]声音嘈杂,震。《广韵·末韵》:"聒,声扰。古活切。"现在淮北方言中把声音嘈杂震耳叫"聒",如:"嚎的~耳朵。|鼓敲的~死人咾。"

【唵】[$ɣæ̃^{24}$]用手吃粉状物。《广韵》上声感韵乌感切:"~,手进食也。"现在淮北话中把用手吃粉状物或把药粉敷在伤口上都称"唵"。如:"他~了一大口炒面。|疮口上~点消炎粉。"

【穞】[ly^{24}]野生。《广韵·语韵》:"~,自生稻也,力举切。"《后汉书·光武帝纪上》:"至是野谷旅生。"李贤注:"旅,寄也。不因播种而生,故曰旅,今字书作穞,音吕。"淮北方言中把自生自长的庄稼等称作"旅的",如"这沟沿[$iɛ^{44}$]上的麦是~的。"又喻指无人管教的小孩为"穞的"。如"这孩子有人生无人养,是个~孩子。"

【炸】[$tʂa^{53}$] 衣被缝隙因断线而裂开。《集韵》上声马韵仕下切:"~,缯纰貌。""炸"在中古是形容词。现在淮北方言中衣服断线叫"炸线",是动词。例如"被~线了。|裤缝~线了。"这里的"炸"指线断缝隙而裂开之义。

【揄】[$t^həu^{44}$] 引,引出。《广韵》侯韵度侯切:"~,引也。"淮北话中,生过孩子的妇女无奶或奶水少,需吃一些食品把奶水引出来叫"揄奶",今淮北方言中不管老派新派均如此说法,如:"没有妈(奶)就~不来,小孩还是吃娘的妈好。"

【颬】[xa^{213}]张嘴呼出气流,借以暖手。《广韵》平声麻韵许加切:"~,吐气。"现在淮北方言中把有意呼出热气暖手叫"颬"。如:"天太冷,~口气暖暖手。"

【袱】[fu^{213}] 头巾,今淮北方言中称小手巾。《尔雅·释器》:"妇女之袆,谓之缡。缡,缕也。"晋郭璞注:"今青州妇女以巾覆者,其遗向也。登州妇女络头用首帕,其女子嫁时,以绛巾覆首谓之袱子……"今淮北方言中已将"覆首之袱"转为擦手的手巾[$ʂəu^{24}tɕiẽ^0$](毛巾)。如:"叫(把)手~子拿来擦擦鼻子。"

【埲】[$paŋ^{53}$]烟尘大,尘土飞扬称作"埲"。《广韵》:"埲,尘起貌。"淮北话中常说:"扫地不洒水,太~人了。"

【让】[$ʐaŋ^{24}$]责备,《说文》:"让,相责让也。"《小尔雅》:"诘责以辞谓之

让。”“让”从言,本义是责怪人做事做得不对。《左传·僖公五年》:“公使让之。”中“让”即为“责怪”的义。今淮北话中有“让人、让孩子”,多指长辈对晚辈,而平辈多用“管、熊”等词,如:“俺大[ta44]就肯~人。|你今个儿又得挨~。”

【茁】[tʂa213]出、生。《广韵》入声黠韵邹滑切“~,草初生。”又入声月韵,庄月切。《广雅·释诂》:“~,出也。”今淮北话中称长出新牙为~牙。如,这个小孩刚~牙。|恁大的黄子又~个牙(多大的人又长出个牙)!

三、讨论

上述古语词在淮北方言中,有的是直接承传下来的,有的是意义和用法有所变化,有的由词变为合成词中的构词语素(词根),等等。但仍然可以看出它们是淮北方言词语的源头。

3.1 直接承传词

例如上例中的“敹、念思、膏、劙、胮、莛子、聒、谝、眯”等,这些词语在形式、意义和用法方面没有明显的变化,古今大体是一致的。再如“褯(褯子)”,古汉语义为“小儿尿布”。《广韵·去祃》:“褯,小儿褯。慈夜切。”《儿女英雄传》一九回:“从你裹着褯子的时候,我抱过也不止一次。”今淮北方言中仍称小孩尿布为“褯子”。

3.2 意义和用法有所变化

3.2.1 词义范围扩大、缩小或转移

词义扩大:“牚,斜着顶住屋架的木头。”《广韵》:“牚,邪(斜)柱也。”今淮北话中家具的小横木均称作“牚”,词义范围扩大。如:“板凳断个~儿。”“胮”,肿,胀大。《广韵》:“~胀。”《博雅》:“~,肿也。”古汉语中“胮”多指肉体的东西,而淮北方言中既可以指肉体,也可指非肉体。例如:“鱼肚泡~了。|馍~了。”

词义缩小:“治”,古汉语不仅可以说~鱼,也可以说“治鸡、治狗”(出处例子见上)。今淮北话把“剖鱼”叫“~鱼”,不说“治鸡、治狗”,词义范围缩小了。

词义转移:“袱”,古汉语义为“头巾”。《尔雅·释器》:“妇女之袆,谓之缡。缡,缕也。”今淮北方言中称小手巾(小毛巾)。如:“她的手~子真香家伙。”意义发生了转移。

3.2.2 词性有所变动

例如，“炸”，《集韵》：“～，缯纰貌。”“炸”是形容词。而今淮北方言中衣服接缝处断线叫“炸线”，是动词。例如：“裤缝～线了。”“枇”，《广韵》：“枇，细栉。”这里的“细栉”是“细齿的梳子”之意，是名词。今淮北方言中“枇”既有“细齿的梳子”之意，名词，又有“梳理”之意，是动词。例如：“头上生虮（虱子的幼虫）了，快～～。”

3.2.3 词义的引申

“摦”（用手指）搔、挠、抓。《集韵》平声麻韵乌瓜切：“～，手捉物。”又上声马韵乌瓦切：“～，吴俗谓手爬物曰摦。”今淮北方言中把用手抓叫“摦”，如：“我的手面子（手背）叫他～烂咾。｜他的脸叫人～的给鸡挠的映。”有时，被别人“讽刺、挖苦”也叫“摦”，如：“你说话别～人可管（行）。｜他一说话就～人。”

“搡”，《集韵》：“～，填也。”淮北话中虽然也把“填、塞东西”叫“搡”。但生气时让人吃东西时或说话使人心里不舒服也叫“搡”，多用于祈使句中。例如：“饭做好了快来～。｜别拿话～人！”这是“搡”的引申说法。

“稆”，《广韵·语韵》：“～，自生稻也。”“自生稻”即为“野生稻”，淮北方言中虽然也把自生自长的庄稼等称作“稆的”，但又喻指无人管教的小孩为“稆的”。这是一种比喻引申。

“嬔”，本义是生子多而素质均匀。《说文·女部》：“嬔，生子齐均也。”引申为繁殖。《玉篇·女部》：“娩，孚万切。产娩也。”而后词义范围缩小，专指禽类生蛋。有时，“指人没能耐、不付出就得到”叫“嬔蛋”，如：“这人就会摸（就）窝～。｜摸（就）人家的窝～有啥意思。”

3.3 由词变为合成词中的构词语素

例如上例中的“脬（胞、泡、抛）”，《广韵》：“～，腹中水也。”义为“膀胱”。今淮北方言中有“鱼尿～、一～牛屎”的说法。“脬”仅仅作为构词语素了。

再如，“差”，（嗓音）失常、走调。《广韵》：“～，异也。”淮北话中把嗓音失常、走调叫差音。如：“他一唱歌就差音儿。”这里的“差”是一个构词语素。“涴”，弄脏。《广韵》：“～，泥着物也。”今淮北方言中“涴”只跟“耐”组合成“耐涴”，“涴”只是一个构词语素。例如：“这件衣裳颜色重（深），禁耐～得很得很。”

3.4 词形不同而意义完全相同

“觳觫”，哆嗦、颤抖。《孟子·梁惠王上》：“吾不忍其觳觫……”今淮北话语中称“觳觫”为“合瑟”，词形不同，意义却相同。如：“他紧张得直~。”

淮北方言中的近代汉语词语

一、引言

淮北市[①]位于安徽省北部，西毗河南永城，南接蒙城、怀远，东靠宿州市，北依萧县。按《中国语言地图集》的分区，淮北属中原官话郑曹片[②]。淮北话是笔者的母语，本文材料是在笔者调查的基础上，参考了时贤的研究成果，并查阅近代汉语文献而得。本文分析的淮北话中的近代语词只是我们掌握到的一小部分，并非穷尽列举。

二、关于近代汉语问题

汉语方言有两大词汇层，一是宋代以前文言系统的文献、字书、韵书有记载的词汇形成的一个大体的层次，这个层次就是古汉语词汇层。另一方面，自晚唐五代近代白话文始肇其端，大量口语词汇得到记录，其中许多词语一直保留在方言口语中。晚唐五代直至明清是近代汉语时期，产生在这一时期的词汇，构成了方言词汇的另一大历史层次——近代汉语层次。

吕叔湘建议把近代汉语的开始定在晚唐五代即第九世纪[③]。邢向东认为，近代汉语的标志是晚唐五代变文和笔记，把晚唐五代产生的口语词作为近代汉语词来看是完全行得通的[④]。因此，他把见于《广韵》《集韵》的词界定为古语词，把晚唐五代始见记录的口语词作为近代汉语词。

近代汉语是古代汉语向现代汉语的过渡，近代汉语词汇是古代汉语词汇发展到现代汉语词汇的重要环节，近代汉语词汇是形成现代汉语词汇的直接源头，所以近代汉语与现代汉语的方言词汇关系密切，与现代北方方言

---

① 本文是指淮北市区及下辖的相山区、杜集区、烈山区和濉溪县。

② 中国社会科学院、澳大利亚人文科学院：《中国语言地图集》，香港朗文出版（远东）有限公司1987年版。

③ 吕叔湘：《近代汉语读本序》，刘坚：《近代汉语读本》，上海教育出版社2005年版。

④ 邢向东：《神木方言研究》，中华书局2002年版。

词汇的联系尤为密切。徐红梅淮北话属北方方言的中原官话郑曹片，其方言词汇也正是在近代汉语词汇的基础上形成的①。

三、淮北方言中的近代汉语词语

【妗子】[$\text{tɕiẽ}^{53}\text{tsɿ}^{0}$]舅母，此为宋代词语。《集韵·沁韵》："妗，巨禁切，俗谓舅母曰妗。"宋蔡絛《铁围山丛谈》卷一："今七夕节在近，钱三贯与娘娘充作剧钱，千五与皇后，七百与妗子充节料。"宋张耒《明道杂志》："经传无'婶'与'妗'字……妗字乃舅母二字合呼也。"淮北方言中谓舅母为"妗子"即从此而来。如"~~你别瞅，豌豆开花俺就走。"

【眽】[ma^{213}]"粗略地看"或"偷看一眼"，元曲中写作"抹"。如《两世姻缘》三折："[正旦唱]他背影里斜将眼梢抹，唬的我脸烘霞。"《西厢记》二折："偷眼望，眼挫里抹张郎。""抹"的本字当作"~"。《说文》："~，目财视也。"段玉裁注："财"当依《广韵》作"斜"，"斜"当作"~"。今淮北话中多用作"粗略地看之义、照顾"，但已不能单独使用，只能做构词语素构成"~视(mǎsi)"。如："你给俺~视一下，天别下雨咾。|我上茅厕，给俺~视一下小孩儿。"

【抹儿】[muər^{24}]本事，能耐。元曲的"母儿"即为"抹儿"。如：武汉臣《玉壶春》二折玉壶生白："做子弟的有十个母儿：一家门，两生象……"这里的"十个母儿"即十样本事或十种能耐。《金瓶梅》中的"嘴抹儿"，即嘴上有本领，也就是嘴上会说。淮北话中"抹儿"是一个口语常用词，如："这人真有~。|俺没有啥~，就会做饭。"

【掇】[tuə^{213}]用手端、端起来。宋杨万里《火阁午睡起负暄》诗："觉来一阵寒无奈，自掇胡床负太阳。"《聊斋俚曲集·磨难曲》："吃完了饭，丫头、老婆子、~去家伙。"《水浒传》一二回："傍边止有一块大石头，掇将过来，靠了门。"今淮北话中称手从器物底处托住为"掇"，如"叫(把)小孩~起来骑尿脖玩。|把篮子朝上~~。"

【巴家】[$\text{pa}^{24}\text{tɕia}^{213}$](把家)勤勤恳恳地操持家务。《金瓶梅》四回："一生操持，把家做活，替人顶缸受气。"《石点头》一一卷："那知道因这老人家舍不得儿子媳妇分离，却教端端正正，把家做活，撇得下老公，放不开婆婆的一个周大娘子走到江都绝命之处。"今淮北方言中"把家"指总是为自家着想，

① 徐红梅：《皖北方言词汇研究》，暨南大学语言研究所2003年。

千方百计甚至不择手段地收拢财物，以增加家庭收入。已由褒义变为贬义。如："他家媳妇~的很得很，啥都往家来(里)捞。"

【挨排】[ɣɛ^{21}p^{h}ɛ^{44}]依次，连接。吴潜《念奴娇·戏和仲殊》词："杏落金丸，荷抽碧筒，景物~却。"《农桑衣食撮要》卷上："种山药：一二寸作一段，相~卧种。"《元朝秘史》卷二："斡难河边树林里，~着寻。"淮北方言中把依次叫"挨着排儿""~儿"或"挨排儿排儿"，多用于祈使句中。例如："~站好，别动。｜筷子~摆好。"

【剔】[t^{h}i^{213}]程度副词，非常，特别。《西厢记》一本三折："剔团圞明月如悬镜。"《窦娥冤》一折混江龙曲："崔人泪的是锦烂漫花枝横秀闼，断人肠的是剔团圞月色挂妆楼。"曾瑞散套《怀离》刮地风曲："明滴溜参见相搀，剔团圞月儿初淡。"从上几例可以看出，"~"在近代汉语中常用来修饰"团圞"，这和淮北方言"~"经常修饰"圆"一类的东西是基本一致的。例如："碟子~圆黄子。｜十五的月姥娘~圆家伙。｜他的头~团黄子。"

据李申报道，徐州方言"~"可以修饰的方面更多。举例有"~圆、~平、~好、~快、~溜、~转、~明堂亮"等，且这些例子中双音的大都可以嵌进一个"娄"字，说成"~娄圆、~娄转"等。并说，元曲中有加"留、秃、留秃"的，举例分别是，郑光祖《双调蟾宫曲·梦中作》："皎皎洁洁照橹篷，剔留团圞月明。"汤式散曲《咏素蟾》凉州曲："剔秃圞架彩云恰离瀛海，明滴溜趁清风又下峨眉。"《独角牛》二折驴白："那独脚牛……膀阔三停，横里五尺，竖里一丈，剔留秃圞，恰似个西瓜模样。"①淮北方言中，"~转、~快、~明堂亮"能说，"~平、~好、~溜"一般不能说。且双音节中间也可插入"娄、溜/溜的/溜溜的"等中缀，以示程度加深，淮北的"娄、溜"应是元曲的音转，其用法和元曲中"留、秃、留秃"的用法是一致的。

【老娘】[laŋ^{24}ȵiaŋ^{0}] 外婆或外祖母；姥姥。元武汉臣《老生儿·楔子》："我那兄弟媳妇儿要领着孩儿到他那爷娘家里守服去了……那老爷~家亲眷每说道，你那孩儿则管在这里住怎么？"元高文秀《黑旋风》一折："你兄弟老爷~家姓王，改作王重义者波。"《金瓶梅》六七回："左右我是你老爷~家，不然你但有事来就来缠我。"淮北方言中称"外祖母"为"老娘"，意义完全相同，只是"娘[ȵiaŋ^{44}]"读音有异。这是因为淮北话舌尖中音 n 均读为舌面前

① 李申：《徐州方言志》，语文出版社 1985 年版。

音[ȵ],而[ȵ]与[tɕ]是同一个发音部位,所以淮北话将[ȵ]读为[tɕ]也是可以理解的。至于韵母"[iaŋ]"读作"[iŋ]",是因为轻声音节韵母主要元音常脱落的原因①。

【认】[$ʐẽ^{53}$] 赔偿,抵偿。《金凤钗》四折杨云白:"住住,这赵鹗便依着大人,饶了他的性命。我六儿的性命,可着谁认?"《勘头巾》三折王小二白:"他娘子揪住小人,要了一纸保辜文书,写着道:一百日以里员外但有头疼脑热,抓破小拇指头,也是小人认。"今淮北话中把别人的东西弄丢了或损坏了赔偿称"认",如:"弄毁了东西要~"。从意义范围看,近代汉语即可指人,也可指物,而淮北话范围只能指物,范围比近代汉语要小。

【赔释】[$p^he^{44}ʂʅ^0$](陪侍)赔礼道歉。元无名氏《气英布》三折:"俺主公因为足疮未愈,适间甚多失礼。特着贫道同一班大将造拜,一来替主公请罪,二来陪侍候休得见怪者。"曹雪芹《红楼梦》一六回:"你明儿见了他,好歹赔释赔释,就说我年轻,原见过世面,谁叫大爷错委了他呢。"今淮北方言把道歉、赔不是常说成"陪侍[$p^he^{44}sʅ^0$]",读音不同可能是因为习惯问题,但意义完全相同。如:"都是咱不对,得~~人家。"另外,"陪侍"一词淮北话还有"陪嫁"之意,如:"人家的闺女出门子出嫁~的真多。"

【头疼脑热】[$t^həu^{44}$ $t^həŋ^{44}$ $nɔ^{24}$ $ʐə^{213}$]生(小)病。《勘头巾》三折王小二白:"他娘子揪住小人,要了一纸保辜文书,写着道:一百日以里员外但有头疼脑热,抓破小拇指头……"淮北话里将"生小病"叫"头疼脑热",如:"谁能没有个~。|还是老伴好,~时能相互照应。"

【觅】[mi^{213}] 雇,雇用。关汉卿《五侯宴》三折赵太公白:"他是咱家里买来的,当初觅他来做奶子来。"明朱有燉《清河县继母大贤》剧浪荡子王义说:"……街上有那识宝货的回回,雇觅与我路上做伴儿去。"《醒世姻缘》十八:"……跟了两个觅汉,晁书也骑了一个骡子,跟了同去。"《水浒传》第三回:"……先去城外远处觅下一辆车儿,回来收拾了行李,还了房宿钱……"今淮北方言中"雇人"常说"觅人",此"觅"即"雇,雇用"义。再如"~个临时工。|~个保姆。|~个大领(长工)"等均如上说。

【年时】[$ȵiæ̃^{44}ʂʅ^0$]去年。金董解元《西厢记诸宫调》卷七:"从别后,脸儿清秀,比是年时瘦。"又卷七:"时四季春十五夜,莺思之,去年待月西厢之

① 白维国(2005)在《金瓶梅词典》中,将"老娘"一词释为"外祖母;姥姥"。"娘"读轻声。见白维国:《金瓶梅词典》,线装书局2005年版。

夜,感而泣下。”中“去年”与“年时”互文,可证“年时”即“去年”。《醒世姻缘传》八十六回“奶奶,你可是琐碎,你年时没都见来么?”淮北话在口语交际中均称去年为“年时”。如:“俺~比今年强的很。|人家两个孩子~都戳(考)上大学了。”

【恣儿】[tsɾer^{53}] 舒心,舒服,自得。《五音集韵》:“恣,恣睢自得貌。”苏轼《赠莘老》:“今日骆驼桥下泊,恣看修网出银刀。”现在淮北方言中称自己或问别人“舒服、舒心”时均说“恣儿”①,如:“缩[tʂhu^{213}](伸)个懒腰真~家伙。|你喝啤酒可~?”

【浮皮儿】[fu^{53}p^{h}ir^{44}]表层。《聊斋俚曲集·增补幸云曲》:“万岁将龙衣脱下,用青布衫~一裹,裹的合一个包袱似的。”淮北方言中常称液体的表面为“~”,如“羊肉汤~净(凝固)一层油。|稀饭~落了一层灰。”

【叫驴】[tɕiɔ^{53}ly^{44}] 公驴。《聊斋俚曲集·墙头记》:“两个齐往两下里挣,好像挣着个老~。”现在淮北方言里称公驴为叫驴,如“这个~骚得很得很,见了草驴(母驴)就爬。”有时,贬称男人行为不端时也称作“叫驴”,如:“这家伙骚得给老~唊”。

【依牢本等】[i^{21}lɔ^{24}pẽ^{24}təŋ^{24}](依老本等) 老老实实,安分守己。清蒲松龄《墙头记》一回:“一个口唱两个曲,放屁又要着把拿,是别人我就失口骂。我劝你依牢本等,还便宜你一个疙疸。”又《翻魔殃》三回:“你若是依老本等,不孝些也还不差。”淮北方言中将老老实实、安分守己称“依牢本等”。如:“这人干啥都~,没有花花绕儿(花花肠子)。”

【匾食】[piæ̃^{24}ʂʅ^{0}](扁食) 饺子。元忽思慧《饮膳正要·三下锅》:“丸肉弹子,丁头棋子,羊肉指甲匾食。胡椒一两同盐、醋调和。”《醒世姻缘传》八一回:“刚只合了眼,童奶奶合调羹已先起来,点了灯。调羹包的扁食,通开炉子,炖滚了水,等狄希陈梳洗完了才下。”《金瓶梅》二回:“他家卖的拖煎河漏子,干巴子肉翻包着菜肉匾食咬。”今淮北方言有“匾食”一词。但所指的形状不同,匾食形同月牙,有荤、素馅两种,以素馅为主,一般大年初三吃,淮北地区有“初三吃顿匾,不哼也不喘”之说。“饺子”形同猫耳朵,所以本方言把饺子称为“猫耳朵”,如:“下碗~吃。|这~包得真有样形状好看。”

【打滴溜】[ta^{24}ti^{21}ləu^{0}/liəu^{0}] 身体悬吊在高处。《醒世姻缘传》七七回:

① 为了强调舒服、舒心的程度,都要在儿化后再加闪音,如:“吸袋烟恣儿[tsɾer^{53}]死了。”

"那丫头开了门,一只脚方才跨出,嗳哟地一声大喊,随说:'不好,一个人扳着门上程~哩!"今淮北常说成"打滴[ti^{213}]/嘟娄",如:"这几个捣蛋虫儿(调皮鬼)捽个树枝子~。"

【打圈】[ta^{24}tɕyæ̃^{53}]母猪发情。《醒世姻缘传》三六回:"再有那一样歪拉邪货,心里边即与那~的猪,走草的狗,起骒的驴马一样,口里说着那王道的假言,不管甚么丈夫的门风,与他挣一顶'绿头巾'封赠。"淮北话称母猪发情为"打圈子[ta^{24}tɕyæ̃^{53}tsɿ^{0}]"。如:"猪一想~就乱跑。"

【腆脸】[t^{h}iæ̃^{24}liæ̃^{24}](掭脸)厚着脸皮,不知羞耻,好意思。元石君宝《秋胡戏妻》三折:"这厮睁着眼觑我骂那死尸,腆着脸着我咒他上祖。"元关汉卿《陈母教子》二折:"你则好合着眼无人处串,谁着你腆着脸去街上走。"《醒世姻缘传》六八回:"他爹做了场老教官,两个兄弟掭着面,带着顶头巾,秋泊的个姐姐这们等。""厚着脸皮,不知羞耻"在今淮北话中称"腆脸",如:"还~说来,不知道丑。|不干活还~吃!"

【献浅】[ɕiæ̃^{53}tɕ^{h}iæ̃^{24}]献殷勤,讨好。《醒世姻缘传》二回:"这一定有多嘴的人对那强人说我在大门前看他起身,~与街坊妇人说话。这是来寻衅了。"又八十回:"趁着我害病,大家~,请他出来,叫他使低心,用毒计,唬杀孩子,愁我不死么。"淮北方言中称"献殷勤,讨好"为"献浅子[ɕiæ̃^{53}tɕ^{h}iæ̃^{24}tsɿ^{0}]",贬义色彩浓厚。例如:"这人就会~,不干一点实事。"

【知不道】[tʂʅ^{21}pu^{0}tɔ^{53}]不知道。《醒世姻缘传》五三回:"我也~咱户族里还有这几位,也不知是大爷、叔叔、哥哥、兄弟的……"又六九回:"他既是~好歹,惹的奶奶心里不自在……"《聊斋俚曲集·翻靥殃》:"~他那心腹,见了他也就心凉。"今淮北话称"不知道"为"知不道"。如:"俺~谁说的。"

据秦崇海、钱增怡、毋效智、孙立新、徐红梅报道,河南商丘、山东大部分地区、陕西扶风、皖北地区多数方言点均有此种说法①。孟庆惠认为"知不道"的说法是把否定副词"不"插在"知道"的中间表示否定,在皖北大部分地区均有此说法②。可见这种说法分布广泛且较普通话具有很大的特殊性。

【作业】[tsuə^{21}iɛ^{213}]做坏事,作孽。《醒世姻缘传》五一回:"却说珍哥自

---

① 参见秦崇海:《商丘方言研究》,中国文史出版社 2003 年版;钱曾怡等:《山东方言研究》,齐鲁书社 2001 年版;毋效智:《扶风方言》,新疆大学出版社 2005 年版;孙立新:《户县方言研究》,东方出版社 2001 年版;徐红梅:《皖北方言词汇比较研究》,暨南大学语言研究所 2003 年。

② 孟庆惠:《安徽省志·方言志》,方志出版社 1997 年版。

从晁源买到家中，前后里外整整～了一十四年，方才这块臭痞割得干净。”又九八回：“我劝狄友苏，说你这班～，天没有不报你的理，留着叫天诛你，狄友苏不必自作恶人。”淮北话里一般称小孩调皮捣蛋、做坏事为“作业”，有时也称“妖业［iɔ^{21} iɛ^{213}］”，贬义色彩比近代汉语稍轻。如：“不好好上学，老该（在）外边儿作业。｜七八岁的孩子就学着妖业。”

【跛罗盖子】［puə^{21} luə^{0}kɛ^{53} tsɿ^{0}］膝盖。《醒世姻缘传》第十回：“这话长着哩，隔着层夏布裤子，垫的～慌！我起来说罢？”今淮北方言把“膝盖”说成“圪拉(娄)拜子［kə^{21} la^{0}/ləu^{0}pɛ^{53} tsɿ^{0}］”或“圪拜子［kə^{21} pɛ^{53} tsɿ^{0}］”。音和上相似，意相同，只是词形不同。如“风刺吹的～生疼黄子。”

【早起】［tsɔ^{24} tɕ^{h}i^{24}］早晨。《金瓶梅》一回：“假如一个人到了那穷苦的田地，受尽无限凄凉，耐尽无端懊恼，晚来摸一摸米瓮，苦无隔宿之炊，～看一看厨前，愧没半星烟火……”今淮北方言说“早晨”为“早起、早起来、清早起来”，例如：“明个～咱俩一起下湖（下地）可管（行）？”孙立新报道户县话也将“早晨”说成“早起”①。但是淮北话“早起”一词又有“早早地起来”之意，如：“恁俩赶明个一定得～，不然就赶不上头班车咾（了）。”可见淮北话“早起”一词的意义范围扩大了。

四、讨论

上述近代汉语词在淮北方言中，有的是直接承传下来的，有的是意义有所变化，但仍然可以看出它们是淮北方言词语的源头。

2.1 直接承传词

例如上例中的“妗子、抹儿、头疼脑热、觅、年时、恣儿、打圈、知不道”等，这些词语在形式、意义和用法方面没有明显的变化，和淮北方言大体是一致的。再如：“活缋儿”，近代汉语是“活的套结”之意。马致远《青杏子·悟迷》套：“～从他套共榻，沾泥絮怕甚狂风刮。”今淮北话中“活的套结”也称“活缋儿”，如：“结个～好绥（解开）。”又如：“妈妈头子”指“乳头”。清蒲松龄《禳驴咒》二六回：“把春香那杯中一剪子，把他那妈妈头子铰掉。”今淮北方言将“乳头”称为“妈妈头子、妈头子、妈妈头儿/妈头儿”，虽然音节有增减，但意义完全一致。

① 孙立新：《西安方言研究》，西安出版社 2007 年版。

2.2 词义范围扩大、缩小或转移

词义扩大：上例的“早起”“挨排”为词义扩大。又如：俐亮（利亮）：利落。《醒世姻缘传》七回：“见了爹娘……话也说不俐亮。”又七回：“你好公道心肠！你弟兄们利亮……”今淮北方言称干脆利落为“利亮（郎）”，读音稍有变化。如：“这孩子说话~得很得很！”有时，“利亮（郎）”又指“整齐干净”，意义范围扩大。如：“屋来（里）拾掇的真~。”

词义缩小：如上例中的“认”“扁食”意义范围均缩小。再如“笼明”，（月光、日光）蒙蒙亮。元张可久《迎仙客·秋夜》曲：“雨乍晴，月笼明，秋香院落砧杵鸣。”清洪昇《长生殿》二出：“笼明春月照花枝（元稹），始是新承恩泽时（白居易）。”按：《集韵·上董》：“昽，曈昽，欲曙。”鲁孔切。刘孝绰《望月有所思》诗：“曈昽入床簟，仿佛槛窗帘。”都指月光。纥干俞《登天坛山望海日初出赋》：“登岩峣之峻极，见曈昽之初出。”是指日光。淮北方言词义范围缩小，仅指日光。如：“天~咱就去吭。”

意义转移：如上举“浮皮儿”一词由近代汉语的指固体，淮北话转指液体。又如“掇”，近代汉语义为“用手端、端起来”。《聊斋俚曲集·磨难曲》：“吃完了饭，丫头、老婆子、~去家伙。”今淮北方言中称手从器物底处托住为“掇”。如：“把篮子善（朝）上~~。”词汇意义发生了转移。

2.3 色彩不同

“把家”原义为“勤勤恳恳地操持家务”，今淮北方言的“把家”指总是为自己着想，千方百计甚至不择手段地收拢财物，以增加家庭收入。已由褒义变为贬义，色彩意义发生了变化。如：“一点儿点儿（年龄很小）的小孩就学着~，长大了咋办！”

2.4 词形不同而意义完全相同

例如：“跛罗盖子”，近代汉语中意思为“膝盖”（例子见上），淮北方言今为“圪拉(娄)拜子［$kə^{21}la^{0}/ləu^{0}pɛ^{53}tsɿ^{0}$］”或“圪拜子［$kə^{21}pɛ^{53}tsɿ^{0}$］”，词形不同而意义完全相同。再如：“老娘”，近代汉语是“外祖母”的意思（例子如上），今淮北话读为“朗京”，意思也是“外祖母”，只是词形不同，读音稍异罢了。又如，“每日”近代汉语是“往日、过去”之意。如：元无名氏《冤家债主》三折：“小的个何曾生受，他则待追朋趁友，每日家无月不登楼。”清蒲松龄《磨难曲》一三回：“每日嗔你唱的四季曲，今日可用着了。”淮北话现在称“往日、过去”为“每上/每时”，词形上只是部分构词语素不同，意思也是完全一致的。

淮北方言词汇与普通话词汇之比较

淮北[①]位于安徽省北部，北接宿州市萧县，西靠河南永城，南与蒙城、怀远毗邻，东与宿州市为邻。按中国社会科学院、澳大利亚人文科学院《中国语言地图集》的分区，淮北属中原官话郑曹片[②]。本人是土生土长的淮北人，淮北话是笔者的母语，文中语料多是笔者田野调查而得，有的也参考了时贤的研究成果。

一、词义比较

1.1 词汇意义

词汇意义的差异一般表现为义项的多寡不同，也就是词义的广狭不同。淮北方言有些词语的义项比普通话多，应用范围广，有些词语的义项却比普通话的少，应用范围较窄。

表示事物的例子：

"茶"在淮北的词义范围比在普通话中大得多，可以指白开水，普通话的茶水，在淮北要说成"茶叶茶"，也可以指各种谷物加水烧成的汤水，如可以说：米茶、绿豆茶、红芋片子茶，此外，糖水也叫糖茶，鸡蛋冲开水叫"鸡蛋茶"，面加水搅成小疙瘩放入开水中叫面疙瘩茶。

"鼻子"在淮北方言中还兼职鼻涕。

"烟"在淮北方言除了表示物质燃烧时产生的烟雾外，还兼指水蒸气和香烟[③]。如：茶杯还冒烟呢。/买包烟。

"水"在淮北方言中主要指生水，相对于普通话，义项较少，如果客人来了，不能请人家"喝水"，而要"喝茶"

---

① 本文是指淮北市区及下辖的相山区、杜集区、烈山区和濉溪县。

② 中国社会科学院、澳大利亚人文科学院：《中国语言地图集》，香港朗文出版（远东）有限公司1987年版。

③ 苏晓青、吕永卫：《徐州方言词典》，李荣主编：《汉语方言大词典》，江苏教育出版社2002年版。

“面”在淮北方言中只用来指粮食磨成的粉，在普通话中还用来指面条，淮北方言相对普通话义项少。

表示动作的例子：

“招呼”在淮北有小心，留神的含义。如：你招呼着点，路滑。也有“帮忙”的意思，如：明天办喜事，你给招呼一下。

“走”除了行路的意义之外，还表示出嫁或改嫁，如：她男人死了，她又走一家。

“作假”在淮北方言中意义引申为“因不好意思而推托”。如：他第一次来，有点作假。

表示性状的例子：

“排场”在淮北除了指表示在外面的铺张奢侈的形式或局面之外，还可以替代一般的好或漂亮。如：这孩子真排场！

“稠”除了表示液体中含某种固体成分很多之外，还可以代替普通话中的“密”的职能。如可以说：豆子长得太稠了！有时指间隔时间短。如：她生孩子真稠！

“孬”除了表示坏、不好之外，还可以表示害羞（她一见人就孬得慌）、丢人（他偷东西给逮住了，孬死了）、耍赖（他孬走我二百块钱）等含义，

1.2 语法意义

语法意义的差异主要是指方言中有些词语与普通话词语在词性上具有不同的兼类以及组合能力上有所不同。

1.2.1 淮北方言与普通话词语兼类的差异

淮北方言中形容词与动词的兼类：

“厉害”在普通话和淮北方言中，都可以作形容词，指难以对付或忍受，剧烈，凶猛等。除此之外，在淮北还有动词的用法，意思是训斥，如：不关他的事，你厉害他弄啥！

“有”和“没有”在淮北除了具有和普通话相同的义项外，还可以表示富裕和贫穷。如：“他家里有，俺家没有。”意思是他家富裕，俺家贫穷。

“滋润”在淮北方言中，主要做形容词用，意思是“舒服、得意”如：你看他，过得多滋润。

淮北方言中名词与谓词的兼类：

“肉”在淮北方言中，除和普通话一样用为名词外，还有形容词的用法，

形容动作，性子缓慢。如：快走，你还在那肉啥？/肉脾气。还可以组成其他词如“肉头”，指人软弱无能，傻或遇事畏缩，不敢出面等。

“面”可以指粮食磨成的粉末，是名词，也可以用作形容词，指某物纤维少，如可以说红芋煮得面，或叫面红芋，进而引申指人性格憨厚。

1.2.2 淮北方言与普通话词语组合能力的差异

在淮北方言词汇中，有些词与其他成分搭配的范围与普通话的不尽相同，这就是词组合能力的差异。例如：

“吃”除了可以说吃饭，也可以说吃烟。

“弄”在淮北是个比较活跃的词，如可以说“弄啥（干什么），弄两盅（喝两盅），弄没（mu^{44}）见了（搞丢了），弄不出来（拿不出或做不出），咋弄（怎么搞的）”。

普通话中表示“买”的意义，在淮北方言中可以由不同的动词来承担。例如：买布可以说截布、扯布、撕布，买油可以说打油、灌油、装油，买肉可以说割肉、称肉、砍肉，买酒可以说打酒，买中药可以说抓药、拾药。

1.3 修辞意义

词的修辞意义的差异主要指词的褒贬色彩以及风格色彩的不同，褒贬色彩体现了人们对事物的爱憎、好恶；风格色彩则是指词语所表现出来的庄重、诙谐、严肃、戏谑、形象化、口语化、书面化等具体内容。

1.3.1 淮北方言与普通话褒贬色彩的差异

“能”在普通话和淮北方言中都可以表示有能力、才干或能够的意思，是褒义词。在淮北方言中，能还引申为具有爱出风头，不吃亏等性格特点，带有贬义色彩。例如：不叫你说你非说，你咋恁能。

“精”在淮北方言中，做形容词用时，一般带有贬义，跟普通话的狡猾大致相当。

1.3.2 淮北方言与普通话风格色彩的差异

淮北方言中，能够体现自己风格色彩的词语，如对于生病与死亡等不吉祥的词语，通常采用委婉的方式和避讳的说法。例如：一般情况的“生病”大都说成：不得劲、不调乎、不好过、不舒坦、不如适：老年人去世说：老了、过去了，中年人死了说：不在了、走了。小孩死了说：丢了、没有了。成年人死的贬义说法有：硗蹄子了、蹬腿了、跷腿了。

在淮北方言中还有一些比较粗俗的说法，转身叫“磨腚”或“调腚”，吃东西戏谑的说法叫“搗”,可以说“搗肚来”。

二、词形比较

本文主要从构词形式差异方面进行词形比较

2.1 音节结构不同

淮北方言是单音节词,普通话是双音节。

在淮北方言中,有些事物(如物品和植物的名称等)或动作习惯说成单音节词,而普通话习惯说成“子”或复合式的双音节词。例如:

淮北	普通话	淮北	普通话
锤	锤子	花	棉花
凿	凿子	面	面粉
锯	锯子	姜	生姜
锉	锉子	麦	小麦

有些词语在普通话中是双音节词,而在淮北方言中是多音节词

例如:

淮北	普通话	淮北	普通话
蛤蟆蝌滕子	蝌蚪	下巴壳子	下巴
手捏子	手帕	呱嗒板子	拖鞋
额了头子	额头	手指头子	指头

2.2 构词语素不同

构词语素与普通话完全不同的词语,例如:

淮北	普通话	淮北	普通话
包	赔	坏祸	挑拨
赔释	道歉	谝	夸耀
分阁	硬币	唆	吮吸

1.3 语素部分相同部分不同的

淮北方言有些词语与普通话的构词方式大体相似,但两者构词语素有同有不同,例如:

淮北	普通话	淮北	普通话
天明	天亮	写酒	斟酒
刷碗	洗碗	铁条	铁丝
每年	往年	如外	另外

1.4 附加成分不同

利用附加的方式来构词在普通话和方言中都有,差别主要表现在具体附加成分的不同,或附加成分使用频度及分布不同。淮北方言中词汇的附加成分,有些与普通话的相同,但使用范围或用法有不同之处,有些是普通话没有的。

A.前缀

淮北方言中的前缀很少,只有一个“老”字跟普通话“老”的用法大同小异,如:老师、老婆、老三等,只有个别加“老”的词语,与普通话不同,如:老白布(指很粗的绵纸白布)老婆婆(指婆母)等。

B.中缀

在淮北方言中,有构成名词的中缀“了”表示人体部位的名称或一般事物名称,例如:额了头子(额头)　胳了拜子(膝盖)

在淮北方言中,在形容词中加中缀“不子”构成“X 不子 Y”式表示程度加深。例如:

稀不子烂　清不子冷　冰不子凉　菲不子薄　宁不子细　死不子沉　铁不子硬　虚不子青

这些形容词前一个语素是程度的限制,后一个语素是形容词的中心,表示事物的性质或状态,中间加了中缀“不子”除了表示程度深之外,主要侧重于与感情色彩上的贬义色彩。如:“这东西死不子沉。”是指东西太重了,让人受不了,有抱怨之意。

C.后缀

淮北方言中,最常见的后缀是“子”。“子”在普通话和淮北方言中都有,但是淮北方言中的“子”与普通话有所不同的分布和作用。

有些词语,普通话有子尾,而淮北没有。(例子见前)

有些词语,普通话没有子尾,而淮北方言有。淮北方言中的子尾,不但可以加在一般名词后,做名词的标志,也可以用在方位名词,时间名词,代词及量词后,例如:

淮北	普通话	淮北	普通话
面条子	面条	酒盅子	酒盅
眼珠子	眼珠	手套子	手套
东边	东边子	一件子	一件
一页子	一页	一会子	一会

在淮北方言中,可以加子尾表示某一类人。例如:

淮北	普通话	淮北	普通话
豁牙子	缺牙齿的人	斜眼子	眼睛斜视的人
烂眼子	眼睛烂的人	屁篓子	好放屁的人
挤不眼子	眨眼较频繁的人	死眼珠子	做事没眼色的人

在淮北方言中,两个“子”可以连用,第二个“子”读轻声,用来指小的粒状物。例如:

淮北	普通话	淮北	普通话
麦子子	麦粒	棋子子	棋子儿
石头子子	小石子儿	枪子子	子弹

淮北方言中,形容词可以加不同的后缀,表示不同的程度意义和色彩意义。

形容词后加“乎的”构成“X 乎的”式,或加“不乎的”构成“X 不乎的”式,表示程度稍微强或减轻。

能加“乎的”的形容词后都能加“不乎的”。如可以说:红不乎的,酸不乎的,绿不乎的,甜不乎的等等。在感情色彩上属中性,表示说话人的主观好恶。

单音形容词后加“不拉叽”或“不八叽”构成“X 不拉叽”“X 了八叽”式,表示主观感情的厌恶色彩,主要表示不适当的程度。例如:

硬不拉叽　　甜不拉叽　　绿不拉叽　　干不拉叽　　苦不拉叽

三、词源比较

淮北方言词汇同普通话词汇的差异,有些是词语的来源不同,主要包括对于古汉语继承程度的不同,对外来词采用的不同,以及一些普通话没有对应的而地方特有的词语等。我们分三个部分来看淮北方言的词源特点。

3.1 沿用古语词

在淮北方言中保留了部分普通话不使用或者不常用的古汉语词,如:

淮北	普通话	淮北	普通话
掇	用双手端起	方	克犯有关的人
席	尿布	艮	物坚而不脆
谝	夸耀	泻	斟(酒)
榷	捣、砸、敲	迂	因沸腾而溢出
眯	杂物进入眼中、使睁不开	泡	虚而松软
攮	抓住、揪住	劙	划破、分割

以上古语词见于不同历史时期的古汉语文献,在淮北方言口语中很常用,而在普通话中不用。

3.2 借用词

借用词是指本方言在与其他语言或方言接触的过程中吸收来的词语,包括向原住民的语言借用或向外国语言借用的以及方言形成之后受普通话的制约而借用和受周边方言的影响而借用。淮北方言词汇中有别于普通话的借用词,主要是向周边方言借用的。淮北地区现代年轻人中间流行一些从南方方言,特别是粤语北上的词语,如:丈夫叫“老公”,出租车叫“的”,据此还类推出“摩的(拉人的摩托车)”“木的(拉人的木制三轮车)”[①]。

3.3 地方词

有些词语,在普通话中没有它们相对应的,是淮北方言特有的,称为地方词。如在淮北很多地方把“小麦面粉”叫“好面”,一方面反映了当地20世纪六七十年代生活水平低下,认为有面粉可以吃就是很好的生活了,另一方面,也反映了淮北是以小麦作为主食的。

反映淮北地区风俗习惯的词语:淮北地区办喜事时,有三天不分大小,长辈晚辈可以闹洞房的习惯,淮北叫“乱”;媒人一般都享有吃鲤鱼的特权,所以把媒人叫“吃大鲤鱼的”;办喜事或丧事时,请客吃饭叫“吃大桌”或“坐大桌”等。

① 徐红梅:《皖北方言词汇研究》,暨南大学2003年博士论文。

淮北方言文化的抢救与保存

一、引言

英国语言学家帕默尔说过："语言忠实地反映了一个民族的全部历史、文化，忠实地反映了它的各种游戏和娱乐、各种信仰和偏见。"语言反映民族文化，方言反映地域文化，它是地域文化的载体，方言与地域文化的关系是密不可分的。

二、淮北方言文化的现状

1.1 一些传统的房屋建筑毁坏严重

1.1.1 传统的房屋尤其是传统的民居毁坏殆尽

淮北地区传统房屋建筑的用料往往是就地取材，以黄土、麦壳麦秸、玉米秸秆、木头、石头和黄土烧制的砖瓦为主，其中黄土和麦秸混合筑墙、木头架梁、麦秸作瓦的形式最多。从结构上看，传统的淮北民居主要包括院和房两部分，一院一房或多房，正房讲究坐北朝南，体现了淮北人注重风水、趋吉避凶、与自然和谐共处的祈盼。正房多是一层、两面坡，一房三间，一门两窗，东西山墙上方各开二到三个二三十厘米宽的方洞用于通风和采光。堂屋的正门一定是做工比较讲究的双扇门，部分建筑上的马头墙、门楼、砖雕、木雕等展现了淮北人独特的艺术追求与文化修养。

但我们在调查中发现，传统的土墙草面、青砖小瓦、石头垒墙等房子已经毁坏殆尽，虽然在一些偏远村镇还偶能见到，但已经破烂不堪，有的是岌岌可危……

1.1.2 传统的商铺、作坊等建筑正在走向消亡

淮北市所辖濉溪县老街的商铺、作坊大都是民国时期遗留下来的，多是砖瓦和木石的混合式结构，有的门面还在经营着银饰、布匹等杂货。但百分之八十的商铺已经荒废，有的房屋倒塌，有的被拆掉，有的在闲置，有的成了储存杂物的仓库……

淮北所辖濉溪临涣古镇有三千多年的历史，临涣过去有8条主街，两旁的建筑多为清代样式，青砖小瓦，朴素安宁。可现在除了南阁和怡心两家茶楼外，街两旁的古代建筑已经破烂不堪了。

尤其是临涣的古城墙，它的规模在全国属第一，是我国目前唯一现存的镇级土城墙遗址，是临涣镇的标志性建筑，更是淮北市悠久历史底蕴的具体象征。临涣古城墙筑成于战国时期，南临浍河，东、西、北三面皆为平坦的耕地。整个城垣近于正方形，东西长1650多米，南北约1480米，城墙周长约6公里。虽然相关文件认可的古城修建年代是战国时期，但民间一直认为是商汉两度修建的。临涣古城墙是我国延续时代较长、跨越朝代较多、没有发生过大的变迁的古城垣。临涣古城墙因其体量大、时代较早、保存基本完好，1986年被安徽省政府公布为第二批重点文物保护单位。2006年被国务院公布为第六批全国重点文物保护单位。然而现在成了乱葬岗子，有关部门真的应该好好管一管了。

1.1.3 传统的其他建筑越来越少，有的几乎绝迹

淮北渠沟镇黄里村的天藏寺，濉溪县城区的城隍庙、濉溪镇的二郎庙和杜庙、古饶镇的草庙、临涣镇的香山庙等等古寺庙建筑，在“文化大革命”中大多数已遭破坏，目前所剩无几。现在保存较完好的只有淮北市区的相山庙、濉溪马桥乡的老猫洞和临涣镇的城隍庙。

这里需要强调的是天藏寺，它历史悠久，相传为春秋时始建。据史书记载其大殿檐高一丈五尺，长三丈六尺，宽二丈余。雕梁画栋，群峰环抱，一水萦回，金碧辉煌。塑如来、文殊、普贤三佛。两厢十八罗汉形态各异，栩栩如生。三佛之后造假山，绘云龙其上，大鹏金翅鸟昂首听经。神台背后，依势造千佛山。但在“文化大革命”中已经毁坏殆尽,可喜的是地方政府和有识之僧人已经在旧址上搭建了几间平房,请来了几尊神像,也设立了香台烛案,虽然不如当年天藏寺的宏伟气派,但当地的香客毕竟有了进香的地方。

牌坊是汉族特色建筑文化之一。是表彰功勋、科第、德政以及忠孝节义等所立的建筑物。牌坊也是祠堂的附属建筑物,昭示家族先人的高尚美德和丰功伟绩,兼有祭祖的功能。淮北市所辖之濉溪县原有的牌坊较多,在县城城区和一些祠堂前有十几个,仅在濉溪镇郊区的“七牌坊”村就有七个牌坊,现在均荡然无存。

1.2 传统的日常用具多被冷落或被淘汰

炊具如烧火用的风箱、挑水用的木桶、舂米用的臼、老式的菜厨、莛子或荆条编的框头子小筐子、做饭用的锅腔子(一种用掺有细碎麦秸的泥土制成或用砂缸的缸体改造而成的可以移动的简易的锅灶等,卧具中的高架床及踏床、软床子、三叠床)等,坐具中的坐床子一种坐具、蒲团,灯具中罩子灯、提灯、汽灯等、长明灯,储具中的囤、折子、笆斗等,另外还有喂牲口的“石槽”、罗面用的罗箱、洗脸用的木制盆架等等。

1.3 农工百艺中许多有价值的东西已很难见到

1.3.1 农事中用牲口犁地、耙地、耩地、耩地、拉粪、打场等,用人拉耩子耩地、手工收割庄稼、镂红片子是用礤床将红薯礤成片,以利晾晒等等,如果不是我们刻意地去搜集甚至花钱让一些有经验的老农去做,这些传统的农事技艺的确很难见到。

1.3.2 农具中的马车、牛车、铡刀、木犁子、双铧犁、耙、石磙及磅石、耩子、木制的水车、吹粮食使净的风车等等，有的根本看不到踪影，有的被冷落在庭院的某一个角落或被抛到荒郊野外任凭风吹雨打，有的已被一些饭店收购作为食客的观品……

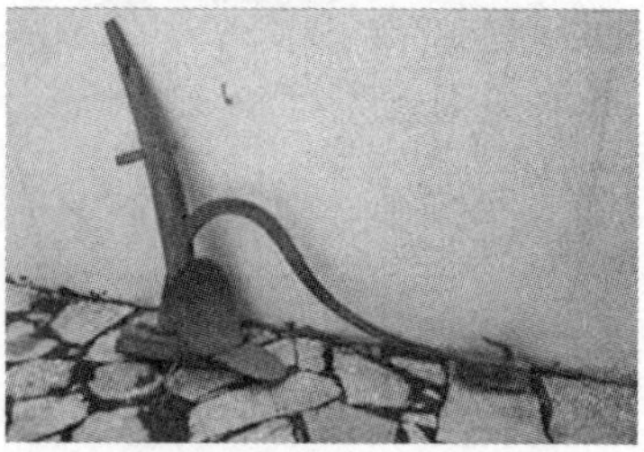

1.3.3 手工艺中的烧窑、纳鞋底、用弓锤弹棉花、用纺车纺线、用织布机手工织布、吹糖人、编簸箕、编耙子、编席篓子、巴碗箍漏锅等等，这些传统的民间手工艺，目前我们能看到的已经不多了。

1.3.4 其他行业中的烧石灰、打猎、用推网子推鱼、用拉网子拉鱼、用鱼鹰捕鱼、用罩笽鱼、剃木顶子等也同样很难见到，原因是多方面的，有的因为环境污染问题，有的因为和国家的政策相悖，有的是新陈代谢，有的是后继无人……

1.4 婚丧嫁娶等传统文化礼仪渐趋消亡

1.4.1 淮北地区传统的婚俗形式如媒人介绍、定日子、哭嫁、饿嫁、新郎骑马新娘坐轿、跨火盆及过马鞍、用秤挑红盖头、开脸即用两根红线去除脸上的绒毛,让脸蛋看起来更光滑一些,意为嫁出去的女儿从此长大成人嫁为人妇等等有一定的保存,但也不常见了。但滚床、抱鸡、在婚床被褥上撒红枣花生桂圆莲子寓意早生贵子、在婚床被褥下压棉柴寓意多子多孙以及婚后的回门、接 18 天等习俗被保留了下来。

在淮北农村,人们思想中仍存留着严重的“重男轻女”的思想,生男孩被认为是延续家族“香火”的事情,如果谁家没有男孩,则被认为是断了“香火”,也常常被人看不起和欺负。因此从婚礼开始,这种思想就表现得很明显,如婚礼前找本家的男孩“滚床”就是如此。娶亲前一天,男方铺好喜床后会找个本家四五岁健康活泼、模样俊秀的小男孩,放到喜床上蹦跳滚动一番,更有甚者,会叫小男孩在新床上浇一泡尿,叫作“滚床”,亦称“童子压床”,讲究点的最好是两个孩子,本地人认为男孩“滚床”后,新娘子婚后就会生白胖的男孩。另外,男方家会给“滚床”的小孩一定的“滚床”钱,多少不定。

1.4.2 淮北的丧礼则较多地沿袭了一些传统礼俗,如丧礼期间子孙们要披麻戴孝,墓地的选择要讲究风水等。另外还有报丧、设灵位、守孝、担金银挑子、摆供品、扎社火、跪棚、迎孝/谢孝、摔老盆[$\text{ʂu ɛ}^{21}\text{lɔ}^{44}\text{p}^{h}\text{ẽ}^{44}$]、抬活、抱哀老棍子哭丧棍、打幡[$\text{t}^{h}\text{ a}^{24}\text{fæ̃}^{213}$]等习俗也被不同程度保留下来了。但由于政府推行火葬,入殓、走奠等传统殡葬形式也逐渐消失。

需要说明是,上述丧葬礼仪在城市里多被省略或遗忘,这也许是城乡一种差别吧!

1.5 民间艺术形式及种类越来越单薄

淮北的民间曲艺戏剧较多，如淮北大鼓、泗州戏、坠子、过街落子、花鼓戏、琴书等。这些颇具地方色彩的传统民间曲艺，许多表演程式都是从当地农民的日常生活中模拟提炼而成的，无论是情节扣人的大气唱腔还是幽默诙谐的花腔小调，都充满了浓郁的生活气息，但目前看无论是形式还是种类都渐趋减少。除了被列入安徽省非物质文化遗产的淮北大鼓外，像泗州戏、坠子、过节落子、花鼓戏、淮北琴书、丝弦传统的民俗形式，都在走下坡路。尤其是坠子、过节落子、丝弦，已很少有人会唱了，大有灭种之势啊！

这里要着重说的是泗州戏，从它传入淮北至今已有二百多年的历史了，是由民间说唱发展起来的比较典型的板腔体唱腔剧种。尤其是女声唱腔，尾音翻高八度，委婉尽致、动人心魄，被群众誉为有拉魂的魅力，故有“拉魂腔”之称。濉溪农村流传着这样的歌谣：“拉魂腔，拉魂腔，不怕你不来，就怕我不唱。”泗州戏可以说是当地人生活的一部分，通常每个人都能哼几句。过去在一些婚丧喜事上，在节庆假日里依然能看到人们搭起班子，唱起泗州戏，而濉溪县过去就有泗州戏剧团，可见泗州戏是很受本地人喜爱的。可现代社会讲究的是经济效益，文艺形式多迎合城市人的欣赏口味，而往往忽略了广大农民的审美情趣，这应该引起人们的反思。

三、淮北方言文化的抢救与保存

2.1 地方政府的文化部门应组织专家学者调查研究

地方政府应该依托科研院所（如阜阳师范大学的皖北文化研究中心），并组织专家学者进行系统调查研究，这样能使淮北方言文化得以充分的保护。

2.2 建立淮北方言文化民俗馆。

可以由市文化部门牵头，建立市、县、镇、村四级方言文化民俗馆。如现在已建立了淮北市杜集区榴园村民俗馆、濉溪县五沟镇民俗馆。

2.3 定期开展淮北民俗文化节活动，弘扬淮北方言文化艺术。

这一点濉溪县临涣镇搞得较好，到目前为止，已开展了三届濉溪县临涣文化节，内容丰富，包括曲艺戏曲文化、酱菜文化、茶文化、饮食文化、农艺文化等。这对保护淮北方言文化是具有积极作用的。

2.4 编辑淮北方言文化图册

目前我们已经编写了《濉溪方言文化典藏》图册，在此基础上，我们准备扩大范围，对淮北地区（指淮北市的三区一县）的方言文化进行全方位调查，争取编一本《淮北方言文化典藏》图册。

2.5 建立方言文化数据库

这项工作我们将参照曹志云教授的《中国方言文化典藏调查手册》所设项目，从房屋建筑、日常用具、服饰、饮食、农工百艺、日常活动、婚育丧葬、节日、说唱表演等几个方面建立框架，在调查的基础上，进行淮北方言文化的数据库建设。

2.6 建议地方教育部门将淮北方言文化融入日常教学活动中，如体育课可以开展一些传统游戏活动，音乐课可以教授一些基本的地方曲艺，美术手工课可以尝试把传统的民间技艺融入其中。

四、结语

淮北方言文化的调查研究能够丰富中国方言文化资源，将那些近乎濒危的文化材料搜集整理出来，无疑是功在千秋的大好事。著名人类学家弗雷泽说："一切理论都是暂时的，唯有事实的总汇才具有永久的价值……"淮北方言文化的调查研究对"事实的汇总"无疑是相当重要的。

皖北濉溪方言本字考

濉溪县位于安徽省北部，东、西、南、北分别与宿州、河南永城、蒙城和怀远、淮北市烈山区为邻。按《中国语言地图集》的分区，濉溪属中原官话郑曹片[①]。笔者在对濉溪方言的调查研究过程中，遇到了一些口语词在书面上不甚明了的情况，于是便开展了对若干本字的考证工作。

所谓"本字"是指与口语中的"字"音义相合的"本来的字"，考本字一般是考求某个方言词在宋代以前的文献中的字形、字义、字音，主要以宋代韵书《广韵》《集韵》及宋以前、宋以后典籍为依据。它要求古代音韵里的声韵

① 中国社会科学院、澳大利亚人文科学院：《中国语言地图集》，香港朗文出版（远东）有限公司1987年版，B3-官话之三。

调均与方言声韵调相一致,有时不一致应视为例外[①]。

濉溪方言考本字的成果不多,据目前我们掌握的材料,徐红梅、郭辉等从皖北方言词汇与古代汉语比较的角度,粗略地介绍了淮北方言中的古代汉语词汇,但主要限于描写[②];叶太青在考证阜阳话若干方言词本字时,也从比较的角度涉及濉溪方言的些许本字,没有深入分析[③]。本文从考镜源流的角度,选择现在仍然活跃于濉溪方言中的口语词进行本字的考释,以期引起学界的重视。

【嬔】[fæ⁵³]禽鸟下蛋。字同"娩"。先秦遗语。《说文·女部》[④]:"嬔,生子齐均也。"本义是生子多而素质均匀。引申为繁殖。《玉篇·女部》:"娩,孚万切。产娩也。"《广韵》[⑤]:"愿韵芳万切,~,嬔息也。"唐玄应《一切经音义》卷九:"今中国谓蕃息为嬔息。"而后词义范围缩小,专指禽类生蛋。元曹明善《沉醉东风·村居》曲:"嬔弹鸡,和根菜。"清蒲松龄《蓬莱宴》第一回:"燕子头上去嬔蛋。"濉溪方言中鸡下蛋称"嬔蛋"。如:"俺的老草鸡母鸡到处乱蹦,想找地方嬔蛋。"

【垺】[pu⁴⁴] 扬尘:~土杠烟。《广韵》没韵蒲没切:"尘起。"濉溪话"~"又有浮尘之意。如:路上都是~土|弄得俺一身都是~土。唐五代文献"~土"作词用,指尘土。邢向东报道了陕西神木话有"~土"的说法[⑥],音义与濉溪均相合。

【饽】[pu⁴⁴] 面~,擀面时撒的干面:擀面叶子着(zhāng)放点儿面~。|案板上都是面~|她沾了一手面~。《广韵》没韵蒲没切:"饽,面~。"

【醭】[pu⁴⁴] 食物上的霉菌:馍长霉~了。|醋上有一层霉~。《广韵》屋韵普木切:"醋生白~。"

【褡】[ta²¹³] ①把棉被、褥子等横盖在身上:他歪在那来睡着了,给他~个褥子。②在棉被上再加盖衣服等:把小袄子棉袄~他被上。|被上再~个

① 孙立新:《陕西方言漫话》,中国社会出版社2004年版,第2—4页。

② 参见徐红梅:《皖北方言词汇研究》,暨南大学2003年;郭辉、孙杰军、徐红梅:《淮北方言中的古汉语词》,《淮北职业技术学院学报》,2010年第6期,第95—98页。

③ 叶太青:《皖北方言阜阳话若干方言词本字考》,《阜阳师范学院学报·哲社版》,2010年第2期,第17—20页。

④ 转引自徐中舒主编《汉语大字典》,湖北辞书出版社、四川辞书出版社,1992年第1版。下文引用的《一切经音义》《玉篇》《广雅》《后汉书》等文献同此。

⑤ 凤凰出版传媒集团、江苏教育出版社,2005年第2版,下同。

⑥ 邢向东:《神木方言研究》,中华书局2002年版,第250页。

大衣。《广韵》合韵都合切："横～小被。"《集韵》合韵德合切："被横谓之～，一曰衣敝。"①

【摸】[mu⁴⁴]～娄：摩挲，用手抚摩：～娄头。｜～娄肚皮。《广韵》模韵莫胡切："以手摸也。"

【豚】[ɕi⁵³]胡卢～子：喉管。《广韵》荠韵胡计切："喉脉。"

【嗽】[ʂu⁵³]（shù）含吸；吮吸：～冰棒。《集韵》烛韵输玉切："吸也，吮也。"

【戽】[xuə²⁴]倒掉：～水｜～恶洒子垃圾。《集韵》姥韵火五切："～，舟中渫水器。"

【殕】[u²⁴]食物因不通气而长白毛。如：夏天馍蒸多了，吃不完容易～。｜～酱豆子。《广韵》麌韵芳武切，"食上生白毛。"《集韵》麌韵斐父切："物败生白也。"

【捋】[ly²¹³]阴平。用手握住条状物向一端滑动：～胳膊卷袖子。｜～菜叶子。｜～洋槐花。《集韵》入声没韵勒没切："持也。"《玉篇》："捽也，捋也。""捋"尽管也有此义，但"捋"《广韵》入声末韵郎括切，又《集韵》入声薛韵龙辍切，二音与濉溪音均不合。"捋胡子"之"捋"，濉溪念 ly²⁴，上声。

【穞】[ly²⁴]　野生也。《广韵》语韵力举切："自生稻也。"《玉篇·禾部》："～，自生稻。" 也作"旅""稆"。《集韵》语韵两举切："～，禾自生。通作旅。"《后汉书·献帝纪》："尚书郎以下自出采稆。"今濉溪方言"穞"既可称物，也可称人，可见意义范围扩大了。例如："这棵大麦是～的。｜这孩子是～的，有人将生无人管。"

【滤】[ly⁵³]　用凉水浸；按顺序粗略地看：面条子搁放凉水来～～。｜人到的差不离了，你再～一遍。《集韵》御韵良拒切："洗也，澄也。"

【菸】[y⁵³]　蛀蚀：木头～了。《集韵》御韵依拒切："蔫～败也。"

【跊】[ma²¹³]　走（过）；越（过）：恁咋老是～门过哎？｜～过天津，就是北京了。《集韵》入声末韵莫葛切："行过也。"

【斾】[fa⁴⁴]　舂米：把黍子搁碓窝子来放石臼里～～｜～稻枪子稻子。《广韵》月韵房越切："舂米。"

【屎】[sa²¹³]　楔子：板头板凳腿乱活动，加个木～就好了。《广韵》狎韵

---

① 上海古籍出版社出版，1985 年 1 版，下同。

所甲切:“薄～。”《集韵》洽韵色洽切:“从后～也。”又侧洽切:“楔也。”

【诀】[tɕyə^{44}] 咒骂。例如:这孩子就肯～人。｜这几个娘们儿～人无上牙。《韵会小补》:“～,怒诃也。”《川剧喜剧集・荷珠记》:“为人心不黑,死了无人～。”据苏晓青报道,江苏徐州这种说法较普遍,举例是:“胡～乱骂。｜瞎骂胡～。｜这个娘们儿整天～。”书证是《徐州十三韵》伍和韵嚼:“骂人曰～。”①孙立新也指出,陕西有些地方骂人为“诀人”,西安等处读阳平,西府读阴平②。徐州、陕西和濉溪话相比,音义均合。

【茁】[tʂa^{213}]长出:小孩～牙了。《广韵》黠韵邹滑切:“草初生。”

【差】[tʂʰa^{53}]失常;走调:他唱～调了。《集韵》祃韵楚嫁切:“异也。”

【煆】[xa^{213}] ①热气灼烫:掀锅注意点,热气别～着脸。②热敷:手肿了,用热手巾～～。《广韵》麻韵许加切:“火气猛也。”

【厊】[ia^{44}] ①挪(动):把床头柜往那～～。②使漏(缝):把锅盖子～点缝,就不淤因沸腾而溢出了。《集韵》麻韵牛加切:“厊,不齐。”

【撮】[tʂʰua^{24}]抢夺。我的钱夹子叫他～走了。《集韵》蟹韵初买切:“指取物也。”

【苶】[miɛ^{44}]精神不振:我今个～不拉的,不好受。《广韵》帖韵奴协切:“病劣貌。”

【趆】[liɛ^{53}]退让;避开:前边的人～开。｜你老是～着俺干啥?｜站那来给死的呢,来也不知道～～。《集韵》马韵力者切:“身不就貌。”

【攞】[tʂuɛ^{53}]拉:他喷正给人吵架来呢,快把他～回来。《集韵》怪韵仕坏切:“拉也。”现在濉溪方言中,“攞”还有提携、提拔的意思,如:“俺孩子跟恁干,恁可甭忘了～俺一把吭。”

【搋】[tʂʰuɛ^{213}]①以手用力压和揉:～面。②用拳头击(人):他～俺一皮锤拳头。《广韵》佳韵丑佳切:“以拳加人。”

【䃀】[tʂʰuɛ^{53}]捣;舂:把稻壳子稻子～～。｜把小米子搁碓窝子来放石臼子里～～。《广韵》泰韵七外切:“小舂也。”

【写】[ɕiɛ^{24}]～酒:倒酒、斟酒。《广韵》上声马韵,悉姐切。《说文》:“置物也。从宀舄声。”本义为移放,转移。《礼记・曲礼上》:“御食于君,君赐

① 苏晓青:《江苏北部地区方言俗字的考察》,《方言》,2004年第2期,第189—192页。

② 孙立新:《陕西方言漫话》,中国社会出版社2004年版,第14页。

余，器之溉者不～，其余皆～。”郑玄注：“～者，传已器中乃食之也。”唐孔颖达疏：“谓倒传之也。”《说文》段注：“～，去此注彼也。”《释名·释书契》“到～”毕沅疏证：“到～，犹以此器之物传写于他器也。”［清］姜宸英《湛园札记》卷二：“吾乡俗以斟酒为～酒。”

【操】［$tʂ^hɔ^{213}$］（手或铲子等）伸到货物的底部翻动：着用手～～粮食。｜快～～菜，别炒糊了。《集韵》平声肴韵初交切：“《说文》：叉取也。”

【熇】［$k^hɔ^{53}$］烘烤：肉太肥了，搁放锅来里～～油。《集韵》去声号韵，口到切：“熇也。”

【潲】［$ʂɔ^{53}$］①（雨或雪）斜着降下来：窗梃子窗户～雨了。②洒：往花上～点水。《广韵》效韵所教切：“豕食。又雨溅也。”

【敹】［$liɔ^{44}$］粗略缝缀：裤腿脚炸裂开线了，给我～几针。｜口袋划个口子，恁给俺～～。《广韵》平声萧韵，落萧切：“择也。”义不合。但《尚书·周书·费誓》：“善～乃甲胄”郑玄注“～，谓穿彻之。”孔颖达《尚书正义·疏》：“郑云～谓穿彻之，谓甲绳有断绝，当使～理穿治之。”《重校增补五方元音》獒韵雷母平声下：“～，缝缀。”

【乔】［$tɕ^hiɔ^{44}$］木板变形，扭曲不平：太阳一晒，这几块板子都～了。《广韵》平声宵韵，举乔切：“《尔雅》云句如羽乔，郭璞曰树枝曲卷，似鸟毛羽。”《广韵》又巨娇切：“高也，《说文》曰高而曲也。”濉溪声母读 q，合巨娇切。

【葤】［$tʂəu^{53}$］量词，捆：一～子碗。《广韵》有韵除柳切：“裹也。”

【秿】［p^hu^{213}］把草、麦子、豆棵整理成小堆：麦～子。｜豆～子。《广韵》平声模韵博模切：“～，割禾治～。”

【糗】［$tɕ^hiəu^{24}$］①面块等干硬缩小：馒头～了。②团在一起：头发都～成一个大蛋子了，还不洗。《广韵》有韵去久切：“干饭屑也。”

【拌】［$pæ̃^{24}$］扔弃：馍不吃就～了吧。《方言》卷十：“～，弃也，楚凡挥弃物谓之～。”《广雅·释诂一》：“～，弃也。”《广韵》上声缓韵，蒲旱切：“弃也。”徐州、宿州、阜阳及河南的洛阳等话的“拌”均有“扔、丢弃”义，这与濉溪话是一致的。

【鞔】［$mæ̃^{44}$］动词，蒙：～鞋底。｜～鞋帮子。｜～鞋口。《广韵》平声桓韵，母官切：“～，～鞋履。”章炳麟《新方言·六》：“今人谓以革补履面为～鞋。”《一切经音义》引《仓颉篇》：“覆也。”《说文》：“～，履空也。从革免声。”徐锴注曰：“履空，犹言履也。”《广韵》入声觉韵，苦角切：“皮甲。”可知“～”

由本来的名词义引申为今方言中常用的动词义。今濉溪话“~”有“缝”的意思了,如“~鞋口”即为缝鞋口之意,可见词义又有所引申。

【唵】[$næ̃^{24}$]把手里粒状或粉末状的东西塞进嘴里:~把炒面。《广韵》上声感韵乌感切:“手进食也。”~,古影母,濉溪今读 n 声母,例外。

【黵】[$tʂæ̃^{53}$]①污染:他~了一腿屎。②奸污:他女人叫人~了。《集韵》琰韵止染切:“黑污也。”

【谜】[$t^huæ̃^{44}$]哄;骗:说话别~人家。《集韵》缓韵土缓切:“言惑。”

【剶】(𠟭)[$suæ̃^{53}$]砍、削:~树枝子。《广韵》平声仙韵丑缘切:“去木枝也。”潘悟云校:“‘彖’上原作‘彐’。”可知“剶、𠟭”实为一字。𠟭:《集韵》平声仙韵荀缘切:“削也。”《广雅·释诂》:“~,剔也。”王念孙疏证:“~者,《玉篇》:去枝也。”贾思勰《齐民要术·栽树》“崔实曰:正月尽,二月可~树枝。”濉溪话又有“割”义,如:“~块肉。”

【缓】[$k^huæ̃^{24}$/$k^huæ̃^{213}$]推延:恁别急,~几天俺就还恁钱。《集韵》宽韵苦缓切:“舒也。”

【嚬】[$p^hiẽ^{44}$]絮叨烦人:他整天~嘴多舌,《广韵》真韵符真切:“多言。”

【谝】[$p^hiæ̃^{24}$]吹嘘;夸耀;显示:他整天~自己家有钱的很,一说捐款,他一分不拿。|他真能~。|就你~能。《广韵》上声狝韵符蹇切:“巧言。”《集韵》上声狝韵俾缅切:“巧言。”《说文解字》:“便巧言也。”《字汇》:“巧言也。”

【渳】[$miẽ^{24}$]嘴唇轻沾碗或杯子,略微喝一点:别喝太多,少~点。《广韵》上声纸韵绵婢切:“水貌,说文也。”《说文》水部“饮歃也”,段注:“杜子春读~为泯。”歃,歃血,即古人盟会时,微饮牲血,或含于口中,或涂于口旁,以示信守誓言的诚意。“饮歃”联用释“~”,可见“~”本有“微饮”义。《广雅·释诂》:“~,饮也。”王念孙《疏证》:“今俗语犹谓尝酒为泯矣。”“~”通常写作“抿”,《集韵》上声准韵美陨切,“抿,抚也,摹也”,义不合。

【踳】[$t^huẽ^{24}$]在床铺或田地里踏行:床将将刚刚铺好,别~乱了。|将下过雨,地里不能乱~。《集韵》狠韵佗恨切:“踏也。”

【埨】[$luẽ^{24}$]垄,土埂:沟~子。|地~子。《集韵》上声准韵缕尹切:“垄土或从田。”

【攮】[$naŋ^{24}$]动词,刺:一刀子~死你。|小~子匕首。《集韵》上声讲韵匿讲切:“撞也、刺也。”今濉溪话又有“吃”的意思,一般用于拂意的祈使句

中,如:“恁几个孩羔子还不快来~饭。”

【让】[ʐaŋ^{24}]批评;责备:不听话叫老师~你。|这孩子该~。|俺老爷爷把俺~的给啥呢。《广韵》漾韵人样切:“责让。”

【纕】[ʐaŋ^{24}]棉~子:去籽后弹成的棉絮。《集韵》上声养韵汝两切:“丝棼也。”

【搑】[uəŋ^{24}]推:你给俺在后头~一下架车子板车。《广韵》上声肿韵而陇切:“推擣貌也。”《集韵》肿韵乳勇切:“说文推擣也。”“~”,濉溪话今又读[ʐuŋ^{24}],今读零声母不合演变规律,但此现象在濉溪话中也非“~”一例。如:依濉溪话古今声母演变规律,通摄合口三等影喻母舒声字,声母均与日母字合流,今都读[ʐ]声母合口韵。古上声肿韵余陇切的“蛹”字应当和“拥勇涌”等字一样读成 róng,但濉溪将“蛹”字也读成了零声母,如:蚕蛹子[tsæ̃^{44}uəŋ^{24}tsʅ^{0}]。我们认为,通合三以母的“蛹”字,濉溪今读零声母,应当是在该字与日母字合流后,像“搑”等个别字一样,发生了特殊的变化,读成了零声母。而不应当是中古以母直接演变成今零声母的,否则,“蛹”读合口呼韵母就不好解释。另外“蛹”字在“蛄蛹蠕动”[ku^{44}nuŋ^{0}]一词中读 n 声母,也可说明“蛹”字是由以母转入了日母,因为日母和泥母的关系密切,而以母读 n 声母较难解释。

【擩】[ʐu^{24}]伸入,塞进:把火腿肠~嘴来去。|手~进裤裆来里。|你不吃甭乱~。《集韵》遇韵儒遇切:“手进物也。”

综上可见,濉溪方言的本字主要有以下几个特点:一是多为口语中的谓词和体词,因为这些词所反映的内容和人们的生活关系较直接;二是不仅在《方言》《说文解字》《广韵》《集韵》等古代典籍中能找到其来源,而且在近代汉语文献中也有用例,这反映了它的存古现象及其历时继承性;三是在周边方言和中原官话及晋语的某些方言片也有相同或相近的用例,这既反映了它的共时分布,也可以看出语言接触的印迹。

淮北方言本字考

淮北[①]市位于安徽省北部,东、西、南、北分别与宿州、河南永城、蒙城和怀远、萧县为邻。按《中国语言地图集》的分区,淮北属中原官话郑曹片[②]。淮北话是笔者的母语,本文材料是在笔者调查的基础上,参考了时贤的研究成果,并查阅古代文献而得。本文考析的淮北话的本字只是我们掌握到的一部分,并非穷尽性列举。

邢向东认为,方言学中考本字的工作其实就是在挖掘方言词语的历史,给方言词在汉语词汇史上定位[③]。考本字一般是考求某个方言词在宋代以前的文献中的字形、字义、字音(笔者认为),主要以宋代韵书《广韵》《集韵》及宋以前、宋以后典籍为依据。孙立新指出,方言本字的考证要求古代音韵里的声韵调均与方言声韵调相一致,有时不一致应视为例外[④]。

本文先写出本字,其后用国际音标注音,接着写出意思,并举出淮北方言的例子印证,最后进行考证。有些字的考证采用了不同方言间的相互比较和印证的方法。

【滗】[pi^{53}] 用篦子等挡住渣滓或水中泡着的东西,把液体倒出来:~住石灰渣子。|~住豆子。《广韵》质韵鄙密切:“去渣。”同“潷”,《玉篇》:“潷,笮去汁也。”

【脖】[pu^{44}] 肚脐:小孩的~脐眼儿露出来咾(了),别受凉吭。《广韵》没韵蒲没切:“胦脐。”据孙立新考察,陕西旬邑叫脖(pú)脐眼儿窑,西府有些地方读“部”,也有读“薄”的,他认为都源于蒲没切。这和淮北话“脖 pu^{44}”的音义是相合的。

---

① 本文的淮北是指淮北市,包括淮北市区及下辖的相山区、杜集区、烈山区和濉溪县。

② 中国社会科学院、澳大利亚人文科学院:《中国语言地图集》,香港朗文出版(远东)有限公司1987年版,B3-官话之三。

③ 邢向东:《神木方言研究》,中华书局2002年版,第250页。

④ 孙立新:《陕西方言漫话》,中国社会出版社2004年版,第2—4页。

【破】[p^hi^{24}] 折断:把树杈子~下来。|~树枝子。《广韵》纸韵匹靡切:“枝折。”

【破】[p^hi^{213}] ①(竹、木等)裂开或有裂纹:竹竿~咾。②(嗓子)嘶哑;变声:嗓子~咾。③(生气的)程度深:气~咾。《广韵》支韵敷羈切:“器破而未离。”

【恣】[$tsɿ^{53}$] ~儿:舒服,惬意:风一吹真~儿家伙。《广韵》去声至韵,资四切:“纵也。”《五音集韵》千恣切:“音趑。~睢自得貌。”《现代汉语词典》:“~:zì②〈方〉(~儿)舒服;自在(zì·zai):~的很。”[①]今徐州方言也有此说法,如:吃得透恣。|玩的真恣儿。例中“恣儿”即“舒服”[②],与淮北话音义皆同。

【奘】[$tʂuaŋ^{24}$]粗,大,整,与“碎”相对:~柴火好烧锅,碎的不好烧。|草铡得太~咾了。《广韵》上声荡韵徂朗切:“大也。”又徂浪切,《说文》:“~,驵大也。”普通话读[$tsaŋ^{51}$]音,是中古音的沿承。但一般见于和尚名“玄奘”。《现代汉语词典》:“奘 zhuǎng,<方>粗而大:身高腰~。|这棵树很~。”方言读 tʂ 声母,当另有来源。“奘”表粗大义,还见于陕西话,音义与淮北话相合[③]。

【治】[$ts^hɿ^{44}$]~鱼:刮鳞去腮,摘除鱼内脏。《广韵》平声之韵直之切:“理也。”《说文·刀部》:“魝,楚人谓~鱼也。从刀从鱼。读若锲。”王锳(2001)《唐宋笔记汇释》:“治鱼,刮鱼鳞、剖鱼腹。”[④]~,古庄组崇母。淮北话有少量古庄组三等字今读 ts 组声母,如“阻滓邹皱(庄母)骤(崇母)”读 ts。《乐府诗选·清商曲辞·华山畿》之四:“开门枕水渚,三刀~一鱼。”“~鱼”一词广见于汉语其他方言,例如:河北盐山[$tʂ^hʅ$ 阳平[⑤]],1916 年《盐山新志》:“~鱼,剖鱼也。~读若池。”徐州、曲阜、济宁均有“~鱼”一词,“~”均读[$tʂ^hʅ$ 阳平];安徽、合肥、含山、阜阳,江苏南京、扬州、镇江等地“~鱼”之“~”读[$tʂ^hʅ$ 阳平];《湖南通志》:“楚俗以二月祭饮食曰魝,楚人谓~鱼也。”南昌 $ts^hɿ^{24}$~鱼(刮鳞剖腹去内脏)。据叶太青(2010)[7]17-20 考证,“~鱼”一

① 中国社会科学院语言研究所词典编辑室:《现代汉语词典》(增补本),商务印书馆 2002 年版,第 167 页。

② 李申:《徐州方言志》,语文出版社 1985 年版,第 171 页。

③ 孙立新:《陕西方言漫话》,中国社会出版社 2004 年版,第 14 页。

④ 王锳《唐宋笔记汇释》,中华书局 2001 年版,第 235 页。

⑤ 本该用发圈法记调类,因排版不便,改用汉字记写,下同。

词最早的记载见于《晏子春秋》。《晏子春秋·内篇》:"此譬之犹自～鱼鳖者也,取其腥臊而已。"他认为,"治"有"理"义,"理"含有"治理、处理"的意思。"治鱼"就是在烹饪之前把鱼处理干净,二者意义相同①。但据笔者掌握的材料,在《晏子春秋》中,"治"也可用于其他动物,如《晏子春秋·内篇·谏下》第二十三:"景公走狗死……趣庖治狗,以会朝属。"②这种用法还存于客家话和闽语中:客家话"治"可用于宰杀一切家禽家畜,闽语连"杀人"的[t^hai^2]也用"治"了③。而淮北话中没有"治狗、治鸡、治人"的说法,这说明淮北话的词义范围缩小了。

【女】[mi^{24}]淮北话称母猫为"mi^{24}猫"。王福堂结合北部官话区对母猫的称呼及用字,指出 mi 音是"女"的音变④。在西宁等方言里 ni、ny 等音节的字多有读 m 声母的,如"泥尼"[mi 阳平];"女"[mi 上声];"逆腻"[mi 去声]等。淮北话称公猫为郎猫,也可旁证"[mi^{24}]猫"即为"女猫"⑤。

【扚】[ti^{44}] 拽;拔:～蒜薹。|～耳朵。《广韵》锡韵都历切:"引也。"

【聜】[ti^{24}]耳中之脓。如:小时候害耳～子来(把)耳朵害聋咾。《广韵》荠韵都礼切:"耳脓"。

【埻】[pu^{44}]扬尘:～土杠烟。《广韵》没韵蒲没切:"尘起。"淮北话"～"又有浮尘之意。如:路上都是～土。唐五代文献"～土"作词用,指尘土。邢向东报道了陕西神木话有"～土"的说法⑥,音义与淮北均相合。

【诀】[$tɕyɛ^{44}$] 咒骂。例如:这孩子就肯～人。|这几个娘们儿～人无上牙。《广韵》入声屑韵古穴切。《韵会小补》:"～,怒诃也。"《川剧喜剧集·荷珠记》:"为人心不黑,死了无人～。"据苏晓青报道,江苏徐州这种说法较普遍,举例是:"胡～乱骂|瞎骂胡～|这个娘们儿整天～。"书证是《徐州十三韵》伍和韵(嚼):"骂人曰～。"⑦孙立新也指出,陕西有些地方骂人为"诀

① 叶太青:《皖北方言阜阳话若干方言词本字考》,《阜阳师范学院学报·社会科学版》,2010年第2期,第17—20页。

② 转引自徐红梅(2003)的用例。

③ 客家话和闽语的材料取自于叶太青博士(2010)的文章。见叶太青:《皖北方言阜阳话若干方言词本字考》,《阜阳师范学院学报·社会科学版》,2010年第2期,第17—20页。

④ 王福堂:《方言本字考证说略》,《方言》,2003年第4期,第289—298页。

⑤ 王旭东:《淮北方言语音研究》,西安外国语大学,2007年。

⑥ 邢向东:《神木方言研究》,中华书局2002年版,第250页。

⑦ 苏晓青:《江苏北部地区方言俗字的考察》,《方言》,2004年第2期,第189—192页。

人”，西安等处读阳平①，宝鸡一带读阴平。徐州、陕西和淮北话相比，音义密合。

【棘针】[kə^{44}tʂẽ^{0}]荆棘：~扎人真疼家伙。｜草棵子上都是~。《说文·朿部》：“棘，小枣丛生者。”段注：“此言小枣，则上文谓常枣可知。小枣树丛生。今亦在有之。未成则为棘而不实，已成则为枣。”《方言》卷三：“凡草木刺人……江湘之间为之棘。”郭璞注：“亦通语耳。”棘针正是指酸枣、枣树以及类似的乔、灌木的刺。棘，《广韵》纪力切。淮北话文读[tɕiŋ^{213}]，白读保留舌根音，未腭化②。淮北人今写作“圪针”。

【⿰角卓】[nuə^{213}]两手或单手用力握、攥：~死一条长虫蛇。｜~面筋。《广韵》觉韵女觉切：“握也。”

【挼】[uə^{213}]①用力使弯曲：用铁条（铁丝）~个弹弓。｜~个铁环。②折：~断。《集韵》戈韵乌和切：“手萦也。”邢向东在分析陕西神木方言的古语词“挼”时，指出了和上述相同的用法③；孙立新（2013）在《陕西方言本字集考》一文中，指出：“‘挼’音窝，俗作‘窝’。使挺直的东西变曲：拿铁丝~个弹弓架子。”④这和淮北话音义均一致。

【冚】[kʰæ̃^{24}]盖：菜不吃咾了，用个碗~好。｜用锅帽子把盆~上，防止蝇子爬。不见于《广韵》《集韵》等韵书，但为今方言常用词。《汉语大字典》：“~，方言。盖。《中山方言记》：‘~盅，有盖的盅。’”又如：番禺 khɐm^{35}，~住：捂住，盖住。广州 hɐm^{22}，~盅：带盖的瓦罐或瓷碗。四川仁寿 kʰaŋ^{53}，~鱼：罩鱼、捕鱼。~，也常见于皖中江淮官话。

【谜】[tʰuæ̃^{44}] 哄；骗：说话别~人家。《集韵》缓韵土缓切：“言惑。”

【糠】[kʰaŋ^{213}]萝卜因失去水分而中空：辣萝卜~咾了。｜买二斤三月~（一种在每年三月可食的小萝卜）。《广韵》平声唐韵苦冈切。段玉裁《说文解字注》：“~之言空也。”孙立新指出：~音“康”。萝卜空心叫作“~心”：~心萝卜难吃得很⑤。和淮北音义皆同。

【剶】（**剶**）[suæ̃^{53}] 砍、削：~树枝子。｜~木顶子（顶针）。《广韵》平声

---

① 孙立新：《陕西方言漫话》，中国社会出版社 2004 年版，第 14 页；孙立新：《陕西历史博物馆馆刊·陕西方言本字集考》，三秦出版社 2013 年版，第 289—301 页。

② 邢向东：《神木方言研究》，中华书局 2002 年版，第 252 页。

③ 邢向东：《神木方言研究》，中华书局 2002 年版，第 237 页。

④ 孙立新：《陕西历史博物馆馆刊·陕西方言本字集考》，三秦出版社 2013 年版，第 298—310 页。

⑤ 同上。

仙韵,丑缘切,“去木枝也。”潘悟云校:“‘彖’上原作‘彐’。”可知“剶、𠞊”实为一字。𠞊:《集韵》平声仙韵,荀缘切:“削也。”《广雅·释诂》:“~,剔也。”王念孙疏证:“~者,《玉篇》:去枝也。”贾思勰《齐民要术·栽树》:“崔实曰:正月尽,二月可~树枝。”淮北话又有“割”义,如:“~块肉。”

【缓】[k^huæ̃^{213}] 推延:恁别急,~几天俺就还恁钱。《集韵》宽韵苦缓切:“舒也。”

【燣】[læ̃^{24}]微炒:把白菜搁锅来(锅里)~~。《广韵》平声覃韵卢含切。《集韵》:“~,热也,炒也。”孙立新认为:~音“兰”。炒(少量的菜或臊子等):~菜|~肉|~臊子|~豆腐|~些韭菜①。这与淮北音义基本相合。

【嚬】[p^hiẽ^{44}] 絮叨烦人:他整天~嘴多舌。《广韵》真韵符真切:“多言。”

【渳】[miẽ^{24}] 嘴唇轻沾碗或杯子,略微喝一点:别喝太多,少~点。《广韵》上声纸韵绵婢切:“水貌,说文也。”《说文·水部》:“饮歃也。”段注:“杜子春读~为泯。”歃,歃血,即古人盟会时,微饮牲血,或含于口中,或涂于口旁,以示信守誓言的诚意。“饮歃”联用释“~”,可见“~”本有“微饮”义。《广雅·释诂》:“~,饮也。”王念孙《疏证》:“今俗语犹谓尝酒为泯矣。”“~”通常写作“抿”,《集韵》上声准韵美陨切:“抿,抚也,摹也。”义不合。孙立新指出:渳音“敏”。少量地饮酒:你先~一口酒再说②。这和淮北音义皆合。

【埨】[luẽ^{24}]垄,土埂:沟~子。|地~子。《集韵》上声准韵缕尹切:“垄土或从田。”

【䈬】[p^hu^{213}] 把草、麦子、豆棵等整理成小堆:麦~子。|豆~子。《广韵》平声模韵博模切:“~,刈禾治~。”孙立新也指出:䈬音“扑”。把草、麦草、禾秆等整成可以多抱的堆叫作“打~~”③。这和淮北音义相同。

【攮】[naŋ^{24}]动词,刺:一刀子~死你。|小~子匕首。《集韵》上声讲韵匿讲切:“撞也、刺也。”今淮北话又有“吃”的意思,一般用于拂意的祈使句中,如:“恁几个孩羔子还不快来~饭!|覅~恁么(这么)快,慢点吃!”

【擩】[ʐu^{24}] 伸入,塞进:把火腿肠~嘴来去。|手~进裤裆来。《集韵》遇韵儒遇切:“手进物也。”

---

① 同上。
② 同上。
③ 同上。

【让】[ʐaŋ[24]] 批评;责备:不听话叫老师~你。|这孩子该~。《广韵》漾韵人样切:"责让。"

【菢】[pɔ[53]]孵:~小鸡儿。|鸡~窝。《广韵》去声号韵薄报切:"~,鸟伏(孵)卵也。"孙立新指出:菢音"抱"。孵:~鸡娃儿|(农谚)鸡~鸡,二十一(21天);鸭~鸭,二十八(28天)①。这也是与淮北音义完全相同的。

【纕】[ʐaŋ[24]]棉~子:去籽后弹成的棉絮。《集韵》上声养韵汝两切:"丝棼也。"

【争】[tʂeŋ[213]]欠,差(缺少):他~俺的钱都几年个小舅子咾来不还|天天天来没有个笑脸,就给~他二分钱的映|恁买车还~多少钱来,不够俺借给恁。孙立新认为,"争"的本义为"引"(许慎《说文·爪部》:"争,引也。"),并说:"从繁体'爭'字看,上边是'爪'(即手),下边是'又'(也是手)和上下两个'丿'(这是'曳'字)。徐铉在注中认为:'曳之,争之道也。'可见,'曳、争'义同,即为'引'。由此看来,甲方之'爪',乙方之'又',同时相曳,'争斗'便是'争'的本义。能争者,便是为所差所欠之物而争,否则便让,因而'争'字引申为'差、欠'义就顺理成章了。"②从汉语史的角度,孙先生认为,"争"的"差、欠"义最晚在唐代就有了,到了宋、元、明各朝代也有所继承和发展。例如:唐代杜荀鹤《自遣》诗:"百年身后一丘土,贫富高低争几多?"其中"争几多"就是"差多少"。宋代杨万里《舟中夜坐》诗:"与月隔一篷,去天争半篷。"其中"争"是"差"的意思。元代王实甫《西厢记》杂剧第三本第二折:"争些儿把你娘拖犯。"这句是红娘唱词,义即"差点儿连累了我"。

【牙】[ia[44]]~猪:公猪;~狗:公狗。《本草纲目·兽部·豕》:"牡曰豭、曰牙。"清代西崖《谈征·名部下·牙猪》:"牙猪,'牙'即'豭'之转音也。"孙立新指出,牙西安读作 yá,关中其他方言点读作 niá。公狗叫作"牙狗",公猪叫作"牙猪"(种公猪叫作"脚猪")③。这和淮北的读音虽然有些不同(可以看作例外现象),但意义是完全相同的。

【将】[tɕiaŋ[213]] 动词,兽类生子:~羊羔。|牛~咾。|老叫驴~的(詈语)。《广韵》平声阳韵即良切:"送也,行也,大也,助也。"音合义似不合。《汉语大字典》(1992 版缩印本):"将(jiāng)16 方言:兽类生仔。'……又不

① 同上。
② 同上。
③ 同上。

能~羔。’”[1]《现代汉语词典》：“将 jiāng<方>(牲畜)繁殖；生：~羔。”《汉字源流字典》：“将，读 jiāng……方言指畜类生仔：~羔｜~犊。”[2]“将”会意兼形声字。从字形上可知“将”的本义当为奉献祭享。甲骨文皆从鼎，从肉，爿声，会从鼎中取肉奉享之义。《诗经·周颂》：“我将我享，维羊维牛，维天其右之。”奉献祭享的物品是牛羊等牲品，这与方言中“将”的繁殖义只能指畜类是吻合的。“将”从本义奉献祭享引申出“养息”义，(如“将养，将息”)，那么引申出“生，繁殖义”也是合理的。因为“生”“养”二义密切相关，且常连用。如淮北方言骂人的语词中就有“有人~无人养”的说法。畜类生子曰[tɕiaŋ 阴平]，在皖北中原官话区较普遍，徐红梅认为：“关于人和动物生殖的词语，在皖北按照不同的对象使用不同的动词……牲畜类一般说‘姜(~小狗、~小牛)’。”据淮北乡下话分尖团该字读同“将”[tsiaŋ 阴平]而非“姜”[tɕiaŋ 阴平]，可知“姜”为暂代字，二者实为一词[3]。用字不同只是方言语音分尖团与否的体现。该词语的本字为“将”。张光宇先生把皖北中原官话霍邱方言“姜小牛，姜小狗”(即生小牛，生小狗)中的暂代字“姜”视为来历不明的语言质素，从而将其列入汉语方言的共同脱轨现象[4]，看来似可商榷。

【住】[tʂu^{53}] 停，停止。(雨)~点儿咾。|嫑打咾，快~手。《广韵》去声遇韵持遇切：“~，止也。”晋代潘岳《射雉赋》云：“清道而行，择地而住。”唐代李白《早发白帝城》诗云：“两岸猿声啼不住，轻舟已过万重山。”宋代辛弃疾《摸鱼儿》云：“更谁劝啼莺声住。”又辛弃疾《贺新郎》云：“更那堪鹧鸪声住，杜鹃声切。”[5]孙立新指出：~音仍为住。停，停止：雨~咾|你~手[6]。可见音义与淮北也是一致的。

【踅磨】[ɕyə^{44}/suə^{44}muə^{0}](在某地)转来转去；寻觅：他给这来~好几天咾。｜一来到家就~好吃的。《集韵》薛韵似绝切：“踅，旋倒也。”像围着磨那样转来转去。这种说法和陕西神木话是一致的。

---

① 汉语大字典编纂委员会：《汉语大字典》(缩印本)，湖北辞书出版社、四川辞书出版社 1995 年版，第 994 页。

② 谷衍奎编：《汉字源流字典》，华夏出版社 2004 年版，第 168 页。

③ 徐红梅：《皖北方言词汇与普通话词汇差异初探》，《阜阳师范学院学报·社科版》，2004 年第 4 期，第 49—52 页。

④ 张光宇：《共同保留共同创新与共同脱轨》，《语言研究》，2006 年第 2 期，第 14—21 页。

⑤ 以上晋、唐、宋代的例子转引自孙立新(2013)的文章。

⑥ 孙立新：《陕西历史博物馆馆刊·陕西方言本字集考》，三秦出版社 2013 年版，第 289—301 页。

综上可知,淮北方言的本字主要有以下几个特点:一是多为口语中的谓词和体词,因为这些词所反映的内容和人们的生活关系较直接;二是不仅在《方言》《说文解字》《广韵》《集韵》等古代典籍中能找到其来源,而且在近代汉语文献中也有用例,这反映了它的存古现象及其历时继承性;三是在周边方言和中原官话及晋语的某些方言片也有相同或相近的用例,这既反映了它的共时分布,也可以看出语言接触的印迹[①]。

淮北方言漫话

一、历史沿革

夏商时期,市境属徐州。公元前21世纪,助禹治水有功而成为商部落首领契的孙子,商汤十一世祖相土为进一步向东扩张、由商丘迁移至此,作为别都,此后山即为相山,城即为相城。商汤伐桀,灭夏建商,相城仍属徐州所辖。周武王伐纣更商分封诸侯,以纣王兄微子启代殷,立国号宋,相属宋。公元前588年至公元前576年期间,宋共公瑕为避水患,曾将国都由睢阳(今商丘)迁至相城。战国时期(前286),齐、楚、魏灭宋,相归楚国。秦始皇二十二年(前225)在相城和今临涣镇分设相县、铚县,同属泗水郡,相城为郡治所在地。

汉高祖四年(前203)改泗水郡为沛郡,郡治仍在相城。汉武帝元狩六年(前117),在今北山乡梧南、梧北村西山河西设梧县,属沛郡,改梧县吾治。汉宣帝地节元年(前69),梧县改属彭城郡,后改属楚国。王莽篡汉后,尽易天下郡县名,改相县为吾符亭,沛郡改为吾符郡。东汉建武二十年(44)改沛郡为沛国,国都仍在相城。梧县先后改属楚国、彭城郡国。三国时,相城属魏,相县和铚县先后属汝阴郡,归豫州。梧县仍属彭城郡国。

西晋太康二年(281),复置沛国,建都相县。东晋皇室南渡,相县先后归

① 郭辉、王旭东:《皖北濉溪方言本字考》,《安庆师范学院学报(社会科学版)》,2013年第4期,第8—11页。

赵、前燕,归属屡有更易。梧县先后属后赵、前燕、前秦的彭城郡。太元八年(384),梧县没再恢复。南北朝时,相县先后归属宋、北魏、北齐,属徐州沛郡。北齐天保七年(556),废相县为相城乡,属符离县,铚县归梁时改为临涣县,北魏时改为涣北县,北齐时复称临涣县。

唐朝,市境分属徐州之萧县,宿州之符离县、临涣县、蕲县。相地渐趋衰落,成为边远闭塞之地相城孜。

民国元年(1912),市境分属安徽省宿县和江苏省萧县。

1948 年 11 月,市境解放。1949 年 6 月,市境分属华东局皖北行政公署宿县和萧县。1953 年 2 月,市境分属濉溪县和萧县[①]。

1958 年 5 月,淮北煤矿筹备处成立。1960 年 4 月,建立濉溪市。1971 年 4 月,更为淮北市。1977 年 2 月,宿州地区所辖濉溪县划归淮北市管辖。现淮北市辖相山区、杜集区、烈山区和濉溪县。

二、淮北方言的特点

根据《中国语言地图集》的分区,淮北属于中原官话郑曹片[②]。

以下采用同普通话相比较的方法来反映淮北方言的特点。这里的“淮北方言”是指淮北市区及下辖的三区一县(相山区、烈山区、杜集区和濉溪县)的方言。文章中的材料基本上是笔者调查而得,有的也参考了时贤的研究成果。

本文例句中本字不明的写同音字,写不出同音字的用“口”代替,因排版不便,采用国际音标和汉语拼音通融的方法标音。

2.1 语音特点

2.1.1 声韵调分析[③]

声母有 23 个(包括零声母在内),比普通话多一个舌根浊擦音 ɣ。韵母有 37 个(包括自成音节的 ng、er),比普通话少 o 和 iog 两个。声调有四个(轻声在外),淮北话声调的调类和普通话一致,但调值不同。对应规律是(前为普通话的调值和调类,后为淮北话的调值和调类):阴平 55——阴平 213、阳平 35——阳平 44、上声 214——上声 24、去声 51——去声 53。

---

① 濉溪县地方志编纂委员会:《濉溪县志》,上海社会科学院出版社 1989 年版。

② 中国社会科学院、澳大利亚人文科学院:《中国语言地图集》,香港朗文出版(远东)有限公司 1987 年版。

③ 下文中声母、韵母除特殊情况外,均用汉语拼音标注,声调用调值上标标注。

2.1.1.1 声母特点

①今读塞音、塞擦音的古全浊声母字，跟北京话一样，其中平声字多读送气的清音；仄声字多读不送气的清音。值得指出的是“特”字的读音：在常用词“特意”（故意）中该字读为[$te^{44}i^{53}$]。“特”为中古曾开一入声德韵定母字，淮北读不送气声母、阳平，符合语音发展演变的规律。北京话读[$t^{h}e^{51}i^{51}$]，声母、声调则皆属例外。

②中古知、庄组字，今北京大多读 zh、ch、sh，有少量的庄组字和知组澄母字读[ts ts^{h} s]；淮北情况跟北京大致相同。但在《方言调查字表》庄组和澄母，今北京读[ts ts^{h} s]的 31 字中，淮北除“阻、洒、淄、滓、搜、馊、飕、搜、邹、簪、篡”11 字也读[ts ts^{h} s]，“辎、俟、参、差、岑、啬”6 字暂未见用例故读音不明外，其余 14 字老派仍为 zh、ch、sh；新派有的字产生文白异读。具体情况如下：“责、侧”为庄母，“策”至“测”为初母，“所”至“缩”为生母，“择、泽”为澄母①。

③中古章组书母字，今北京一律读 sh 声母；淮北则是绝大部分读 sh，老派个别字读为 ch，还有个别字在特定词语中读为 r。新派则产生文白异读。文读为 sh，白读同老派。比较如下：

	暑	鼠	深	伸	束~腰	舒~适	输~钱
北京	shu^{214}	shu^{214}	$shen^{55}$	$shen^{55}$	shu^{51}	shu^{55}	shu^{55}
淮北$_{老派}$	chu^{44}	shu^{24}	$chen^{213}$	$chen^{213}$	chu^{213}	ru^{44}	ru^{213}
淮北$_{新派}$	shu^{44}	shu^{24}	$shen^{213}$	$shen^{213}$	shu^{213}	shu^{213}	shu^{213}

④没有鼻辅音韵尾[n]。中古咸、山、深、臻四摄的舒声字，北京话读作前鼻尾韵母[ani an uan üan]和[en in uen ün]；淮北话读作鼻化元音韵母。例如：

安 an^{213} | 烟 ian^{213} | 关 $guan^{213}$ | 圆 $üan^{44}$ | 恩 en^{213} | 因 in^{213} | 昏 hun^{213} | 云 $ün^{44}$。

2.1.1.2 韵母的特点

①中古果摄合口一等戈韵见、晓组字，北京读 uo、e 两类韵母；淮北话老派大都读作 uo；新派已有部分字读为 e 韵母，个别字产生文白异读，文读 e，白读 uo。比较如下：

---

① 中国社会科学院语言研究所：《方言调查字表》（修订本），商务印书馆 2002 年版。

	科颗蝌稞	课	和~平禾	棵
北京	ke^{44}	ke^{51}	he^{35}	ke^{55}
淮北老	kuo^{213}	kuo^{53}	huo^{44}	kuo^{213}
淮北新	ke^{213}	ke^{53}	he^{44}	kuo^{213}/ke^{213}

②中古假摄开口三等麻韵章组字，今北京读 e 韵母，淮北有部分字在个别词语中白读为 a 韵母。例如：蛇青~白~sha^{44}｜扯白~cha^{24}｜蔗甘~zha^{24}。

③今北京读 u 韵母的中古遇摄合口三等鱼、虞两韵的庄组字，淮北话则有部分读 uo 韵母。此外，中古遇合一模韵精母字“做”，北京今读 uo 韵母，淮北则读 u 韵母。两类情况举例如下：（“初、锄、梳”为遇合三鱼韵，“数”为遇合三虞韵，“做”遇合一模韵）

	初	锄	梳	数动词	数名词	做
北京	chu^{44}	chu^{35}	shu^{55}	shu^{214}	shu^{51}	zuo^{51}
淮北	$chuo^{213}$	$chuo^{44}$	$shuo^{213}$	$shuo^{24}$	$shuo^{53}$	zuo^{53}

④今北京读［uo］韵母的中古曾合一德韵字、梗合二麦韵字，淮北话老派均读［ue］韵母，新派则读［uə］韵母。

	国曾合一、德	或惑曾合一、德	帼梗合二、麦	获梗合二、麦
北京	guo^{35}	huo^{51}	guo^{35}	huo^{51}
老派	gui^{213}	hui^{24}	gui^{213}	hui^{24}
新派	guo^{213}	huo^{53}	guo^{213}	huo^{53}

2.1.1.3 声调的特点

没有入声。古入声字的分派规律是：清声母与次浊声母的大都归阴平；全浊声母的归入阳平。与北京话不尽相同。例外字如下：

① 清声母归阳平：逼笔必毕摘戳鹄佛察急咳劫胁别区~给掘著衣~作凿祝隙。

清声母归上声：叔撒瘪卜饺眨嘱乙迫魄的目~。

清声母归去声：壁愓妾泄忆亿咽。

下列清声母入声字，在淮北话中很少听到，调类归属暂不清楚：“倔郁鬱泣讫恰陟啬穑梏酷迄谡亵飒萨葺碧璧曝瀑忒弗绂嫡辄琢笃郝索窃窒赫臆。”

还需指出的是：因避讳，凡清入字，今声韵为 pi 的，皆不读阴平。如：逼笔必毕 pi^{24}｜壁 pi^{53}

② 全浊归阴平：突叶夕涉辑复。全浊归上声：获惑。全浊归去声：鹤画

剧续。

“屐核弼枥弋翼淑泊掷”等口语少见，声调暂不明朗。

③ 次浊归去声：没觅幕历歷玉跃易液育栗易肉拽以母次浊归上声：抹涂~。

次浊归阳平：膜译役疫

“寞鄂逸溺”声调暂不明。

2.1.2 语音变化

2.1.2.1 分音。即把一个字分成两个音节来说。如：渣-支拉｜吊-滴拉｜提-敌拉。

2.1.2.2 弱化与脱落。如：葡萄 p^hu^{44}tao (<t^hao)｜舌头 she^{44} · tou (<t^hou^{44})｜屋里 u^{213-21} · lai (<li^{24})｜说落 $shuo^{24}$ · la (<luo^{213})。

2.1.2.3 连读变调。如：

阴平+阴平(213-24)+213：北京、当兵、烧鸡

阴平+阳平(213-21)+44：高楼｜一年｜科学

阴平+上声(213-21)+24：伸手｜开水｜喝酒

阴平+去声(213-21)+53：黑路｜吃饭｜高兴

阴平+轻声(213-21)+·｜：木头｜金子｜热闹

2.2 词汇特点

2.2.1 音节差异

有些词在淮北方言中是单音节的，而在普通话中是双音节的①。例如：

眼—眼睛｜牙—牙齿｜理—理睬｜面—面粉｜姜—生姜｜麦—小麦｜管—教训｜谷—谷子｜稻—稻子｜皮—顽皮｜锹—铁锹｜桃—桃子｜枣—枣子｜闪—闪电｜巴—巴望｜想—心想｜搁—搁下｜毒—毒辣。

有些词在淮北方言中是双音节的，在普通话中却是单音节的。如：

疤拉—疤｜冰留—冰｜抠刺—抠｜梦子—场｜油漆名—漆｜捆子动—捆。

有些词在淮北方言中是多音节的(三音节及其以上)，而在普通话中却是双音节的。如：

羊羔子—羊羔｜鼻梁子—鼻梁｜被单子—被单｜辣椒子—辣椒｜骗子手—骗子｜眼屎毛—睫毛｜眼珠子—眼珠｜鱼尿巴—鱼鳔｜鸡屎包子—鸡

① 郭辉：《淮北方言词汇特点举要》，《淮北职业技术学院学报》，2009年第4期。

胃｜指盖(子)—指甲｜晌午顶上—晌午｜一大清早起来—早晨。

2.2.2 加不加“子”缀而形成的差异

加不加词缀“子”而形成的差异，又可分两种情况：淮北话不加“子”，而普通话加“子”；淮北话加“子”而普通话不加“子”，以后者居多。例如：

2.2.2.1 淮北话不加“子”而普通话加“子”。如：

瓶—瓶子｜车—车子｜麦—麦子｜凿—凿子｜锯—锯子｜钻—钻子｜杯—杯子｜铲—铲子｜鞋—鞋子｜席—席子｜绳—绳子｜靶—靶子｜锤—锤子｜钉—钉子。

2.2.2.2 淮北话加“子”而普通话不加“子”。这又可以分为两类：

① 在普通话的基础上直接加子。如：

酱油—酱油子｜下巴—下巴子｜奶妈—奶妈子｜水管—水管子｜丝瓜—丝瓜子｜书架—书架子｜篱笆—篱笆子｜老婆—老婆子｜水痘—水痘子｜小猪—小猪子｜面条—面条子

② 部分改变或完全改变普通话词的书写形式后加“子”[①]。如：

蝙蝠—憋乎子｜扫帚—条把子｜芦苇—苇子｜短褂—褂衩子｜剪刀—剪子｜热水袋—水焐子｜拖鞋—鞋趿子｜指甲—手盖子｜巴掌—耳巴子｜苍蝇—蝇子｜蛔蛔—蚰子。

2.2.3 构词理据差异

词的理据就是语言中表示事物、现象、观念的词的构成依据，就是一个词用这样的语素而不是那样的语素来构造的道理和依据[②]。客观事物和现象都有自己的突出特征。这些特征往往会给人以深刻的印象，或者特别引人注意，如形状、属性、声音、颜色、用途、来源等。因此人们在给这样的事物现象命名时，首先选择能突出其特征的方面，作为命名的根据、理由。这样，同一种事物或现象在不同的方言中往往会形成不同的词形。淮北方言和普通话词汇因构词理据不同而形成的差异有如下类型。

2.2.3.1 比喻构词

比喻构词是利用事物之间的相似性去命名的构词方式，它有不同的形式。例如：

---

① 郭辉：《皖北濉溪方言的“子”尾词》，《方言》，2007 年第 3 期。

② 张斌主编：《现代汉语专题》，中央广播电视大学出版社 2008 年版。

词语	释义
麻秆	比喻人瘦得像麻秆一样。
半瓶子醋	比喻人的知识就像只有半瓶醋一样少。
死眼珠子	比喻人没有眼色。也说成死眼皮。
屙滑屎	比喻干活偷懒的人。
伸不开腰	比喻受人欺负。
茄子棵	比喻歪门邪道。
盐粒子	比喻像盐粒子样的冰晶。
罗锅腰	比喻驼背者。
老母鸡窝	比喻烫过的或蓬乱的头发。是一种贬义戏谑的说法。
鹰头镢	像鹰头一样的长柄的镢头。
琉琉棒	指冰锥,形状像玻璃棒一样。

2.2.3.2 着眼于事物的用途

词语	释义
皮锤	用拳头撞击东西时将拳头叫"皮锤"。
挑子	用于吃饭喝水等的小勺子。
骟猪刀	阉割猪的刀子。
簸箕柳	用来编织簸箕的柳条子。
乱死岗子	用来葬夭折的小孩的地方。
耳焐子	即护耳,用来保护耳朵。
铺盖	用来铺在床上和盖在身上的被褥等。
树栽子	用来栽种的小树苗。

2.2.3.3 着眼于事物的形状、颜色、属性、位置、时间、动态等

词语	释义
砍头螂	即螳螂,身体两侧有两只像大刀状的爪子,像砍头状。
匾食	即饺子,形状为匾形。
稀泥糊子	即烂泥,稀糊糊的状态。
灰星子	细小颗粒状的灰尘。
葱须子	葱的根部状如胡须。
青皮	即鸭蛋,其外壳的颜色多为青色。
菊花心	一种白菜,因菜心像菊花一样黄而得名。

雪皮	颜色像雪一样的头屑。
会过	即节俭，就是会过日子。
恶水	脏水，看了让人恶心。
忘蛋	孵不出小鸡的蛋。
前牙子	即刘海，因位置在额前而得名。
腊菜	即雪里蕻，在腊月里常吃的菜。
扑棱蛾子	即蛾子，强调扑的动作。

2.2.3.4 忌讳与委婉

对有些事物或现象不是直接去称谓，而是用委婉的方式给它们命名，主要因为在心理上忌讳什么，不愿意直接命名。常表现为避凶趋吉，或避俗趋雅。例如：

词语	释义	词语	释义
口条	猪舌头	噎食病	食道癌
有喜	怀孕	耳背	耳聋
不得劲	有病	丢了	（小孩）死
走了	（老人）死	身上来了	来月经
发福	发胖	寿	棺材
打圈子	母猪发情	带羔了	羊怀孕

2.2.3.5 揣测附会式命名

人们对尚不了解或无法解释的事物和现象命名时，常常产生许多神异的揣测，或者用自己已有的经验、知识附会上去，为事物或现象命名[①]。例如：

词语	释义	词语	释义
月朗娘	月亮	贼星	流星
羊羔疯	癫痫	天狗吃月亮	月食
旧历二月二	龙抬头	打摆子/发虐子	疟疾

2.2.3.6 拟声式构词

这是指用事物自身发出的声响给事物命名。例如：

毛咕咕　　布谷鸟

① 徐红梅：《皖北方言词汇研究》，暨南大学语言研究所 2003 年。

呱嗒板儿	①竹板;②木制的拖鞋
喋啦子	蝉。叫的声音喋喋啦啦
打嘭嘭	自由泳。游泳时发出嘭嘭的响声
嘀嘀	小儿语:汽车
放噔儿	放屁。因为放屁时发出"噔噔"的声音而得名
哼哼	①特指猪;②比喻像猪一样懒的人
汪汪	小儿语:狗
咪咪	猫

2.3 语法特点

2.3.1 词法差异

2.3.1.1 语素序不同

这里指的是构词语素完全相同,而顺序不同。例如(前为方言词,后为普通话词):

背脊—脊背｜气力—力气｜味口—口味｜念思—思念｜道地—地道｜欢喜—喜欢｜焰火—火焰｜要紧—紧要｜心狠—狠心｜实诚—诚实。

2.3.1.2 构词词缀不同

现代汉语的构词法主要有复合和派生法两种形式,派生法在方言间存在着明显的差异,传统上根据词缀所在的位置,把其分为前缀、中缀、后缀。这种分类的作用,一是能够反映语言或方言的派生构词法的宏观特点。二是使我们分析时便于称说①。

李小凡根据词缀的作用,把词缀分为成词标记、转类标记、变义标记和衍音标记,淮北方言的词缀上都有不同的表现②。淮北方言的前缀、中缀、后缀构词本人已有专文论述(参见拙作《淮北方言词汇特点举要》,《淮北职业技术学院学报》2009年第4期)。这里只谈前文没有谈及的后缀。

2.3.1.2.1 形容词后缀"胡的"

淮北话中,形容词后加词缀"胡的",构成一种特殊的"形+胡的"式词。例如:圆胡的｜憨胡的｜粗胡的｜黏胡的｜细胡的｜潮胡的｜绿胡的｜酸胡的｜尖胡的｜烫胡的｜热胡的｜冷胡的｜疼胡的｜困胡的｜辣胡的｜黑胡的｜白胡的｜懒胡的｜孬胡的。

---

① 邢向东:《神木方言研究》,中华书局2002年版。

② 李小凡:《苏州方言语法研究》,北京大学出版社1998年版。

语缀“胡的”即可表示赞美、肯定、满意、舒畅等义，具有褒义色彩；又可以表示“埋怨、嗔怪、谴责”等意义，具有贬义色彩。两种情况均有“增势”功能。如a句为褒义，b句为贬义：

①a.她身上香胡的！ b.她身上脏胡的。

②a.这小丫头小女孩俊胡的。b.这丫头丑胡的。

③a.今个儿天的蓝胡的。b.今个儿的天黑胡的。

这种“形容词+胡的”可作主语、谓语、定语、补语，例如：

④胖胡的好看。（作主语）⑤他的脸红胡的。（作谓语）

⑥辣胡的汤好喝。（作定语）⑦他的脸冻得红胡的。（作补语）

2.3.1.2.2 动词后缀“巴”

“巴”是一个全黏着后缀，既具有衍音和成词功能，又具有增义功能。常带有随意、漫不经心的意味[①]，也可重叠使用，但往往有催促、不耐烦之意。

搓巴—搓巴搓巴｜揉巴—揉巴揉巴｜撕巴—撕巴撕巴｜捏巴—捏巴捏巴｜洗巴—洗巴洗巴｜擦巴—擦巴擦巴｜扫巴—扫巴扫巴｜缠巴—缠巴缠巴｜切巴—切巴切巴。

从句法上看，“V巴”和“V巴V巴”能做谓语，不同的是“V巴”不能单独充当谓语，“V巴V巴”可以。试比较：

搓巴	赶快把衣裳搓巴几下。
搓巴搓巴	赶忙把衣裳搓巴搓巴。
揉巴	你连面揉巴几下子。
揉巴揉巴	你连面揉巴揉巴。
捆巴	麦捕子刚割下还没上捆的麦捆巴好了吗？
捆巴捆巴	赶忙把麦捕子捆巴捆巴。

2.3.1.3 重叠构词不同

2.3.1.3.1 重叠式动词

在淮北方言中，重叠式动词比较丰富，以下分成三种形式加以分析。

① VV式

这种形式多为动词性词根语素的重叠，有时也有名词性词根语素的重叠，但已转类了。重叠后有较为明显的描摹性，有“动作短暂”“稍微”等意

---

① 钱曾怡等：《山东方言研究》，齐鲁书社2001年版。

义。如:可可[$ke^{44}ke^{0}$]挪挪|掂掂|摸摸|量量|耙耙~耙地~|翻翻|转转|煸煸|熥熥炕|匀匀~①平均分;②拔多余的苗~|压压|抄抄~①抄写;②翻动~|决决|决起来|鞭鞭~①看看;②反复地炕~

② NVN式

这种形式中N多是名词(有时也可是形容词),V是动词,重叠后的意义表示动作持续时间较短。如:话赶话|眼睁眼|脚撵脚|脚跟脚|手撵手|硬碰硬|实打实。

③V不V不式

这种重叠形式有随便、不精心地干某事或干起来很容易的意思[①]。如:翻不翻不|炒不炒不|撕不撕不|画不画不|揪不揪不|贴不贴不|搓不搓不|捋不捋不。

淮北方言中,这种形式还有"赶快干好算了,不要太认真"或"强调干起来不费难"等意思。如:"赶紧敹~粗略缝缀~不敹不算了,别细针密线缝了。""人家手真巧,几块碎布头子,缝不缝不、对不对不,就能做个小坎夹儿马夹儿。"

2.3.1.3.2 重叠式形容词

①AAA式

三叠式形容词在淮北方言中是较有特色的,附加意义是程度的加深。如:满满满|乖乖乖|亮亮亮|饱儿饱儿饱儿|够儿够儿够儿|慢儿慢儿慢儿|快快快

这类重叠式形容词不管第一个音节的读音如何,第二个音节多读为高平调(44),第三个音节读曲折调(213)。在句子中经常充当状、补语,有时可充当谓语。如:

a.他的茶喝得净净净的。

b.多多多地拿,留着路上吃。

c.天蓝蓝蓝的,真好看!

② 般般A式

例如:般般高|般般大|般般长|般般远|般般平|般般重|般般多|般般快。

"般般"是"一样、一般"的意思,它常放在表长度、重量、速度等形容词

① 李申:《徐州方言的词缀》,《中国语文》,1981年第2期。

前，表示积极意义。在句中常充当谓语、补语。如：

a.他俩长得般般高。

b.他俩般般大。

除了“般般A”式外，还有“冰冰凉、喷喷香、突突叫形容速度快”等其他重叠式形容词，意思和用法同“般般A”式。

2.3.2 句法差异

2.3.2.1“非/非的[ti^0]+V”句式

这种句式中的“非”有“偏、偏要”的意思，“非的”有“一定、必须”之意。它们均是对动作行为的强调。这种句式可以是肯定的，也可以是否定的。如：

①恁不叫俺去，俺非/非的去。　②你叫俺去，俺非/非的不去。

③你想叫天下雨，它非不下雨。　④你不想叫天下雨，它非下雨。

普通话中的“我非走不行”和“我非请假不行”说法，但在淮北话中常常被“我非走”和“我非请假”所取代。我们认为，淮北方言中的这种说法应是“非……(不可)”省略。因为普通话“非……不可”中的“不可”可以用淮北方言词“不管”代替。例如上举各例均可说成：

⑤恁不叫俺去，俺非/非的去不管。　⑥你叫俺去，俺非/非的不去不管。

⑦你想叫天下雨，它非不下雨不管。　⑧你不想叫天下雨，它非下雨不管。

这种情况下，当前一个分句表肯定时，第二个分句很少用“不管”；但当前一个分句表否定时，第二个分句多用“不管”。

2.3.2.2“知不道”句式

即在“知道”一词中间加“不”字，构成“知不道”的说法。这种“知不道”说法存在于中原官话和冀鲁官话的部分地区[①]。例如：

①这事俺知不道。　②俺知不道他是老茄$_{哪一个}$。

③他上哪去我知不道。　④你咋咋$_{怎么}$知不道？

① 参见孟庆惠：《安徽省志·方言志》，方志出版社1997年版，秦崇海：《商丘方言研究》，中国文史出版社2003年版；毋效智：《扶风方言》，新疆大学出版社2005年版；孙立新：《西安方言研究》，西安出版社2007年版。

2.3.2.3 动词拷贝式

这是指一句话中后一个动词是对前一个动词的重复使用,前一个动词后边往往要有宾语。格式为:VO+V+的+C。如:

①他看书看得迷堂儿咾他看书看得入迷了。　②他想家想得老想哭。

③她做菜做得好得很。　④小孩儿吃妈奶吃得白胖胖的。

2.3.2.4 主谓倒装。如:

①热啵天天热吗?　②去看戏哝,俺娘俺娘看戏吗?

③走呗你你走吧?　④倒霉吧,咱爷几个咱们爷儿几个真倒霉!

2.3.2.5 中心语与状语倒装

淮北话中,为了强调状语,经常把状语置于中心语之后。陈述、疑问、祈使、感叹四类句式均可。例如:

①不好剋一点儿一点儿也不好吃。　①你看到他咾哝,将将你刚刚看到他了吗?

③刚家咾都都回家了,你还去哝。　④马回儿你马上还去吗?

淮北方言在语音、词汇、语法方面的特点远不止这些,限于篇幅,我们只能谈到这里了。其细致的内部差异和多层次的语言特征,本人以后将有专文、专著论述。

皖北方言词汇的特点

——兼与西北方言比较

一、引　言

本文的“皖北”主要指安徽省淮河以北地区,包括淮北、宿州、亳州、阜阳、蚌埠五市的全部行政区域,其中蚌埠市是横跨淮河两岸的市。

按《中国语言地图集》(2012)的分区,“皖北”五市除蚌埠市怀远县南部孝仪、马城等14个乡镇属江淮官话洪巢片外,其他均属中原官话区[①]。本文

① 赵日新:《安徽省的汉语方言》,《方言》,2008年第4期,第362页。

描写分析的词汇主要是皖北中原官话一致性较强的词汇，语料主要是笔者田野调查而得，少数语料参考了时彦的研究成果[①]。西北方言的语料主要参考了邢向东、孙立新、黑维强、毋效智、姚亦登、乔全生等学者的研究成果（页码详见下文标注）。

本文采用同普通话与西北方言相比较的方法来反映皖北方言词汇的特点。本文例句中本字不明的写同音字，并在该字的右上方标上“=”。

二、与普通话比较

1.1 从词形方面看

这里的词形是指词的构词形式，诸如“音节结构、构词语素、附加成分”等。

1.1.1 音节数量不同

1.1.1.1 皖北方言有些单音节词，而普通话却是双音节或多音节的。例如（横线“-”前是皖北方言词，后面是普通话词。下同）：

星-星星｜麦-小麦｜咋-怎么｜套-缝制棉被｜侃-胡吹/瞎扯｜面-面粉｜谝-夸耀/炫耀｜米-大米｜扳-甩掉/扔掉｜云-云彩｜袄-棉袄｜杯-茶杯｜熊-训斥｜仿-相像｜脉-棺材｜抠-小气/吝啬。

从以上例子可见，皖北方言中表示事物名称和动作行为的词多为单音节词，普通话却是双音节词。也有少数表示指代和性质的词也是单音节的，普通话却是双音节的。如皖北方言的“咋、抠”，在普通话里分别为“怎么、小气/吝啬”。

1.1.1.2　皖北方言有些双音节词，而普通话有时是单音节的或多音节的。如：

长虫-蛇｜磨牙-小孩之间闹意见/小孩打架｜咋呼-大声喊叫｜光滚⁼-体面/时髦｜

得闲-有空闲时间｜赔释-赔不是｜老犍-阉割后的公牛｜挺湿-非常湿｜侉子-北方人｜黢黑-非常黑｜拿劲-拿架子｜面饽-干面粉｜钻挤-善于投机钻营｜好面-小麦面粉｜噎人-食物不好下咽/喻指说话使人难受｜晒垡/晒垡地-犁好晒一段时间后再种植的土地。

① 参见郭辉：《濉溪方言研究》，安徽教育出版社 2015 年版，第 102—180 页；贾申：《淮北方言》，黄山书社 2011 年版，第 152—263 页；胡利华：《蒙城方言研究》，合肥工业大学出版社 2011 年版，第 179—189 页；徐红梅：《皖北方言词汇研究》（未刊稿），2003 年，第 6—18 页。

1.1.1.3 皖北方言有些多音节词,而普通话有时是双音节的。如:

晚黑来-晚间｜街头起-街口｜周吴郑王-规矩/庄重｜小猪子/猪秧子-猪崽｜羊羔儿疯-癫痫｜鞋趿(拉)子-拖鞋｜年三十儿晚上-除夕｜月姥娘-月亮｜挨傍黑儿-傍晚｜坷垃头子-泥块｜初头莽-勇敢/大胆｜顶尺顶棒-认真/较真。

1.1.2 构词语素有异

1.1.2.1 构词语素完全不同的。例如:

洋胰子-肥皂｜姥娘-外婆｜橛眼-麦粒肿｜胳老拜子-膝盖｜舍得(di)-大方｜蛐子-蝈蝈｜马蛇头子-壁虎｜外人/外头人-丈夫｜家来的-妻子｜冷子-冰雹｜恶飒/恶飒子-垃圾｜琉琉-冰锥｜琉琉珠子-弹球｜跑了-男女私奔｜现鼻子拉(现)眼-献媚/讨好｜踅摸-寻找｜掖(个)熊-算了｜洋憋乎-蝙蝠｜干哕-呕吐｜骚乎头-公羊｜皮锤-拳头｜耳巴子-手掌｜海趴子-河蚌｜曲蟮-蚯蚓

1.1.2.2 构词语素有同有异的。例如:

跑蹦子-跑路｜水羊-母羊｜牤牛-公牛｜叫驴-公驴｜牙猪-公猪｜脚猪-种猪｜牙狗-公狗｜鸣鸭-公鸭｜草鸡-母鸡｜草鸭-母鸭｜郎猫-公猫｜女(mí)猫-母猫｜手指盖子-指甲｜脚底板子-脚掌｜年时-去年｜家后-屋后/庄后｜摆拾-摆弄｜懂头-懂行｜囊气-志气｜胎来(里)坏-很坏｜皮脸-调皮｜一家使-一家伙/一下子｜恁(nèn)些-这些｜外老(爷)-外祖父｜装憨-装傻｜勤理-勤快。

1.1.3 附加成分有异

附加构词法是常见的构词方法,它是由词根和词缀构成,词缀在词根前的叫前缀,在词根后的叫后缀,在中间的叫中缀,这种方法也叫派生构词法。皖北方言的附加成分,有的是与普通话不同的。

1.1.3.1 前缀

1.1.3.1.1 俺

在皖北话口语中,前缀"俺"经常加在亲属称谓词前,"俺"单用时是"我"的意思[1],但在口语中直呼祖父母、父母亲和兄弟姐妹时,"俺"的本义就

① 孟庆惠:《安徽省志·方言志》,方志出版社1997年版,第83页。

不那么清楚了①。如：俺大、俺叔、俺娘、俺哥、俺妹子、俺大娘、俺舅、俺妗子、俺姨、俺姨夫等。在面称中虽然不存在需要辨别“你”或“他”的区别，如：“俺姑，俺奶叫你回家送钱来。”在口语中仍然习惯前加“俺”，而这些亲属称谓中的“俺”已经没有实义，只具有表亲昵、敬重的感情色彩了。其作用与吴语称呼语“阿爸、阿妹”中“阿”前缀起的作用类似②。皖北方言中的“俺”具有这种用法，且有增义和衍音功能③。

1.1.3.1.2 他

在老派皖北方言口语中，有一个附在称谓词前的词缀“他”。“他”本来是一个表第三人称的代词，但在人们见面打招呼时，“他”的指代意义已经虚化，并不是指代某人，只表示尊称，这时的“他”作为一个前缀已没什么问题了。例如：“他大爷、他叔、他婶子、他哥、她妹妹、他姐”等。

那么，代词“他”是如何虚化为前缀的呢？它应该与长辈们当面将对方介绍给自己的晚辈有关：当长辈们和自己的晚辈在一起时，见了人总是打招呼说：“他大娘，恁吃过了吧？｜他哥，恁下地回来了昂？”因为说话人的晚辈就在自己旁边，所以上两例中的“他”是相对于说话者的晚辈来说的，所以此时的“他”还是代词。如果说话人独立一个人见了人打招呼时，上例中的“他”所指已经模糊，久而久之，“他”就虚化为一个表亲昵、尊重等感情色彩的前缀了。

1.1.3.2 后缀

皖北方言口语中，有一个频率极高的通用后缀“子”。“子”缀在普通话中也比较常见，但是皖北方言中的“子”与普通话有所不同的分布和作用。

1.1.3.2.1 名词后缀

1.1.3.2.1.1“子”缀

A.单音节语素+子：

卡[$tɕ^{h}ia^{24}$]子、对子、馆子、料子、单子、身子、端子/聚⁼子（酒提/油提）。

上述例子中的词根语素多是名词性的，少数是动词性的（如“端子/聚⁼子”中的“端、聚”）或形容词性的（如“对子”中的“对”），加“子”后均构成名

---

① 胡利华：《蒙城方言研究》，合肥工业大学出版社2011年版，第189页；郭辉：《濉溪方言研究》，安徽教育出版社2015年版，第192—193页。

② 孟庆惠：《安徽省志·方言志》，方志出版社1997年版，第83页。

③ 郭辉：《濉溪方言研究》，安徽教育出版社2015年版，第192—193页。

词。“子”主要具有变性、变义和成词等作用。

B.双音节语素+子：

a.小鸡子、老头子、肉馅子、线绳子、牙缝子、石子子、嘴唇子、树枝子、洋车子、瓶盖子、肉包子、瓜秧子、豆芽子、柳条子、红褂子。

b.一窖子（萝卜）、一帮子（人）、一道子（血痕）、一条子（烟）、一方子（木头）、一捆子（柴火）、一卷子（纸）、一炷子（香）。

上述 a 组中的词，双音节词根语素大体都是成词的名词性语素，皖北人口语中常带“子”，因此，“子”只具有“衍音功能”。且在普通话中大多读儿尾，在皖北方言中都读为子尾了。b 组中的双音节词根语素都是数量结构，皖北人口语中一些量词后常带“子”，这里的“子”多具有“衍音功能”。

C.多音节语素+子：

嘴巴子、酱瓜子、碓窑子（石臼）、妈头子（乳头）、脚趾盖子（脚趾甲）、额老头子（额头）、头巴子（后脑勺）、孩头子（①小孩；②喻指成年人具有孩子气）、狗狗子（对小孩的昵称）。

这类多音节子尾词中的“子”，有的具有衍音功能（如“酱瓜子”），有的具有成词功能（如“额老头子”），有的具有增义表小作用（如“狗狗子”）。

1.1.3.2.1.2　“头”缀

a.东头、西头、南头、北头。

b.绝户头、拗/拧筋头、难缠头、缠巴头、败乎/坏头、骚乎头。

a 组词根语素都是表方位的成词语素，和词缀“头”结合后组成名词，因为方位词具有名词性，所以“头”只具有衍音功能。b 组都是双音节的谓词性词根语素，它们大多不能自主成词，只有和词缀“头”组合后才能成词，所以词缀“头”具有成词作用；又因“双音节的谓词性词根语素”加“头”后就变为名词了，且拂意色彩增强，所以“头”还具有变性和增势功能。

1.1.3.2.2 动词后缀

1.1.3.2.2.1“乎”缀

a.凑乎（将就）、搅乎（捣乱）、掺乎（介入）、买乎（买账）。

b.迷乎（糊涂）、晕乎（昏乱）、近乎（关系密切）、邪乎（出人意料）、对乎（关系好/相互合作）。

以上例子，a 组都是由单音节动词性的词根语素（成词）加词缀“乎”构成的动词，这里的“乎”只具有“衍音功能”；b 组都是由单音节形容词性词根语素(成词)加词缀"乎"构成的动词,这里的"乎"具有变性增义功能。

1.1.3.2.2.2 "子"缀

拾子(收拾)、合子(抖动/发抖)、收子(收拾)、搂子(用筢子等工具聚拢)。

上述例子中的词根语素都是动词性词根语素,多是自主成词的,加"子"后仍然是动词,"子"主要具有变义、增义[①]和增势功能[②]。

1.1.3.2.2.3 "拉"缀

皖北方言中有些动词性词根语素加"拉"构成双音节动词。例如:

扯拉、漓拉、拨(bū)拉、踏拉、滴拉、刮拉、甩拉。

上例中的动词性词根语素都表一般的动作行为,没有明显的褒贬色彩,但加上后缀"拉"就具有拂意的感情色彩,且程度较深,可见"拉"具有增义增势功能。

另外,由"拉"缀构成的双音节动词可以按照"AABB"式重叠,重叠后第二个音节读轻声,第三、四个音节读平调音 lā,意义上表示反复延长,明显具有增势效果。如"扯扯拉拉、漓漓拉拉、甩甩拉拉"等。

1.2 从意义方面看

这里的意义主要指词汇意义和语法意义。

1.2.1 词汇意义

词汇意义是由概念义(理性意义或主要意义)和色彩义构成[③]。

1.2.1.1 概念义

与普通话相比,皖北方言词汇意义的差异一般表现为义项的多寡不同,也就是词义的广狭不同[④]。例如:

"茶"在普通话中一般指"用茶叶做成的饮料"[⑤],而在皖北话中词义范围要广得多。除了可指一般的茶水外,还可以指用各类食材加水后烧制的汤水,如"小米子茶、烔大麦茶、红(芋)片子、红芋茶、绿豆茶、胡萝卜茶"等等。另外还有"糖茶、鸡蛋茶、面茶、葛根茶、面疙瘩茶"等等。

---

① 李小凡:《苏州方言语法研究》,北京大学出版社 1998 年版,第 121 页。

② 王健:《江苏睢宁话中动词·形容词的"子"尾》,戴昭明主编:《汉语方言语法研究和探索——首届国际汉语方言语法学术研究会论文集》,黑龙江人民出版 2003 年版,第 327—334 页。

③ 黄伯荣、廖序东:《现代汉语(上册)》(增订六版),高等教育出版社 2017 年版,第 216 页。

④ 郭辉:《淮北方言词汇特点举要》,《淮北职业技术学院学报》,2009 年第 4 期,第 48—51 页。

⑤ 中国社会科学院语言研究所词典编辑室:《现代汉语词典》(第 7 版),商务印书馆 2016 年版,第 135 页。

“鼻子”在皖北方言中除了指人的器官外，还有“鼻涕”的意思，词义范围比普通话广，如：擤鼻子、清水鼻子、淌鼻子等。

“嫌”在普通话里指“嫌弃”的意思，皖北话除此之外还有“害怕/怕”之义，这是由“嫌弃”引申而来的。例如：嫌苦、嫌热、嫌孬（害羞）、嫌凉、嫌辣等等。

1.2.1.2 色彩义

色彩义是附着着概念义之上的意义，又称附加义。它和人们说话的语境及思想感情关系密切。包括感情色彩、语体色彩、形象色彩①。例如：

“能”在普通话中有“聪明、有能力”之义，为褒义词。皖北方言除此之外还有“狂傲、张扬、嚣张”之义，为贬义词。例如：就你能得很，老觉着比人家管。｜不能了吧！看叫人骂得吭都不敢吭。｜他就肯说个能话，啥正事都不做。

“种”在普通话里一般是中性词，如物种、人种等。在表示人有气节和骨气时多带褒义，如“打鬼子他真有种”。但在皖北方言中多为贬义，如：杂种、驴种、坏种、孬种等。

皖北方言中，对病死等不吉祥的事象，通常用委婉和避讳的口语来表达。例如，生病常说成：不调乎、不如适、不大得劲、有点难受、不大好过等。小孩夭折说没有了、丢了。老人去世说走了、老了、咽气了、过去了、西游了、上天了。婚事多说成“红事”，丧事一般称作“白事”，鸭蛋叫作“青皮”，等等。

1.2. 2 语法意义

这里的语法意义主要是指方言中有些词语与普通话词语在词性上具有不同的兼类以及组合能力等。

1.2. 2.1 词的兼类

“能”在皖北方言中是一个高频词，可以用作名词、动词、形容词。例如：

作名词：这孩子真有能儿，啥事都难不住他。｜这人没啥能儿，老实巴交的。

作动词：他能开大货车。（助动词）｜他在俺跟前一点儿都不敢能，怕俺。（行为动词）

---

① 黄伯荣、廖序东：《现代汉语》（增订六版），高等教育出版社 2017 年版，第 214—215 页。

作形容词:这孩子才能来,学啥会啥。|他现今比以前能了,离了咱也能活了。

“肉”在普通话里是名词,皖北话除此之外,还可以作动词、形容词,有动作、性子迟钝、缓慢之义。例如:还肉在哪来(里)弄啥哎!|这孩子可真肉,你叫他十句八句都不动。

“白”在普通话里作形容词、副词,如:白颜色、白干。皖北方言除此之外,还可以作动词,有亏待、对不起、无酬劳之义。例如:恁(nén)几个只要好好干,俺不能白着恁。

1.2. 2.2 词的组合能力

“管”在皖北方言中是一个用途比普通话宽得多的词,它除了《现代汉语词典(七版)》中用作动词的六个义项外,还有“能干、有能耐、行、可以、该”的意思,如:恁男人真管家伙,一块地半天就刨好了。|恁家两个孩子可真管,一齐都考上清华大学了。|麦都黄了,过两天就管割了。|都五点(17点)了,管接孩子了。

普通话里跟“卖”相对的“买”的意思,在皖北方言中由于购进的东西不同,所用的动词也不同。例如“买酒/油”可以说“打酒/油”“装酒/油”“灌酒/油”,“买肉”可以说成“割肉”“剁(suàn)肉”“砍肉”“制肉”“称肉”,“买布”可以说成“撕布”“扯布”“截布”。

普通话表示“杀”的意思,在皖北方言中有时由于杀的对象不同,所用的动词也不同。例如“杀鸽子”说成“捏鸽子”“闷鸽子”。“杀鱼”说成“治(cī)鱼”。

1.3 从来源方面看

这里的来源主要指古来源。目前,皖北方言中还保留着普通话不使用的古语词。例如(“-”前是皖北方言词,后边是普通话词):揔-①抓、挠②盛取|茁(zhǎ)-长|戽(huó)-倒掉|稆-野生|褯子-小孩尿布|哕-呕吐。

三、与西北方言比较

本文选取邢向东《神木方言研究》①、孙立新《西安方言研究》②、孙立新《关中方言语法研究》③、黑维强《绥德方言调查研究》④、毋效智《扶风方言》⑤、姚亦

① 邢向东:《神木方言研究》,中华书局2002年版,第339—410页。

② 孙立新:《西安方言研究》,西安出版社2007年版,第117—151页。

③ 孙立新:《关中方言语法研究》,中国社会科学出版社2013年版,第89—92页。

④ 黑维强:《绥德方言调查研究》,北京师范大学出版社2016年版,第215—268页。

⑤ 毋效智:《扶风方言》,新疆大学出版社2005年版,第110—161页。

登《潼关方言》[①]、乔全生《晋方言语法研究》[②]等学者著作中的方言词为依据，从“同名同实、异名同实、同形异指、构词不同”几个方面进行比较。

2.1 同名同实

即词语的名称相同所指事物也相同的方言词，在此方面皖北方言与以上西北方言各方言点有很多相同之处。例如：

神木：天河、扫帚星、打闪、好天（晴天）、冷子（冰雹）、土疙瘩、洋灰、往年、大年三十、正月十五、五月端午、小晌午、拾粪（积肥）、推磨、韭黄、萝卜缨子……

西安：炸雷（很突然声音很大的雷）、冷子（冰雹）、露水、洋灰、恶水（泔水）、炉渣、吸铁石、老坟、八月十五、夜个儿（昨天）、骡马、叫驴、草驴、郎猫、女猫……

绥德：太阳地、扫帚星、旋风、云彩、雨点子、鹅毛大雪、碱地、沙地、河沿、小年、腊八、成天、才刚、拾粪（积肥）、上粪（施肥）、磨道、扁豆、菢窝鸡、大爷（伯父）……

扶风：冷子（冰雹）、年时（去年）、大尽（大月）、沙土地、攒粪（积肥）、竹筢子、摊/翻/扬场、庵子（为看庄家在田间临时搭起的棚）、洋柿子、牙狗/猪、菢窝鸡、官路……

潼关：天河、打雷、盐粒子（雪珠）、下霜、菜地、山地、发大水、水泥瓦、赶集、年时、大后年、撒粪、担水、麦茬、蒜薹、脚猪（种公猪）、洋火（火柴）、大（父亲）……

我们只对以上七部著作中少部分与皖北方言“同名同实”的词作了粗略选例，实际上“同名同实”的词还有很多很多，限于篇幅，不能一一列出。

2.2 异名同实

即方言词语不同，但所指事物是一致的，这是由命名的方式和角度不同所致。例如（“-”前为皖北方言词，后为西北方言词，下同）：

神木：天狗吃太阳-日食｜雨点子-雨点点｜晚黑来-黑地｜黑路（走夜路）-爬夜｜果木（水果的总称）-果子｜骚头（未骟的公羊）-圪羝……

西安：月姥娘-月亮｜喘气子雨（阵雨/雷阵雨）-呼雷白雨｜上雾了-起

① 姚亦登：《潼关方言》，西安出版社2015年版，第122—195页。

② 乔全生：《晋方言语法研究》，商务印书馆2002年版，第102—104页。

雾咧｜对火(生火)-就火｜早午来/头儿(黎明)-鸡起｜小猪子(猪崽)-猪娃儿……

绥德:瓦瓦云(瓦块云)-圪塔云｜守岁-熬年｜架车子(板车)-拉拉车｜化肥(新)-药碱｜棉桃子-棉花圪桃｜小小水/子(麻雀)-雀儿｜连襟-挑担｜牙屎(牙垢)-牙粪……

扶风:太阳/日头-爷婆｜贼星(流星)-贼宿宿｜塘(池塘)-涝池｜钩担(两头有铁钩的扁担)-水担｜棒子/柚黍黍(玉米)-玉麦……

潼关:星(星星)-宿宿｜霞-烧｜天麻似眼儿(凌晨)-鸡起｜耪地(锄地)-搂地/锄地｜恶飒子(垃圾)-恶沙/脏法｜棉桃子(棉桃)-花疙瘩｜棒子/柚黍黍面(玉米面)-番麦面/番面……

2.3 同形异指

即词的书写形式完全相同,但所指对象不同,也就是意思不同。例如:

园子:在皖北方言中指“栅栏”,而在神木方言中“园子”指“水浇地”。｜霉人:皖北方言指“有意使人难堪”,神木方言有两个义项,一是稍有点坏的人,二是带有亲切意味的称呼语,用于叙称。

蒸馍:在皖北方言中指“蒸制馒头一类的食品”,是一个动词;而在西安方言中仅指“馒头”,是一个名词。｜不好:皖北方言“不好”是“坏”的委婉说法,多指人的品行;而西安方言是指“(大人)有病”。

萝卜:在皖北方言中又称“辣萝卜”,是一般萝卜的统称,不包括胡萝卜;而在绥德方言中仅指“胡萝卜”。

夜来:在皖北方言中指“夜里”,而在扶风方言中“夜来”指“昨天”。｜赶早:在皖北方言里指“趁早”的意思,扶风方言却指“清早”。｜红萝卜:皖北方言指“红色的萝卜”,扶风方言却指“胡萝卜”。

2.4 构词有同有异

2.4.1 从构词语素上看,皖北和西北方言意义相同的词,构词语素既有相同的,也有不同的。

2.4.1.1 相同的如:太阳地、天河、云彩、刮风、山地、大尽、打场(以上神木与皖北共有)、炸雷、下雪、冷子、露水、炉渣、白铁、吸铁石、老皇历、阴历年、年时个(以上西安与皖北共有)。

2.4.1.2 不同的如(“-”前为皖北方言词,后为西北方言词):粪池-粪坑、碓窝/窑子-碓臼、杨树-水桐树(以上与神木比)｜洋憋乎(蝙蝠)-夜蝙蝠儿、潮虫-湿湿虫、蝎乎子(壁虎)-蛇夫子(以上与西安比)。

2.4.2 从附加成分上看,皖北和西北方言意义相同的词,附加成分有同有异。以下主要描写分析附加成分相同的情况。

2.4.2.1"子"缀

石头块子、麦穗子、洋柿子、柿饼子、驴驹子、鸡爪子、鸡笼子、胰子、枕头套子、漏勺子(以上神木与皖北共有)|冷子、炭末子、菜园子、打圈子、麦杆子、苫子、小叔子、大姑子、小姨子、茅子、囟门子(以上西安与皖北共有)。

2.4.2.2"儿"缀

大年三十儿、种花儿、案板儿、杏儿、枣儿、梨儿、梅花儿、牛角儿、小门儿、凉席儿、敹边儿、六指儿、背锅儿(以上神木与皖北共有)|雪花儿、走后门儿、上班儿、竹板儿、快板儿、酱油儿、媳妇儿、钢管儿、手套儿(以上西安与皖北共有)|后劲儿、棉裤儿、窟窿儿、葫芦儿、出门儿、将将儿、这会儿(以上绥德与皖北共有)。

黄伯荣、廖序东认为,"儿"缀与"子、头"缀不同,它与词根结合后,已经融为一个音节,并使融合后的词根音节带有卷舌色彩,而"子、头"缀却自成音节。皖北与西北方言的"儿"缀基本如此[①]。但据孙立新报道:"西安、户县等方言点儿尾构成儿化;多数方言点的儿化只是儿化形式在基本韵母后边的简单粘附,如商州、丹凤、洛南、渭南、韩城、咸阳、高陵、武功、兴平、周至;宝鸡一带以及东部合阳等处儿化自成音节……"[②]钱曾怡也报道:"有些方言的后缀'儿'还没有同词根音节融合,而是一个独立的音节。这种'儿尾'在西北官话、西南官话、晋语中都有分布。如山西文水话(晋语并州片)的'马儿[$ma^{423}e^{22-21}$]、树儿[$su^{35}e^{22-53}$]。'"[③]

2.4.2.3"货"缀

赖货、脏货、行货、败家子货、丢人货、缠手货、捣蛋货(以上绥德与皖北共有)|傻货、不要脸(的)货、烧包货、陈货[④]。(以上晋语洪洞与皖北共有。)

"货"是一个詈语后缀,乔全生认为,"货"作为贬义用法来源于贿赂义,后演变为贬义词缀,在近代汉语中已经常见(如《西游记》三十一回:"你这馋

① 黄伯荣、廖序东:《现代汉语(上册)》(增订六版),高等教育出版社2017年版,第208页。
② 孙立新:《关中方言语法研究》,中国社会科学出版社2013年版,第89—92页。
③ 钱曾怡:《汉语官话方言研究》,齐鲁书社2010年版,第390页。
④ 乔全生:《晋方言语法研究》,商务印书馆2002年版,第102—104页。

糠的夯货”。)[1]

詈语后缀“货”在西北和皖北方言中比较常见,它的功能主要是成词、足义和增势作用,有时也有衍音功能。凡是与“货”缀结合的词根语素本身多是表拂意的,加上“货”缀以后,其拂意程度明显加深。

2.5 来源有同有异

皖北方言和西北方言中,都有相当一部分词语是沿用古汉语的,也有的是在和其他方言接触中吸纳和借用过来的。下面主要谈谈两地共同使用来源相同的古语词,这些古语词意义有的两地完全一致,也有的部分一致,但均在我们的研究范围中。同时,也简要说一下借用词。

2.5.1 古语词

这里的古语词是指普通话不使用或者不常用而在皖北和西北方言中仍在使用的古汉语词。例如(以下各条参见孙立新、邢向东的研究专著[2]):

【搲】音挖或瓦,意思“抓”。《集韵》平声麻韵乌瓜切:“~,手捉物。”《集韵》上声马韵乌瓦切:“~,吴俗谓手把物曰~。”目前,皖北和西北方言口语中还在使用,例如:一脸~得给鸡挠的呢。(皖北)|在脸上~了一把;~了一把泥。(神木)|~住石头往上爬。(户县)

需要说明的是,皖北很多地方,“搲”还有“盛取”之义。例如:“~了一大碗丸子。”

【牙】意指“公猪、公狗”,公猪叫“牙猪”,公狗叫“牙狗”。《本草纲目·兽部·豕》:“牡曰豭、曰牙。”清代西崖《谈征·名部下·牙猪》:“牙猪,‘牙’即‘豭’之转音也。”例如:这个是~猪,那个是母猪;他家的~狗就肯叫唤。(皖北)|圈里有两头~猪;这条是~狗。(陕西关中)。但两地的“种公猪”一般不叫“牙猪”,而叫作“脚猪”。

【矬】音昨/搓,意为“矮子”。《广韵》平声戈韵昨禾切。《字汇·矢部》:“~,身短。”陕西关中西部地区,将矮子称作“~子”或“~巴娄”。皖北方言中,“矬”不但可以称个子矮的人,还可以称条状的东西“短”为“矬”,例如“这条绳太矬了,恁么粗的木头捆不住”。

【踒】音窝,意为“脚扭伤”。《广韵》平声戈韵乌禾切。《说文·足部》:

---

① 乔全生:《晋方言语法研究》,商务印书馆2002年版,第102页。

② 孙立新:《陕西历史博物馆馆刊·陕西方言本字集考》,三秦出版社2013年版,第289—301页;邢向东:《神木方言研究》,中华书局2002年版,第234—243页。

"～，足跌也。"皖北和西北方言均指脚踝扭伤，如"他的脚踝～了，肿得给馒头呢"。（皖北）｜不小心把脚～了。（陕西关中）

【渷】音唆，吸吮。《集韵》入声末韵先活切。《说文・水部》："～，吮也。"皖北与西北方言口语中常用，例如：这孩子就喜欢～妈（奶）头子。（皖北）｜～冰棍儿。（陕西关中）

【佮】音割，意思有三：①与人相处，②结成团伙，③联络。《说文・口部》："～，合也。从人，口声。"《广韵》入声合韵古沓切："～，并～，聚也。"《玉篇》："～，合取也。"

在"与人相处"和"结成团伙"两个义项上，皖北和西北方言是一致的。例如：他不～人，给谁都处不来；恁几个～伙剋（对付、整）我。（皖北）｜他～不住人；他俩～帮帮。（陕西关中）但陕西关中地区把"联络"叫作"～络"。

【搉】音缺，意为"打、揍"。《广韵》入声觉韵苦角切："～，击也。"例如："你再骂人我～你。（皖北）｜我非把你～一顿不可！（陕西关中）"两地又可引申为"捣"义，如："～碓（皖北）｜～蒜，～辣子（陕西关中）"。

【[illegible]】音获，意思是"用双手将东西或人左右分开的动作"。《广韵》入声铎韵虚郭切："～，分也。"例如："恁几个把前边的人～开。（皖北）｜把苞谷叶～开往头走。（西安）"

2.5.2 借用词

借用词是指本方言在与其他语言或方言接触过程中吸收来的词语，包括向原住居民的语言借用或向外国语言借用的以及方言形成之后受普通话的制约而借用和受周边方言的影响而借用[1]。例如："把式"这个词，皖北和陕西神木话均指"行家"之义，均是借自于蒙语的"老师"的意思。"毛"在皖北和陕西神木话都有"发怒"之义，它也是借自蒙语的"坏、恶劣"的意思[2]。

---

① 徐红梅：《皖北方言词汇研究》（未刊稿），2003年，第54页。

② 邢向东：《神木方言研究》，中华书局2002年版，第337页。

淮北方言动词及形容词的体

一、引言

淮北市位于安徽省北部，东依宿州市，西邻河南永城，南接蒙城、怀远，北毗萧县和江苏徐州市①。按《中国语言地图集》的分区，淮北属中原官话郑曹片。淮北话是笔者的母语，本文材料是笔者在田野调查的基础上，参考了时贤的研究成果，并查阅近代汉语文献而得。

体貌是一种语法范畴，又称“体、态、时态、动态、情貌、体貌、动相”等等。指凭借一定的语法形式所表示出来的动作进行的情况②。本文采用“体”这一较为通行的称说，主要从句法手段的角度分析淮北方言中动词及少数形容词的完成体、已然体和将然体、进行体、持续体、经历体、起始体、实现体等，并对某些体助词的来源作了些许分析。

二、动词及形容词的体

1.1 完成体

1.1.1 来[$l\varepsilon^0$]③

表示动作的完成，普通话是在动词后面加体助词“了$_1$”④。淮北方言可以用相当于这个“了$_1$”的体助词“来[$l\varepsilon^0$]”。例如：

①俺看来一场戏我看了一场戏。

---

① 本文的淮北市是指淮北市区及下辖的相山区、杜集区、烈山区和濉溪县，按最新的淮北市行政区划图，淮北市杜集区的段园镇与江苏徐州市是接壤的。

② 陈高春主编：《实用汉语语法大辞典》，中国劳动出版社1995年版。

③ 淮北方言中有一个读音为[$l\varepsilon^0$]的体标记助词，它可以表示完成体、已然和将然体、进行体、存在体，其来源可能不同，但为了行文及称说的方便，我们一律将它的汉字形式写作“来”。

④ 吕叔湘将助词“了”分为“了$_1$”和“了$_2$”。“了$_1$”用在动词后，主要表示动作的完成。如动词有宾语，“了$_1$”用在宾语前。“了$_2$”用在句末，主要肯定事态出现了变化或即将出现变化，有成句的作用。如动词有宾语，“了$_2$”用在宾语后。参见吕叔湘主编：《现代汉语八百词》（增订本），商务印书馆1999年版，第351页。淮北话的体助词“来”相当于普通话的“了$_1$”。

②她添来一个毛儿孩她生了一个小孩。

③他剋来两碗饭他吃了两碗饭。

1.1.2 咾[lɔ⁰]

淮北话的“咾”相当于普通话的“了$_1$”，可以用于动词后，主要表示动作的完成。

①他给俺买咾一张火车票。

②你剋吃咾饭再去干活吧。

③俺大爸爸拢儿共拢儿一共,总共才念咾两年书。

④这篇课文我念咾三遍(没有念第四遍)。

当动词不表示变化和动词表示经常性动作时，不能加“咾了$_1$”。例如下面的说法不成立：

* 俺认为咾这是错的。

* 我需要咾恁几个帮忙。

和普通话不同的是，淮北话中，当宾语为动词性成分时，前面的动词可以加“咾了$_1$”，而普通话不能加。例如：

①他答应咾参加比赛他答应参加比赛了。

②他决定咾明个动身他决定明天动身了。

连动句、兼语句中“咾了$_1$”一般用于后一动词之后，当连动句强调前一动作完成后才开始后一动作，兼语句强调前一动作完成时，“咾了$_1$”可用在前一动词后。如：

①我上图书馆借咾几本书。

②我叫小张借来咾一本参考书。

③俺昨个来[lɛ⁴⁴]也找咾个旅社住咾一夜。

④前儿个前天俺请咾张教授给俺我们(单位/学校)作咾一次报告。

1.2 已然体和将然体

淮北话中可以用体助词“来[lɛ⁰]/ 咾[lɔ⁰]”表示已然体和将然体。例如：

①狗久久[tɕiuə⁴⁴tɕiuə⁰]跑来/ 咾一大回子咾狗早就跑了好大一会了。

②羊快将来/ 咾羊快下崽子了。

③窖子来的红芋早就坏来/咾窖子里的红薯早就坏了！

④咱老的病荡威[taŋ⁵³ue⁰]好来/咾呗咱爷爷的病快痊愈了吧？

以上四句中，前二句的谓语中心词是动词“跑”和“将”，后二句的谓语中心词是形容词“坏”与“好”。它们的前面均有时间副词“久久”“快”“早就”“荡威”，但①③两例的时间副词“久久、早就”是表示已经发生的时间，它们配合体助词“来[lɛ⁰]/咾[lɔ⁰]”表示已然；②④两例的时间副词“快、荡威快要”是表示即将发生的时间，它们配合体助词“来[lɛ⁰]/咾[lɔ⁰]”表示将然。

1.3 进行体

1.3.1 来

淮北话中，“来[lɛ⁰]”可用于动词后面表示动作正在进行，为了表示时间的持续，常在动词前加“还、喷[pʰẽ⁵³]~正在~、正”等时间副词。例如：

①雨还下来~雨还在下着呢~。

②孩子喷在[kɛ⁴⁴]家来哭来~孩子正在家里哭着呢~。

③锅来的饭正咕嘟来~锅里的饭正翻滚地响着呢~。

④鸡喷在院子里叫来~鸡正在院子里叫着呢~。

1.3.2 着[tʂɔ⁰/tʂəu⁰]

1.3.2.1“着”表进行体时，可用于动词性谓语句和形容词性谓语句，句末一定要用语气词“来”（相当于普通话的“呢”）。不过，“着”的位置有时和普通话不同。在动宾谓语句中，“着”可以放在宾语后面，但动词前往往要有“喷正”“正”“将将”等副词配合。例如：

①俺娘喷给家来~里~做饭着来。

②老师正在办公室写字着来。

③几个孩子喷给外头踢毽子着来。

④俺老~爷爷~将将~刚刚~还在猪圈来，一抹脸~一转脸~咋不见咾。

在叙述“V_1”和“V_2”连续出现的连动句中，当“V_1”和“V_2”之间具有方式、目的关系或“V_1”正在进行中出现“V_2”的动作时，“着”的用法和普通话相同。当“V_1”和“V_2”表示方式、手段和目的时，“着”可用“上”替换而意思不变。例如：

①俺大~爸爸~低着头不叽声~不吭声~。

②他说着说着瞅咾俺一眼。

③她拿上馒头就剋~吃~。

④我拿上报纸一看，恣得很得很得很~高兴得不得了~。

1.3.2 .2 与表进行体相联系，说明某人从事何种事业，担任何种职务，淮北话也用“着”，位置仍在宾语之后。例如：

①他姐在幼儿园当老师着来。

②俺娘教俺算术$_{\text{数学}}$着来。

③你就当你的老师着吧，覅$_{\text{别，不要}}$改行咾$_{\text{了}}$。

④他哥正当校长着来，咋着$_{\text{怎么}}$突然调走咾$_{\text{了}}$。

1.4 持续体

“着[tʂɔ^{0}/tʂəu^{0}]”可以表示持续体，只用于形容词谓语句，要同语气词“来”连用，表示某种状态正在进行。例如：

①壶来的水还烫/凉着来。

②天气热得很着来。

③树上的花红着来。

④地上的雪白着来。

⑤这个人坏着来。

⑥她的脾气好着来。

⑦坑来的水清着来。

⑧这趟车慢着来。

淮北方言中除了本身是表状态的形容词带上持续体标记“着[tʂɔ^{0}/tʂəu^{0}]”表示某种状态正在进行（如上述例句③④⑦⑧的“红”“白”“清”“慢”）外，一些表示性质的形容词（如上述例句①②⑤⑥的“烫/凉”“热”“坏”“好”）带上持续体标记“着[tʂɔ^{0}/tʂəu^{0}]”也可以表示某种状态正在进行。①

1.5 经历体

过[kuə^{0}/ku^{0}]是经历体助词。表示过去曾经发生过某事。例如：

①上海、南京俺都去过，没去过北京。

②恁么$_{\text{这么}}$大的泥石流俺还没见过来$_{\text{呢}}$。

③我好像听谁说过这个话。

④俺脆章晚儿[ts^{h}ue^{44}tʂaŋ^{44}uæ̃^{0}]$_{\text{从来}}$还没怕过他来。

1.6 起始体

淮北话中有一个表示起始体的“起[tɕ^{h}i$^{24/0}$]”。“起”的体意义是“起

① 关于性质形容词和状态形容词的划界标准问题目前学界观点不一，如邵敬敏认为：性质形容词指能够前加“很”的形容词……性质形容词重叠以后就变成了状态形容词；状态形容词是指形容词的生动形式，表示程度比较高的意义，前面不能再加“很”，使用时后面一般要加“的”……按此标准上述①—⑧例的形容词均是性质形容词。参见邵敬敏主编：《现代汉语通论》（第二版）上海教育出版社 2007 年版，第 176 页。而丁声树等认为形容词是表示事物性质的，根本没谈到状态形容词。参见丁声树、吕叔湘等：《现代汉语语法讲话》，商务印书馆 1961 年版，第 22 页。黄伯荣、廖序东、邢福义认为上述①—⑧例中只有①②⑤⑥中的“烫/凉”“热”“坏”“好”是性质形容词，其余均是状态形容词。参见黄伯荣、廖序东主编：《现代汉语》（第三版），甘肃人民出版社 1983 年版，第 22 页；邢福义主编：《现代汉语》（第二版），高等教育出版社 1993 年版，第 259 页。本文采用黄伯荣、廖序东及邢福义的说法。

始”,即某种动作开始进行,某种状态开始出现。“起”在淮北话中多用于疑问句(是非问和特指问)中,句末常用语气词“咾了$_2$”“哤[maŋ^0]”。有时也用于陈述句。例如:

①鸡嬎起蛋咾哤鸡开始下蛋了?

②你咋着怎么、为什么又做起小买卖咾?

③你看,屋檐滴起水咾。

④你来也上起学咾!

“起”本是一个动词,其基本意义是表示向上的运动,充当趋向补语。如:抬起|背起|逮起|拿起,等。在此基础上,又虚化为表动作结果的补语,这时“起”带有完成义。如:

A.架起|裹起|捆起|堆起|搭起|穿起|抱起

B.晾起|放起|存起|搁起

上例A组能够用“V不起”表示可能式,用“V起不”表反复问,“起”的意义还比较实在。B组没有“V不起”和“V起不”的可能式和反复问,只能用“V起没”表反复问,说明补语的意义已经很虚[①]。刘丹青说:“趋向补语不如结果补语实在,其基本语义要素是运动的空间轨迹,其虚化尺度比较好把握,只有空间轨迹转化为时间轨迹,就可确定虚化为体标记,或带有体标记的性质。”[②]上述A、B两组的“起”仍与空间有关,说明“起”还没有完全虚化为体助词。

一种动作的完成就是另一种状态的开始。由表完成的结果义进一步引申,“起”可以放在动词、形容词之后或动宾之间,表示起始体[③]。例如:唱起|说起|冷起|红起|打起人|嬎起蛋|出起洋相。例中的“起”前面的词意义比较宽泛,“起”的意义已由表空间转化为表时间,也没有“V/A不起”的可能式,不能用“V/A起不”提问,说明“起”已经彻底虚化为体助词了。

1.7 实现体

淮北方言里有一个实现体助词“上”,表示某种行为已经成为现实。例如:

---

① 邢向东:《神木方言研究》,中华书局2002年版,第603—604页。

② 刘丹青:《东南方言的体貌助词》,张双庆主编:《动词的体》,香港中文大学中国文化研究所吴多泰中国语文研究中心1996年,第21页。

③ 邢向东:《神木方言研究》,中华书局2002年版,第604页。

蒸上一锅馒头｜买上二斤牛肉｜点上一支洋烟香烟｜吃上一碗饺子｜送上洋书包｜上上重点中学｜来打上两排两次爬似牌扑克牌｜点上洋油灯｜打上二斤口子酒

所谓实现体，是指动作、行为、状态已经成为现实。它的实现义，既包括动词，也包括动词的宾语，是对整个事件的实现。

据邢向东报道，陕西神木话中的“上”后附于非持续动词后和数量宾语、动量宾语之间，无所谓继续，但也不表示结束，只表示这个行为的实现[①]。举例是：给上两块钱｜问上一句话｜打上几个耳刮子｜死上几回｜哭上两鼻子｜踢上两脚｜笑话上一顿。“上”出现于“V 上 O”的格式中，相当于“了”，这个表示行为实现的“上”和淮北话的表现是一致的。

邢向东认为，实现体和持续体是相通的，并说“V 上 O”可以充当“V_1OV_2”格式的前段，表示 V_2 的方式和伴随动作。举例是：你这是骑得/上毛驴寻毛驴[②]。淮北话中“上”也可以用于表持续的动词后，如：

①你看他端上面灯找洋油煤油灯。

②他背上一口袋面跑的给飞的呋呢。

③俺娘借上 20 块钱买米去咾了。

④她挎上篮子上街去咾。

从共时层面上看，“上”作为实现体助词不仅在晋语里（如上面的陕西神木）有表现，在其他汉语方言中也有用例。据郑伟报道，吴语中江苏常州话有个表示实现体的助词“上”[③]。举例如：前夜则夜头落上一夜个大雪前天晚上下了一夜的大雪。｜宕本书我一连牵看上三遍这本书我一连看了三遍。｜一歇歇功夫，枱则艮就坐上十来个人一回的工夫，桌上就坐了十几个人。｜你就比我重上五斤，哪为看起来见胖啊你就比我重了五斤，怎么看起来这么重啊？另郑伟据陶寰的报道，认为绍兴陶堰话中的体助词“浪”，实际上也是早期绍兴话完成体助词“上”的弱化式[④]。例子是：伊一火子吃浪五个苹果他一下子吃了五个苹果。许

① 邢向东：《神木方言研究》，中华书局 2002 年版。

② 邢向东：《神木方言研究》，中华书局 2002 年版。

③ 郑文称的“完成貌”助词。实际就是本文的实现体助词，因为郑文中的举例是邢向东神木话中“上”作实现体的用例，这和本文的举例是一致的。参见郑伟：《现代和早期吴语中“上”的完成体用法》，《方言》，2010 年第 1 期。

④ 郑伟：《现代和早期吴语中“上”的完成体用法》，《方言》，2010 年第 1 期。

宝华、宫田一郎指出，新疆乌鲁木齐方言中也有表持续体用法的“上”[①]，例子如：门大开上走咧｜一天价大声喊上嗓子不疼吗？

淮北话中的“上”与上述陕西神木、江苏常州、浙江绍兴、新疆乌鲁木齐方言的体助词“上”的用法大体相同，不同的是，淮北方言的体助词“上”只能用于表持续或非持续义的动词后，不能用于形容词后。而上述几种方言中是可以的。

从历时层面上看，“上”作为实现体助词，在明代《型世言》（刊行于明崇祯年间，作者陆人龙）和《清夜钟》（署名“薇园主人”，一般认为是出自陆云龙之手）两篇短篇小说里已有用例。例如：

①那奸夫赶上，把他打上几个右手巴掌，噀（音训）了几个噀唾。（型，396）

②伯温放了手，叩上几个头去了。（型，661）

③那崔佑就提了两个碗大拳头……墩上几拳。（清，89）

④张秀才用了银子，尿浸的新猫竹板子，着着实打上四十下。（型，474）

⑤只见三个衙头都过来揖，卷篷下站上一二十个人。（型，370）

⑥一时便堆上一屋人。（清，87）

体貌助词“上”的来源如何呢？

“上”的基本意义是向上运动，可以充当谓语或作动词的趋向补语，如：上床｜上楼｜跳上床｜爬上楼。体貌助词“上”是动词“上”语法化的结果。

“上”在“V 上 O”格式中虚化为体助词要有一定的可操作的标准。1）从形式上看，如果“上”在并列分句中与完成体助词互文对举，或在连动句中出现，那么“上”很可能是体助词；2）从语义上看，所处句式中动词表达的应当是已完成事件；而且，趋向补语“上”需要表达某种附加意义，单纯的体助词“上”则只表明动作或时间的完成[②]；“上”作趋向补语时，有时可省略而不影响意义，但作体助词则不能[③]。

上举①—④例的格式都是“V_1 上 O_1”与“V_2 了 O_2”或“V_1 了 O_1”与“V_2 上 O_2”对举，且都描述已然事件，很显然，例中的“上”即相当于“了”。且②的格式为：“V_1 了 O_1，V_2 上 O_2 V_3 了”，是典型的连动句式。③、④例的“上”表示完成，“墩上几拳”应该理解为“墩了几拳”，“打上四十下”亦即“打了四

① 许宝华、宫田一郎主编：《汉语方言大辞典》，中华书局 1999 年版，第 319 页。

② 郑伟：《现代和早期吴语中“上”的完成体用法》，《方言》，2010 年第 1 期，第 3 页。

③ 吕叔湘主编：《现代汉语八百词》（增订本），商务印书馆 1999 年版。

十下”。⑤、⑥两例的“上”也显然不带有趋向义,而是和动作行为的完成有关,并且强调动作完成后的存在状态。如例⑥的“站上一二十个人”即为“站了一二十个人”。

邢向东在分析神木方言时认为,当“V 上 O”格式中的“V 上”表示结果已经出现或可能出现,“V 不上”表示无此可能,如“等上/等不上”“闹上/闹不上”“吃上/吃不上”,这是可能式。还可用“V 上 O 不”表示反复问句,如“请上老师不”,此时“上”的结果义还是比较实在的。当“V 上 O”没有可能式,也不构成“V 上 O 不”的反复问句①。如:做上饭｜蒸上饺子｜上上课｜点上烟｜要上扑克牌。说明“上”已虚化为助词了。

笔者认为,上述分析是合理的,淮北方言的实现体助词“上”是动词“上”语法化的结果,它是在继承明代口语中“上”的用法的基础上形成的,但也有自己的特点。

2.8 表存在

淮北方言中,“来[$l\varepsilon^0$]”可置于表示物体处所的方位短语之后以表存在。例如:

①孩子床上来小孩在床上呢。

②饭锅来来饭在锅里呢。

③星天顶上来星星在天上呢。

④木底窝子一种用芦花等编织成的保暖性能较好的木底鞋子,又称“毛窝子”床底下来。

上例中,“来”后置,即表示“正”或“正在”的意思,且可以强调主语的状况,同时又有确认的语气,相当于普通话的“呢”。

三、结语

淮北方言动词的“体”有“完成体、已然体、将然体、进行体、持续体、经历体、起始体、实现体、存在体”等,其体标记助词为“来、咾、着、过、起、上”等;形容词的“体”有已然体和将然体、持续体,其体标记助词是“来/咾、着”。淮北方言中,动词和形容词的“体”有一个明显的特点:同一种“体”可以由不同的体标记助词来承担,如完成体、已然体和将然体均可以由体标记“来、咾”承担,进行体可以由体标记“来、着”承担。尤其是同一个语音形式的“来”,可以担当完成体、已然体和将然体、进行体、存在体的标记成分。之所以如

---

① 邢向东:《神木方言研究》,中华书局 2002 年版。

此，其条件往往是动词或形容词的前面要有不同的时间副词，句末有语气词作为辅助成分，来协助体助词完成自己的多重任务。

从共时层面看，淮北方言中有些体标记助词和其他汉语方言的体标记助词有相同之处。例如体标记“起”与晋语神木方言，“上”与晋语神木方言、吴语常州和绍兴方言、中原官话及兰银官话的新疆乌鲁木齐汉语方言的体助词“上”的用法大体相同①。从历时层面看，淮北方言的体标记“起”和“上”与上述方言大体具有同一来源。体标记“起”是由表示向上运动的动词“起”虚化而来，其虚化的路径是：动词→趋向补语→结果补语→起始体；体标记“上”是由向上运动的动词“上”语法化而来，其路径大体为：动词→趋向补语→结果补语→实现体。

另外，淮北方言的体标记助词“来”处于句末时，常常是体助词和语气词的复合体，蒋绍愚等、郭辉指出语气词“来”是动词虚化而来的②。所以我们认为淮北方言的句末体助词“来”也是动词“来”虚化的结果。

语保工程视野下的亳州方言口头文化资源及其保护

一、引言

亳(bó)州，简称亳，古简称“谯(qiáo)”，也称“谯郡”“谯县”等，处于安徽省的西北部。西部和北部分别与河南省的鹿邑县及商丘市毗连，东部及南部分别和淮北市、蚌埠市及阜阳市接壤。地跨东经115°53′—116°49′，北纬32°51′—35°05′。整个市境处在华北平原南端，其总面积为8374平方公里。

亳州是皖北著名文化古都，从商朝在亳立都，到秦时设谯县，再到汉代

---

① 参见刘俐李、周磊：《新疆汉语方言的分区(稿)》，《方言》，1980年第3期；刘俐李：《新疆汉语方言的形成》，《方言》，1993年第4期。

② 参见蒋绍愚、曹广顺主编：《近代汉语语法史》，商务印书馆2005年版；郭辉：《皖北濉溪方言的语气词“来”》，《方言》，2008年第2期。

设谯郡，直至唐武德年间将谯郡易为亳州，至今已三千多年历史[①]。亳州市现辖蒙城、涡阳、利辛三县及谯城一区，全市有乡镇和街道共 89 个，总人口为 656.8 万人。有 28 个少数民族，其中以回族为主，其分布呈大杂居和小聚居及围寺而居之状。

亳州人口中占绝对优势的是汉族，因此汉语一直是全市境内的通用语言。按赵日新的分区，亳州方言属于中原官话商阜片[②]。

本文所研究的范围主要是亳州市政府所在地的谯城区，有的内容也会牵涉到涡阳、蒙城、利辛三县。本文所说的“亳州方言口头文化资源”，是教育部语言文字信息管理司、中国语言资源保护研究中心《中国语言资源调查手册·汉语方言》中“六、口头文化”部分包括的“歌谣、故事、口彩禁忌、隐语、骂人话、顺口溜、谚语、歇后语、谜语、曲艺、戏曲、吟诵、祭祀词”的部分内容[③]。

行文中，我们只对和普通话差别较大而又比较难懂的部分方言词条标注国际音标，如“茅子[$mɔ^{55}tsɿ^{0}$]”；而比较好懂的成段或成句的歌谣、谚语等我们不标国际音标，只对部分方言色彩较浓的词语随文注释。

二、亳州方言中的口头文化资源

2.1 歌谣

2.1.1 儿歌

“儿歌”古称“孺子歌”或“童谣”等，它是由儿童传唱或虽由大人教唱但内容符合儿童生理心理特征，并能被儿童理解的歌[④]。其特点是：内容简单而易于在儿童之间流行、形式简短而节奏比较明快[⑤]。

儿歌大都娱乐性和趣味性较强，对幼儿的早期成长及教育都有很好的作用。

亳州具有三千余年的历史，人们在长期的生活实践中，创作了很多原汁

---

① 参见亳州市地方志编纂委员会：《亳州市志》，黄山书社 1996 年版，第 35—36 页；亳州市地方志编纂委员会：《亳州市志（2000—2009）》，方志出版社 2010 年版，第 37—41 页。

② 赵日新：《安徽省的汉语方言》，《方言》，2008 年第 4 期，第 362 页。

③ 教育部语言文字信息管理司、中国语言资源保护研究中心：《中国语言资源调查手册·汉语方言》，商务印书馆 2015 年版，第 182—186 页。

④ 钟敬文：《民俗学概论》（第二版），高等教育出版社 2010 年版，第 212 页。

⑤ 中国社会科学院语言研究所词典编辑室：《现代汉语词典》（第七版），商务印书馆 2016 年版，第 1315 页。

原味的民间童谣。有的是孩子们玩要或游戏时唱的，有的是大人们哄孩子入睡时唱的，也有的是奶奶或妈妈教孩子学语言时唱的，等等。下面简单介绍：

2.1.1.1 活动类

这类童谣多是孩子做游戏或玩要时唱的，其朗朗上口，富有情趣。例如：

扯箩箩

扯箩箩，唠汤汤。谁来了？大姑娘。买哩啥？买哩杏，叫小孩撑哩撅着腚，撅着腚。

这是一首名为“扯箩箩”的儿歌，多是母亲在哄孩子时唱的。母亲和孩子面对面各坐着一只小板凳，四脚相抵，两双手互拉着，并前倾后仰，边扯边唱，给孩子带来了无穷的乐趣，

母亲也从孩子的快乐中受到了感染，一种满足与自豪感便油然而生。

月姥娘，八丈高

月姥娘月亮，八丈高，骑白马，带洋刀。洋刀快，切白菜；白菜老，切红袄；红袄红，切紫菱；紫菱紫，切麻子；麻子麻，切板闸；板闸板，切黑碗；黑碗黑，切粪堆；粪堆臭，切腊肉；腊肉辣，切苦瓜；苦瓜苦，切老虎；老虎一瞪眼，七个碟子八个碗，咣当咣当，进城来。

这首童谣写孩子们一边唱一边玩要的情景。孩子们在月光融融的夜晚，看着天空中的月亮，想象着自己骑着白马，带着洋刀，便不由自主地唱了起来。那整齐谐韵、朗朗上口、诙谐有趣而又充满童真想象跨越式的歌词，给孩子带来了无尽的快乐。

2.1.1.2 生活类

这些来自民间的童谣，其内容质朴亲切，语言夸张生动，极富感染力和愉悦性。例如：

小红豆

小红豆，咧咧嘴，奶奶杀鸡我啃腿儿。鸡冠儿挂在盆沿边上，猫衔走，狗撵上，奶奶骂我一晚上。我把奶奶埋堵住，奶奶叫我小乖乖，我叫奶奶扒出来。奶奶叫我小和尚，我把奶奶再埋堵上。

这首童谣反应的是奶奶哄孩子的情景，它好像让我们看到一个小孩子发狠的样子，也透出孩子天真、可爱的天性。

小公鸡儿挠草垛

小公鸡儿挠草垛，没娘的孩子真难过。跟鸡睡、鸡叨我；跟狗睡、狗咬我。爹娶个晚娘搂着我；还掐我、还拧我。这个浪娘不疼我，叫俺怎么往下活。

这是一首描写后妈虐待孩子的现象。童谣出自孩子之口，唱出了没娘孩子的不幸生活，从一个侧面反映了后妈虐待非亲生子的社会现象，也隐含了孩子的父亲对这种现象的无奈与默许。甚至告诉人们"有晚娘就有晚大[ta^{52}]$_{爹}$"的社会现实。

菠菜叶儿溜地黄

菠菜叶儿溜地黄，三生两岁死了娘。跟着亲爹还好过，就怕亲爹娶晚娘。娶个晚娘三年整，生个小弟叫二郎。二郎穿新我穿旧，二郎吃稠我喝汤。二郎睡在大床上，我睡二郎脚搭上。睡到半夜哭醒了，哭哭啼啼想亲娘。

这首童谣反映了一个女孩被继母虐待致死的悲惨遭遇。据传说，从前亳州涡河南岸有个叫刘园的村子，庄南头有个人叫刘二，他有一女，因媳妇去世又给孩子找了继母。后来继母生一子名叫二郎，继母便不断虐待刘二之女。女孩不但吃不饱、穿不暖、睡不好，还经常遭继母打骂，瘦得不成样子，爹也没办法，只得暗自伤心流泪。一年冬天，女孩饿得连路也走不动了，便抓过爹爹手中的菠菜根往嘴里填。由于女孩嘴和手裂了一道道血口子，淌出来的血把白白的菠菜根都染红了。刘二问："妮儿，苦不苦？"女孩哆嗦地答道："不，甜着呢！"刘二看孩子饿成这样，难受极了，随手揪了根菠菜根往嘴里一填，咦！还真的甜丝丝的。正在这时，女孩一头歪进爹怀里，哭着说："爹，我想……""妮儿，你想啥？""爹，我想娘！""想娘？""嗯，想俺亲娘。娘死了，你……"女孩说着说着哼起来："菠菜叶，溜地黄……"女孩哼着哼着不吭声了，慢慢地合上眼，再也没睁开。从那以后，菠菜根就变红了，变甜了。人们说：菠菜根子变红是因为上面浸透了女孩手上的血；变甜呢？是菠菜被女孩的苦情打动了，让她多吃点。

娶个媳妇好尿床

张大壮，好心肠，娶个媳妇好尿床。一更尿湿红绫被，二更尿湿象牙床。三更尿湿鸳鸯枕，四更尿湿花衣裳。鼓打五更天明亮，床底下尿个养鱼塘。那边来个撒鱼的，对着鱼塘撒一网。撒个鲤鱼八斤半，撒个混子扁担长，撒个鲶鱼叭哒嘴，撒个蚂虾扛着枪，还有个老鳖没撒着，它跑到东洋当国王。

这首歌谣以戏谑夸张的口吻写男子娶个媳妇好尿床的故事，让孩子听了乐不可支。

也有写人的品行的。如：

偷人针，摸人线，长个橛眼给人看。

2.1.2 民歌

民歌是“民间歌谣”的简称，原本“歌”是配乐的，而“谣”是吟诵的，前者节奏较徐缓，后者节奏较紧促①。现在的民歌仍多配乐歌唱，当然很多以吟诵为主了。我国历史悠久，地域广阔，又多民族融合，因此民歌也源远流长，烟海浩淼。亳州是一座历史古城，其名人荟萃，文化厚实，民歌也丰富多彩。亳州民歌多数已经脱离音乐，只是纯粹的文学形式了。

2.1.2.1 叙事民歌

叙事民歌古已有之，如北朝的《孔雀东南飞》就是叙事民歌的典范代表，现代文学史上也有很多，如李季的《王贵与李香香》等。亳州的叙事民歌也很丰富，有的叙述嫁女出嫁时情形，有的述说木兰②参军的故事，有的描述天灾所致的悲惨画面，等等。例如：

小纺车

小纺车，转金莲，俺娘打俺不纺棉。俺是河里水浮萍，还能在家住几年。候今年，等明年，花轿来到俺门前。绿裤腿儿红带里，呜哇呜哇唢呐等声音往正南。大嫂陪送一只鸽，二嫂陪送一对鹅。还有三嫂啥没送，叫俺打公骂婆婆。打公骂婆有罪孽，打骂公婆有罪过。天下大雨龙抓我，俺可不能这样做。

木兰

出塞男儿面，归来女子身。尚能降北虏，断不慕东邻。

2.1.2.2 婚礼民歌

是指结婚时唱的歌，多有梳头歌、哭嫁歌、绞面指女的出嫁时用两根线将脸上的茸毛夹掉歌、入房歌、撒床歌、点灯歌等。例如：

绞面歌

红绿丝线两头拿，姑娘今天你出嫁。我把丝线往左界，粉红的肉皮现出来。我把丝线往右界，桃花气色现出来。

点灯歌

纸媒王，绿莹莹，新人请俺来点灯。一点一龙灯，二点二凤灯；三点三彩

---

① 钟敬文：《民俗学概论》（第二版），高等教育出版社 2010 年版，第 210 页。

② 本地人认为，花木兰是亳州人。

灯,四点四季灯;五点五字白马跑船灯,六点六字银海系银灯;七点七巧灯,八点八宝灯;九点九莲灯,十点十字月牙一盏灯;星照月,月照星;灯里点,灯里红;灯里又搁红头绳,柜沿儿上又搁柜当中。点上灯,俺就走,屋里就剩小两口;一个说,一个嗯,过年领个怄人精。爹抱抱,娘揣揣,奶奶脸上乐盈盈。

2.1.2.3 抒情民歌

即抒发人们感情的民歌。大多是通过场面的描述或事物等的引发,以此来抒发人们的某种思想感情。例如:

划龙舟歌

五月里来五月歌,五月的龙舟渡涡河。(咚咚呛!咚咚呛!咚呛咚呛咚咚呛!)墙里开花墙外香,对对蜜蜂采花来。二人正在欢乐中,西风干天下雨来。淋得蜜蜂耷拉膀,打得花瓣落尘埃。二人要得重相会,蜜蜂重生花重开。(咚咚呛!咚咚呛!咚呛咚呛咚咚呛!)高高山上一溜缸,莺莺红娘开染坊。张生脱下兰衫染,这叫红娘哭一场。枉读诗书不知理,新缸怎染旧衣裳。

天高够不着

天高够不着,斗大装得多。墙上画马不管骑,守寡不如有男的。

2.2 口彩禁忌

2.2.1 口彩

"口彩"有多重含义,既有赞誉、称赞和夸奖等意思,又是曲艺的一种说唱艺术形式。这里的"口彩"是指吉祥话、吉利语,多是在节日、喜庆的时候说的话,它是通过谐音等手段创造出来的,是我国传统民俗活动的重要内容,也是人们精神文化生活的一个方面。亳州方言中的口彩品类繁多,内涵丰蕴,地方文化色彩十分浓郁。如:

猜拳行令时的吉语,表示美好祝福,如:一心一意 、七巧升官、八匹战马、九九归一、十全十美。

用于结婚时的吉语。如:

双喜临门、吉星高照、百年好合。

用于传统节日的吉语。如:

福倒(到)了、年年有鱼(余)、出门见喜。

用于祝寿的吉语。如:

六十六,吃块肉;七十三,吃个鲤鱼猛一蹿。

亳州人认为,老人活到六十六岁时,女儿就要买六斤六两肉送去;活到七十三岁的高寿时，女儿则需送去一条大鲤鱼，这样就能帮助他们渡过生命之坎，因为七十三岁是个旬头。民间认为旬头是劫数，尤其是(虚岁)七十三(旬之初头)和八十四(旬之末头)，是人生命中的两个独特关口，因为圣人孔丘是活到七十三，亚圣人孟轲是活到八十四，因而亳州常说“七十三，八十四，阎王不叫自己去”。本地人认为老人在七十三岁时吃了女儿买的鲤鱼，生命也能够得以延续。

2.2.2 禁忌

人们在日常的交往中，说的话如果让听者不痛快或反感，这就是人们常说的“禁忌语”。“禁忌”就是忌讳，它来源于人们趋吉避凶的原始意识，不同的社会、民族、文化、习俗都有着不同的忌讳。亳州也有反应地方特色的禁忌习俗，具有丰富的禁忌语，其分类及文化内涵如下：

2.2.2.1 避讳禁忌。如：

老了[lɔ^{24}lɔ^{0}]：特指老年人逝世了，也叫“走了[tsou^{24}lɔ^{0}]、不在了、西游了、仙逝了、归天了”等等。这是对老年人“死”的一种婉称。

丢了[tiou^{21}lɔ^{0}]：特指小孩夭折，也叫“没有了”。对于母亲来说，孩子不幸夭折定是巨大打击，她悲痛而自责，就好像自己不小心将孩子弄丢了一样，故称。这也是对小孩“死”的一种委婉的说法。

茅子[mɔ^{55}tsɿ^{0}]：对厕所的一种雅称，也叫茅房、茅厕、1号。

刨小孩儿[pɔ^{55} ɕiɔ^{24} xɛr^{54}]：婉指妇女生孩子，多在与孩子交谈时才这样说。

鸡压绒[tɕi^{21}ia^{53}tɕyər^{54}]：鸡交配。

牛打栏[ȵou^{55}ta^{24}lãa^{54}]：牛交配。

板⁼群[pa^{24}tɕyẽ^{54}]马、驴交配。

跑羔儿[pʰɔ^{24}kɔr^{213}]：羊交配。

猪打圈子[tʂu^{21}ta^{24}tɕyã^{53}tsɿ^{0}]：猪交配。因母猪发情时不断嚎叫，并到处乱跑去找公猪，故称。

猫叫春[mɔ^{55}tɕiɔ^{53}tʂuẽ^{213}]：猫发情。因母猫发情时发出嘶哑的叫声，到处乱跑去招引公猫，故称。

狗打秧子[kou^{24}ta^{24}ia^{21}tsɿ^{0}]：狗交配。

解手儿[tɕie^{24}ʂəur^{224}]：上厕所的雅称。在亳州，“解大手$_{\text{解大便}}$”和“解小手$_{\text{解小便}}$”统称“解手儿”。这种说法与明代从山西等地往内地等处移民有关。

因为迁民是强制性的，由于人们不愿离开自己的家园，移民官员和押解的差役便把他们的手拴在一根长长的绳子上，不管是行进途中还是在休息时，只要有人要大小便，就要告知押解的差役将自己拴在绳索上的手解开，这样解手与大小就有了关联。时间长了，“解手”就取代了大小便。

口条[$k^{h}ou^{24}tiɔ^{54}$]：指（猪、牛、羊等）的舌头，因为汉字的“舌”与“折”两字谐音，所以肉铺或卤菜店的生意人忌讳说“折”，因而做生意时用“口条”代替了舌头，这和南方有的地方称舌头为“赚头”是异曲同工的。

面瓜[$miã^{53}kua^{213}$]：“南瓜”的婉称。本地人上街卖“南瓜”喊“面瓜”，忌说“卖南瓜”。据说有一家叔嫂有奸情，生一子，嫂命叔置囊中丢弃，邻居问囊中何物，叔答：“南瓜。”故本地忌说“卖南瓜”。

2.2.2.2 习俗禁忌。如：

红事儿[$xuŋ^{55}ʂər^{53}$]：本地称男女结婚为红事儿，也叫喜事儿。因为男女结婚时，从新人的衣服、被褥，到院门等上面贴的双喜和婚联，以至花轿、婚房、地毯等等，都是红色的，因为红色象征着红红火火、喜庆吉祥之意。

白事儿[$pei^{55}ʂər^{53}$]：“丧事”的婉称。办丧事时，从孝子穿的孝衣、上账的礼簿，到灵棚、灵堂等的各种装饰，其颜色以白色为主，因为白色象征着哀悼、肃穆、悲伤等，故称。

大肉[$ta^{53}ʐou^{54}$]：“猪肉”的委婉说法。因为亳州是回、汉两族聚居的地方，汉族尊重回族的习惯，所以忌讳说“猪”。

大油[$ta^{53}iou^{54}$]：是“猪油”的委婉说法。因为亳州是回、汉两族聚居的地方，汉族尊重回族的习惯，所以忌讳说“猪”。

2.3 谜语

谜语指“暗射事物或文字等供人猜测的隐语”①。谜语属于民间俗语，它是劳动人民生活经验的总结。其内涵丰蕴，寓意婉曲，是一种普通百姓十分喜爱的艺术形式。亳州人文精粹，文脉久远，谜语也丰富深蕴，主要有“物谜”和“字谜”。例如：

2.3.1 物谜

身穿黑盔黑甲，头顶三股钢叉。上能腾云驾雾，下有入地之法。——屎壳郎

① 中国社会科学院语言研究所词典编辑室：《现代汉语词典》（第七版），商务印书馆2016年版，第897页。

天公丧母地丁忧，万里河山戴孝头。太阳出山来吊孝，枝枝节节泪方流。——雪

远看像个楼，文武百官在上头。亲哥弟兄不一母，再好的夫妻不到头。——戏台

一个小屋窄又窄，里面坐着五个客。还有大客坐不下，舍着屁股往里塞。——鞋子

青枝绿叶一棵苗，绳捆锁绑下监牢。千刀万剐还不算，临死还得用火烧。——烟叶

2.3.2 字谜

拔掉一根毫毛，变成一座城池。——亳州

一看多一半，再看一半多。仔细看一看，还是半个多。——夕

一字三十一口，谁要有它不发愁。——喜

自大一点，惹得人人厌烦。——臭

亳州每年的元宵节都要举行猜灯谜的活动。灯谜的内容丰富，有物谜，有字谜。其中物谜多反映亳州本地的民俗文化，这种民俗形式深受广大群众的喜爱。

2.4 谚语和歇后语

2.4.1 谚语的分类及文化内涵

谚语古称“俗谚”“俚谚”等。它是“民间集体创造、广为口传、言简意赅并较为定型的艺术语句，是民众丰富智慧和普遍经验的规律性总结”①。其内容上多含有某种哲理，读之能够让人获得一定的教益。其形式上多具有口语化、精练性等特点。在日常生活和写作时恰当地使用谚语，能够收到很好的艺术效果②。亳州的谚语种类很多，其内容涉及亳州社会生活的各个方面，体现了亳州百姓的价值观和为人处世的态度，蕴含着丰富的地方文化内涵③。如：

第一，生活人文谚语

亳州是历史文化厚重的城市。不仅出现了三曹、华佗、姜老锅等历史名人，而且还有驰名中外的古井贡酒、万寿绸、白芍中药和花戏楼、地下道、张

① 钟敬文：《中国民俗概论》（第二版），高等教育出版社2010年版，第238页。

② 陆侠：《安徽“蒙城谚语”的认知分析》，《宿州学院学报》，2015年第6期，第52—54页。

③ 王文静：《亳州方言谚语研究》，《淮海工学院学报（人文社科版）》，2018年第2期，第53—54页。

园汉墓等珍品名物,因此这方面的谚语也应运而生。例如:

亳州人不亳(薄)。

美女出在扬州,美酒出在亳州。

曹操赏不记仇,包公罚不忌亲。

亲向亲,邻向邻,姜老锅[①]向的是亳州人。

亳州有三绝:花戏楼[②]、地下道[③],汉墓[④]里头去瞧瞧。

第二,农业农事谚语

亳州处于平原地带,其温和的气候和肥沃的土地,使农业非常发达。这就孕育了大量的以表现农耕文化的地域谚语。例如:

过了惊蛰节,耕地不停歇。

三月清明种在前,二月清明种在后。

谷雨前后,点瓜种豆。

稠豆子稀麦,乡里老头吃亏。

人误地一时,地误人一年。

第三,气候气象谚语

亳州人民在长期的生活实践中,不断地了解了自然界,并尝试利用自然界的规律,来安排自己的生产和生活,因而反映气候气象的谚语便也不断出现。例如:

春分秋分,昼夜平均。

雨搅雪,下半月。

十雾九晴。

天上鱼鳞云,明天晒死人。

缸穿裙,雨淋淋。

第四,商业贸易谚语

亳州地处涡河之滨,历来航运发达;同时又为中华"四大药都"之首,很

① 姜桂题(1843—1922),字翰卿,又作汉清,清安徽亳州(今亳州市谯城区)人,北洋政府高级将领,陆军上将。

② 亳州大关帝庙中主体建筑,是专供演戏所用的古代建筑,雕刻玲珑剔透,彩绘富丽堂皇,对研究清代戏曲艺术有极为重要的价值。

③ 指"曹操地下运兵道"。是东汉末年军事家曹操所建,位于亳州老城内主要街道下,目前已发现八千余米,是迄今发现的中国历史最早、规模最大的地下军事战道,被誉为"地下长城"。

④ 张园汉墓,是曹氏家族墓群之一,位于亳州市区魏武大道中部,现为全国重点文物保护单位。

早以前这里就是商贾云集，贸易发达。因而就出现了大量丰富多彩的商贸谚语。

诚信为本，和气生财。

随行就市。

褒贬是买主，喝彩是闲人。

不怕不识货，就怕货比货。

出门看天气，买卖看行情。

货比三家不吃亏。

2.4.2 歇后语的分类及文化内涵

歇后语俗称俏皮话，是由近似于谜面和谜底两部分构成的委婉有趣的句子。它的前部近似于谜面，后部近似于谜底，通常两部分并存，来表达一定的意义[①]。其幽默风趣，轻松活泼，富有鲜明深刻的表现力。亳州的歇后语数量丰富，形式俏皮，寓意深刻，反映了亳州人民的生产实践和生活经验的情结，表现了亳州百姓旷达乐观的精神面貌，带有浓郁的地方文化特色。在人们的交往中，只说具体形象的前半部分，留下后半部分不说，让听者自己去体味[②]。例如：

第一，谐音类。如：

狗皮挂到南墙上——不像画（话）

狗头上长角——装佯（羊）

歪嘴子吹火——邪（斜）气

门神里面卷灶神——画里有画（话里有话）

秃子打伞——无法（发）无天

此类歇后语，是借用音同或音近构成谐音双关，使要表达的意思含蓄曲折的隐含起来，让听者深入思考之后才能明白其真正含义。因而趣味无穷，往往让人过口成诵。

第二，喻事类。如：

老鼠拉木锨——大头在后边

老驴倒拉磨——出力不讨好

---

① 黄伯荣、廖序东：《汉代汉语》（增订六版），高等教育出版社 2017 年版，第 253 页。

② 王文静：《亳州方言歇后语研究》，《赤峰学报》（汉文哲学社会科学版），2018 年第 7 期，第 132—134 页。另见陆侠：《蒙城方言歇后语探究》，《宿州学院学报》，2016 年第 6 期，第 44—47 页。

木匠吊线——睁一只眼,闭一只眼

蒜薹调藕——有光棍有眼子

一个指头和面——胡捣

漫地里烤火——一面子热

喻事类歇后语,是以现实生活中的人或物作比。人们只要了解设比事物的特点、情状等,也就不难理解后半截的“谜底”了。

第三,喻物类。如:

徐庶进曹营—— 一言不发

张飞穿针——大眼瞪小眼

豆腐渣上船——啥货

吃树条子屙粪筐——肚里编的

杉木条子盖鸡窝——大材小用

这类歇后语,多是用一些人或物作比。如果对设比物的性质有所了解,整个歇后语蕴含的文化内涵也就不难理解了。

第四,故事类。如:

属曹操的——疑心大

周瑜打黄盖 ——愿打愿挨

楚霸王举鼎 ——力大无穷

徐庶进曹营—— 一言不发

此类歇后语,多是运用人们熟知的历史典故或寓言故事及神话传说等进行打比方,使人从中理解对方的意思。上述的例子,人们只要了解曹操、周瑜、项羽、徐庶等历史故事,一般就能理解该类歇后语的意思了。

2.5 骂詈语

“骂詈语”就是骂人话,具有很强的贬义,往往在吵架时使用,一般具有攻击性,且包含较粗俗的内容,几近于下流话。有的骂詈语仅仅是一种口头禅,并无骂人的意思。从方言和民俗的角度看,骂詈语既反映了一种方言的某些特色,又反映了一个地区的习俗民情①。亳州的骂詈语十分丰富,它不但反映了本地的语言习惯,更折射了本地民风民俗,具有重要的文化价值。例如:

---

① 张勇生、荣四华:《永丰方言文化特殊语汇》,《语言资源(第一辑)》,商务印书馆 2018 年版,第 239 页。

短命的[tuɑ̃^{24}miə̃ŋ^{21}ti^{0}]:咒人活不长,多骂詈小孩。

炮打的[p^{h}ɔ^{53}ta^{24}ti^{0}]:咒人的话,诅咒人在战场上被炮打死。

不吃粮食[pu^{21}tʂ^{h}ʅ^{21}liɑ̃^{55}ʂʅ^{0}]:骂别人是畜生,因为畜生多吃草料等。也是骂人违背做人的基本道理,办事说话背离了人的基本准则。

不是人[pu^{21}ʂʅ^{53}ʐẽ^{54}]:指人品质不好,就像畜生一样。

2.6 吆喝声

亳州是皖北著名的商贸城市,据记载,亳州有七十二条街道,三十六个巷子,还有数不清的胡同,每天一大早,那些凭借着自己的手艺和买卖养家糊口的人便走街串巷,用各自独特的吆喝声吸引行人,招揽顾客。那声音此起彼伏、不绝于耳,如美妙的音乐一般,让顾客听之醉心。下面仅举几例卖各类食品和收废品的吆喝声。

1.买兔子肉的:

兔子肉啊咸又烂,咸兔子肉哦。

译:兔子肉啊咸又软,买咸兔子肉哦。

2.卖红芋的:

稀溜、稀溜,稀溜溜溜溜的甜红芋,刚出锅的,靠边的热红芋。

译:软软的、软软的、又软又面的甜红芋,刚出锅的,靠近炉火的热红芋。

3.卖面藕的:

面藕,面藕,蜂蜜沾糖稀,红糖掺白糖,杂货店里都来着。

译:软乎乎的藕,软乎乎的藕,蜂蜜沾糖稀,红糖掺白糖,杂货店里卖得这些配料,面藕里放得都有。

4.买核桃的:

核桃,核桃,一分钱买一个买核桃,又能吃又能玩,还能哄小孩,你买俺上上海,你不要俺上花轿,急得小孩哇哇叫。

译:核桃,核桃,一分钱买一个买核桃,又能吃又能玩,还能逗乐小孩,你不买,我到别的地方去卖,急得小孩哇哇叫。

5.卖娃娃鱼的:

娃娃鱼儿,娃娃鱼儿,酸溜的,辣乎的,喝到肚里凉食儿$^{=}$的,喝去吧,娃娃鱼的吧。

译:娃娃鱼儿,娃娃鱼儿,酸酸的,辣辣的,喝到肚里凉凉的,喝去吧,娃娃鱼。

6.收破烂的：

大琉琉瓶，小琉琉瓶，牙膏袋子墨水瓶，拿来卖哟。

译：大玻璃瓶，小玻璃瓶，牙膏袋子墨水瓶，拿来卖哟。

三、亳州方言中口头文化资源的保护

3.1 亳州市政府的文化宣传机构要组织专家学者深入田野调查研究

地方政府应该依托科研院所（如亳州学院的“亳文化研究中心”），组织专家学者进行系统调查研究，这样能使亳州方言文化得以充分地保护。

3.2 建立亳州方言文化民俗馆。

可以由市文化部门牵头，建立市、县、镇、村四级方言文化民俗馆。如“亳州市城市展览馆”中就辟设了“民俗展览区”“药俗展览区”“酒文化展览区”等多个体现亳州方言文化的板块，对保护地方文化具有积极意义。亳州市十河镇大周村建立了以宣传亳文化为主的“润耕天下”展览中心，里面收藏了大量的纪录民俗文化的实物及仿建物，并设置了很多文化体验区，是一处集旅游、实物展览、文化体验等内容的博物地。亳州学院已建立了“亳文化展览馆”，将亳州地方文化以文字、图片、实物等形式展现在观众面前。

3.3 依托地方高校申报与亳州方言文化有关的各类课题。

亳州学院中文与传媒系已成功申报了教育部和国家语委语保专题项目、教育部人文社科青年基金项目、安徽省社科研究项目、安徽省高校社科研究重大项目、安徽省教育人文社科研究重点项目等 10 多项，有的已经结项并发表了几十篇亳州方言民俗文化的专业论文，有的还在紧锣密鼓地深入调查之中，也取得了一些阶段性成果。

3.4 撰写与亳州方言口头文化有关的各类论文和专著。

目前，我们已经出版了《蒙城方言研究》[①]《蒙城方言熟语研究》[②]等著作多部，发表与亳州方言口头文化有关的各类论文 30 余篇。即将出版《亳州方言俗语集释》。

3.5 定期开展亳州民俗文化节活动，弘扬亳州方言文化中具有人民性、深厚群众基础的和地方特色的口头文化艺术。例如亳州市双沟镇每年农历 3 月 28 日都要开展“四关五会四关指东西南北四座门楼，五会指东关大班会、高跷会，西关狮子灯会，北关小车子旱船竹马灯会，南关龙灯会”的民俗文化活动；十河镇每年 5 月份

---

① 胡利华：《蒙城方言研究》，合肥工业大学出版社 2011 年版。

② 陆侠：《蒙城方言熟语研究》，中国科技大学出版社 2018 年版。

都要举行“芍花民俗文化节”活动；五马镇每年3月份也都举行“桃花民俗文化节”活动。

3.6 打造亳州方言民俗文化类旅游产品。

亳州是皖北著名的文化旅游城市，2017年，亳州市政府开启了10元游亳州的“文化旅游年”活动，全年策划68项文化旅游主题活动。2018年，亳州市政府又加大力度，继续开展“文化旅游年”活动①。在此背景下，我们可以将反映亳州语言文化资源的元素融入旅游活动中去，借以让本地方言民俗文化资源趋于活态化。

3.7 编辑亳州方言文化图册

目前我们正在对亳州三县一区（涡阳、蒙城、利辛县和谯城区）的方言文化现象进行调查，积累了丰富的一手资料，即将出版《中国语言文化典藏·亳州》和《亳州方言民俗图典》等著作。

3.8 编写亳州方言文化教材

目前我们已经编写了《亳文化概论》②，现正在对亳州方言文化进行全面调查，争取尽快编著一本亳州方言文化方面的教材。

3.9 建立方言文化数据库

此项工作我们将参照《中国方言文化典藏调查手册》③中所设项目，从房屋建筑、日常用具、服饰、饮食、农工百艺、日常活动、婚育丧葬、节日、说唱表演等九个方面建立框架，在调查的基础上，进行亳州方言文化的数据库建设。

3.10 建议地方教育部门将亳州方言文化融入日常教学活动中，如体育课可以开展一些传统游戏活动，音乐课可以教授一些基本的地方曲艺，美术手工课可以尝试把传统的民间技艺融入其中。目前，亳州学院已经开设了全校公选课地方戏曲《二夹弦》和《剪纸工艺与技术》，分别由国家一级演员、“国家级非遗项目——亳州二夹弦”的传承人付红伟老师及中华文化促进会剪纸艺术委员会理事、安徽省美术家协会会员、亳州市剪纸学会会长王炳华老师担任主讲。

① 王文静：《新媒体环境下的亳州方言熟语传播》，《滁州学院学报》，2018年第3期，第59页。
② 王正明、魏宏灿、张立驰：《亳州文化概论》，合肥工业大学出版社2012年版。
③ 曹志耘主编：《中国方言文化典藏调查手册》，商务印书馆2015年版，第4页。

四、结语

亳州方言口头文化资源十分丰富，除了上面提到的歌谣、口彩禁忌、骂詈语、谜语、谚语、歇后语吆喝声等形式之外，还有顺口溜、惯用语、民间故事、历史传说以及大鼓、琴书、丝弦、莲花落等曲艺和大班会（鬼会）、二夹弦、亳州梆剧、泗州戏（拉魂腔）、清音等戏剧，其中有些文化资源在逐渐衰微甚至消亡，抢救记录、深入研究以至开发利用这些宝贵的文化财富刻不容缓。它不仅能够丰富中国语言文化资源的宝库，也能为我们的子孙留一份宝贵的亳州语言文化的资料，这无疑是功在千秋的大好事。

三、修辞研究

合典:典故使用的复杂形式

"合典"这个词,《辞海》《辞源》《汉语大词典》皆不载,然而研究典故和古典文学的人往往熟悉这个词,因为它确实是实际存在的一种修辞现象。典故是"诗文中引用的古代故事和有来历出处的词语"①。顾名思义,"合典"亦即两个(少数情况为三个,以下不注)典故合用的用典现象,其外在形式是一个相对凝固的简洁的词语,而其典源却是两个。与一个典故只有一个典源的单典相比,它无疑是一种复杂的典故形式。也就是说,一个典故词语的因素和意义的来源不是单一的,而是由几件事相佐而成,又能表达相同的意义,且意义更为丰富深刻,修辞色彩凝重练达。这就是典故的合用,简称合典。

一、合典的构成形式

合典的构成形式是很复杂的,大致可分以下几类。

(一)人异而事同,取合而用的合典。不同的人却发生相同的事或发生的事极相似,一个典故词语所取的典故因素,几件事中同时具有,如果在一定的语言环境中没有明显的标志去判断出用的是某一个的事,那么这就是合典。下面以"扇枕""温席"和"无双士"为例予以说明。"扇枕""温席"牵涉至少三个人的事。《东观汉记·黄香传》:黄香,江夏人,"躬执勤苦,尽心供养。冬无被褥,而亲极滋味。暑即扇床枕,寒即以身温席"。袁山松《后汉书》:罗威事母,"天寒常以身温席"。《晋书·王延传》:王延"事亲色养,夏则扇枕席,冬则以身温被"。黄香是"扇床枕""温席",罗威是"温席",王延是"扇枕席""温被"。此中虽然黄香是最为著名,但是作为一种研究方法,我们要这样对待:凡典故词所占典故因素为甲事所有,而其他几件事所不能共有,则应看作是甲典。如"黄香扇枕""江夏枕""温席扇枕"之类,罗威、王延

① 广东、广西、湖南、河南辞源修订组,商务印书馆编辑部:《辞源》(合订本),商务印书馆 1988 年版。

皆不能共有，是黄香典；而“扇枕温衾”“扇席”之类，应为王延典。除此之外，典故词所占典故因素为数事所共有，而又不能从语言环境中判断出究竟是用谁的事（有的能从语言环境中判断出来，如韩信有“国士无双”之誉，黄香有“无双国士”之誉，“无双士”一词，从词素上不好看出是用谁的，但柳亚子《高天梅以变雅楼卅年诗征索题》诗“淮阴谁是无双士”则可从“淮阴”判断是用韩信典。从语言环境中无法判断的，则是合典。有的从使用典故作品的题目中可看出，参见下文“三径”例），这种情况下应该看作合典，不宜硬说是用某一典故。如“温席”，黄香、罗威共有，孟浩然《送洗然弟进士举》诗“昏是须温席，寒多未授衣”。应看作合用黄香、罗威事；“扇枕”，黄香、王延共有，王维《送崔三往密州觐省》诗“同怀扇枕恋，独念倚门愁”，应看作合用黄香、王延事。

（二）人、事均异，取合而成的合典。不同的人，发生的事也不同，但其基本精神一致，人们经常合并使用，形式上构成一个典故词语，这是一种明显的合典。从词素所取的典故因素就可以看出是由几个典故合成的，以取合两个典故者居多。“悬梁刺股”“囊萤映雪”是这种合典的典型例子。“刺股”是苏秦的故事，《战国策· 秦策一》：“苏秦读书欲睡，引锥自刺其股，血流至足。”“悬梁”是孙敬的故事，《太平御览》卷三六三引《汉书》：孙敬“好学，晨夕不休，乃至眠睡疲寝，以绳系头悬屋梁”。“刺股”“悬梁”，一是苏秦，一是孙敬，故事也不同，然基本精神一致，皆以体罚自己的方式苦读，故两典常放在一起使用，习惯上合成一个典故词，以写勤学苦读。如王实甫的《西厢记》第二本第三折“可怜刺股悬梁志，险作离乡背井魂”。顾云《上池州庾员外启》：“披经阅史，无怠于光阴，雪牖萤窗，每加于悬刺。”“刺股悬梁”成为成语，“悬刺”亦凝为一词，这就是合典。“囊萤”“映雪”与此相似。“囊萤”典出《晋书·车胤传》：车胤“家贫不常得油，夏月则练囊盛数十萤火以照书，以夜继日焉”。“映雪”见于《初学记》卷二引《宋齐语》：“孙康家贫，常映雪读书。”“囊萤”“映雪”一为车胤的故事，一为孙康的故事，然而有着相似的特点：皆贫者的勤学苦读，后常合用，形容勤学苦读。如高明《琵琶记》第三六出：“我相公虽居凤阁鸾台，常在萤窗雪案，退朝之暇，手不停批。”辛弃疾《菩萨蛮·送曹君》词：“圣处一灯传，工夫萤雪边。”“萤窗雪案”“萤雪”皆取合两个典故，表达一个意义。再如“八龙三虎”。“八龙”典出《后汉书·荀淑传》：“荀淑，字季和，颍川颍阴人……有子八人：俭、绲、靖、焘、汪、爽、肃、专,并有名称,时人谓之‘八龙’。”“三虎”典出《后汉书·贾彪传》:“贾彪,字伟节,颍川定陵人也。……兄弟三人,并有高名,而彪最优。故天下称曰‘贾氏三虎,伟节最怒(努)’。”祖咏《赠苗发员外》:“八龙乘庆重,三虎通朝归。”卢纶《酬赵少尹戏示诸侄元阳等因以见赠》:“八龙三虎俨成行,琼树花开棕树张。”前者以“八龙三虎”比拟苗发兄弟十人才德出众,后者以之喻指赵少尹所示诸侄皆人中之杰,其意义相同。

这类合典,一般两件事要有相似的特点,特点越近,合成的机会就越多。上述刺股悬梁、囊萤映雪中的四件事,都是勤学苦读,而从境况和方式上,刺股悬梁更接近,囊萤映雪也相近,故前两个形成合典,后两个也形成了合典;前两个与后两个之间,虽然也偶有连用的,但未成为习惯,未构成较为固定的典故词语,因而不算合典。再如囊萤、映雪、凿壁、偷光;都是贫者勤读的典范,又都涉及照明,而前两个更接近,照明都取于自然界的光亮,相对于“凿壁偷光”又远些,于是“萤雪”是合典,而凿壁与前两者未形成合典,与偷光形成合典。“八龙”“三虎”都指人中之杰的意思,所以也形成了合典。

(三)多级用典造成的合典。后者本来使用前者,事却恰好相合,于是后人不仅使用前者,也使用后者,造成两者并用的局面,甚至于使用后者的频率高于前者。这种情况下,在没有明显的标志可判断是用哪一个的时候,则为合典。判断的方法与第一种情况相同。以“三径”为例加以说明。“三径”初有汉代蒋诩隐居的“三径”,赵岐《三辅决录·逃名》:西汉末,王莽专权,兖州刺史蒋诩告病辞官,隐居乡里:“舍中三径,唯羊仲、求仲从之游。”后多用为典,以写归隐,或借指家园。晋陶潜《归去来兮辞》“三径就荒,松菊犹存”,“三径”显然是用蒋诩典故借指自己的家园;而陶潜亦是辞官归隐,二事相合,陶潜的隐士之名又著于蒋诩,于是后用“三径”,又多有用陶潜者,造成二者并用的局面。这种情况,凡从典故词素或语言环境能判别的,则不是合典;不能判别的,应看作合典。如“陶潜三径”“元亮径”“蒋诩径”“蒋径”等,皆从词素上已可明显看出是取的哪一个典故。再如,张炎《风入松·赠蒋道录溪山堂》词:“旧家三径竹千竿,苍雪拂衣寒。”仅从“三径”不能说用蒋诩的还是陶潜的,但这首词是赠蒋道录的,与蒋诩姓合,应是用蒋诩典。辛弃疾《沁园春·带湖新居将成》词“三径初成,鹤怨猿惊”中的“三径”,无论从词素还是语言环境都无法判定,则应看作合典。也有能从语言环境中看出是合典的,如元好问《答吴天益》诗:“三径他时望羊仲,却应松菊未销忧。”语境中出现的“羊仲”出自蒋诩典，而“松菊”出自陶潜文，则“三径”运用合典的用意非常明显。

（四）窜用造成的合典。以《桃花源记》与“刘阮上天台”为例。陶潜《桃花源记》记武陵人沿溪捕鱼，忽逢桃花林，林尽水源，见一山洞，洞内别有天地。渔人停数日而返。后欲复寻其处，却迷而不复得路。“刘阮上天台”的故事，据刘义庆《幽明录》等书记载，汉明帝永平五年，刘晨、阮肇入天台山采药，迷而得返，见一桃树，采桃而食。后艳遇二仙女，停居半年还乡。后于太康年间复至天台，二仙子已不见。这两件事有几个相似处：所描写的境界都与世隔绝，幸福和乐，又都是偶然遇到（一是捕鱼，一是采药），并都受到热情接待；桃树在两个故事中都是重要因素，人物都曾迷路，又都去而复返，结果都未再到。这众多的相似之处，造成使用上的窜用情况。《桃花源记》描写的不是仙境，而是避乱隐居，它生发的典故义应写隐居；但是，有的把“桃花源”中引发的典故义借来写情爱或仙境，这显然是窜用“刘阮上天台”的结果。如王实甫《西厢记》第一本第一折：“春光在眼前，争奈玉人不见，将一座梵王宫疑是武陵源。”“武陵园”完全是“桃花源”的因素，却用来写爱情。这种情况，应看作合典，是取甲之形与乙之义而合成的。“仙源”一词所带来的窜用二事的痕迹更明显，从所取典故因素看，“仙”源于“刘阮”事，“源”在《桃花源记》中，是取合两个典故因素而成的，这种情况，无论它被用来表示哪种意义，都应看作是合典。这种合典是一种特殊的合典，也是不常见的，但既存在，又特殊，我们就要指出来。

（五）人名合用造成的合典。几个特点相似的人物合并成词，外表上近于人名的并称，典故的意义较淡，但由于常被用来表达一定的含义，而含义的来源已包含了几个人物事件的概括，仍属于典故运用的一种，不同于一般历史上及习惯上的人物并称。如“金张许史”，《汉书·盖宽饶传》：“上无许、史之属，下无金、张之托。”颜师古注：“许氏、史氏有外戚之恩，金氏、张氏自托于近狎也。”四人成为贵戚，或为宠臣、弄臣，后人常合用以喻权臣、弄臣、贵戚等，这应看为合典。类似的较多，如“桓孟”，“桓”指桓少君，不厌丈夫清贫，“着短布裳，与丈夫鲍宣共挽鹿车归乡里。……修行妇道，乡邦称之”。见《后汉书·鲍宣妻传》。“孟”指“孟光”，貌丑而有妇德，不嫌梁鸿清贫而嫁之，“为椎髻，着布衣”，“荆钗布裙”，与夫共隐。见《后汉书·梁鸿传》及《列女传》。二人皆用为典故，因特点相似，常二人并称成词使用，作为妇德的典范，是合典。

（六）几个事物各不相同合并成词，用来表达一定的含义，词语浑然一体，似非合典而实为合典。如蟾兔、兔蟾、乌蟾、乌飞兔走、兔走乌飞、蜍兔。“兔”典出战国屈原《天问》：“厥利维何，而顾菟在腹？”汉王逸注：“言月中有菟，何所贪利居月之腹而顾望乎？菟，一作兔。”“乌”，典出《史记·龟策列传》：“孔子闻之曰：‘日为德而君于天下，辱于三足之乌。’”“蟾蜍”，汉张衡《灵宪》：“姮娥奔月，是为蟾蜍。”另见《五经通义》。例如：唐权德舆《祗役西路上以诗代书寄内》：“别来如昨日，每见蟾兔缺。”唐李贺《梦天》：“老兔寒蟾泣天色，云楼半开壁斜白。”上二例均用以咏月。唐韩愈《苦寒》：“日月虽云尊，不能活乌蟾。”此以“乌蟾”咏日月。唐韩琮《春愁》：“金乌长飞玉兔走，青鬓常青古未有。”此以“乌飞兔走”代指日月运转，时光流逝。用典意义相同，典故之形亦可为“兔走乌飞”，如唐韦庄《秋日早行》：“行人自是心如火，兔走乌飞不觉长。”

二、形态相类而非合典的情况

上文阐明了合典的形态，但是，还有一些情况与之外在形态上相似，却并非合典者，我们应该加以区别。

（一）同是一人一事，见于不同记载。如“贾谊鵩鹏”故事是贾谊在长沙为太傅三年，有鹏鸟止于坐隅，贾谊本是谪居长沙，长沙卑湿，自以为寿不得长，伤悼之，乃作《鹏鸟鵩》。《史记·屈原贾生列传》与《汉书·贾谊传》皆载此事。而葛洪《西京杂记》谓“贾谊在长沙。鹏集其承尘。长沙俗，以鹏鸟至人家，主人死”。各种记载虽略有出入，但只可看作这个故事的补充。

（二）不同的人与事，产生的典故词的词素却完全相同，表示的意义没有牵连。如“题柱”，有司马相如过升仙桥题桥柱立志事，又有汉灵帝题殿柱赞扬田风仪表出众之事。后皆用为典，“题柱”一词，表示立志之意时为司马相如典，表示仪表出众或荣耀之意时为田风典，区别是明显的。

（三）一件事中有几个人物，常并列使用表达一个意义，是对同一个典故中因素的取合，不是合典。如刘晨、阮肇上天台之事，“刘”“阮”是同一个典故中的因素，因此“刘阮”一词不是合典。

（四）历史人物的并称，不是在作品中被当作某种意义使用时，不是合典。如文学史上讲的“李杜”等。

三、合典和合叙的区别

合典和合叙是有相似之处的。合典是取合几件事来表达一个意义,合叙是将“通常需两套或更多语言结构表达的内容综合到一套语言结构中,使表达简练、结构紧凑、内容丰富”[①]。因此,虽然合典和合叙都是取合几件事情去述说较为复杂的事情,但从意义上说,合典取合的几件事情必须相同或有相似点,即取合的几件事要能表达相同的意义。如“刺股悬梁”都有用常人难以承受的方式强迫自已勤学苦读的意义,“扇枕温衾”均有侍奉双亲,极为孝顺之意;而合叙取合的几件事情并不能表达相同的意义。如:“夫种、蠡无一罪,身死亡。”[②]即“种无一罪,身死;蠡无一罪,身亡(逃亡)”[③]。两件事情表达的内容显然不同。从形式上看,合典所包含的几件事是浓缩在一个词(多为固定短语)中,如“囊萤映雪”“八龙三虎”(分析见上文)。而合叙所包含的几件事往往是浓缩在一个句子中。如《三国志·蜀书·诸葛亮传》:“侍中侍郎郭攸之费祎董允等,此皆良实,志虑忠纯。”“树达按:《蜀书·费祎传》云:侍中郭攸之费祎。”又卷九《董允传》云:侍中郭攸之费祎,侍郎董允,然则亮传侍中侍郎者,侍中系郭攸之费祎二人,侍郎系董允也。”[④]可见“侍中郭攸之费祎,侍郎董允”是两件事缩在“侍中侍郎郭攸之费祎董允等”一句话中。

四、合典的修辞效果

启功先生说:用典“多是把事物压缩成为‘信号’……供人联想或检索”[⑤],“无论剪裁、压缩、简化、命名,任何办法,都是要把那件事物,作为一个小集成电路,放在对方的脑子中去”[⑥]。这种“压缩成的信号”或“小集成电路”所包括的内容往往很丰富,而“信号”或“小集成电路”本身往往又只取典源全部信号的某一个因素,这就造成了典故词语表意的隐含性及尚虚、尚宽的表意特点[⑦]。而作为典故义的接受者(读者),就必须弄清这个“信号”或“小集成电路”中所隐藏的全部内容。合典的修辞意义与一般的典故基本上是一致

---

① 成伟均、唐仲扬、向宏叶主编:《修辞通鉴》,中国青年出版社 1991 年版。

② 《汉书·韩王信传》。

③ 杨树达:《中国修辞学》,中华书局 1984 年版,第 157 页。

④ 杨树达:《中国修辞学》,中华书局 1984 年版,第 159 页。

⑤ 启功:《汉语现象论丛》,中华书局 1997 年版,第 95 页。

⑥ 启功:《汉语现象论丛》,中华书局 1997 年版,第 97 页。

⑦ 关于典故词的表意特点,参见李景新 2000 “事典词”特点初探,《琼州大学学报》第 4 期。

的，但因为合典的“信号”（小集成电路）所隐含的内容要比单典至少多一倍，它提供给接受者的信息更加丰富，因此它包含的意象更练达、更丰富，能给人造成更丰蕴的联想，修辞效果更强烈。如上述元好问例，有意识地用“三径”一词概括二人之事，其含义就要比单取某一人的“三径”要丰富，懂得典故的人，就会把蒋诩和陶渊明二人的品德合起来去思考作品的用意。因此，凡有可能被看作合典的，则无论使用者在使用时是否有此意向，既成语言事实，我们也可以当作合典理解。

互文在现代汉语中的运用

互文是“互文见义”的简称，又称“互言”或“互辞”。它作为一种修辞手法，最早注意到它的是汉代的郑玄，到唐代的贾公彦《礼仪注疏》的解释则较全面。说：“凡言互文者，是两物各取一边而省文，故日互文”。清代学者俞樾又提出“参互见义”的见解，即“古人之文，有参互以见义者”。新版《辞源》对其的解释则是：“旧体诗的一种技巧，指一联中上下文互相呼应，彼此映衬。”这样，综合以上几家的见解，便概括了“互文”的全貌：分开来看是“互文”，合起来则见义，因此，“互文”是上文省却下文出现的词语，下文省却上文出现的词语，参互成文，合而见义，使语言凝练简洁，语意含蓄丰富。例如：“烟笼寒水月笼沙”（杜牧《泊秦淮》）就是互文，即当合起来解释成“烟月笼着寒水烟月笼着沙”。

“互文”这种辞格，古代汉语中的运用是很丰富的，其实，它在现代汉语中也常有呈现，如李瑛《一月的哀思》：“云水间，满眼乱飞的挽幛；风雷中，满耳坚定的誓词。”就文互相备，义互相足，即意思为：云水间既有满眼的挽幛，也有坚定的誓词；风雷中既有坚定的誓词，也有满眼的挽幛。可见，“互文”辞格至今还承用不衰。

从文体上看，现代汉语互文常运用在韵文、散文和杂文中。

一、在诗歌中的运用

这种体裁，特别要求语言精练，意蕴丰富，节奏鲜明，音韵和谐，讲究结构的形式美。这也符合“互文”辞格的特点。例如李瑛《一月哀思》:“一个为八亿人,耗尽了最后一丝精力的伟大的英雄;一个为三十亿人,倾尽了最后一滴心血的伟大的战士!”上句中的“为八亿人”,也包含有下句的“为三十亿人”,下句中的“为三十亿人”,也包含上句的“为八亿人”,“为八亿人”和“为三十亿人”互文(这是一则“借代”兼“互文”的综合辞格,其中的“八亿人”借指“全国各族人民”,“三十亿人”借指“全世界人民”)。合而见义为:“(周总理)是一个为八亿人及三十亿人耗尽了最后一丝精力,倾尽了最后一滴鲜血的伟大英雄和战士。”再如:“是山崩,你声冲云霞;是虎吼,你把大地动摇!”(蒲风《茫茫夜·农村前奏曲》)如果仅从现成结构上按文字序列仅仅理解为“山崩的声音能冲破云霞,虎的吼声能把大地动摇”的话,那就机械呆板,冥灭了诗意,因为这种特殊的结构里蕴含的内容应该为“山崩的声音能冲破云霞。也能把大地动摇;虎吼的声音能把大地动摇,也能冲破云霞。”用互文结构寓含丰富的内容,是诗歌惯用的手法。

二、在散文和杂文中的运用

在现代散文或杂文中也运用颇多。如“水电工人长年累月从一个深山转到另一个峡谷”,“深山”和“峡谷”事同而互相发明。“深山”暗含“峡谷”之意,“峡谷”寓含“深山”的内涵。再如鲁迅《记念刘和珍君》:“中国军人的屠戮妇婴的伟绩,八国联军的惩创学生的武功,不幸全被这几缕血痕抹杀了。”如果将这几句话理解为“屠戮妇婴”的仅为那时代的“中国军人”,“惩创学生”的只是“八国联军”,也就不免理解片面了。其实这句话的完整意义在于“中国军人的屠戮妇婴和惩创学生的伟绩,八国联军的惩创学生及屠戮妇婴的武功,不幸全被这几缕血痕抹杀了”。当然,和韵文相比,散文或杂文中的互文辞格灵活性可能更大。

从语体上看,现代汉语的互文在口语中运用广泛。

和古代汉语相比,现代汉语的互文现象在口语中较为活跃,如“风里来雨里去”“吃香的,喝辣的”等。尤其是在口语表达中的短语,其每个语素(或词)都有意义,合起来收到“文省而意存”的修辞效果。这可分为两类:一类是构成短语的语素(或词)意义,通过互文辞法分析后加起来就是整个短语的意义。如“读书看报、游山玩水”等。“读书看报”的“读”和“看”,“书”和“报”均为互文,意思是“读看书报”。“游山玩水”中“游”与“玩”,“山”与“水”也都是互文,意思就是“游玩山水”。另一类是通过互文辞法的分析后,整个短语的意义并不是构成成分意义的简单相加，而是通过比喻、形容，产生了新的意思，有的还带有附加意义，如"风里来雨里去""穿金戴银""挑肥拣瘦"等。"风里来雨里去"意思是"风雨里来去"。比喻经常在外面奔波，很辛苦。"穿金戴银"应是"穿戴金银"之意，用以形容穿戴或饰物华丽名贵。"挑肥拣瘦"意为"挑拣肥瘦"，比喻善于挑选对自己有利的（含有贬义）。"互文"在书面语表达的固定短语中也有表现，如："披星戴月""朝歌夜弦""惊天动地""群策群力"等，这种情况和口语中短语的类型及分析大体相同，如："披星戴月""朝歌夜弦""惊天动地"等。

从美学效果上看，它能收到相互补充说明、句式结构整齐匀称的效果。

这在现代汉语的同义词运用方面有较明显的表现。如李瑛《一月哀思》："广场——如此肃穆。长街——如此沉寂。""肃穆"和"沉寂"在这里相互补充说明，表现出语言的错综美和变化美。有时在同一语言环境中使用同义词，既可以避免重复，又可使语义的表达更为准确。如魏巍的《谁是最可爱的人》中有"我们以我们的祖国有这样的英雄而骄傲，我们以生在这个英雄的国度而自豪"的句子。此句中的"骄傲"与"自豪"配合使用，充分抒发了作者对祖国及其英雄儿女的赞颂之情，充满了强烈的民族自豪感，也避免了行文重复。

从结构上看，现代汉语的互文可以分为平列式结构和对举式结构。

平列式结构是指文句上下平列，上文写明下文省略之文，下文写明上文省略之文，两两参互，合而见义，如前面所举"云水间，满眼乱飞的挽幛；风雷中，满耳坚定的誓词"之句就是。这种形式在固定短语和口语中均有表现，如"道听途说""惊心动魄""精雕细刻""狗吃猫叱""大店进小店出""牛高马大"等，均为平列式结构互文。

"对举式结构互文。结构上，上文和下文形为平列，实为对举，上文省去下文暗含的意义，下文省去上文暗含的意义，参互成文，合而见义。"[①]像"这样说就把抽象枯燥的数字变得具体有味了"。上言"'枯燥'而意含'无味'，下言'有味'而意含'不枯燥'，前后对以相反而意相足"[②]。以上这两种结构类型是现代汉语中比较常见的，但并非说只有这两种。从表达上看，现代汉语的互文有着简洁凝练、含蓄丰富的修辞效用。因为"'各举一边而省文'节

① 成伟均、唐仲扬、向宏业：《修辞通鉴》，中国青年出版社1991年版。

② 石云孙：《"互文"简论》，安徽省语言学会：《语言学论文集》，安徽教育出版社1989年版。

省了文字，语言简洁了，结构也凝练了，但‘字去而意留’，所以互文是一种很经济的表达方式”[①]。这就使话语行文精练简洁，语气顺畅。同时，“文互相备”“互相发明”，正指明了互文含蓄丰富的特点。这就使它“各举一边而对以相反，互为反衬，相得益彰，尤其具有扪毛辨骨，望表知里的表达作用”[②]。

一般认为，现代汉语“互文”不含“互体”，古代汉语“互文”含有“互体”。“‘互体’即上下文各省一边，使某些内容互相包含，互相补充。互体和互文一样，古已有之。古代人们并没有把互文和互体区别开来”[③]。这是因为“互文和互体有共同点，即结构上上文和下文各省一边，意义上用上文中明写的部分补充下文中省却的内容，用下文中明写的内容去补足上文中没有写明的部分”[④]。如杜甫《狂夫》诗“风含翠筿娟娟净，雨禁红蕖冉冉香”用了互体辞格。从结构上看，上句只见风，而省略了雨；下句只写雨，而省却风。从意义上看，上句的风意应该补充下旬的雨中，下旬的雨意也应该融入上句的风中，即“风中有雨，雨中有风”。所以说“互文”和“互体”无论在结构与意义上均有共同之处。因而说古汉语互文、互体是不分的，互文中会有互体。然而，“互文”和“互体”的区别还是很明显的，即“互文可以是单句，也可以是复句，互体则只有在复句中方可组织；互文省却的是‘文字’，省却的‘痕迹’十分显露，可以明确无误地将上文或下文明写的文字补在省却的位置上，而互体省却的是‘事物’，不容易将上文或下文明写的文字补上去”[⑤]。所以，现代汉语将互文、互体分为两种辞格。

现代汉语互文和古汉语互文既有联系，又有区别。从目前的研究看，对古代汉语“互文”的研究比较全面。但对现代汉语互文的研究还不够深入，有待于我们进一步探讨。

---

① 石云孙：《“互文”简论》，安徽省语言学会：《语言学论文集》，安徽教育出版社 1989 年版。
② 石云孙：《“互文”简论》，安徽省语言学会：《语言学论文集》，安徽教育出版社 1989 年版。
③ 成伟均、唐仲扬、向宏业：《修辞通鉴》，中国青年出版社 1991 年版。
④ 成伟均、唐仲扬、向宏业：《修辞通鉴》，中国青年出版社 1991 年版。
⑤ 成伟均、唐仲扬、向宏业：《修辞通鉴》，中国青年出版社 1991 年版。

《岳阳楼记》微观修辞三探

范仲淹以诗为文,写下了传诵千古的《岳阳楼记》。他写"记"却生面别开,巧妙地把叙事、写景、抒情、寄慨、议论等熔为一冶,拨动着千千万万读者的心弦。《岳阳楼记》的修辞之妙,已有很多学者进行过探索,本文就微观修辞的另一侧面——语音、词语、句法进行深一步探索。

一

从语音修辞说,《岳阳楼记》充分利用汉语音乐性强的特点,即利用音节中丰富的乐音音素来增强表达效果。韵脚中的音节如"空""形""明""惊""顷""泳""青",韵母中的元音和鼻音,洪亮而富有韵味;而"江""汤""湘""忘""洋",则更加嘹亮而昂扬,二者又都有绵长、悠扬的特色。当它们有规律地再现,循环往复,自然构成了回环复沓的美,而音韵的悠扬婉转又显示出浓厚的抒情色彩。

节奏是语言音韵美的基本因素。《岳阳楼记》的语言节奏是很有特色的:行文由弛而张、由缓而速,其表情功能同语意浑然一体,水乳交融。起始段叙述交代,用中长句:"庆历四年春,滕子京谪守巴陵郡……"款款道来,舒缓而自然,流利而畅达;承渡段则在此基础上点染结合,由三字句"衔远山,吞长江",四字句"朝晖夕阴,气象万千"等,五字句"在洞庭一湖",六字句"前人之述备矣",七字句"予观夫巴陵胜状"……乃至九字句"此则岳阳楼之大观也",长短兼用,骈散相间,参差错落,节奏富有跳跃性和错综美;中间"淫雨霏霏""春和景明"两段绘景,四字骈句为主体,形成快速、鲜明、嘹亮、递进、洒脱的节奏特色,力度极强地表现了作者汹涌澎湃的激情。句子整齐而又有变化,节奏与感情协调一致,故声情并茂,像旋律美妙的乐曲,似情景交融的诗赋,隽永而又动人。结尾段,句子有长有短,亦骈亦散,节奏似首段而又胜过首段,貌似由张而弛,实际上由于句式的灵活变化,把感情推到了高潮,节奏的表情功能得到了充分的体现。

《岳阳楼记》的语音修辞还体现在音趣和象物音的巧妙运用上。音趣指字词的声音与语意相称。选用得好，字音所表现的意味能够直接帮助体现词语的意义。动词如“衔”“吞”“通”“开”“登”“讥”等，使人觉得声音和意义天然凑泊；形容词性词语如“政通人和”“气象万千”“春和景明”等，声音和意境正相吻合；表现情绪的“怒”“乐”“悲”“喜”等，声音和感情简直妙合无垠：“嗟”“噫”等叹词，字音即词义……仔细品味，妙趣无穷！象物音如阴风之怒“号”，浊浪之排“空”，虎之“啸”，猿之“啼”，淫雨之“霏霏”，湖水之“浩浩汤汤”……字音与事物的声音颇相近似；“大”观、“长”烟、渔“歌”、临“风”、喜“洋洋”、庙堂之“高”、江湖之“远”……发音动作与口形与事物的情貌亦相仿佛①。上述音趣和象物音的利用，可通过人们的联想或通感，使语言和声音互相融合，达到音义一体的妙境，因而具有歌曲般的音乐美，自然而然地增强了语言的表现力，提高了语言的表达效果。

双音化是语音修辞的重要手段。《岳阳楼记》的双音化倾向是十分明显的。双音节语音段落占绝对优势，两个语素结合为一体，使语义完备而确定，构造简单而经济，音节协调匀称而平衡，节奏整齐流畅而鲜明，因而读者最易接受和最为喜爱。而双音节词占优势又直接促进四字语比例的大增，全文计用五十多个、二百多字，占全文的三分之二以上，而写景两段几乎全用四字语，故诗情荡漾。爱好四音节组合（两个双音词）同汉民族文化和心理传统是密切相关的。四字组合的修辞作用，一方面使音节整齐而匀称，节奏流畅，音调铿锵，语气贯通；另一方面使形象鲜明，语意突出。一些类似熟语的四字短语如：“政通人和”“百废俱兴”“去国怀乡，忧谗畏讥”“心旷神怡，宠辱皆忘”“不以物喜，不以己悲”……其精练的思想内容同整齐的语音形式相结合，就精妙地突出了深邃的思想感情。

双声、叠韵是汉语传统的特殊修辞手段，能取得显著的、特殊的修辞效果，“叠韵如两玉相叩，取其铿锵；双声如贯珠，取其婉转”②。“潇湘”“隐曜”“满目”“游泳”等双声词，“远山”“长江”“万千”“静影”“锦鳞”等叠韵词，由于具有相同的语音成分的再现，从而使一些声音得到了加强和巩固，形成了回环的美，增强了语言的音乐美和表现力。像“锦鳞游泳”等既双声又叠韵的互相配合，更加铿锵悦耳、回环荡漾，给人以深刻的印象和强烈的感受。

---

① 陈望道：《修辞学发凡》，上海教育出版社 1976 年版，第 20 页。

② 李重华：《贞一斋诗说》，第 78 页。

“霏霏”“冥冥”“浩浩汤汤”“郁郁青青”等叠音词的应用,产生了特殊的音响效果。声音的重复出现,循环往复,连绵不断,其描绘作用十分显著。“冥冥”绘色,“郁郁”摹味,“霏霏”“汤汤”则形声俱备,都给人以具体而形象的感受,“洋洋”状喜悦情则更加强了表情的功能。

音节具有声调且分平仄声是汉语的特点之一。声调和平仄的组织配合巧妙,是《岳阳楼记》语音修辞的又一特色。四字短语如“南极潇湘”“沙鸥翔集”“朝晖夕阴”等全平声七处,“政通人和”“春和景明”“长烟一空”等一仄三平十二处;“岸芷汀兰,郁郁青青”“把酒临风”等仄仄平平十三处;“北通巫峡”“去国怀乡”“感极而悲”等仄起平收者八处;“衔远山,吞长江”“进亦忧,退亦忧”等九处三字短语,全为平收。平声昂扬,平收与仄收(七处)反差大,尤其平仄的对立与交替,丰富了行文的错综变化,使文字具有起伏跌宕的旋律美,而用得最多的仄仄平平和平平仄平的组合,更微妙地表现了作者的激情,具有昂扬奋进的意象之美。

平声字收尾,极易取得音韵嚓亮的效果。如果从句末用字来考察,则可发现这些字多用长音节(多音素)字和音韵嘹亮的字。以承渡段为例,句末字多数选用开口度大、音色清亮的韵母,其中“巴陵胜状”“衔远山,吞长江”“浩浩汤汤,横(无际)涯”“(气)象万千”“大观”“北通(巫)峡,南(极)潇湘”……韵母为 a、ia、ao、iao、an、uan、ian、ei、en、eng、ing、ong、ang、uung、iang……这些就给全文定下了激昂强劲、慷慨奋发的基调,具有特殊的修辞作用。

《岳阳楼记》写景处采用赋体,即王正德所谓“用对语说时景”。其四字结构珠圆玉润,音律协和。“淫雨霏霏”一段,以“十灰”为主韵,与悲伤忧郁的“览物之情”适相吻合;中间灵活地插入“空”“形”为韵,显示出深沉和严肃,两相配合,更显其妙。而“春和景明”一段,则用“八庚”为主韵,韵字中全有鼻辅音,故洪亮、绵长,具有浓重的抒情色彩,真切地表达了欣喜快慰之情;再以“空”为接榫,引出“里”“璧”“极”,表现潇洒、喜悦之情,恰到好处;最后用“七阳”,淋漓尽致地突出了豪放、雄迈的激情。这两段所显现的各种形式的音韵美感是互相渗透的,它们于整齐之中有变化,平直之中有抑扬,回环之中有推进。其中间灵活的换韵,体现了骈文“异音相从”的抑扬顿挫和反复回荡之美。这样就大大增加了语言的美学信息,给人以丰富的美的享受,从而使语音和语意得到协调和统一。

二

从词语修辞说,《岳阳楼记》在词语的选用、连用,同义词、反义词的选用,模糊语、艺术辞藻的运用等方面,都弥足称道。

寻常词语的艺术化,是修辞格范畴以外的选词工夫。《岳阳楼记》选用、推敲动词的功力十分深湛。“衔”“吞”写湖水,“潜形”写山岳,“惊”写波澜……各臻其妙;而“谪守”之用尤臻化境:试想,如用“移守”“来知”,则不能显示滕子京亦为“迁客”之一,如用“谪至”又显示不出滕的地方官身份,与“政通人和”则关联不妙。仔细品味选用“谪守”恰切绝伦,令人叫绝。

“览物之情得无异乎”,形容词“异”,下承启“悲、喜、忧、乐”的复杂感情,又兼过渡,精巧至极。被誉为全文之“眼”;“政通人和”表明“重修岳阳楼”乃“后天下之乐而乐”,更显熨帖,又收到兼赞滕子京之妙。

《岳阳楼记》选用虚词妙而能达。随处可见,现以连词选用为例说明之:言故连词“乃”,显示“重修岳阳楼”之适当其时,不可移易;“先天下之忧而忧,后天下之乐而乐”,两“而”微妙地显示了警策的韵味;“居庙堂之高,则忧其民;处江湖之远,则忧其君”,两“则”,自然妥帖,又可显示出对句互文的内在含义;“然则北通巫峡”“然则何时而乐”,两个“然则”表示两个大的转折,峭拔凌厉,力度强劲,平添了文章的气势。更端发语词“若夫”“至若”亦巧妙地起到了连接的作用,又流露出赋的韵律,尤觉浑成而自然。

同义词的使用如:衔与吞,际与涯,通与极,隐与潜,啸与啼,心与神……有的精确地表现出细微的差别,严谨而确切;有的形成了词语的交互错综,生动活泼而富于变化。

反义词的相关连用,如:“废”与“兴”,“朝”与“夕”,“宠”与“辱”,“喜”与“悲”…… 在对举或映衬中,揭示出矛盾对立,在对比之中增强了语言的表现力,收到了特殊的修辞效果。特别值得称道的是结尾的点明主题段,七组反义词连用,通过“物”与“己”,“进”与“退”,“君”与“民”,“庙堂”与“江湖”,以及“先”与“后”,“悲”与“喜”,“忧”与“乐”(有的虽系普通词语,但在具体语境中对举使之具有了反义词的作用),具体地揭示出“古仁人”那种不计较个人得失、自己的追求与天下众人的意愿息息相关的崇高精神境界,充分显示了反义词的修辞妙用。

模糊语具有丰富的修辞作用,作者选用了诸如 “春”“多”“悲”“喜”“胜状”“大观”“阴风”“萧然”“长烟”“前人”及“百废俱兴”“气象万千”“心旷神怡”等，这些词语，有的用以叙事，有的用以写景、状物，有的用以抒发感情，但却都没有明确的外延，所表示的是不精确的相对概念，因而含蕴更大的容量，给读者留下了驰骋想象的广阔空间，语意更经得起咀嚼，更耐人寻味。这也许就是短短的三百多字竟能容纳如许丰富浩瀚的内容的奥秘所在。

《岳阳楼记》给人印象特深的是“对语写景”两段的词组连用：如“淫雨之霏霏”“阴风之怒号”“浊浪之排空”“薄暮之冥冥”……如“春之和”“景之明”“跃金之浮光”“沉璧之静影”“一碧万顷之上下天光”“郁郁青青之岸芷汀兰”……都以整饬的四字语面目出现，意义连贯、语气一致，如珍珠走盘，鸣泉叮咚，时而铁马奔驰，时而佩玉琳琅……使人在乐于领受其悲喜之情的同时，又受到美的陶冶，获得美的享受，其非凡的感染力是中国散文史上所罕见的。

上述连用的词语大都是艺术辞藻，形象地绘形绘色，增添了绮丽的色彩。其他如词的能动变化，谦敬语的使用，词语的色彩、声音搭配等等，亦随处可见，兹不赘述。

三

从句法修辞说，《岳阳楼记》文约而义丰，它以短句为文，传达了丰富的信息量，充分反映了句子修辞的魅力。

陈述句不带强烈的感情色彩，但本文在使用时却能够灵活多变。开头一段三句不带语气助词，缓缓道来，纡徐而自然，稳健而平和，从容不迫，大家风度豁然；点染洞庭“气象万千”之后，结句曰“此则岳阳楼之大观也”。语气助词“也”明显流露着肯定、强调乃至赞美之情；接句“前人之述备矣”，“矣”虽略同于“也”，表示了“已然”的语气，但情绪有了明显的缓和。更重要的是为紧接的“然则”蓄势，为把“览物之情”推上去，作了极妙的铺垫。上述三种陈述句的巧妙运用，使文字起伏跌宕，情趣盎然。

三种疑问句的使用，又构成了本文的一大特色：“微斯人，吾谁与归？”为特指式问句，用疑问代词指明疑点，引起读者的思考；“然则何时而乐耶？”在引起读者疑问之后，自然会更加注意下句的答案，语意因而得到突出。“览物之情得无异乎？”这是肯定后面述说的反诘句，而“得无”后面所说的正是全句所要肯定的，这就委婉地加强了肯定正面确定述说的语气，在疑问句中力度最强。揣测性的测度句“其必曰‘先天下之忧而忧，后天下之乐而乐’

耶？”这种测度句则具有语气委婉，意韵含蓄，意味深长之妙。

运用给感叹中心以修饰限制的感叹句“此乐何极！”，一个“何”字给人以激情奔涌之感；句首加感叹词的感叹句“噫，微斯人，吾谁与归？”叹词与询问句配合，互相加强，使浓重而深沉的感慨，得以淋漓尽致地表现，激荡着读者的心……而使用语气助词的感叹句“后天下之乐而乐”后的“耶”（亦作“欤”“乎”），既强调了感叹的语气又加重了分量，更突出了情感的抒发。

句不成群的独立完全句的选用，在文中是比较突出的：“滕子京谪守巴陵郡”“此则岳阳楼之大观也”“予尝求古仁人之心”……这些主谓完全句，主要成分齐全，结构完整，表达得直白而明晰，严谨而周密，且能显示出作者的雍容大度。而对不同对象作不同描述的完整句，如“春和景明”的洞庭湖是“波澜不惊”“上下天光，一碧万顷”“沙鸥翔集”“锦鳞游泳”“岸芷汀兰，郁郁青青”；秋夜的洞庭是“长烟一空”“皓月千里”“浮光跃金”“静影沉璧”“渔歌互答”“此乐何极”……采用完全句分别描述，既避免了混淆，更给读者描绘出洞庭湖特定时间的全貌，全面而周至，读者获得的是完整的印象、全面的美感。

刘熙载在《艺概》中说：“一篇文其用意可以一言蔽之。”是之谓“主脑句”。“先天下之忧而忧，后天下之乐而乐”就是传诵千古的格言式的“主脑句”（今谓之“主题句”）。作者有意识地安排在文章的结尾，显然是在上面叙述、描绘、议论、归纳层层蓄势之后，瓜熟蒂落、水到渠成、简劲精警，使主旨升华到不可企及的峰巅，更使全文为之熠熠生辉，堪称妙辞俊句。

“编字不只，捶句皆双，修短取均，奇偶相配”[①]系指整饬匀称的整句。《岳阳楼记》选用为人们所喜见乐闻的整句形式极具特色，大大增强了艺术美感。所用严式整句有单层单项者如“先天下之忧而忧，后天下之乐而乐”等，双层双项者有“阴风怒号，浊浪排空，日星隐耀，山岳潜形”等，对仗严整，平仄谐调，意义贯通且互相补充。看，整齐对称，井然划一；读，平仄协和，琅琅上口；听，抑扬跌宕，悦耳动听……具有对称美、音乐美、节奏感。所用宽式整句有双项者如“去国怀乡，忧谗畏讥，满目萧然，感极而悲”，基本上匀称整齐，悲景悲情，悲在其中。三项宽式整句如“北通巫峡，南极潇湘；迁客骚人，多会于此；览物之情，得无异乎？”多项宽式整句如“春和景明”四句三十

① 刘知幾：《史通·叙事》。

二字,叙事抒情,写景状物,亦具“修短取均”的严整美。而“衔远山,吞长江,浩浩汤汤,横无际涯,朝晖夕阴,气象万千”,以四字格为主,兼用三字格,但仍给人结构整齐、音节铿锵、琅琅上口的美感。上述数处,绘形绘动,绘声绘色,千姿百态寓于整饬流畅之中,情景逼真,感人至深。即使是议论句如“居庙堂之高,则忧其民;处江湖之远,则忧其君”等,亦于严整的对比中,给人整齐严谨的美感。

纵观全文,句式整散交错 浑然一体,和谐匀称又参差错落,变幻多姿;而且整中有散,散中有整,整散互衬,情致高妙。

《岳阳楼记》长句较少,短句比例特大。一至四字格近六十个,全篇平均每句仅四点七字,因此显得简明:语句明白而清晰,简洁而遒劲,精练而铿锵。综观全文,中间两段整句、短句为主,首尾段及承渡段则长短交错。以尾段为例:独词句“噫!”,感叹句“嗟夫”,疑问句“何哉?”,均二言,三字结构“进亦忧,退亦忧”,四字句“不以物喜,不以己悲”……而“后天下之乐”句则长达八字。这样,短句长句交相使用,具体与概括有机结合,二者相得益彰。使语言变化灵活,文字跌宕有致。

另外,《岳阳楼记》连句成片的艺术,主谓句、非主谓句、判断句、描写句、陈述句、评议句、肯定句、否定句乃至紧句、松句的选用,亦各臻妙境,兹不一一赘述。

四、普通话教学与测试研究

普通话水平测试三题

教育部国家语委 2003 年新颁布的《普通话水平测试大纲》规定:普通话水平测试的内容包括普通话语音、词汇和语法,试卷的构成包括单音节字词、多音节词语、选择判断(语汇、语法)、朗读短文、命题说话五个组成部分(根据我省的实际情况,省去了选择判断一项),本人拟就第一、二、三项测试中的几个常见问题,谈一下自己的看法。

一、第一项测试内容常见的问题

1.声母中除了 z、c、s - zh、ch、sh,n - l,f - h,零声母音节前加 r 等现象引起了主测者的广泛注意外,以下现象还尚未引起注意。

(1)轻微的尖音现象,即 j、q、x 舌面前声母前移,接近 z、c、s 舌尖前声母。从其自身发音部位上看,“本应与硬腭成阻的舌面前部后移下沉,脱离与硬腭的接触,并形成一种不正确的发音动作,舌尖由原来抵住下齿背趋向齿背,但是发出来的音还不是 z、c、s ”①这种现象是非常普遍的。

那么,尖音残留的原因是怎样的呢?笔者认为有以下几点。第一,受方言音的影响。在一些地区的方言中,i、ü 或以 i、ü 开头的两类韵母,既跟声母 j、q、x 相拼,又跟声母 z、c、s 相拼。“i、ü 或以 i、ü 开头的韵母跟 z、c、s 声母拼合的音节叫尖音,跟 j、q、x 声母拼合的音节叫团音。因此,上面的区别也叫分‘尖团’”②。但在普通话里只有团音,没有尖音,既 i、ü 或以 i、ü 开头的韵母,只跟 j、q、x 相拼,不跟 z、c、s 相拼。由于被测者受方言音的影响,将有些 j、q、x 舌面音念成 z、c、s 舌尖前音。第二,由于普通话语音教师的发音不规范而造成的。有的普通话语音教师可能是受自己方言或其他原因的影响,发舌面前音 j、q、x 偏前,更接近 z、c、s,这样学生就势必受到不良影响。第三,由于盲目地赶时髦造成的。许多年轻人刻意模仿港台主持人的说话

① 安徽省语言文字工作委员会办公室编:《安徽·普通话训练与测试》,语文出版社 1998 年版。

② 邢福义:《现代汉语》,高等教育出版社 1993 年版。

而沾染了粤语腔普通话的缺点。港台一些走红的主持人、歌星等,由于地域环境及教育背景等原因,普通话不标准,有浓重的粤语色彩。可是内地青年人盲目地模仿他们的语音语调,把他们所说的“国语”中的尖音也学会了。这可以说是尖音屡“禁”不止的一个重要原因。第四,追求语言的“病态美”而形成的。在普通话培训和测试中经常发现,尖音现象的发生率,女性明显高于男性。这是由于女性追求语言的病态美所造成的。这种现象和北京的“女国音”现象较相似,部分北京女青年喜欢把 j、q、x 发成齿音 z、c、s,20 世纪二三十年代黎锦熙、赵元任等先生称之为“女国音”。胡明扬先生曾在分析“女国音”的社会心理因素时指出:“使用这种语音变体是受某种潜意识支配的,部分女青年(主要是女学生)用舌尖顶住下齿发音,以为这么说好听,这是女性爱美心理对语言演变的影响。”这种语言心理在各方言区的女青年身上是相当普遍的,“以为用舌尖偏前、接近齿背的位置发音,这时的音色至下颌的形状乃至脸部表情,更能显示女性的柔媚。由于这样的心理驱动,许多青年女性说普通话时喜欢把 j、q、x 发在舌面和舌尖之间”[①]。其实这是追求语言的病态美造成的。

要纠正以上尖音现象,除了要克服方言音及其不良习惯的影响外,还要提高认识,意识到尖音对学说普通话的危害;同时还必须掌握 j、q、x 的发音部位和发音方法,准确地发好舌面音。

(2)u 开始的零声母音节的起始音唇齿化。在测试中,经常有受测者把 u 开始的零声母音节的起始音[w]读作唇齿擦音 [v]。例如将“xīnwén(新闻)”读作“xīnvén”,“wàijiāo(外交)”读作“vàijiāo”。甚至有的国家级测试员和中央电视台的少数播音员也是如此读法。那么,为什么会出现这种现象呢?这主要是因为人们在发音时常伴有一种“懒惰”心理,习惯用简单的发音部位去代替费力的发音动作,所以常用[v]代替[w]。另外,有的人无主见地去模仿广播、电视中播音员,以致这种现象越来越流行,尤其在女青年中更为普遍。有人认为这种现象是语言发展的必然,不必横加干涉。笔者认为这种现象不能听之任之,应该予以规范。解决的办法是:一要提高理论认识。普通话汉语拼音方案规定,v 只用来拼写外来语、少数民族语言和方言,不用来拼写普通话读音。二要克服“懒惰”心理,培养正确的发音习

① 黄明明:《语言文字周报》,上海教育出版社 2003 年版。

惯，掌握[w]即u的发音要领(后、高、圆唇)。

2.韵母中除了常见的前后鼻音不分、丢失韵头、韵腹读得不响亮外，动程问题、不归位问题也十分严重。

受测者在读100个单音节字词时，有的将前鼻音韵母读作后鼻音，如将“今、巾”(jīn)读作jīng。有的将后鼻音读作前鼻音，如“惊、精”(jīng)读作jīn。也有的将韵头有意或无意地丢失，如韵母uei和辅音声母相拼时，一律将韵头u丢失，比如tui读作tei，dui读作dei等。再如韵母ia、uai、iang、uang、iong和辅音声母相拼时，也将韵头丢失，直接将韵身和辅音声母相拼，造成了读音的不规范。出现以上现象的原因是多方面的，有的是受方言音习惯的影响，有的是受他人的影响。要想纠正以上读音错误，除了要掌握正确的发音方法准确发音外，还须分清、熟读并牢记含有以上韵母的字。

和上述问题相比，动程、不归位问题也更为普遍、更为严重。

(1)动程是指发复合韵母时由起始元音音素向终止音素(元音或辅音)滑动的过程(也包括单元音er的卷舌过程)。但有的受测者经常出现动程缺乏或不到位现象。这主要表现为：

①舌韵母没有卷舌色彩。卷舌韵母er[ɚ]，是10个单元音韵母中唯一的一个由两个字母复合而成的。它是由一个央元音[ɚ]再加上一个卷舌动作r组成，要求在发[ɚ]的同时，舌尖向硬腭卷起。但由于受方言习惯的影响，许多受测者在发音时，舌尖不是卷不起来，就是卷得不到位，有的甚至没有卷舌动程，致使声音僵硬。纠正的方法是，一是需要树立卷舌意识，二是加强舌尖肌肉卷动灵活性的训练。三是掌握普通话儿化韵、儿化词的基本理论。四是懂得基本韵母与儿化韵母的对应关系，了解儿化涉及语音之间的同化、脱落和融合等许多语流音变现象，以提高儿化词的朗读质量。

②前响复韵母缺乏动程，读为单韵母。普通话前响复韵母ai、ei、ao、ou是主要元音在前的二合元音，它们发音时均是由舌位低的元音向舌位高的元音滑动，前一个元音发音响亮、清晰，后一个元音一般只表示滑动的方向，发音短促而模糊，特别容易丢失，进而导致滑动过程趋于停止，甚至消失，最终发出来的音只是单元音韵母①。如：海(hǎi)、好(hǎo)几乎读作hǎ，就属这种现象。解决的办法是：一要确定起始元音的正确舌位，例如，a的起始舌

---

① 安徽省语言文字工作委员会办公室编：《安徽·普通话训练与测试》，语文出版社1998年版。

位最低，e、o 的起始舌位是半高。二要驱使舌位向后一个元音滑动。滑动是一个渐变过程，在此过程中，口腔和舌头都在变化，渐变的落点在后一个元音上。

③把 uo 读作 o。uo 是主要元音在后的二合元音（两个元音中开口度大的在后边，后一个元音发音响亮、清晰）。它是由高元音 u 向半高元音 o 滑动。发音时，u 短促而紧缩，o 长久而响亮。因为着力点在 o，所以 u 常常被忽略，结果动程消失，复韵母变成了单韵母[①]。如“火（huǒ）”读作 hǒ，“硕（shuò）”读作 shò。纠正方法是：通过唇形由小到大的变化，确保舌位由高至半高的滑动。

（2）不归位是指多数复韵母和前后鼻韵母的发音终止音素没有回到原位的现象。这主要分为两种情况：一是复韵母中的前响和中响复韵母终止音素不归位。前响复韵母 ai、ei、ao、ou 的起始音发音清晰响亮，后一个音短促模糊，因此有的受测者在发音时或是缺少动程，造成后一个元音丢失而无法归位；或是动程不明显而归不到位。中响复韵母由于是在前响复韵母的基础上加上不同的韵头，发音特点和前响复韵母较相似，不归位现象和前响复韵母也相似，这里不再赘述。二是前、后鼻韵母终止音素不归位。前后鼻韵母在发音时也是由元音逐渐滑向鼻韵尾在 n、ng，所以归位点也 n、ng 上，即舌尖回到上齿龈、舌根归到软腭上，很多受测人在发这些音时由于缺少动程而导致无法归位，因而声音生硬，听感很差。纠正的方法首先是养成良好的发音习惯，发音时不要偷懒，要经常加强舌尖和舌根灵活能力的训练。其次是要仔细辨别 n、ng 的归位点和归位方法。n 的归位点是舌尖和上齿龈，ng 的归位点是舌根和软腭。n 的归位方法是先发出 a、e、i、u 的起始音，然后舌尖逐渐移向 n 的发音部位上齿龈，直至舌尖和上齿龈接触为止。ng 的归位方法是先发出 a、o、e、i 的起始音，然后舌头后缩，直到舌根和软腭接触为止，这样发出的音清晰纯正，听感甚佳。

3.声调中的问题相当严重，除阴平声高度不够，阳平声调值不到位（由 3 滑到 4），去声没有从 5 降到 1 以外，上声的问题特别突出，或只降不升（调值为 21 ），或升而不到位（调值为 212 或 213），或读过了头（调值为 2143 或 2142）。另外，还有在单音节字词和非儿化双音节词后加儿化的现象（如

---

① 安徽省语言文字工作委员会办公室编：《安徽·普通话训练与测试》，语文出版社 1998 年版。

“错”读为错儿 cuòr、“苗”读为苗儿 miáor、“大会”读为大会儿 dàhuìr、“苹果”读为苹果儿 píngguǒr 等)。要解决这些问题,受测者必须平时加强训练,考试时认真对待,严格按平时的训练朗读,并要有良好的心理素质。

二、第二项测试内容中常见的问题

1.音变问题

(1)上声变调问题

双音节词语中,如果上声字在词末,则无须变调,其调值为 214,如“奔跑(bēnpǎo)”,但这种情况下很容易出现末一个音节由 214 念成 211 或 212、213。如果上声字在非上声字之前,都应该变成半上,调值为 211,如“洒脱、取得、女士”等,前一个音节均要变为半上。读作 211,在朗读词语不连贯时,容易误读为 212。如果两个上声字相连,前边的上声字近似于阳平,如:“领导、展览”等,调值应为 35 + 214,朗读时容易误读为 211 + 35。要纠正以上错误,必须认真加强各类声调调值的起始音高及其变化训练,尤其是上声类调值起音音高的读法训练,起音音高降而后升即由 2 降到 1 稍微延长再升向 4 的全程训练,这样不仅能正确读出上声的调值,而且上声变调中存在的问题也能得到解决。

(2)轻声问题

新《大纲》第三项有 45 个双音节词,其中轻声词语 3 至 5 个,大多数是无规律可循,但在朗读时也有具体的规定,即轻声字在阴平声后念作轻短的 2 声,在阳平声后念作轻短的 3 声,在上声后念作轻短的 4 声,在去声后念作轻短的 1 声。轻声词语为重 · 轻格式,且轻声音节变化的不仅仅是声调,有时连声母和韵母也要变化,如“桌子”的“子”可以读 ze,但在实际朗读中,受测者不是把轻声音节读得过重,就是读得过长,也有的读得过于清晰,致使轻声不轻也不短。纠正的方法首先要轻,即轻声音节要根据它前边音节的调值确定其调值,如“砚台”的“砚”的调值为 51,“台”的调值应为 1。其次是短,因为轻声音节没有高低升降的变化,其调值仅在一个点上。如果把整个轻声音节的时值看作一拍,那么前一个音节的时值约 3/4 拍,后一个音节约 1/4 拍。再次要模糊,即轻声音节的声母、韵母均可发生变化,甚至韵母脱落,如“办法”中的“法”韵母由 a 变为 e,“豆腐”中的“腐”的韵母 u 脱落,念作 dòuf。

(3)儿化问题

第二项测试内容有儿化词 4 至 5 个，它在外部形态上均有明显的标志，即在词尾有“儿”（也有特殊情况，如“男儿”的“儿”不是儿化）。《大纲》规定：有儿化韵母的词均要儿化。但在实际测试中常会遇到这样的问题，一是有的词语没有儿化韵词尾，由于受习惯读法的影响，很容易添加上去。如“早点”，受朗读作品中：“一点儿、有点儿”等的影响，将“早点”念成了“早点儿”，实际上儿化前后的词性和意义均发生了变化。二是有的在读儿化时不卷舌或卷舌不到位，致使儿化词尾失落。如“模特儿" 念成了“模特”。三是有的将儿化韵念成了儿化词，即单独的一个音节，如“老头儿（lǎotóur）”念成老头儿（lǎotóu’ér）。四是不了解某些儿化词语与不带儿化时的差异。这又有两种情况，一是不了解形容词重叠后第二个音节要发生音变，如将“mànmānr（慢慢儿）念成 mànmànr，zǎozāor（早早儿）念成 zǎozǎor，hǎohāor（好好儿）念成 hǎohǎor 等。二是不了解因儿化后口语色彩浓而导致音变，如将 bógěngr（脖颈儿）念成 bójǐngr、sāngrènr （桑葚儿）念成 sāngshènr、zhōngjiànr（中间儿）念成了 zhōngjiānr；yánshǎir（颜色儿）念成了 yánsèr、líhúr（梨核儿）念成了 líhér”等。对这些现象进行纠正，一要仔细辨别某些词语有无儿化，不能随意加儿化。二是辨析儿化韵和儿化词的区别，即儿化韵是在音节末尾加一个卷舌动作 r，“er”中的发音成分 e 失落。儿化词是在前一个音节的基础上再读出一个“er”音，有时连声调也要加上。三是对于部分形容词重叠后再儿化而第二个音节变为阴平声。因儿化后口语色彩浓而导致音变现象，只有强化记忆，其他没有什么好办法。

2.其他问题

在该项测试中，以上问题是比较明显的，很容易引起人们的关注，但也有一些细微的不易被人们注意的问题。或因看不清而误读，如“青年”念成“年青”，“忽然”读成“突

然”等；或因多义字而误读，如将“强迫（qiǎngpò ）”中的“强”念成“qiáng”，“给予（jǐyǔ）”中的“给”念成“gěi”等。或由于支撑不住后一个音节的音高而将其误读，如“包装”的调值为 55 + 55，容易误读为 55 + 44 或 55 + 33。或由于后一个音节的起音升不到前一音节尾音相同高的位置而误读，如“防御”的调值为 35 + 51，容易误读为 35 + 31。或由后一个音节的高度升不到前一个音节起音的高度而误读，如“日用”的调值为 51 + 51，容易读作 51 + 31。对于看不清而误读的现象，除了在测试时要仔细辨认外，还要

有稳健的心理素质。对于因多音字而误读的现象,除了要理解性地记忆外,还要反复训练,增强感性认识,最后上升到理性认识的高度。对于后三种情况,除了要加强普通话 4 种调值的读音练习外,尤其要强化普通话 5 度音高的训练,形成音高定式,然后将含有 5 度音高的调值放在不同的调值环境中练读,以期收到准确的发音效果。

三、朗读项中的连读音变问题

朗读项的目的是测查应试人使用普通话朗读作品的水平,重点测查连读音变、语调等。在连读音变方面,有的受测者不大注意音变现象,或者只在词语中相对注意,而在大段的语流中,则处理得比较随意,有的人把该读轻声、儿化的没有读成轻声、儿化,如"风筝"读成"fēngzhēng"。有的将朗读作品后已经标示的儿化音节念成儿化韵,如"蝉儿"chán' er

读成"chánr"。有的把两上相连时前一个音节的调值读得不准确,或三上相连时前两个音节一律读成阳平(三上相连实际应分为单双格和双单格两种情况 R 调值分别为 211→35→214、35→35→214)。有的将语气词"啊"处在句末或其他音节后时,不做轻声及音变处理,如"好啊"(hǎowa)读成"hǎo' à"。要解决这些连读音变读法不当的问题,首先要认真学习《现代汉语》教材中关于音变的各种知识,掌握音变规律。其次要按时参加考前培训,了解一些测试中的音变技巧。再者要加强音变训练,培养普通话的整体语感,做到驾轻就熟。第四是要经常听普通话测试作品的朗读录音,仔细体会音变的真意。第五是将自己的朗读练习录制下来,请普通话专家予以指导,当然,如果有机会亲自读给专家们听,让他们当面指导就效果更佳了。

普通话水平测试指瑕

一、引言

"《中华人民共和国宪法》规定:'国家推广通用的普通话。'推广普通话是社会主义精神文明建设的重要内容,社会主义市场经济的迅速发展和语言文字信息的处理技术的不断革新，使推广普通话的紧迫性日益突出。”[①]在四化建设飞速发展的今天，普通话要成为各级各类学校的教学语言；各级舆论部门的宣传语言；国家机关及各级政府部门的工作语言；不同方言区及国内不同民族之间的交际语言。掌握并使用一定水平的普通话是社会各业人员，尤其是教育、宣传、政府机关工作人员的必备素质。因此，进行普通话水平测试是势在必行的。在全国范围内，对不同行业的人员进行普通话水平测试，对于推广和普及普通话能起到积极的促进作用，这是毋庸置疑的事实。近几年来，在全国范围内进行了普通话水平测试，并且取得了可喜的成绩。但是，普通话水平测试（以下简称“PSC”）也存在这样或那样的不足，本文就此谈一下自己的看法。

二、目前普通话水平测试中存在的弊端

2.1 普通话水平测试不要流于形式

PSC的主要目的“是评定应试人普通话所达到的水平等级；通过测试促进普通话的普及，并在普及的基础上逐步提高全社会的普通话水平，提高现代汉语规范化的程度”[②]。PSC在刚开始时，全省各地被测单位均能按照省教委、省语委的指示精神保质保量地完成测试任务，然而近几年来，有的地市的被测单位出现了流于形式的现象。究其原因，一是由于各地主管部门的领导是门外汉，他们本身并不懂得有关PSC的测试内容和测试环节，有的甚至连普通话也说不好，只是会以行政领导的身份去测试现场“指导”，这样不但会影响他们讲话的信度，而且还会影响测试员的情绪。二是有些被测学校的领导对PSC工作重视不够，甚至可以说是对PSC的意义理解不深。认为PSC只不过是搪塞省语委的指示罢了，没有从心理深处认识到PSC的重要性。以致PSC流于形式；三是有些测试员把关力度不够，也是PSC流于形式的一个原因。测试员实际上就是主考官，被测人员的“生杀大权”就掌握在他们手里，他们的重视程度及对测试内容把关的松严，都直接影响着PSC质量。如果他们不能严格把关，就会导致PSC流于形式。这主要表现为：(1)没有按测试评分标准评分。如单音节字词和多音节词语二项，只评错误音，不评缺陷音；有的在错误音中已扣了分，在缺陷音中又重复扣分，而单音节字词和多音节词语两项的评分标准分别是：“单音节语音错误，每个

① 安徽省语言文字工作委员会办公室编：《安徽·普通话训练与测试》，语文出版社1998年版。
② 安徽省语言文字工作委员会办公室编：《安徽·普通话训练与测试》，语文出版社1998年版。

音节扣0.1分;读音缺陷,每个音节扣0.05分。多音节语音错误,每个音节扣0.2分,语音缺陷,每个音节扣0.1分。”[①]从标准中可以看出,这样的扣分,无疑给被测者带来了不公。造成这种现象的主要原因是因为主测者对语音缺陷的含义理解不透。实际上,语音缺陷在第一项中“主要是指声母的发音部位不够准确,但还不是把普通话里的某一类声母读成另一类声母。韵母读音的缺陷多表现为合口呼、撮口呼的韵母圆唇度不够,语感差;或者开口呼的韵母开口度明显不够,听感性质明显不符;或者复韵母舌位动程不够等。声调调形、调势基本正确,但调值明显偏低,特别是四声的相对高点和底点明显不一致”。在第二项中:“语音缺陷除跟(一)项内容相同以外,还包括变调、轻声、儿化韵读音不完全合要求的情况。”[②]另外,此二项中还明确指出:“超时1分钟以内,扣0.5分;超时1分钟以上(含1分钟),扣1分。”[③]但实际上,几乎是没有任何测试员对已超时的被测者实施扣分,当然,这和记时员的不报也是有一定关系的。(2)朗读项只凭感觉,根本不看原文,这样就会出现只能听到错误读音,而漏增却难以判别。另外,对声母或韵母系统性缺陷、语调偏误、停连不当等现象扣分随意性较大,度的把握不准,这是因为测试员对《普通话水平测试纲要》(国家语言文字工作委员会普通话培训测试中心编制,中华人民共和国教育部语言文字应用管理司组织审定。以下简称《纲要》)中的“视程度”三字的理解不明造成的。声韵的系统缺陷和第一项的要求是基本相同的,语调的偏误,朗读中快慢、高低、强弱、虚实等各种声音形式的不规范,它主要表现为固定腔调和方言语调。固定腔调是指:“朗读中使用某种固定不变的声音形式,把词语纳入一种单一的格式,以不变的声音形式应万变的朗读材料,不管什么内容、体裁,也不管是书面语还是口头语言,是文言还是白话,是鲁迅还是老舍的作品,都同样对待,听不出什么区别。”[④]“方言语调是指朗读者自觉或不自觉地受某种方言音系的影响,朗读中流露出与普通话语调有一定差异的声音形式。”主要包括“由成系统的语音错误或缺陷而形成的方言语调,由词的轻重格式、句中停顿、重音、

---

① 国家语言文字工作委员会普通话培训测试中心编制,中华人民共和国教育部语文字应用管理司组织审定:《普通话水平测试纲要》,商务印书馆2004年版。

② 国家语言文字工作委员会普通话培训测试中心编制,中华人民共和国教育部语言文学应用管理司组织审定:《普通话水平测试纲要》,商务印书馆2004年版。

③ 同上。

④ 安徽省语言文字工作委员会办公室编:《安徽·普通话训练与测试》,语文出版社1998年版。

语速等处理不当而形成的方言语调,由于模仿闽、粤、吴等腔调的普通话而形成的方言语调。”[①]“停连不当,主要是指非必要的停顿过多、过长,导致文字序列失调,语言支离破碎;或者必要的停顿过少过短,导致文字序列一贯到底,语音混沌一片。”[②]要克服以上不足,就要求测试员强化内功练习,刻苦钻研普通话理论,提高自身素质,增强辨识能力。(3)说话一项有的测试员不能听满4分钟,甚至有对级别低的被测者连3分钟的下限也难以保证。对该项中词汇、语法规范程度小项的评测也是较为宽泛的,有的测试员甚至对该小项听而不闻。实际测试中,很多受测者词汇、语法均存在着程度不同的问题。

2.2 普通话测试员的水平要亟待提高。

要保证PSC的质量,普通话水平测试员的水平非常关键。虽然大部分测试员经过国家语委和省语委的培训,具备了一定的测试水平,但也有相当一部分测试员的业务水平不高,尚存在这样那样的问题。本人属江淮次方言区人,只想就在平常的测试工作中所了解的一些情况谈点一己之见。

2.2.1 有的测试员由于分辨不清错误音和缺陷音的界限,或者是由于部分测试员的普通话水平和听力水平有问题;或者是由于精力不济、责任心不强等原因,以致会出现将缺陷音误判为错误音的现象。笔者作为测试员,在测试中常常会遇到两个测试员在单音节字词项目测试中分数悬殊较大的现象。经调查分析后发现,有的测试员扣分时只在错误项扣分,且扣分很高,而缺陷项的声母、韵母和调值三个小项均为空白。这就是说,所有缺陷项应该扣的分均由错误项承担了。而有的测试员对缺陷音漠不关心,只注意错误音的判别。还有的测试员对同一字词的声韵调在错误项和缺陷项同时扣分,因此会出现该项分数差别过大的现象。从这三种情况的分析中不难发现,问题的焦点是对缺陷音的辨别上。因为有的测试员本身就是江淮方言区人,由于自身受到方言音影响,所以对被测对象的声母缺陷,如将舌尖后音声母zh、ch、sh、r读作舌叶音,或将翘舌音声母读为近似于平舌音声母分辨不清;或轻微的尖音现象,即j、q、x舌面前声母前移,接近z、c、s舌尖前声母;或u开始的零声母音节的起始音唇齿华,即将u开始的零声母音节的起始音[w]读作[v];或将[n]读作[ȵ]。还有的对韵母中的en和eng、in和

① 同上。

② 同上。

ing 等前后鼻音分辨不清。另外,复韵母和前后鼻音的不归位问题也是普遍存在的。“不归位是指多数复韵母和前后鼻韵母的发音终止音素没有回到原位的现象。这主要分为两种情况:一是复韵母中的前响和中响复韵母终止音素不归位。前响复韵母 ai、ei、ao、ou 的起始音发音清晰响亮,后一个音短促模糊,因此有的受测者在发音时或是缺少动程,造成后一个元音丢失而无法归位;或是动程不明显而归不到位。二是前、后鼻韵母终止音素不归位。前后鼻韵母在发音时也是由元音逐渐滑向鼻韵尾 n、ng,所以归位点也在 n、ng 上,即舌尖回到上齿龈、舌根归到软腭上,很多受测人在发这些音时由于缺少动程而导致无法归位,因而声音生硬,听感很差。”[①]尤其是前鼻音韵母不归位较常见。其他还有复韵母中动程不明显及圆唇元音不圆唇等均较多见。“动程是指发复合韵母时由起始元音音素向终止音素(元音或辅音)滑动的过程(也包括单元音 er 的卷舌过程)。但有的受测者经常出现动程缺乏或不到位现象。这主要表现为:(1)卷舌韵母没有卷舌色彩。卷舌韵母 er,是 10 个单韵母中唯一一个由两个字母复合而成的。它是由一个央元音[ə]再加上一个卷舌动作 r 组成,要求在发[ə]的同时,舌尖向硬腭卷起。但由于受方言习惯的影响,许多受测者在发音时,舌尖不是卷不起来,就是卷得不到位,有的甚至没有卷舌动程,致使声音僵硬。(2)前响复韵母缺乏动程,读为单韵母。普通话前响复韵母 ai、ei、ao、ou 是主要元音在前的二合元音,它们发音时均是由舌位低的元音向舌位高的元音滑动,前一个元音发音响亮、清晰,后一个元音一般只表示滑动的方向,发音短促而模糊,特别容易丢失,进而导致滑动过程趋于停止,甚至消失,最终发出来的音只是单元音韵母。如‘海(hǎi)、好(hǎo)’几乎读作 hǎ,就属这种现象。(3)把 uo 读作 o。uo 是主要元音在后的二合元音(两个元音中开口度大的在后边,后一个元音发音响亮、清晰)。它是由高元音 u 向半高元音 o 滑动。发音时,u 短促而紧缩,o 长久而响亮。因为着力点在 o ,所以 u 常常被忽略,结果动程消失,复韵母变成了单韵母。如‘火(huǒ)’读作 hǒ,‘硕(shuò)’读作 shò。”[②]声调方面的问题主要是 51 调值的多读为 52、53、41 等;55 调值的字音高不够,多读为 44、33;上声是四类声调中存在问题最多的,“或只降不升(调值为 21),或升而不到位(调值为 212 或 213),或读过了头(调值为 2143 或 2142)。另外,还有在

① 郭辉:《普通话水平测试三题》,《淮北煤炭师范学院学报》,2005 年第 4 期。
② 郭辉:《普通话水平测试三题》,《淮北煤炭师范学院学报》,2005 年第 4 期。

单音节字词和非儿化双音节词后加儿化的现象（如‘错’读为错儿<cuòr>、‘苗’读为苗儿<miáor>、或‘大会’读为大会儿<dàhuìr>、‘苹果’读为苹果儿<píngguǒr>等）”[①]。

2.2.2 朗读一项存在的问题很多，由于对 PSC 评分细则掌握不够准确，有相当一部分测试员凭着自己的经验和印象打分。在错缺漏增小项中，有的测试员认为自己对文章较熟悉，不看原文，只用耳听，这样最多能听出错误和缺陷音，而对漏增的字词根本无法确定；在语调小项中，由于对固定腔调和方言语调把握不准，因此，扣分忽高忽低，甚至有的只是“跟着感觉走”，不管有错没错，一律扣除 1.5 分。停断小项的要求是：“明显的，并改变语义的停断不当，每次扣 1 分。无意义的停断、重复过多，一次性扣 1 分。”[②]而有的却听到停断不当就扣分，不管改变语义与否。所以造成了此小项扣分过多的现象。语速项处理，有的测试员随意性较强，评判差别也较大，这可能是因为不了解语速项的内涵或责任心不强造成的。尽管《大纲》中的有关标准还有待完善，但作为测试员，在现有的条件下，应该做到有纲必依，尽量按《纲要》的要求去做。

2.2.3 PSC“说话”一项主要问题是语音面貌有超档现象，“语汇和语法”小项扣分随意性较大。超档现象即为将低档的高分提升为毗邻高档的低分，因为被测者中有的人必须过二级才合格，所以测试员出于对被测人的同情把分数提高了；也有的因为测试员对语音面貌中典型的系统错误（缺陷）理解不准，再加上自己听辨语音的能力较差，因此会出现超档现象。尤其对一级乙等的被测人的语音面貌的标准把握，有的测试员掌握不准。张国华同志在《PSC 一级乙等复审降等级原因分析》中，对 29 位获得一级一等的被测人进行复审，复审结果表明，该项 29 人的测试平均扣分值为-3.897，复审平均分扣分值为-5.37，复审降分值为 1.473，这在说话项的所有扣分小项中，复审扣分值最高。分析指出：“之所以会出现这样的差距，主要原因大概还是出在对方言遗留的众多缺陷音未能准确听辨、判断上，并因此造成对方言语调的不够敏感。”

2.3 只考说话，不考会话有弊端

《安徽·普通话训练与测试》（语文出版社 1997 年版）中说：“普通话水平

① 同上。

② 刘照雄主编：《普通话水平测试大纲》，吉林人民出版社 1994 年版。

测试,是对应试人掌握和运用普通话规范程度的检测,是对应试人运用普通话进行交际能力水平的测试和评价……"PSC 既然是对应试人运用普通话进行交际能力水平的测试和评价,那么仅让被测者在所抽到的话题上说话,"不让测试员和被测者对话,这是有诸多弊端的"[①]。因为只让被测人在自己所抽到的话题上说话,就可能导致被测者背诵自己准备好的稿子。笔者在一次测试辅导前曾发现,有很多参加培训的受测者均有一套 1—50 号的话题文章,且是打印成册的,可见准备之周密。在测试中明显的背稿的受测人也是屡屡可闻,因此笔者认为,能否在四项测试的基础上再增加一项对话,或在"说话"的基础上有一定时间的对话。就可以避免受测人在狭小的范围内死记硬背,让测试员在更大的范围内考查受测者的语音面貌,受测人的语音面貌就可真正考出来。至于测试员应该怎样和考生对话,对话的内容怎样确定,这可以由省语委确定,或由测试员按考生的实际情况而设一些会话题目均可。

三、结语

"进行普通话水平测试的目的是为了让应试人员了解自己的普通话有那些不足,并通过反复训练,提高说普通话的水平。"[②]那么,作为一个普通话水平测试员,要想发现和指出别人的不足,就应该在普通话水平测试中不断锤炼自己的普通话语音听辨能力,总结自己在测试中的经验,找出自己的不足,努力提高测试质量。同时,作为测试员还要在具体的测试中认真研究现行测试大纲中不完善的地方,并将自己的研究成果反馈给上级主管部门,以使《纲要》更充实,更完备,更具有可操作性。再者,国家语委和省语委也要经常举办各类有关普通话水平测试的培训班,让各级(国家级或省级)测试员轮回接受培训,以不断提高他们的专业知识和专业技能,这样,我们的普通话水平测试事业前景将会更加辉煌。

---

① 刘英林:《普通话水平考试的理论思考与标准化》,《中国语文》,2001 年第 1 期。

② 丁启蒙:《普通话水平测试轻松过关》,上海科学技术文献出版社 2003 年版。

普通话教学及其课件制作与开发

一、引言

普通话是民族共同语。对于一个国家来说,民族共同语的推广与普及是加强民族团结、提高社会文明程度、建设现代化社会的一项必不可少的系统工程。随着普通话水平测试的纵深发展,对语言规范化、标准化的要求也越来越高,提高普通话教学和训练的效率成为当务之急[①]。而利用多媒体课件进行普通话教学,可以克服传统教学在时间、空间、环境等方面的限制,使普通话学习更加具有灵活性、有效性和便捷性。普通话课件的制作研究,既顺应了时代发展的需要,又能对广大测试者参加普通话水平测试有所帮助。

二、普通话教学

2.1 推广普通话的重要性

"《中华人民共和国宪法》规定:'国家推广通用的普通话。'推广普通话是社会主义精神文明建设的重要内容,社会主义市场经济的迅速发展和语言文字信息处理技术的不断革新,使推广普通话的紧迫性日益突出。"在四化建设飞速发展的今天,有声语言的使用范围更广,其传播的地理跨度更大,社会对诸多行业的从业人员乃至全体国民提出了更高的共同语规范要求。《国家语言文字工作十年规划和"八五"计划纲要》明确提出:"到本世纪末,使普通话成为城市幼儿园和乡中心小学以上以汉语授课为主的各级各类学校的教学用语;成为师范学校、初等和中等学校的校园用语,不同方言区的人在公共场合的交际用语;县级以上机关团体、企事业单位各行各业干部要会讲普通话,使普通话成为开会和接待外地人员的工作用语;县以上广播、话剧、影视制作等要用标准的普通话。"[②]要实现这一宏伟目标,除了国家的宣传教育外,学校的教学辅导尤为重要。掌握规范化的通用语言是衡

---

① 郭辉:《普通话水平测试三题》,《淮北煤炭师范学院学报》,2005 年第 4 期。

② 安徽省语言文字工作委员会办公室编:《安徽·普通话训练与测试》,语文出版社 1997 年版。

量人们文化修养的标志,文明得体的谈吐和标准流利的普通话是提高自身语言形象、构成整体素质的重要因素[①]。近年来,我国的高等职业教育正随着高等教育的发展而蓬勃发展。高职教育的目标是培养高层次的各类应用型人才,能否说一口标准流利的普通话是学员自身素质高低的一种表现。

2.2 怎样搞好普通话教学

一是依据各类学校教育教学的特点,在深入浅出地讲解理论知识的同时,加强基本技能的训练。二是紧密结合《普通话水平测试实施纲要》里的相关内容,让学习者了解普通话水平测试的相关内容和要求,为他们接受普通话测试做好充分的知识储备。三是用普通话教学软件对学习者进行视觉、听觉的训练,有效地培养学员的普通话语音的辨别能力,借以提高他们的普通话的发音能力。四是根据不同方言区学生的实际情况,用定量分析的方法,统计出不同方言区学生在声、韵、调方面与普通话的差异,用国家统一的标准,去规范学生的读音,以期提高他们的普通话水平。五是让学生掌握《汉语拼音方案》[②]以及拼写规则,使学生发音正确。六是硬性要求学生掌握 2500 个常用汉字的准确读音,进而再掌握 1000 个次常用字的准确读音。因为只有这样,汉字读音的覆盖率才能达到 99 %以上。这是学好普通话的基础。七是教授学生学习普通话节律(包括连读变调、句调、基调、停延、节奏和重音),使学生掌握普通话的语音语调,克服方言区人说普通话的“土腔土调”。

三、普通话教学课件的制作

普通话内容涉及语音、词汇、语法三个方面,就各地方言与普通话的差别来说,词汇、语法方面的差别相对小些,差别最大的是语音,因此本文主要研究普通话语音系统多媒体课件开发。多媒体课件开发的基础在脚本的编写,课件开发的关键在软件的制作,脚本编写和软件编程是本文研究的主要内容,也是研究的重点。兼顾学校教学、个人自学和实际应用的需要,研究如何从学习

① 吴洁敏:《新编普通话教程》(第三版),浙江大学出版社 2003 年版。

② 《汉语拼音方案》是给汉字注音的一套音标方案,是记录汉字字音、推广汉民族共同语——普通话的语音工具。《汉语拼音方案》是国家制定的方案,经国务院通过并于 1958 年 2 月 11 日由第一届全国人民代表大会第五次会议批准公布推行的。参见邢福义主编:《现代汉语》(第二版),高等教育出版社 1993 年版。《中华人民共和国国家通用语言文字法》规定:“国家通用语言文字以《汉语拼音方案》作为拼写和注音工具。”参见张荣国主编:《安徽省实施〈中华人民共和国国家通用语言文字法〉办法学习读本》,安徽教育出版社 2008 年版。

和测试的实际需要出发,把《普通话水平测试实施纲要》[①]的内容有机地融入普通话语音教学中去,是脚本编写的难点所在。编写时,要改变过去把普通话音节的声母、韵母、声调教学当作语音教学重点的观念,加大训练学生掌握普通话语流中的节律和语音高低强弱变化以及朗读、说话训练的力度。

3.1 脚本编写:普通话教学课件的制作首先要有一个文字脚本(《普通话口语训练及测试教程》),这是课件制作的基础。本脚本按教材的体例编写,具体如下:

3.1.1 脚本的突出特点:

3.1.1.1 系统性。按照《普通话水平测试实施纲要》的要求,结合教学的实际需要,编写的脚本在内容上要成为一个完整的体系。

3.1.1.2 渐进性。编写的脚本训练内容由易到难,由单个发音训练到整体普通话口语表达训练,体现普通话学习的渐进性、层次性。

3.1.1.3 针对性。适当照顾学习者的不同情况,对典型的方音现象加以纠正,便于不同方言区的学习者进行正音训练。

3.1.1.4 新颖性。将最新研究成果——普通话节律教学法融入教材,以期收到满意的教学效果。

3.1.2 脚本编写的原则

遵循理论和实践双管齐下的原则,既讲授系统的理论知识,又安排高强度的反复训练,精讲多练,训练内容力求新鲜、有趣,避免语音学习的枯燥乏味,让大家乐意学。

3.1.3 脚本的具体内容及特色

3.1.3.1 脚本的名称即是《普通话口语训练及测试教程》。全书共分五章,第一章为总论,主要讲什么是普通话和普通话水平测试。“普通话”就是“现代汉名族共同语”,对于它的定义主要讲清其所包含的三要素:语音(以北京语音为标准音)、词汇(以北方话为基础方言)、语法(以典范的现代白话文著作为语法规范)[②];“普通话水平测试”是对应试人掌握和运用普通话规范程度的检测,是对应试人运用普通话进行交际的能力水平的测试和评价,是一种目标参照性考试。它不是普通话知识的考试,不是文化水平的考核,

---

① 国家语言文字工作委员会普通话培训测试中心编制,中华人民共和国教育部语言文字应用管理司组织审定:《普通话水平测试实施纲要》,商务印书馆 2007 年版。

② 张斌主编:《现代汉语专题》,中央广播电视大学出版社 2008 年版。

也不是口才的评估。第二章是语音常识与发音原理，主要介绍语音基本知识和语音的物理性、生理性和社会性，重点是生理性，这里要着重讲明发音技巧。第三章是普通话语音系统，包括普通话声母、韵母、声调及语流音变、轻声、儿化等，这是全书理论性与实践性比较强的部分。尤其要讲明白声母的发音，什么是尖音（声母 z、c、s 跟 i、ü 或以 i、ü 开头的韵母相拼），什么是 n、l 不分，什么是平翘不分等。普通话声母和不同方言区声母的差别及其辨正方法；韵母要分清其内部分类（单韵母、复韵母、鼻韵母），各类韵母的发音方法，尤其是复韵母和鼻韵母的动程和归位问题，前后鼻音问题，普通话韵母与不同方言区韵母的对应规律，有差异韵母的辨证方法。声调要讲清调类和调值，尤其是调值要细化分析，反复练习。因为语流音变及轻声都牵扯到调值问题，具体说，它们都是在不同的语言环境中调值的变化。第四章是朗读，它是把文字作品转化为有声语言的一种创造性活动，是宣传和教育教学的重要手段[①]。要示范性分析朗读中的停连、语速、重音等技巧。尤其是关于字调（它是指读每个汉字声音的高低升降变化）和语调（是说话时声调的平曲升降，词语的轻重快慢以及语句的停顿等。是语气的外在表现形式，是朗读中快慢、高低、强弱、虚实等各种声音形式的总和）[②]的问题，要从声学原理和语流音变等多个角度加以分析，并通过大量的例子加以印证。对于朗读，还要让学生掌握节律朗读法，即把字里的“音节”和行间的“节律”进行双码整合的朗读，这个“字里”是包括声、韵、调在内的音节，而“行间”所指的就是音节以上层次的“节律”[③]。还要对不同文体的作品进行细化分类，从中找出具有规律性的朗读技巧。第五章是说话与演讲，因为学生要参加普通话测试的缘故，本章的重点是说话。这里的说话是“命题说话”[④]，它是在没有任何文字凭借的情况下，考察应试人说普通话的水平，以及所能达到的词汇、语法规范程度[⑤]。命题说话要求现想现说，边说边调整语境，充分发挥说

---

① 尹新兰主编：《普通话教程》（第三版），上海交通大学出版社 2005 年版。

② 张斌主编：《现代汉语》，中央广播电视大学出版社 2003 年版。

③ 参见吴洁敏、朱宏达：《汉语节律学》，语文出版社 2001 年版；吴洁敏：《新编普通话教程》（第三版），浙江大学出版社 2003 年版。

④ 按刘照雄主编《普通话水平测试大纲》（吉林人民出版社 1993 年版）和国家语言文字工作委员会普通话培训测试中心编制、中华人民共和国教育部语言文字应用管理司组织审定（2007）的《普通话水平测试实施纲要》，两书的命题说话题目分别为 50 题和 30 题。后者是在前者的基础上删改而成的。

⑤ 丁启蒙：《普通话水平测试轻松过关》，上海科学技术文献出版社 2003 年版。

话人的思维能力、组织能力、应变能力和表达能力，同时要准确、自然流畅、清晰、生动得体，这与背稿式的讲说（如"口头作文"）是有很大区别的；其特点是语气自然，语句组织随意，较多使用口语词汇，短句较多。因此，要教会学生审题，要注意选材构思，注意语音准确，词汇、语法规范，描述要具体、细腻，等等。要对所有的话题进行概括分类，细致分析，并且选题示范，使学生掌握说话的要领和技巧。

3.2 软件编程

软件编程就是课件制作。课件制作原则上以知识点为基础，循序渐进，反复训练，逐层渲染，增强方言区学生对普通话真实而稳固的语感。该软件按网页制作的技术规范研制，可以在网站上发布，也可以在单机上播放，通过目录可以方便找到所要学习的内容，可以根据需要切换到不同的章节，使用简单。

3.2.1 特点

3.2.2 课件制作要实现的目标

3.2.2.1 课件具备多媒体特征，集声音、文字、图像、动画和视频于一体，使课件内容和形式丰富多彩。

3.2.2.2 课件内容主体贴近课堂教学，把教学内容从不同的角度、深度和广度，以不同的方式，呈现给学习者，使学习者能自主、积极主动的进入学习环境。

3.2.2.3 通过对课件教学目标的分析，课件制作主要分为两部分，一部分为理论知识，一部分为训练材料。

3.2.2.4 便于学习者操作，实用性强，使学习者能够打破时、空界限，随时随地学习。

脚本编写和软件编程，既要符合《普通话水平测试大纲》语音标准的客观性，准确性，又要区分出各种级别，同时兼顾循序渐进性原则；既适用在校学生学习普通话，又照顾到社会各界人士的需要。

3.2.3 具体内容

3.2.3.1 理论知识部分

理论知识部分和脚本知识有重叠，但不同之处是它以理论分析为主，主要以 powerpoint 的形式制作，内容主要有：

3.2.3.1.1 普通话语音系统

（1）声母。要弄清三个问题，一是声母的个数，共有 22 个（含零声母）。

二是声母的发音:1)发音部位,发音时气流受到阻碍的部位,共分成双唇、唇齿、舌尖前、舌尖中、舌尖后、舌面[①]、舌根七个部位;2)发音方法,辅音声母发音时构成阻碍和克服阻碍的方法,可以从气流强弱(分为送气、不送气)、声带振动与否(分为清音、浊音)、阻碍方式[②](分为塞音、擦音、塞擦音、鼻音、边音)分析,并继以总结22个声母的具体发音特征。三是声母的辨正,主要辨析f-h,n-l,zh、ch、sh-z、c、s,把尖音改为团音[③],把浊音改为清音,分辨送气声母和不送气声母,读准普通话零声母的字。

(2)韵母。也要弄清三个问题,一是韵母的个数,共有39个。二是声母的发音及其分析,依次是10个单韵母、13个复韵母、16个鼻韵母的发音及分析。三是韵母的辨正,主要是n-ng,i-ü,o-e,防止鼻音韵尾n的丢失,避免韵头i或u的丢失,念准复元音韵母(注意动程和归位)。

(3)声调。需弄清两个问题,一是声调的发音:包括声调的性质(自然属性和社会属性)、声调分析(调值,是声调的具体读法;调类,是声调的分类)、普通话的四个调类及相应的调值分析(阴平55、阴平35、上声214、去声51)。二是声调的特点:①起音高高一路平,如:江山多娇;②从中到高往上升,如:和平繁荣;③先降后升曲折转,如:美满理想;④高起猛降到底层;如:幸运万代。三是声调的辨正:其方法是,以调类为纲同普通话对应、以调值为本与普通话对照、以"阴阳上去"为代表依次类推。

(4)语流音变。要分析四个问题:

Ⅰ.连读变调。

1)上声变调:①双音节词语中的上声变调,a.变阳平(35),如"永远"的"永"。b.变半上(21/211),如"永生、永恒"中的"永"。②三音节词语中的上声变调:a.AB+C,此结构的变调形式,AB都变阳平35调,C不变,读全上[④]214调,如"展览馆"中的"展览"两个字都读阳平35调,"馆"还读全上214调。也可以A变阳平,B变读成一种前后两个音节之间的过渡调,调值大致为42。b.A+BC,此结构的变调形式,A变半上21/211调,B变阳平35调,C

① 《国际音标·辅音表》称作舌面前音,这里采用一般《现代汉语》教材的说法。

② 黄伯荣、廖序东主编:《现代汉语》(第三版),甘肃人民出版社1983年版。

③ 声母z、c、s跟i、ü或以i、ü开头的韵母相拼叫尖音,声母j、q、x跟i、ü或以i、ü开头的韵母相拼叫团音。普通话没有尖音,只有团音。分尖团地区的人遇到自己话里z、c、s跟i、ü或以i、ü开头的韵母相拼时一律改为j、q、x,就和普通话一致了。

④ 是指发上声的整个过程,调值是从2降到1,接着连续不断地升到4。

不变,还读全上214调。如“孔乙已”中的“孔”读半上21/211调,“乙”读阳平35调,“已”还读全上214调。③一连串上声音节相连中的上声变调,方法是“划分语节、根据结构”,如“岂有此理”可以看成AB+CD结构,这样,“岂”处于上声“有”之前,因此变阳平35;“有”处于语流中,后面有短暂的语音间歇,应该读半上211;“此”处于上声“理”之前,变阳平35;“理”处于词语末尾,读原调全上214。

2)一、不的变调。其共同的变调规律是:①在去声前读阳平 ,如“一个|不去”;②在非去声前读去声,如“一名|不行”;③嵌在词语中间读轻声,如“走一走|好不好”。

3)重叠形容词变调。①AA式。a.第二个音节读原调,也可读阴平。如“饱饱的 bǎobǎode/bǎobāode”,b.第二个音节儿化并变读阴平,如“饱饱儿的 bǎobāorde”;②ABB式。a.BB注作阴平(B原本就读阴平的自不必说),如“黄澄澄”注作 huángdēngdēng。b.BB注本调,注音后面括号内注明口语中变读阴平,如“沉甸甸”注作 chéndiàndiàn,注音后面括号内注明“口语中也读 chéndiāndiān。”c.BB只注本调,如“金灿灿”注作 jīncàncàn。从总体情况看,BB原本就为阴平的词比较多,约占70%左右。也许这正是老北京话将BB读阴平的动因。

Ⅱ.轻声。1)轻声的性质:“轻声”指声调层面上的一种单位,即与四声相对的中和声调(neutray tone),是在四声基础上产生的变调,存在基础是词。音长和音高的变化是构成轻声特点的两个比较重要的因素。2)轻声的规律:轻声可以从语法上加以确定,并且具有很强的规律性。下列各类成分在普通话中读轻声:名词后缀“子、儿”;名词后面的方位词“上、下、里”;动词后表趋向的动词“来、去、开”;重叠式的第二音节,如“听听、妈妈”;助词“的、地、得、们、了、着、过”;语气词“吗、呢、啊、吧、了”。3)轻声音节的读法:当前面一个音节的声调是阴平、阳平、去声的时候,后面一个轻声音节的调形是短促的底降调,调值为31。如“阴平·轻声:他的|休息|姑娘;阳平·轻声:红的|粮食|萝卜;去声·轻声:坏的|困难|意思”。当前面一个音节的声调是上声的时候,后面一个轻声音节的调形是短促的半高平调,调值为44(实际发音受前面上声的影响,往往开头略低于4度,形成一个微升调形,由于轻声音节音长短,这种细微之处不易察觉)。如“上声·轻声:我的

｜马虎｜耳朵”[①]。

Ⅲ.儿化。1)儿化的性质:儿化是一种特殊的音变现象。2)儿化的作用:a.作为词缀构成新词,如“头”与“头儿”是两个不同的词,因此,“头儿”中的“儿”是词缀;b.作为词尾(不形成新词的是词尾)区分感情色彩,如:“花”与“花儿”是同一个词。3)儿化韵的发音原理。(见下图:舌面元音示意图)

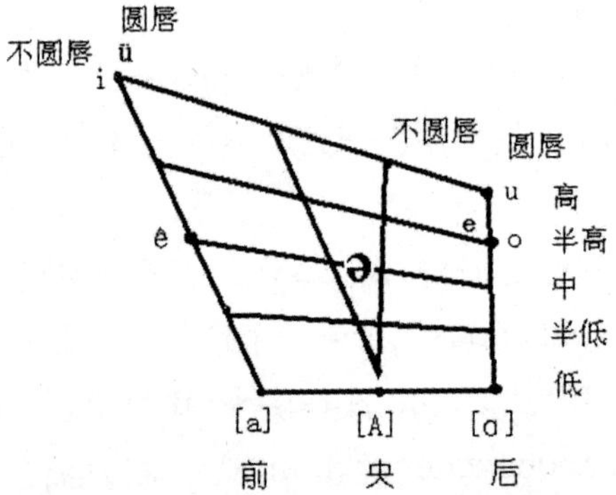

①儿化的基础是卷舌韵母 er[ɚ],而 er 就是在央中元音[ə]的基础上加卷舌动作形成的。因此儿化最好的位置就为[ə]位置。②被儿化韵母的末尾音素距离[ə]位置越近,儿化效果越好,若距离太远就无法直接儿化,得采取补救措施

Ⅳ.语气词“啊”的音变规律。1)“啊”在 ɑ、o、e、ê、i、ü 后读 iɑ,可写作“呀”;2)“啊”在 u(ɑo/iɑo) 后读 uɑ,可写作“哇”;3)“啊”在-n 后读 nɑ,可写作“哪”;4)“啊”在-ng 后读 ngɑ,仍写作“啊”;5)“啊”在-i[ʅ]、er 后读 ra,仍写作“啊”;6)“啊”在-i[ɿ] 后读 za,仍写作“啊”。

3.2.3.1.2 普通话朗读

(1)朗读的特点。朗读的再创性,朗读的口语性,朗读的针对性,朗读的

① 邢福义等(1993)认为,轻声在阴平调后,念成轻短的半低调·｜2,如“包子”的“子”;在阳平调后,念成轻短的中调·｜3,如“房子”的“子”;在上声调后,念成轻短的半高调·｜4,如“椅子”的“子”;在去声调后,念成轻短的底调·｜1,如“豆子”的“子”。这和实验语音学是有差异的。

艺术性[①]。

(2)朗读的要求。①对语言的要求:标准的普通话,规范的生活语言[②];②对技巧的要求:使用正确的节律[③],把握作品的体裁特点[④];③对感情的要求:把握态度倾向,确定基调、树立内心视像,进入角色、挖掘内在语言,体现内涵[⑤]。

(3)朗读的形式。说读式、朗读式、诵读式。

3.2.3.1.3 说话。要分析以下几个问题:

(1)什么是说话:用有声语言表达意思,根据一定的话题和情境当众讲说的一种口语表达形式。

(2)说话与朗读的区别:说话是原发性的生活语言,淳朴自然;朗读是提炼后的生活语言,严谨规范。朗读一定有文字材料为依托,而说话不一定有文字材料,重在即兴发挥。尤其是普通话测试的说话项,它是命题即兴说话,没有任何文字凭借。

(3)说话的两种形式:一是有文字凭借的口语表达,即复述故事、讲课、作报告、演讲等,其特点是有书面文字为依托、用自然的生活口语进行表达,其要求是使用标准的普通话、将书面语言转化为口头语言(口语词汇:朴实、自然、生活化;口语句式:简洁、明快、短句、散句;口语语调:充满生活气息)。

---

① a.朗读的再创性:朗读需要有一个解码的过程,即读者通过正确理解文本,去接收文本的原有信息;朗读还需要有一个编码的过程,即表达时把文字符号和节律符号进行重新组合,使听者接收到的信息与文本原有信息相一致。b.朗读的口语性:朗读就是书面写的语言变为口头说的语言,把无声语言变为有声语言——更能表情达意的活语言。c.朗读的针对性:内容与文体的不同,如记叙文(故事、小说、叙事散文等)、论说文、诗歌;对象与场合的不同,即注意儿童与成年人的区别;人少与人多的区别;一般场合与特殊场合的区别。d.朗读的艺术性:朗读语言源于生活又高于生活,即朗读不同于日常生活中的说话,是经过加工润色的言语,要能给人以艺术享受;朗读需要技能技巧,即恰当地运用停延(生理停延——语句或语段长,需要换气;语法停延——清楚表达语言的结构层次;强调停延——突出某一事物或强调某种感情)、重音、节奏(抑扬顿挫、轻重缓急、声音进行及语言流动中的回环往复)、句调、基调等,以有声语言再现作品的思想感情,创造立体的艺术形象;朗读需要感情渲染,即与作者作品心灵相通,倾感情于作品之中,先感染自己,与听众进行神情交流,唤起情感共鸣,同时还要把握分寸,夸张适度,注意言语的真实性。

② 使用标准的普通话是指杜绝方音,防止读错。运用规范的生活语言是指尊重原文,不添字、漏字、改字,不回读;克服固定腔调,是指根据内容需要变换语调语速,要有抑扬顿挫,要有轻重缓急。

③ 节律又叫声律或韵律,由声音的高低、轻重、长短、快慢、间歇和音色构成。节律的表现形式有停延、重音、节奏、句调、基调等方面。从语音的表意性出发,研究如何准确传达词句内容、表达说话人思想感情,达到说听双方互相了解。

④ 王宇红:《朗读技巧》,中国广播电视出版社 2002 年版。

⑤ 张颂:《朗读学》,北京广播电视学院出版社 1999 年版。

二是没有文字凭借的口语表达[1],如交谈、即席发言、即兴演讲、辩论等,其特点是原发型的口语表达,没有书面文字做依托;现想现说,临时构思和组织语言。其要求是主题突出,中心明确;条理清楚,层次分明;遣词准确,造句得体。

(4)说话的表达方式:常用的表达方式有讲述、介绍、解说、描述、评述、议论等。述说类话题的表达方式主要是介绍、讲述和解说;议论类话题主要是评述和议论。方式的选择涉及说话的目的、内容、对象和场合,决定着语体风格。

(5)说话口误的补救:1)如果是用词不当,或句子结构有毛病,并且一开始就发觉了,可用"确切地说……""正确地说……""也可以说……""这样说吧……"等形式加以补救。2)如果是内容上的错误,如常识性错误,或正反说倒了,而且是说了一会才意识到。不必回去重说,可以在后面适当的时候再说一次,加以更正。

3.2.3.2 训练材料部分

此部分主要是集声音、文字、图像、动画和视频于一体的多媒体表现形式(当然也包含上述理论材料的部分内容)。对重要的概念、方法、练习作形象的描绘和演示,使抽象枯燥的概念变得形象直观,既具知识性,又富有趣味性。

3.2.3.2.1 普通话语音训练

(1)声母训练

①声母的范读。这里是指利用 flash 形式对普通话的 21 个辅音声母逐个范读。范读时按发音部位分组进行,分别是双唇音 b、p、m,唇齿音 f,舌尖前音 z、c、s,舌尖中音 d、t、n、l,舌尖后音 zh、ch、sh、r,舌面(舌面前)音 j、q、x,舌根音 g、k、h。特点是范读时既有声音,又有动画,并伴有发音部位示意图予以指示,这会给不同方言区的学习者学习普通话声母带来很大的便利。

②声母辨正示范。这里主要是选用不同的声音训练材料,用多媒体声像对某些难点声母进行重点范读,从而使学习者形成听觉上的效应,准确地发出难点声母的声音。例如《两只饭碗》主要练习声母 h 的发音,《画凤凰》

---

① 目前国家语委组织的普通话水平测试规定,说话项的测试目的是考察应试人在没有文字凭借的情况下说普通话的能力和所达到的规范程度。因此采用的形式是"没有文字凭借的口语表达"。

《黄幌子和方幌子》主要是练习 f 和 h 两个声母的发音,《牛郎恋刘娘》《四辆大马车》主要是为了纠正 n、l 不分的学习者,《三哥三嫂子》《石狮子涩柿子》《四和十》等声训材料,主要是为平舌音 z、c、s 和翘舌音 zh、ch、sh、r 分不清楚的学习者而设计的。

(2)韵母训练

①韵母的范读。这里也是指利用 flash 形式对普通话的 39 个韵母逐个范读。可分为三组。第一组是单韵母,按其内部情况可分作舌面单韵母 ɑ、o、e、i、u、ü、ê 七个,舌尖单韵母[ɿ](前)、[ʅ](后)两个,卷舌单韵母 er 一个。舌面单韵母又从舌位的高低、舌头的前后、唇形的圆展进行细致分析。比如 o-e 就可以从“舌面、后、半高、圆唇”及“舌面、后、半高、不圆唇”明显看出二者的不同仅是圆唇和不圆唇的问题。i-ü 的相同点是“舌面前、高”,不同点是前者圆唇,后者不圆唇。这样边分析边范读,无疑给学习者带来极大的便利,使他们在准确的发音部位示范下读准每一个单韵母。舌尖单韵母又从舌尖和不同的发音部位相对分成舌尖前音和舌尖后音:舌尖前音和上齿背相对,只出现在 z、c、s 声母的后边;舌尖后音是舌前端抬起和前硬腭相对,只出现在 zh、ch、sh、r 声母的后面。卷舌单韵母是舌位不前不后不高不低,舌前、中部上抬,舌尖向后卷,和硬腭前段相对,即“卷舌、央、中、不圆唇”元音,它是十个单韵母中唯一一个有两个字母组合而成的单元音音素。第二组是复韵母,又细分为前响 ɑi、ei、ao、ou 四个,后响 iɑ、ie、uɑ、uo、ue 五个,中响 iao、iou、uɑi、uei 四个,[①]共三小类。前响复韵母的共同特点是元音舌位由低向高滑动,收尾的字母表示舌位移动的方向,也就是舌位的归位点。如果舌头没有移动或移动不明显,就会读成单韵母,这也是训练中要反复强调的问题。后响复韵母发音的共同特点是舌位由高向低滑动,舌位的归为点是韵腹。中响复韵母共同特点是舌位由高向低滑动,再从低向高滑动。开头的元音音素不响亮,较短促,中间的清晰响亮,收尾音素虽然模糊,但也是舌位的归位点。但是就是由于韵尾的模糊,往往导致在拼读时丢失

① 前响是指 ɑi、ei、ao、ou 四个复韵母开头的元音音素(韵腹:即一个韵母中开口度最大,发音最响亮的那个元音音素,一般标声调的元音音素就是韵腹。如果一个韵母只有一个元音音素,这个音素一定是韵腹。)响亮清晰,收尾的元音音素(韵尾)轻短模糊。中响是指 iao、iou、uɑi、uei 四个复韵母中间的元音音素(韵腹)响亮清晰,收尾的元音音素(韵尾)轻短模糊。后响是指 iɑ、ie、uɑ、uo、ue 五个复韵母收尾的元音音素响亮清晰,在韵母中处于韵腹的地位,舌位位移的终点是确定的。

韵尾,变成了二合元音,这同样是训练中要明示的地方。总的来说,这三小类复韵母,利用理论分析和声音图示的辅助,再通过适量的练习对学习者进行巩固,可以使教学收到事半功倍的效果。第三组是鼻韵母,根据鼻音韵尾的不同,可以将其分为前鼻韵母(以-n 为韵尾)an、en、in、ün、ian、uan、uen、üan 八个,后鼻韵母(以-ng 为韵尾)ang、eng、ing、ong、iang、uang、ueng、iong 八个。训练时,首先要弄清前后鼻音韵母区分的主要特点:1)韵腹元音舌位的前后不同是两者区分的主要标志。例如 an 与 ang 的区分主要表现在 an 中的元音是前低元音[a](即前 a),而 ang 中的元音是后低元音[ɑ](即后 a)。2)-n、-ng 是韵尾,只有与韵腹构成一个整体时才参与前、后鼻韵母对比区分。为了确切体会鼻尾音的发音和听感性质,必须要求尽量发音完整。3)它们之间的对比关系是:an-ang、en-eng、in-ing、ian-iang、uan-uang、uen-ueng(ong)、ün-iong[①]。(传统语音学认为 ong、ueng[②] 是一个韵母,注音字母拼写成ㄨㄥ。汉语拼音方案按照实际发音设计为两个韵母。)基本上是一对一的对比关系,不是一对多或多对一的关系[③]。根据以上特点,再在动画及 powerpoint 课件的配合下,用声响软件示范发音,对比辨析,就能使学习者准确掌握前后鼻音的发音要领,分清-n、-ng 的本质区别,以使前后鼻音不分的方言区的学习者纠正自己的发音错误。

②韵母辨正示范。利用不同的声音训练材料,对某些难点韵母进行循环范读,达到使不同方言区的学习者读准某些韵母的目的。例如用“二是二,十二是十二,二十是二十……”材料训练卷舌单韵母 er 的发音;用“老伯、湖泊、压迫、糟粕”等词语训练“ê 与 e、o”等单韵母的发音不同;用“黑猫黑狗毛黑,白猫白狗毛白。黑猫没有黑狗毛黑……”和“大妹小妹来收麦,小妹收大麦,大妹收小麦……”来训练复韵母 ai、ei、ao、ou 的读音;用“宽扁担,

---

① 《汉语拼音方案》把 iong 归入齐齿呼韵母,而传统汉语语音学把 iong 归属撮口呼,它是从发音的实际情况来处理的。因为发音时,从前高元音 i 开始,舌位向后略向下滑动到后次高圆唇元音[u]的位置,然后舌位升高,接续鼻音-ng。由于受后面圆唇元音的影响,开始的前高元音 i 也带上了圆唇色彩而近似 ü[y],可以描写为[yuŋ]甚或为[yŋ]。

② 《汉语拼音方案》把 ong 归入开口呼韵母,把 ueng 归属合口呼韵母,是两个韵母。ueng 只有一种零声母的音节形式 weng,也就是说它只能单用,从来不和任何辅音声母相拼。传统汉语语音学把 ong 处理合口呼韵母,也是从实际的发音来考虑的。ong 发音时,起点元音 o 是比后高圆唇元音 u 舌位略低的后次高圆唇元音的[U],所以把 ong 归属合口呼。

③ 胡裕树主编:《现代汉语(增订本)》,上海教育出版社 1987 年版。

短扁担，宽短扁担担焦炭……”“洞庭湖上一根藤，青青藤条挂金铃……”“姓陈不能说成姓程，姓程不能说成姓陈……”训练“an－ang、en－eng、in－ing、ian－iang、uan－uang、uen－ueng、ün－iong”等前后鼻音发音的不同。皖北中原官话中，前鼻韵母全部读成了鼻化音[1]，如 en 读为[ẽ]、in 读为[i ẽ]、uan 读成[u æ̃]了。这是因为鼻韵母是由元音音素和韵尾鼻音辅音音素通过复合关系构成的（如果有韵头，也是其中一部分），发音时舌位由元音音素向鼻辅音音素发音部位移动。元音音素向鼻辅音音素移动过程中，受鼻辅音影响要产生暂时阶段性的鼻化现象，如果把这种阶段性的鼻化现象扩大到鼻韵母的整个发音过程，这样鼻韵母就成了鼻化音韵母了[2]。例如 ang，发音时，韵腹元音 ɑ 向鼻辅音 ng 移动时，如果是 ɑ→ɑ̃→ang 过程，标明发音正确；如果是 ɑ→ɑ̃→ɑ̃ 过程，则是错误的。纠正时，运用图像的演示，除了让学习者掌握好韵腹元音的舌位及其向韵尾辅音的移动方向外，尤其要注意软腭的运动状态：由发起始元音时的关闭鼻腔通道状态逐渐过渡到发终止鼻辅音的关闭口腔通道状态。（安徽省语言文字工作委员会办公室 1997 年）

（3）声调训练

①声调的范读。首先用 powerpoint 演示五度制标调法，用调值示意图讲清调值的含义，

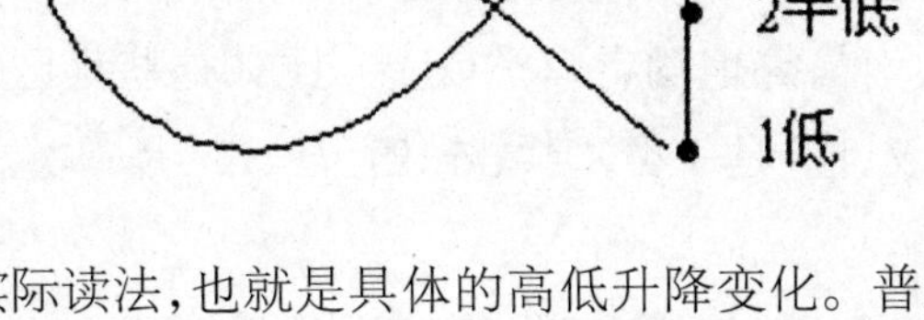

即声调的实际读法，也就是具体的高低升降变化。普通话有四种音高

① 鼻化音（符号为“～”）是指发某一元音音素时，软腭始终呈半悬状，气流从口腔和鼻腔同时通过。例如 an，皖北中原官话一律念为[æ̃]了，明显是单元音[æ]的鼻化，舌位移动的过程是 ɑ→æ→æ̃。

② 周殿福：《艺术语言的发声基础》，中国社会科学出版社 1980 年版。

变化形式,即平、升、曲(降升)、降,相应的调值分别为55、35、214、51①。其次按普通话四类声调及相应的调值分别读出单字音,如“阴平55:春天花开;阳平35:人民团结;上声214:永久友好;去声51:建设四化”。再者进行词语练习,如1)阴+阴|阴+阳|阴+上|阴+去:分工 fēngōng |光芒 guāngmáng |思考 sīkǎo |音乐 yīnyuè;2)阳+阳|阳+阴|阳+上|阳+去:循环 xúnhuán |农村 nóngcūn |牛奶 niúnǎi |文化 wénhuà;3)上+上|上+阴|上+阳|上+去:本领 běnlǐng |老师 lǎoshī |朗读 lǎngdú |土地 tǔdì;4)去+去|去+阴|去+阳|去+上:贺信 hèxìn |列车 lièchē |会谈 huìtán |字母 zìmǔ。

②声调辨正示范。声调的辨正是辨别方言声调和普通话声调的差异,找出二者之间的对应关系②,以纠正方音。首先是改变调值。方言调值跟普通话调值有同有异,即使是北方方言区也是如此。有的地区调类和普通话调类相同,而调值却不同。例如沈阳、济南、郑州、西安、兰州、成都、昆明、汉口、徐州、淮北等地的调类和普通话一样,却调值差别较大,仅以淮北为例,其调类和调值为阴平213、阳平44、上声24、去声53。因此,淮北人学习普通话首先就是改变调值。其规律是(前为淮北话,后为普通话)213→55、44→35、24→214、53→51。另外,有的学习者说的虽然是普通话,而调值仍有差异。常见到错误除阴平声高度不够,阳平声调值不到位(由3滑到4),去声没有从5降到1以外,上声的问题特别突出,或只降不升(调值为21/211),或升而不到位(调值为212或213),或读过了头(调值为2143或2142)③。基于这些情况,发音示范时要强调改变方言调值,向普通话调值靠拢。其次是合并调类④。有些方言区的调类比普通话多,尤其是非官话区方言如此。例如,广州、厦门、南昌等地均有六类以上。比如这些地区去声分阴、阳两类⑤:“盖、正、占、汉、世”是一类,“共、阵、暂、汗、市”是一类。这些方言区的

---

① 因为调值决定调类,所以普通话有四个调类,其调名分别为阴平、阳平、上声、去声,相应的调值各是55、35、214、51。

② 方言和普通话声调的对应关系,主要有三种情况:一是调类相同,调值不同。二是方言调类多于普通话调类。三是入声保留或归并的情况不同。

③ 郭辉:《普通话水平测试指瑕》,《淮北职业技术学院学报》,2006年第3期。

④ 也有扩展调类的情况,例如河北的滦县只有三个调类,这就要将其中有的调类进行扩展,使其与普通话一致(当然调值也要一致)。

⑤ 普通话只有平声分阴平、阳平两类,上声和去声均不分阴、阳。

人应该把这两类合并成一类，把调值念成高降调51。再次是记入声字。记入声字是指记入声字在普通里的念法①。古入声字，在普通话里已经分派到阴平、阳平、上声、去声里去了。可是，有五类或五类以上声调的地区，却保留了入声字。即使是不保留入声的四类调的地区，入声的分布跟普通话也不一致。因此，记入声字无疑是很重要的，这也是一种权宜之计。

（4）语流音变训练。

Ⅰ.变调训练（包括上文变调的所有形式）：视听训练，即是一边看着文字材料一边跟着音频mp3课件读。1）上声。如"改选 gǎixuǎn｜火车 huǒchē｜朗读 lǎngdú｜土地 tǔdì｜耳朵 ěrduo｜打手 dǎshou｜洗脸水 xǐliǎnshuǐ｜苦水井 kǔshuǐjǐng"；2）ABB式形容词重叠。"白花花 báihuāhuā｜水汪汪 shuǐwāngwāng｜慢腾腾 mànténgténg（又 màntēngtēng）｜恶狠狠 èhěnhěn"；3）一、不。"｜一半｜一边｜听一听｜不必｜不成｜想不开"。

Ⅱ.轻声。这部分的音频mp3课件中包括普通话水平测试用轻声词表中的所有轻声词，如"耷拉 dāla｜打量 dǎliang｜作坊 zuōfang"。另外还有绕口令《两只猫》《天上石头》辅以训练。

Ⅲ.儿化。这部分的音频mp3课件中包括普通话水平测试用儿化词表中的所有儿化词，如"找碴儿 zhǎochár｜小孩儿 xiǎoháir｜鼻梁儿 bíliángr"。

Ⅳ."啊"的变读。1）读 ia，"回家啊｜来啊｜鱼啊"，2）读 ua，"走啊｜好啊｜小啊"，3）读 na，"烦啊｜喊啊｜练啊"，4）读 nga，"唱啊｜红啊｜黄啊"，5）读 ra，"是啊｜儿啊｜吃啊"，6）读 za，"写字啊｜宋词啊｜沉思啊"。

3.2.3.2.2 普通话朗读训练。朗读训练主要以上述节律朗读理论为依托，选用不同体裁的作品，在音频mp3课件的示范下进行。

（1）诗歌朗读。1）旧体诗词的朗读，要求：传情达意，力求变化；读好韵脚，注意回环。选用材料有：李白的《早发白帝城》、苏轼的《赤壁怀古·大江东去》、柳永的《雨霖铃·寒蝉凄切》。2）现代诗歌的朗读，要求"深入意境，

① 要记住古入声字在普通话里的读法，需掌握古今调类的对应规律。古今调类的对应规律比较复杂，只有一条是特别简明易记的，这就是：方言中鼻音声母 m、n(ng)，边音声母 l，浊擦音声母 r，零声母 Ø 的入声字，普通话里都念去声。据郑剑平统计，在700多个古入声字中，普通话归入去声的有300多个。参见郑剑平：《普通话理论与实践》，北京交通大学出版社2008年版。

因境抒情;把握节奏,读出诗味”。作品有:戴望舒《雨巷》、柯岩《周总理,你在哪里》、舒婷《致橡树》。

(2)散文朗读。总的要求是:深刻理解,直言心声;贴近生活,自然真切;区别文体,表现风格。选用作品:老舍《济南的冬天》、许地山《落花生》、高尔基《海燕》。

(3)小说朗读。总的要求是:明确主题,深化感情;突出个性,塑造人物;区别基调,变化节奏。作品选用:鲁迅《孔乙己》。

说明:每种体裁的朗读作品下都有朗读提示(词语难点、句子难点、语调难点),小说的提示还有作品主题、作者态度、主人翁形象等的简单分析。

3.2.3.2.3 普通话说话训练

训练以上述理论分析(见 3.2.3.1.3)为依据,主要采取命题说话形式,在没有任何文字凭借的情况下进行。分为述说类和议论类两种话题。

(1)述说类话题。又可分为三小类:1)人物漫谈,如“我尊敬的人、我的朋友”;2)事件叙述,如“童年的记忆、难忘的旅行、我的业余生活”;3)情况介绍,如“我喜爱的职业、我的家乡、我所在的集体”。

(2)议论类话题。如“谈谈卫生与健康、我和体育、学习普通话的体会、谈谈社会公德、谈谈个人修养、谈谈对环境保护的认识”等。

说明:每个训练话题后都配有与该话题相关的语言提示(主题)和趣味图画,以启发和引导学习者围绕话题连续不断地说话。例如“童年的记忆”这个话题,语言提示是“龟兔赛跑的故事梗概,故事说明的问题,自己努力的方向”,趣味图画是一只大白兔和一只小乌龟在赛跑,大白兔在途中睡觉,而小乌龟却在坚持不懈的往前爬,终点离小乌龟越来越近。再如话题“学习普通话的体会”,语言提示是:1)中心:①学习普通话并不难。②要有学习普通话的决心、信心(战略上藐视)。③要有科学的方法(战术上重视);2)层次:①知己知彼,找出症结。②对症下药,刻苦训练。③方法得当,化难为易。趣味图画是两个人在面对面的探讨问题,交流体会……

四、结语

随着语言文字信息处理技术的不断革新,推广普通话也要适应信息处理的要求,这样才能使它步入更高效、迅捷、科学、深入的发展轨道。普通话教学课件的制作与开发这一研究课题,正是顺应了这一要求。软件的开发以理论研究为基础，在对普通话知识系统描述和全面分析的前提下，吸收最新的科研成果，加强理论的深度和广度。训练运用全方位的多媒体内容，融声音、文字、图像、动画和视频于一炉。同时遵循普——方对比的规律，并全程监控语音，注意口语表达形式，通过说话监测学习者词语和语法的规范程度[①]。本研究使理论知识与实践训练有机地交融，以促进普通话教学水平的有效而又全面的提升。

① 刘照雄：《再论普通话水平测试的性质与特点》，国家语言文字工作委员会普通话培训测试中心：《第三届全国普通话水平测试学术研讨会论文集》，语文出版社 2009 年版。

五、其他研究

汉语方言六十年来语法研究述评

汉语方言学自20世纪20年代建立以来,已经走过了80年的历程。80年来,方言语音的研究取得了令人瞩目的成果。相对而言,词汇的研究成果就不如语音那么丰富,但近年来也取得了丰硕的成绩。而方言语法的研究,在前60年里则是凤毛麟角,直到20世纪80年代中期,这种令人遗憾的局面才开始改观(王福堂,1998)。这不得不使我们考虑方言语法研究落后的原因是什么?改观得如何等问题。

一、汉语方言研究的现状

1.1 方言语法研究落后的原因

鲍厚星认为,多年来方言研究领域中语法的研究总是处于弱势,而不像语音研究那样不断地蓬勃发展①。主要原因有两个,一个是由于汉语方言的分区主要依据语音上的特点,因而众多的方言研究者更多的关注汉语方言语音调查研究;另一个是方言语法研究的难度(其中包括田野调查的难度,工作框架的难度)很大。而这是“由语法规则尤其是分析性语法规则的隐蔽性造成的”②。张振兴③认为,汉语方言语法研究出现滞后的状况,是多种因素造成的。其中有多个最主要的原因。一个是语法研究和方言研究的脱节,研究语法的人很少关注方言的研究,尤其很少关注方言语法的研究;研究方言的人除了少数学者外,很多人认为汉语方言之间的差别主要表现在语音上,其次是表现在词汇上,而语法上的差别是不大的。邵敬敏、周芍认为,汉语方言语法研究之所以比较落后,原因可以从多个角度看:一是从语

① 鲍厚星:《方言语法研究与田野调查》,《汉语方言语法研究和探索——首届国际汉语方言语法学术研讨会论文集》,黑龙江人民出版社2003年版,第25—30页。

② 刘丹青:《试论汉语方言语法调查的框架的现代化》,《汉语方言语法研究和探索——首届国际汉语方言语法学术研讨会论文集》,黑龙江人民出版社2003年版,第14—24页。

③ 张振兴:《方言与方言学研究》,《汉语方言语法研究和探索——首届国际汉语方言语法学术研讨会论文集》,黑龙江人民出版社2003年版,第1—8页。

法学界角度看，在认识上存在三个误区：第一，以为汉语方言的区别主要是语音，其次是词汇，而语法基本上大同小异，没有什么太大的研究价值，所以不值得去做；第二，以为即使方言语法可以研究，那也是方言学界的事，语法学界只需研究普通话语法，也就是不需要去做；第三，认为现代汉语语法的研究也还是才起步，这些课题都做不完，根本没有精力和时间去涉及方言语法的问题，也就是没可能去做。二是从方言学界角度来看，客观上存在一些困难。第一，在语音、词汇都还没有调查清楚的情况下就进行语法研究，有点力不从心；第二，语法研究对语感的要求更高，所以如果不是研究自己的"母语方言语法"，就很难进行深入的研究；第三，方言学界的学者在语法研究方面缺乏基本功的训练，在掌握先进的语法理论与方法方面存在明显的先天不足[①]。

我们认为，方言语法研究滞后的原因除以上所述之外，方言不像共同语那样为人所共知。也不像共同语那样受人关注也是一个原因。我们在方言语音调查和方言词汇调查方面所积累的经验和总结出的许多好的调查方法，都还没有用到方言语法调查研究上来。再者，由于方言语法规则很复杂，而且奥妙无穷。它难以为操非母语方言者所体察，难以为操非母语方言者所了解，难以为操非母语方言者所调查[②]。而对操该母语方言但又缺乏语法知识的人来说，他们很难体察到自己方言语法的错综复杂和精妙之处。因此，操非母语方言者难以全面、准确、深入地调查了解该方言的真实面貌；而操该方言但又缺乏语法知识的人也难以全面、准确、深入地调查了解该方言的真实面貌。这样汉语方言工作者就难以仿照方言语音调查或方言词汇调查制定出一份理想的方言语法调查表，总结出一套行之有效的方言语法调查方法。这是方言语法研究滞后的最根本原因。

1.2 促成汉语方言语法研究发展的几个重要因素

刘丹青认为，语法学之立，语法描写之行，语法研究之盛，关键就是透过语法的隐秘外表去发现其内在的规律[③]。因此，要了解方言语法调查研究凭

---

① 邵敬敏、周芍：《汉语方言语法研究的现状与思考》，《汉语方言语法研究和探索——首届国际汉语方言语法学术研讨会论文集》，黑龙江人民出版社 2003 年版。

② 陆俭名：《汉语方言语法研究和探索·序》，《汉语方言语法研究和探索——首届国际汉语方言语法学术研讨会论文集》，黑龙江人民出版社 2003 年版。

③ 刘丹青：《试论汉语方言语法调查的框架的现代化》，《汉语方言语法研究和探索——首届国际汉语方言语法学术研讨会论文集》，黑龙江人民出版社 2003 年版，第 14—24 页。

什么发展，首先需要关注是哪些条件帮助人们逐渐揭去语法的隐秘外衣。

第一是语法学在中国的建立与发展。以马眉叔 1898 年出版的《马氏文通》为标志，系统的汉语语法学正式建立。尔后，汉语语法学经历了“传统语法—结构主义语法—结构主义后的当代语法”这几大发展阶段，实现了“文言语法—现代语法—近代语法及历史语法—方言语法”的扩展。这充分显示了语法理论系统的建立和发展对方言语法事实描写有决定的作用。第二，方言语法调查项目的建立和逐步改进。方言语法需要更加高效的调查方式，要在短时间内出现有用的成果，必须依靠较好的方言语法调查方案。从丁声树（1955）《方言词汇调查手册》中所附 50 多个方言语法调查例句，到黄伯荣主编（1996）《汉语方言语法类编》的 2500 多条语法的条目，再到黄伯荣等（2001）的《汉语方言语法调查手册》的 11 章 68 节的包括“词类、句法结构、句型以及语序与省略”等内容的方言语法调查方案的著作，方言语法调查研究在不断改进和发展。第三，及时采纳普通话研究成果深化对方言事实的调查和分析。共同语由于为人共知，研究者众多，因此其语法研究深度整体上会领先于方言语法。方言语法研究者要密切关注普通话语法研究的进展，了解其最新的发现，吸收其最新的角度和思路，并将其应用于方言语法的调查研究，发掘方言语法中有价值的东西。就目前来看，质量较高的方言语法论著，其作者往往是置身于共同语语法的关注和了解中的。

1.3 方言语法研究的发展

从 1898 年《马氏文通》的问世，到 1926 年赵元任先生的《北京、苏州、常州的语助词研究》的发展（《清华学报》第三卷第 2 期，《方言》杂志 1992 年第二期重刊），20 世纪 50 年代以后 80 年代以前，研究方言语法的论著比起以前略多一些，但总的来说，无论从广度、深度来说，都是不能令人满意的（张振兴，2003）。

可喜的是，20 世纪 80 年代以后，方言语法研究出现了明显的转机。最重要的是大家逐步认识到方言语法研究的重要性了，著名语言学家朱德熙先生 80 年代初就大声疾呼要加强方言语法和历史语法的研究，他在 1992 年 11 月“中国语言学会第六次学术年会”上的发言中还以自己 1961 年写《说“的”》的体会指出共时和历时比较研究的重要性[①]。有意思的是，跟朱先生

① 《中国语文》，1993 年第 4 期。

有相同看法的还有著名语言学家吕叔湘先生。他1980年发表《丹阳方言的指代词》,1990年又发表了《指示代词的二分法和三分法》,都把语法研究的一大部分注意力投向汉语方言的语法上面来。90年代后半期,汉语方言语法研究进入了兴旺期。其标志是各种方言学术会议更重视语法研讨,尤其是2002年12月在哈尔滨举办了首届汉语方言语法研讨会,2004年在武汉华中师大、2006年在广州暨南大学、2008年在福建省泉州师院相继召开第二、第三届、第四届研讨会,这标志汉语方言语法的研究已迅速发展。

汉语方言语法研究的成果主要体现在以下几个方面(邵敬敏、周芍2003):

第一,通论性质的方言学著作大大加强了语法部分的阐述。如詹伯慧主编(2001)《汉语方言及方言调查》、侯精一(2002)《现代汉语方言概论》、李如龙《汉语方言学》、游汝杰(2004)《汉语方言学教程》等。尤其是詹伯慧、游汝杰等人的著作。詹伯慧对语法特别重视,从构型法、词语组合、词语位次、几类句子结构及词类五个方面进行了举例综述,很有启发意义。游汝杰不但注意方言语法调查的方法阐释,更注意方言历史研究、方言接触和方言比较研究、方言的社会语法学研究等。

第二,个别方言的专著,除了语音、词汇,已把语法部分作为不可或缺的有机组成部分。例如曹志耘的《严州方言研究》(日本好文出版社,1996)、平田昌司的《徽州方言研究》(日本好文出版社,1998)、侯精一的《现代晋语的研究》(商务印书馆,1999)、戴昭铭的《天台方言初探》(中国社会科学出版社,2002)、邢向东的《神木方言研究》(中华书局,2002)、孙立新的《陕西方言漫话》(中国社会出版社,2004)和《西安方言研究》(西安出版社,2007)、唐爱华的《宿松方言研究》(中国社会科学出版社、文化艺术出版社,2005)、毋效智的《扶风方言》(新疆大学出版社,2005)、秦崇海的《商丘方言研究》(中国文史出版社,2003)、李冬香等的《韶关土话调查研究》(暨南大学出版社,2009)等。

第三,出版了若干方言语法专著,可分两种类型:(一)某个方言的语法专著。即对某种方言的语法进行比较系统、概括的描写,特点是比较全面,也比较传统,可以让人对这一方言语法有个基本了解,缺点是无法深入探讨一些专题。例如2000年以来的就有:乔全生的《晋方言语法研究》(商务印书馆,2000)、陈淑梅《鄂东方言语法研究》(江苏教育出版社,2001)、张一舟等《成都方言语法研究》(巴蜀书社,2001)、林寒生《闽东方言语法研究》(云南大学出版社,2002)、彭兰玉《衡阳方言语法研究》(中国社会科学出版社,2005)、辛永芬《浚县方言语法研究》(中华书局,2006)、邢向东《陕北晋语语法比较研究》(商务印书馆,2006)等。(二)专题性研究著作。这是方言语法研究中的主流,例如施其声《方言论稿》(广州人民出版社,1996)中,其中有14篇论文是探讨方言语法的,诸如《论"有"字句》《广州方言的"量+名"组合》等。汪国雄《大冶方言语法研究》(湖北教育出版社,1994)列出10个专题分别作了论述。李小凡《苏州方言语法研究》(北京大学出版社,1998)、林立芳《梅县方言语法论稿》(中华工商联出版社,1997)等也都是语法专题著作。尤其是方小燕《广州方言句末语气助词》(暨南大学出版社,2003)是就某个专题进行集中研究的专著。

第四,用语法化理论解释汉语方言语法的文章(文集),如吴福祥主编的《汉语语法化研究》(商务印书馆)中收有国内较早的一些和汉语方言语法相关的重要论文。刘丹青利用语法化理论,结合汉语方言的具体实例,对汉语语法单位性质的动态性、可变性和异质并存现象,语法范畴的动态性和可变性等问题进行了深入探讨,他(2009)认为,汉语方言语法研究原来的理论背景大致有两个方面。在共时平面,主要是兼带传统语法要素的结构主义语法观;在历时平面,大体是兼顾传统小学遗产的历史比较语言学。前者促使研究者集中关注共时平面的语法系统性,致力于确定语法要素在共时系统内的性质和地位。后者引导研究者关注方言语法差异所反映的由同源、分化、接触等造成的方言间亲疏关系。他指出,语法化理论对方言语法研究的最大启示是,语法是动态的、可变的。语法化理论为方言语法中的共时现象打开了研究的互联通道。他让我们充分认识到两者的相关性,认识到演变是语法的常态,语法化是重要的演变机制;认识到语法的不同的领域和侧面都会演变,都会受语法化的影响,并且演变遵循着人类语言的共同规律,特别是语法化的单向性,同时也受语种类型特点的制约;认识到语言单位在语法化的不同阶段、会不同程度地呈现出很不相同的形态句法属性。

1.4 方言语法研究的深化

方言语法专题研究的单篇论文成倍增长,这反映了方言学家和语法学家均开始关注这一课题的研究。也标志着方言语法研究逐步走向强化:

1.4.1 概貌研究,即对某个方言区或方言点的某些特点进行概述。如黄雪贞《客家方言的词汇和语法特点》(《方言》1994 年第 4 期)、吴启主《常宁方言的语法特点》(《中国语言学报》第 5 期、商务印书馆,1995)、戴昭铭《天台话的几种语法现象》(《方言》1999 年第 3 期)、钱曾怡《嵊县长乐话语法三则》(钱曾怡《汉语方言研究的方法和实践》,商务印书馆,2002)、朱冠明《湖北公安方言的几个语法现象》(《方言》2005 年第 3 期)、赵日新、梁金荣、孟庆泰《汉语方言特殊语法现象小扎》(《中国语文》2002 第 2 期)、王国栓《河北方言语法现象二则》(《中国语文》2005 年第 4 期:482)、张德新《汉阴方言语法研究》(《汉语方言语法研究第二辑》2007,第 425—435 页)、李仕春等的《山东方言里的一种语法变调》(《方言》2009 年第 4 期)等。这些论文论述集中,语法特色鲜明,给人一个比较清晰的外貌。

1.4.2 构词研究。第一,词缀研究,这里只说特殊的构词方式即词缀及其构词能力,这是方言语法研究的热点(邵敬敏、周芍,2007)。如熊正辉《南昌方言的子尾》(《方言》1979 年第 3 期)、汪化云《团风方言的儿尾》(《方言》1999 年第 3 期)、蒋平、沈明《晋语的儿尾变调和儿化变调》(《方言》2002 年第 4 期)、钱曾怡《济南方言词缀研究》(钱曾怡《汉语方言研究的方法与实践》商务印书馆,2002)、曾毅平《石城(龙岗)客话常见名词词缀》、檀栋《五台方言的"子"尾》(《忻州师范学院学报》2002 年第 6 期)、吴继章《魏县方言的"子"尾词》(《语文研究》2003 年第 2 期)、辛永芬《河南浚县方言的子变韵》(《方言》2006 年第 3 期)、王健《江苏睢宁话中动词、形容词的"子"尾》(《汉语方言语法研究和探索——首届国际汉语方言语法学术研讨会论文集》2003)、郭辉《皖北濉溪方言的"子"尾词》(《方言》2007 年第 3 期)、蒋宗霞《安徽含山方言的"毫"及相关结构的用法》(《方言》2007 年第 2 期,第 137—141 页)、吴芳等的《揭阳闽语的小称"－儿"缀》(《方言》2009 年第 4 期)等。尤其是张惠英(2005)《语言现象的观察与思考》一书,重点研究汉语方言和少数民族语言的词头词尾,是一部很重要的语法学著作。第二,重叠形式研究,包括动词、形容词、名词、量词、副词等的重叠。这些重叠以后的动词、形容词等带有遍指、状态、可控量等语义功能和表小、丰富的形象、鲜明的感情等附加色彩。如邢向东(2002)《神木方言研究》、甘于恩《广东四邑方言形容词重叠式的综合研究》(《汉语方言语法研究和探索》2003)、辛永芬(2007)《浚县方法语法研究》、彭兰玉(2005)《衡阳方言语法研究》。吴永焕(2003)《山东郓城方言的一种方位词重叠》一文中描写了介+方位词重叠表示“向某一个方位稍微挪动一下位置”的意思。薛志霞(2008)《山西万荣方言单音节亲属称谓词重叠式的特殊用法》中指出亲属称谓词在“跟与自己对某位亲属有相同称谓的人谈话时,指称这一亲属,要用称谓词的重叠形式,对方回应时亦须用重叠式”。

1.4.3 词类研究。首先是虚词的研究,包括介词、副词、助词等,这也是方言语法研究中的重点。主要采取两种方法,一是跟普通话进行比较,以此来发现方言虚词的某些特点。例如乔全生《洪洞方言助词“着”的共时研究》(《方言》1990 年第 2 期)、涂光禄《贵阳方言语气助词初探》(《贵阳大学学报》1993 年第 6 期)、陈满华《湖南安仁方言的句段关联助词》(《中国语文》1993 年第 3 期)、周元琳《安徽庐江方言的虚词“之”》(《方言》2000 年第 2 期)、张小克《长沙话的介词》(《方言》2002 第 4 期)、方小燕《广州话里的动态助词“到”》(《方言》2003 年第 4 期)、宋恩泉《山东汶上方言“个”的一些特殊用法》(《方言》2005 年第 4 期,第 342—343 页)、尹世超《东北官话的介词》(《方言》2004 年第 2 期,第 117—124 页)、方平权《岳阳方言的语气词》、孙立新《陕西户县方言的助词“着”》、陈晖《涟源(桥头河)方言的被动标记》、吴建生《山西方言的助词“动”》、陈淑梅《谈约量结构“X 把”》、彭兰玉《衡阳方言的体貌系统》(以上多篇均选自戴昭铭等《汉语方言语法研究和探索——首届国际汉语方言语法学术研讨会论文集》,黑龙江人民出版社 2003)、周磊《乌鲁木齐方言的体貌标记“底”的语法功用》(《方言》2006 年第 3 期,第 210—216 页)、刘翠香《山东栖霞方言中表示处所/时间的介词》(《方言》2004 年第 2 期,第 125—130 页)、《山东栖霞方言的持续体》(《方言》2007 年第 2 期,第 124—130 页)、鲍红《安徽安庆方言“着”的虚词用法》(《方言》2007 年第 3 期,第 221—225 页)、黄晓雪《说句末助词“在”》、林华勇《广东廉江方言语气助词的功能和类别》(《方言》2007 年第 4 期,第 339—347 页)、陈泽平《北京话和福州花疑问语气词的对比分析》(《中国语文》2004 年第 5 期,第 452—458 页)、张其昀《扬州方言“消极”性完成体标记“得”》(《中国语文》2005 年第 5 期,第 468—473 页)、徐烈炯《上海话“侪”与普通话“都”的异同》(《方言》2007 年第 2 期,第 97—102 页)、殷晓杰《山东胶南话的语气词“开”》(《中国语文》2006 年第 6 期,第 540 页)、张邱林《河南陕县方言表将然的语气助词“呀”构成的祈使句》(《中国语文》2007 年第 4 期,第 357—358 页)、雷东平、胡丽珍《江西安福方言表复数的“物”》

(《中国语文》2007 年第 3 期)、张邱林《陕县方言的“嚷”“哩”与普通话的“呢”》〔《汉语方言语法研究》(二)2007〕等。二是方言之间的共时和历时比较,不但能显示各方言某些虚词的语法特征,而且可以看出它的虚化路径。如屈哨兵《被动标记“着”的共时/历时分布及衍推路径》〔《汉语方言语法研究》(二)2007〕、王培光、张惠英《说“个、的”可以表示完成、持续》(《汉语方言语法研究与探索》2003)、罗自群《汉语方言表示持续意义的“倒”》(《汉语方言语法研究与探索》2003)、邢向东《论现代汉语方言祈使语气词“着”的形成》(《方言》2004 年第 4 期)及《陕北神木话的准语气词“是”及其形成》(《方言》2006 年第 4 期,第 335—342 页)、罗自群《现代汉语方言表示持续意义的“住”》(《中国语文 2005 年第 2 期,第 152—157 页》、陈泽东《福州方言处置介词“共”的语法化路径》(《中国语文》2006 年第 3 期,第 233—236 页)、石定栩《上海话疑问成分“伐”的语义及句法地位》(《中国语文》2007 年第 5 期)、王健《从苏皖方言体助词“著”的表现看方言接触的后果和机制》(《中国语文》2008 年第 1 期,第 48—57 页)、付义琴等《潢川方言中“得”的一种特殊用法》(《中国语文》2009 年第 2 期)等。三是方言内部同类型虚词的比较或细致描写,以显示其细微差别。如施其生《论广州方言虚词成分的分类》(《语言研究》1995 年第 1 期)、刘丹青《无锡方言的体助词“则”(仔)和“着”》(《中国语言学报》6,商务印书馆 1995)、荣晶、丁崇明《昆明话的“着”字及其语法化过程中的历时择一与共时制衡问题》(《中国语文》2004 年第 3 期,第 247—252 页)、李如龙《闽南话的几个虚字眼儿》〔《汉语方言语法研究》(二)华中师范大学出版社 2007〕、邓思颖《粤语疑问句末“先”字的句法特征》(《中国语文》2006 年第 3 期)、彭兰玉《衡阳方言的语气词》(《方言》2003 年第 2 期,第 171—176 页)、雷冬平、胡丽珍《江西安福方言表复数的“物”》(《中国语文》2007 年第 3 期)、彭小川、张秀琴《粤语阳江话是非问句句末的“麽”“呢”连用》(《中国语文》2008 年第 1 期,第 58—60 页)、单韵鸣《广州话“好”的一种特殊用法》(《中国语文》2009 年第 6 期)等。

其次是代词的研究,既有建立系统、以描写为主的,也有分析其中的特殊用法以揭示其特点的。如项梦冰《连城(新泉)方言的疑问代词》(《方言》1993 年第 3 期)、孟守介《诸暨方言的代词》(《语言研究》1994 年第 1 期)、卢烈红《湖北黄梅话的指示代词》(《方言》2002 年第 4 期)、宋秀令《汾阳方言的指示代词与疑问代词》(《山西大学学报》1994 年第 1 期)、李启群《湖南凤凰方言中的代词》(第二届国际汉语方言语法学术研讨会论文,2004 年武汉)、饶长溶《长汀方言的代词》(《中国语文》1989 年第 3 期)、陈鸿迈《海口方言的指示代词和疑问代词》(《中国语文》1991 年第 3 期)、戴昭铭《浙江天台方言的代词》(《方言》2003 年第四期)、刘丹青、刘海燕《崇明方言的指示词——繁复的系统及其背后的语言共性》(《方言》2005 年第 2 期,第 97—108 页)、陈敏燕、孙宜志、陈昌仪《江西境内赣方言指示代词的近指和远指》(《中国语文》2003 年第 6 期,第 496—510 页)、郑张尚芳《大冶方言人称代词的变调》、乔全生《再论山西方言的"我咱""你咱"》、李连进《广西富川土话指示代词的三分》(以上三篇均选自戴昭铭主编《汉语方言语法研究与探索》2003 年)、邵慧君《"侬"字称代演化轨迹探论》(《中国语文》2004 年第 1 期,第 46—52 页)、宗守云《河北涿怀话的两套近指和远指代词》(《中国语文》2005 年第 4 期,第 299 页)、张振兴《汉语方言指示代词的二分与三分》〔《汉语方言语法研究》(二)2007〕、赵变亲《襄汾汾城方言人称代词的复数形式》(《中国语文》2009 第 6 期)等。另外张维佳(2005)《山西晋语指示代词三分系统的来源》指出:"晋中的三分系统来自'这/那'系统和'这/兀'系统的叠加,是两种二分系统在地理上的竞争的结果。"尤其要指出的是张惠英的专著《汉语方言代词研究》,用历时探源和横向比较等方法,指出一些代词的语源和关系,尤其是对汉语方言代词中,疑问词和处所词、疑问词和指示词、第三人称代词和指示词"兀、那、个"、指示词和量词及领属助词的关系等问题的探讨很有见解,是一部很好的汉语方言代词专著。

再次是量词研究,如王健(2007)《睢宁话中"个"的读音和用法》一文从语法、语义和语用三个方面描写睢宁方言的"个",指出它可能是 吴语的遗存。孙立新(2007)把吴中方言的个体量词"个"放在动态语料里看"个"的读音和搭配关系,并探讨了它的其他用法。邹韶华(2004)指出,江西安福话指人量词"只"的用法同"数量名"和"指量名"在一定的语境中名词可以不出现的通则不同,即使在一定的语境,用于人的个体量词"只"也必须和前面的数词或指示代词及后面的名词构成完全的短语,没有省略形式。与普通话相比,这是一种特殊的语法现象。盛爱萍(2004)考察了浙江温州地名中的方位词,分析温州地名中方位词的语序、韵律结构和语义问题,指出温州地名中的方位词在用法、语义方面均有差异。另外有石献初《湖北通城方言的量词"只"》(《方言》2003 年第 2 期)、吕建国《慈利话量词变化形式研究》

〔《汉语方言语法研究》(二)2007〕、陈瑶《汉语方言里的方位词“头”》(《方言》2003 年第 1 期)、罗昕如《湘语的通用量词“只”》(第二届国际汉语方言语法学术研讨会论文,2004 武汉)、王健《涟水(南禄)话量词的特殊用法》(《中国语文》2006 年第 3 期)等。

1.4.4 句式研究

首先是疑问句研究,因为它是汉语方言语法中比较有特色的句式,所以成果也很突出。如施其生《汕头方言的反复问句》(《中国语文》1990 年第 3 期)、谢晓安、张淑敏《甘肃临夏方言疑问句》(《中国语文》1990 年第 6 期)、游汝杰《吴语里的反复问句》(《中国语文》1993 年第 3 期)、刘丹青、余蔼芹《广东开平方言疑问句》(《中国语文》1992 年第 4 期)、徐烈炯、邵敬敏《“阿 V”及其相关疑问句式比较研究》(《中国语文》1999 年第 4 期)、张安生《宁夏同心话的选择性问句—兼论西北方言“X 吗 Y”句式的来源》(《方言》2003 年第 1 期)、邵敬敏、王鹏翔《陕北方言的正反是非问句——一个类型学的过程格式研究》(《方言》2003 年第 1 期)、郭攀《湖北浠水方言中的叠合式正反问》(《中国语文》2003 年第 3 期)、侯兴泉《广东封开南丰话的三种正反问句》(《方言》2005 年第 2 期)、许卫东《山东招远话中的 AA 式和 AAB 式正反问句》(《中国语文》2005 年第 5 期)、邢向东《论陕北晋语沿河方言的反复问句》〔《汉语方言语法研究》(二)2007〕、李文浩《江苏淮阴方言的重叠式反复问句》(《中国语文》2009 年第 2 期)、郭利霞《山西山阴方言“A-A?”式选择问句》(《方言》2009 年第 4 期)、施其生《〈汕头话读本〉所见潮州方言中性问句》(《方言》2009 年第 2 期)、李小军《邵阳方言的“吗呢”问句》(《中国语文》2009 第 6 期)等。

其次是“把”字句、“给”字句、“被”字句、比较句、双宾句、处置句、应答句、“可”字句、“可 VP”反复问句等句式研究,如黄晓雪《宿松方言的“把”字句》、梁忠东《玉林话“把”字句表达式的特点分析》〔以上两篇选自邢福义主编《汉语方言语法研究》(二)2007〕、周长楫《厦门话的被动句》(《厦门大学学报》1993 年第 3 期)、邓思颖《从南雄珠玑方言看被动句》(《方言》2004 年第 2 期)、左福光《四川宜宾方言的被动句和处置式》(《方言》2005 年第 4 期)、伍巍、蒋尊国《湘南蓝山土市话的处置式》(《方言》2005 年第 3 期)、叶祖贵《河南固始方言表处置义的“V 头”及头的合音来源》(《中国语文》2009 年第 5 期)、陈法令《闽南方言的两种比较句》和《闽南方言的平比句》(《中国语文》1982 年第 1 期、1984 年第 1 期)、冯荣昌《山东潍坊方言的比较句》(《中国语文》1996 年第 4 期)、汪国胜《湖北大冶方言的比较句》(《方言》2000 年第 3 期)、王双成《西宁方言的差比句》(《中国语文》2009 年第 3 期)、黄婷婷《广东丰顺客家方言的差比句》(《方言》2009 年第 4 期)、萧国政《武汉方言的"着"字与"着"字句》(《方言》2000 年第 1 期)、孙叶林《邵阳方言特殊双宾句 S+V+O 直+O 间》〔《汉语方言语法研究》(二)2007〕、陈淑梅《汉语方言里一种带虚词的特殊双宾句式》(《中国语文》2001 年第 5 期)、胡明扬《海盐方言的存现句和静态句》(《中国语文》1998 年第 1 期)、任碧生《西宁方言的前置宾语句》(《方言》2004 年第 4 期)、丁崇明《大理方言中与动词"给"相关的句式》(《中国语文》1992 第 1 期)、梁玉璋《福州话的"给"字句》(《中国语文》1990 年第 4 期)、周磊《乌鲁木齐的"给"字句研究》(《方言》2002 年第 1 期)、沈明《太原话的"给"字句》(《方言》2002 年第 2 期)、张雪平《河南叶县话的"叫"字句》(《方言》2005 年第 4 期)、尹世超《说否定性答句》(《中国语文》2004 年第 1 期)、郭辉《皖北濉溪方言的"可"字应答句》〔《汉语方言国际学术研讨会暨全国汉语方言学会第 15 届学术年会论文集(三)》,2009 于澳门〕、甘于恩、吴芳《广东四邑方言的"减"字句》(《中国语文》2005 年第 2 期)、张双庆、埚必之《香港粤语两种差比句的交替》(《中国语文》2005 年第 3 期)、许卫东《招远话中表"消极禁止"的"让"字句》(《中国语文》2007 年第 4 期)、王琴《安徽阜阳方言的"可 VP"反复问句》《阜阳方言"可 VP"问句句法特点》《阜阳方言的发问词及后置词"可"》(分别出自《方言》2008 年 2 期、《阜阳师范学院学报》2008 年 3 期、《铜陵学院学报》2008 年 1 期)、胡利华《安徽蒙城方言的"可"字句》(方言)2008 年 3 期)、丁崇明《昆明方言的特殊"V 得"及其句式研究》、丁加勇《隆回湘语双宾句句式研究》、麦耘《广州话的"有 V 咗 T(喇)"句式》、范新干《湖北通山方言的动词"把得"句》〔以上四篇均出自邢福义主编《汉语语法研究》(二)华中师范大学出版社〕、邢向东《陕北晋语沿河方言"把"字句与"教"字句的套合句式》、曾毅平《石城(龙岗)方言的被动句、双宾句、"来、去"句、"有"字句和"添"字句》(以上两篇出自戴昭铭等《汉语方言语法研究和探索——首届国际汉语方言语法学术研讨会论文集》,黑龙江人民出版社)等。

1.4.5 短语结构研究。描写和分析它们的句法语义特点以及句法分布和功能,探索与这些结构相关的问题,并对结构特征进行认知解释,如候精一

《平遥方言的动补式》(《语文研究》1981 年第 2 期)、乔全生《山西方言的“V+将+来/去”结构》(《中国语文》1992 年第 1 期)、陈淑梅《谈鄂东方言的“V得得”》(《方言》2000 年第 3 期)、钱曾怡主编《几种表示特定语义的句法结构》(《山东方言研究》,齐鲁书社 2001)、陈淑梅《鄂东方言的“数+量+O”的结构》(《方言》2003 年第 2 期)、吴福祥《南方方言能性述补结构“V 得/不C”带宾语的语序类型》(《方言》2003 年第 3 期)、王莉《温州话“V 赖 X”结构的语法分析》、王求是《孝感方言的 X,XV 格式》、吴继章《魏县方言结构二题》(以上三篇均出自邢福义主编《汉语语法研究》,华中师范大学出版社,2007)、吴福祥《粤语能性述补结构“Neg-V 得 OC/CO”的来源》(《方言》2005 年第 4 期)、刘祥伯《北京话“一+名”结构分析》(《中国语文》2004 年第 1 期)、周元琳《江淮官话庐江方言中的“得 V”结构》(《中国语文》2006 年第 1 期)、范慧琴《山西定襄方言的“V+X+趋向补语”结构》(《中国语文》2006 年 1 期)、陈淑梅《谈约量结构“X 把”》(以上 5 篇出自戴昭铭等《汉语方言语法研究和探索——首届国际汉语方言语法学术研讨会论文集》,黑龙江人民出版社)等。

总的来说,汉语方言语法的研究的落后的现状有所改观,研究的成果也蔚为大观。虽然数量较多,但高质量的论文较少,理论和方法还较传统,仍需深入发展。

二、汉语方言语法研究的理性思考

在谈到汉语方言学方法论的问题时,钱曾怡(1987)总结为:求实观、系统观、地域观、动静观、更新观五种观念[①];①在谈到汉语方言语法的调查和研究时,张振兴(2003)认为:方言的语法研究要与方言的语音研究结合起来;要注意比较;要尽可能详细地、深入地、全面地挖掘事实,通过这些事实,参与汉语重大语法问题的讨论。李小凡(2003)认为,方言语法研究这一学科领域目前还缺少比较系统的理论和方法。针对这一现状,当前所需要的理论框架应该是一种具有兼容性和开放性,可以不断丰富和完善的实践理论。建立适用性、通用性和便捷性的理论框架。刘丹青(2003)认为,应及时采纳普通话研究的成果深化对方言事实的调查和分析,加强汉语方言语法调查研究与其他语言的调查研究沟通,将“名词标记”“关系从句”等国际上

① 虽然这是对整个方言学而论,但是对方言语法的调查研究仍有指导作用。

通用语言调查的基本项目用于方言语法调查中去,以弥补方言语法调查的缺项。戴庆厦(2003)认为,汉语方言研究与少数民族语言结合起来研究,科学地区分汉语方言与少数民族语言的同源关系、借用关系、类型关系等。鲍厚量(2003)认为,方言语法调查要"从记音开始";要注意调查,不能用印象代替调查;要"讲实地调查",不要依赖二手材料;要观察事实,不要先入为主;要用正确的理论引导调查,不要被流行的理论所左右。邵敬敏、周芍(2007)认为,方言语法调查要深化"比较"研究;要变换研究思路;关注语言的接触、渗透、交融和互相影响;在理论与方法上有所突破;开展方言语法调查的基础性工作;要加强团队合作精神。

综观诸家学说,其共同之处是要注重语言事实的调查,注重比较研究。建立适合方言语法调查研究的理论框架,以深化方言语法的调查研究。

我们认为,在以上诸家对汉语方言语法调查研究看法的基础上,还应该注意以下几个方面的问题:一是加强队伍建设,提高汉语方言工作者的素质。方言工作者忠实而又科学地记录方言事实并不是一件轻而易举的事情。要从纷繁复杂的自然状态中成功地总结出有条理的语言规则,需要充分掌握方言的素材和较高的分析概括能力。这样就要求方言工作者有音韵学、词汇学、现代语法理论等方面的知识,运用科学的方法,以深化汉语方言语法的调察研究。国家教育部能否像1956年举办普通话语音研究班那样,委托学术权威机构举办汉语方言语法研究班,借以提高方言工作调查研究水平。二是汉语方言语法要与语音、词汇的调查结合起来。方言的语法研究要与方言的语音、词汇研究紧密地结合起来,离开方言的语音、词汇来研究方言的语法有时候可能会误入歧途。三是建立汉语方言语法自己的理论框架体系,因为这样不仅能解释普通话语法现象,也能解释各方言语法现象的现代汉语普遍语法。四是发扬"耳听为虚,眼见为实"的精神。以母语为根据地,深入细致的调查研究,然后再向其他方言区辐射。丁声树曾经说过,研究方言一定要实地调查。要掌握第一手资料。耳听为虚(别人对方言的评语是空的),眼见为实(自己调查的是实在的)。李荣先生也说:"这是丁先生晚年发表的对方言工作的重要意见。"著名语言学家赵元任《现代吴语的研究》就是我国第一部通过实地调查完成的应用现代语言学方法研究汉语方言的专著。五要树立军团意识,以方言学者为龙头,就某个专题,群策群力,集中攻关,从而获取军团效应。我国20世纪50年代大规模的汉语方言语音调查是很好的例子。不但出现了很多方言研究大家,如钱曾怡、游汝杰、詹伯慧、许宝华等。而且成果斐然,如钱曾怡的《胶东方言概况》(《山东大学学报》1959 年第 4 期)、《文澄、荣城方言中古全浊平声字的读音》(《中国语文》1984 年第 3 期)、詹伯慧的《现代汉语方言》(湖北出版社,1981 年)、《汉语方言文集》(龙溪书会,1982 年,东京)、《语言与方言论集》(广东人民出版社,1993)等等。现在,陕西师大的邢向东教授也形成了自己的西北民俗研究军团,取得了令人注目的成绩,这足以借鉴。六要正视人文材料的运用。语言关系的现状及其演变,是由语言使用者的社会历史的特点决定的,因而研究汉语方言必须重视人文材料和文献材料的使用。例如扬雄《方言》所记录的词语中,对我们今天认识方言中词类的特点是有一定帮助的。再如现代汉语方言中的一些语法现象在古近代汉语中尤其是在近代汉语中都能找到其活动的踪迹。王力、曹广顺、蒋绍愚、汪蓝生、刘坚、吴福祥等的古近代汉语论著均能说明这一问题。七是建立汉语方言语法语料数据库,实现方言语法调查的现代化。北京大学已建立了现代汉语语料数据库,这给现代汉语研究提供了极大的便利。如果汉语方言语法也建立语料数据库,这对汉语方言语法的研究具有极大的便利。据笔者所知,中国社科院语言所刘丹青博士正在做一个"汉语方言语法比较和方言语法语料库"中国社科院的重大课题,如果这个研究取得成功的话,这无疑对汉语方言语法研究是有极大促进作用的。八是加强普方古对比研究。包括对方言语法对比研究、方言与普通话语法的对比研究、方言与古代汉语语法的对比研究以及方言、普通话、古近代汉语语法对比研究。这种对比研究跟汉语方言语法调查研究起着互动作用,将大大有助于推进汉语方言语法的调查研究。《方言》杂志 2002 年第 2 期发表了邢福义先生的文章《"起去"的普方古检视》一文,很能说明这个问题。邢福义先生的文章的精彩之处,就在于从普通话、方言及汉语史文献三个方面,以大量事实论证了"起去"说法的合理性,这对我们方言语法的调查着实有很好的借鉴作用。

一部方言语法研究的巨著
——评孙立新《关中方言语法研究》

著名方言学家张振兴教授在孙立新《关中方言语法研究》的序中说："立新是一位很勤奋、很执着的中青年学者……"是啊！几十年来，孙立新教授（以下简称作者）用自己的勤奋和执着结出了很多具有很大影响力的方言研究成果。从文章来说，他在《方言》《中国语文》《语言科学》《汉语学报》《亚细亚言语论丛》《人文杂志》《陕西师范大学学报》《宝鸡文理学院学报》《青海师范大学学报》《咸阳师范学院学报》等国内外期刊上发表论文200多篇；从著作来说，他有《户县方言研究》《关中方言代词研究》《西安方言研究》《三原方言》等专著与合著几十部。尤其是2013年6月由中国社会科学出版社出版的《关中方言语法研究》一书，有128万字，是一部方言语法研究的巨著。笔者拜读全书之后，深受其益，故写出来与同道们共享，以期能给从事方言语法研究的学者们带来深刻的启示。

一、资料丰富、结论可信

清代朴学家有"例不十，法不立"之说，这体现着一种严谨的科学态度。"例不十，法不立"是指在做出某一项结论之前，总要列出大量的语言事实[①]。詹伯慧认为："如能收集、记录30万个音节以上的自然语料，该语言或方言的语法系统就能相当全面地得到反映。"[②]孙立新教授的《关中方言语法研究》真正做到了这一点。

1.1 实地调查的第一手田野资料

作者说，他从"1979年开始对关中方言进行调查和研究，三十多年来一直断断续续地进行着这一地域以及周围方言的调查和研究工作，调查过程

① 李行杰：《创新是学术著作不息的生命力——读乔全生〈晋方言语音史研究〉》，《语文研究》，2011年第2期。

② 詹伯慧主编：《汉语方言与方言调查》，湖北教育出版社1991年版。

中的95%以上时间都是实地的田野调查的”。他对关中的西安、潼关、宝鸡等方言点进行了语音、词汇和语法的调查，积累了几千万字的第一手田野资料。据我们的不甚准确的统计，仅用在本书中的资料也在五六十万字之多，用这些资料来支撑自己的观点，何愁达不到“例十法立”的地步呢？著名人类学家弗雷泽说：“一切理论都是暂时的，唯有事实的总汇才具有永久的价值。”一切理论是不是暂时的我们姑且不论，方言的田野调查对“事实的汇总”无疑是相当重要的。

1.2 追根溯源的古近代文献资料

关中历史悠久，关中方言既有古代汉语的存古现象，也有近代汉语的诸多痕迹。本书作者为了追根求源，寻求必要的文献印证，借以理清关中方言的发展脉络，阅读了大量的古近代汉语文献，援引了很多古近代汉语例子。

例如作者在论述关中方言“不得”的来历时，援引了很多古近代汉语的例子，列举如下：

大夫有赐于士，不得受于其家，则往拜其门。（《孟子・滕文公下》）

盗贼得变，此不得变也。（《荀子・非相》）

进退不得，为之奈何？（《吴子・应变》）

田为王者，卖买不得。（《后汉书・隗嚣传》）

公然抱茅入竹去，唇焦口燥呼不得。（杜甫《茅屋为秋风所破歌》）

天地果有初乎？吾不得而知之也。生民果有初乎？吾不得而知之也。（柳宗元《封建论》）

《穀梁传・襄公二十九年》：“阍，门者也，寺人也，不称姓名。阍不得齐于人。”

《后汉书・朱俊传》：“乞降不受，欲出不得，所以死战也。”

唐・王昌龄《浣纱女》诗：“吴王在时不得出，今日公然来浣纱。”

《西游补》第十五回：“话得孙行者哭不得，笑不得。”

作者在论述“关中方言以‘不’字煞尾的句式”时，指出古近代汉语为依据的例子如：《殷契粹编》425：丁未卜扶，咸戊，学戊乎？丁未卜扶，咸戊牛不？

雨不？（《殷墟书契前编》3.19.4）

方其至不？（《殷墟文字乙编》142）

正乃讯厉曰：汝贾田不？（陈梦家《殷墟卜辞综述》128）

秦王以十五城易寡人之璧，可予不？（《史记・廉颇蔺相如列传》）

子去寡人之楚，亦思寡人不？（《史记·张仪列传》）

公卿有可以防其未然救其然者不？（《汉书·于定国传》）

冀罪止于身，二儿可得全不？（《世说新语·言语》）

客问元方，尊君在不？（《世说新语·方正》）

陛下就佛寺中求福不？（唐·僧佑《高僧传》卷一）

禅师唤此以为庄严不？（《神会语录》）

君言不能诗，此语人信不？（苏轼诗）

你看我到家说了，奶奶打你不？（《醒世姻缘传》第五十九回）

教授却是要也不？（《警世通言》卷十四）

我却有个好亲在这里，未知干娘与小娘子肯也不？（《警世通言》卷十四）

全书涉及《殷契粹编》《穀梁传》《荀子》《孟子》《后汉书》《喻世明言》《警世通言》《醒世恒言》《初刻拍案惊奇》《二刻拍案惊奇》《火烧介子推》《元杂剧》《水浒全传》《董解元西厢记》《儒林外史》《儿女英雄传》《歧路灯》《金瓶梅》《西游记》《红楼梦》等等大量的古近代文献，另外还有200多年前关中著名剧作家李芳桂的《香莲佩》《春秋配》《紫霞宫》《万福莲》《十王庙》等系列剧作以及当代语言学家的《近代汉语指代词》《近代汉语语气词》《近代汉语读本》《近代汉语助词》等等有关近代汉语研究的专著。作者所下功夫之大由此可见一斑。

1.3 可信的结论

通观此书，作者每每在作出某一项结论之前，总要列出充分的语言事实作为依据，这样就令人不得不信服。要想推翻他的观点，你就必须或者否定他所列举的事实，或者摆出相反的事实。比如作者在论述关中方言反复问句以"不、没"煞尾的特点时，首先从古汉语文献《殷契粹编》中找出"丁未卜扶，咸戊，学戊乎？丁未卜扶，咸戊牛不？"最早的例证，接着又从孙锡信先生的《近代汉语语气词》中查出古代汉语及近代汉语的例证14个，再者又从关中方言区丹凤县作家贾平凹的长篇小说《古炉》中举出54个例证，这种源流共现，方古（方言与古汉语）合一的论证逻辑，得出的结论怎能不让读者信服呢？

二、规模宏大、系统性强

2.1 规模宏大

2.1.1 涉点范围大

关中是陕西省中部地区，一般指四关之中：东至潼关，西抵大散关（在宝鸡市），南到武关（在丹凤县），北达萧关（在甘肃省环县）。关中之内主要包括省会西安和渭南、铜川、咸阳、宝鸡 4 个地级市以及延安市南部、商州区东部，面积 76760 平方公里。根据 1990 年第四次人口普查资料，人口总数为 21488147 人。

关中，东临河南、山西，与河南省的卢氏、灵宝、山西省的芮城、运城、临猗、万荣、河津、乡宁接壤；南连陕南，以秦岭西段及商州区西部等地为界，与本省的留坝、佛坪、宁陕、镇安、山阳、商南等地相连；西部及西北部与甘肃省相毗连，两当、天水、清水、张家川回族自治县、华亭、泾川、灵台、宁县、正宁等县市与关中之地一般无太大的自然屏障；北依陕北晋语区的延长、延安、甘泉。

作者曾对关中的西安、临潼、蓝田、商州、丹凤、洛南、华县、华阴、潼关、大荔、渭南、澄城、合阳、韩城、黄龙、宜川、洛川、黄陵、宜君、铜川、耀州、蒲城、白水、富平、高陵、三原、泾阳、旬邑、长武、彬县、永寿、淳化、乾县、礼泉、咸阳、户县、兴平、武功、周至、眉县、太白、凤县、宝鸡、凤翔、岐山、扶风、麟游、千阳、陇县、富县、定边 51 个方言点进行三十多年的田野调查，涉点范围之多之大由此可见也。

2.1.2 研究规模大

为了便于共时比较，作者还对毗邻的河南、山西、甘肃及本省的陕南、陕北等地的方言进行调查，可谓涉面涉域之广、涉点涉人之多，都是一般汉语方言语法研究著作少有的。就这还不够，作者注意把关中方言语法放在整个现代汉语方言的大背景下进行全方位的共时比较，注意跟少数民族语言尤其是汉藏语系藏缅等语族进行比较。因而使全书的理论建构更加扎实可信。

2.2 系统性强

语法是指语言的结构规律，即词、短语、句子等语言单位的结构规律。可分为词法和句法两部分。作者站在整个汉语方言的高度来看关中方言，紧绕词法和句法两部分，并结合关中方言语法的特点展开论述，具有很强的系统性。在词法部分，作者首先从构词研究入手，并将其分为重叠构词（即名词、动词、形容词、代词、数量词、圪 A 圪 A、象声词、副词、ABA 等多种形式的重叠）、词缀构词（分为名词词缀、动词词缀、形容词词缀、“圪”“匼”字词缀等）、逆序构词、特殊词组（惯用语、俗成语）、使感结构、小称构词和爱称构词、叠加与羡余等多种形式，接着对关中方言语音的构词机制进行了多角度

(如破读、单音词的变调、文白异读、子变韵和D变韵、合音词与分音词、亲属称谓词的声调类化、动词完成体的内部屈折、吸气音和重度吐气音、拖音和长音等等)阐释,可谓既深入又系统。其次是对关中方言的词类进行描写分析,将其分为动词研究、代词研究、副词研究、介词研究、数量词研究、助词研究、语气词研究、叹词研究等等,而在介词研究部分,作者还将由“把、教、给”介词构成的“把”字句、“教”字句、“给”字句及“把-给”“把-教”“把-教-给”套合句式放在此处论述,这样就让读者加深了对“把、教、给”介词特殊作用的印象。再次是语法化等问题的研究,包括语法化、话题焦点、反复问句、补语类型、复句、词类活用、禁忌字的特殊语法地位等问题。其中禁忌字的特殊语法地位的研究很有特色,对人们研究禁忌字有很好的启示作用。

综之,作者运用系统论方法,尽可能对关中方言语法系统里的每一个问题都进行讨论,而且尽其可能做到了深入细致,实属难能可贵。

三、方法科学、注意创新

3.1 方法科学

科学而严谨的方法是学术创新的必要保证。作者在综评前贤和时彦研究方法的基础上,结合关中方言的特点,确定了自己的主要研究方法——“普方古”大三角的比较法。

“普方古”大三角的研究方法是邢福义先生所倡导的,即将普通话、方言和古代汉语三者联系起来对比研究的方法。作者认为:“这种方法的优点在于,不是孤立地去看‘普方古’中的一个现象,而是把三者联系起来进行研究比较,你中有我我中有你,互相印证,彼此参照。处于我国版图中心(我国的大地原点在关中泾阳县永乐镇)和官话中心区域的关中方言区,其语法系统里既有许多与普通话一致的,也不乏独有的特点,也有汉语各个历史时期的影子。”(《关中方言语法研究》第10页)

3.1.1 与普通话比较

关中方言是官话地区的一种很重要的方言,具有官话的一系列特征,同时又具有自己的个性特征。例如关中方言的套合句式除了把字句与给字句(把你的事情给大家伙说清楚|给大家伙把你的事情说清楚)、把字句与教字句(把娃教你吓得蛮哭直哭|教你把娃吓得蛮哭)的两套式以外,还有“把、教、给”三种句式的套合(教他把这个故事给咱再讲嘎子一下)。再如在把字句的否定式里,普通话把字句否定式里否定词“不或没”必须放在“把”

字前边，而关中方言把字句里否定词“不或没”都放在“把”字后边，例如：他就把你不当人看｜我把你不打一顿我心里不受活不舒服！

3.1.2 与方言比较

3.1.2.1 关中方言区内部的比较

例如，普通话的“V不V”式反复问句在关中方言就有不同说法（以“去不去”为例），西安说成“去不去”，三原说成“去不”，凤翔说成“去呀不”，宝鸡说成“去啊不”，华县说成“去哩么不去/不去么去哩”。这种反复问句在旬邑、高陵、三原、淳化、彬县、黄陵、洛川南乡、澄城、白水的肯定式回答是“V哩”，否定式回答是“不有”。如“去哩不？｜看哩不？｜寻哩不？｜吃哩不？｜尝哩不？”的肯定式回答是“去哩｜看哩｜寻哩｜吃哩｜尝哩”，否定式回答一律是“不有[pu^{31} $i\gamma u^{51}$]”。

再如动词兼介词“在”和“到”的分布特征有着明显的地域性，周至、兴平、乾县、武功及其以西基本上用“到”，户县、西安、咸阳、礼泉及其以东，多用“在”少用“到”。

3.1.2.2 与周围的方言和整个汉语方言比较

作者在书中说：“再方面要就着关中方言与周围的方言、整个汉语方言……做一定的比较研究，大致上有一个由近及远的原则：如甘肃东部、宁夏南部、山西南部是最接近关中方言的，这是最应当与关中方言进行比较的，其次是陕北和陕南、河南、山西晋语、青海、山东、四川、河北、湖北、湖南等地，再向着更远的地域进行比较。”（《关中方言语法研究》第10页）

作者在对关中方言人称代词声调感染进行考察时，将关中方言与甘肃、河南、山西及宁夏、青海、山东、河北、湖北、湖南进行比较，指出关中方言与河南、山西、青海的多数地区以及甘肃、宁夏部分地区有共同的特征，即以“他”字受“我、你”两个上声字的感染作用也读作上声调。并认为，从类型来看，河南、关中、山西、甘肃、山东、青海、河北等地有关方言的人称代词声调感染大致都是“我、你、他”甚至“俺、咱、您”等读作上声调；本来不读上声调的“他、咱、您”受到“我、你”两个上声字的感染也读作上声调，这是处于北方地区的官话和晋语的一致性特点。个别方言点不同程度有些例外情况：如西安、户县、蓝田第三人称单数“他”未受感染，仍阴平；这三处方言以“他的”表示复数，“他”与“他的”不会形成语义理解上的困难。金乡、淄川方言“我、俺、你”感染了“您、咱”读成了上声调，而没有感染到“他”字也读作上声调。大名方言的“他”字表示单数时被“我、你”感染读作上声调，而在表示复数时却读作阴平调。这可能是金乡、淄川、大名离北京较近的缘故，这可以称作“不完全感染”。多数南方方言人称代词的声调感染大致都是“我（吾）、你（尔）”受到阳平字“其、渠（佢）”的感染读作阳平。也有如河南、关中、山西等地那样读作上声调的，还有读作阴平调的（如西河、宁化、长汀等处）。（《关中方言语法研究》第509页）

3.1.2.3 与南方方言比较

本书中，作者在论述关中方言的相关问题时，曾多次提到吴语、粤语、闽语、客家话等南方方言。尤其在论及人称代词声调感染问题时，作者说人称代词读作阳平、阳上或阳去是许多南方方言的重要特征。如华阳凉水井客家话的人称代词单数形式读作阳平调：我 ŋai^{13}、你ȵi^{13}、其ȶi^{13}，复数形式分别是，我们 ŋai^{13} niən^{55}、你们ȵi^{13} niən^{55}、其们ȶi^{13}ȶiən^{55}，定格读作阴平调，如“我 ŋa^{55}”“其ȶi^{55}”；客家话梅县方言人称代词“偓你佢”都读作阳平调，“偓你”受“佢（渠）”字感染而全读作阳平调；连城（新泉）方言“我咱尔渠”均读作阳平调，“我、尔”受“咱、渠”的感染读作阳平调的：我 ŋuə^{55}咱 a^{55}尔 ŋ^{55}渠 t ʅʮə^{55}；广东增城方言“我、你、他”读作阳上表单数，变作 51 调值时表复数，增城方言单字调里本无 51 调值，复数形式“我你他”变作 51，实乃内部屈折。很有意思的是，关中方言由上声变作阴平(如凤翔“我 ŋau^{52}单数→我 ŋau^{31}复数”)是本有其调的内部屈折，增城方言的内部屈折是本无其调的内部屈折。增城方言亦有复数后缀“伲 nɐi^{55}阴平调”，此字时有时无，增城的“伲”与关中表示人称代词复数的“的(如西安、商州、大荔)、几(如澄城)、崖(如大荔)、家(如周至读作 tɕia^{31}，武功读作 tɕi ɛ^{31})”等后缀是一个道理；上海市区方言的“我、侬、伊”读作阳去调；于都方言人称代词的单数形式“我 ŋ æ^{42}、你ȵi^{42}、佢 ku^{42}”都读作阳去调；赣语大通片的湖北阳新三溪方言，其人称代词“我［ŋo^{21}］、你［n^{21}］、渠［k^{h}ɛ^{21}］、很［hən^{21}］”读作上声调，其中“很”为第一人称兼第二人称，“很”字在阳新三溪赣语里是第一人称包括式，相当于官话的“咱、咱们”；三溪赣语单数形式在表示领属时，一是“我、你、渠、很”变作入声 45，一是不变调的“我、你、渠、很”后加“个［ko^{33}］”字。变作入声的“我、你、渠、很”有指代“一家（人）”的特殊功用，如“我［ŋo^{21}］还有开始割谷”是“我还没有开始收割稻谷”的意思，而“我［ŋo^{45}］还有开始割谷”则是“我家还没有开始收割稻谷”的意思。

3.1.3 与少数民族语言比较

少数民族如景颇语的人称代词单数都是33调值：ŋai^{33}（我）、naŋ^{33}（你）、ʃi^{33}（他），四川尔苏多续话一二三人称代词的单数、双数、复数以及主格、领格、宾格甚至反身代词的单数、双数、复数的声调，基本上都是高平调55。以上少数民族人称代词的声调感染现象与关中方言的人称代词声调感染现象有诸多一致的地方，这可能是语言接触的结果。

3.1.4 与古近代汉语比较

研究方言的语法，要注意古今语法的比较。如此，可以加强研究的广度和深度[①]。张振兴教授在本书的序中也说，“（作者）用历史比较的方法，努力把现代关中方言语法的源流搞清楚”。例如在论及关中方言反复问句以“不”字煞尾的特点时，举出很多古近代汉语为依据的例子如：丁未卜扶，咸戊牛不？（《殷契粹编》425）｜ 雨不？（《殷墟书契前编》3.19.4）｜ 子去寡人之楚，亦思寡人不？（《史记 · 张仪列传》）｜ 教授却是要也不？（《警世通言》卷十四）；在论及关中方言能愿动词“不得”的来源时，作者认为“不得”是上古汉语就已形成了的、用法比较固定的词组，和今关中方言的用法与之是一致的，举例如：大夫有赐于士，不得受于其家，则往拜其门。（《孟子 · 滕文公下》）｜ 盗贼得变，此不得变也。（《荀子 · 非相》）。

3.2 注意创新

3.2.1 方法新

作者在本书中使用了“摆事实讲道理、普方古大三角、共时与历时比较、历史层次分析”等多种方法，其中将方言语音、词汇和语法三个要素结合起来研究，不失为新的探索。如第二章所讨论的关中方言语音的构词构句机制，是目前研究一定地域或一个地点方言语法的论著中很少见的。全章讨论了破读现象以及单音词的变调构词等，从所讨论的诸多问题来看，作者不但在材料上花了很大的气力，而且对许多问题都进行了有益的探索。如本章2.6节“加缀形容词的名物化变调”之表7所报道的“长嘎嘎”一词，当“嘎嘎”读作 ꜀ka .ka 的时候为形容词，例句如“瓜蔓长 ꜀ka .ka 的”；读作 ꜀ka ka꜄ 的时候为名词，即名物化的读法，例句如“这截路是个长 ꜀ka ka꜄”。

① 唐作藩：《古今汉语时体系统比较》，卢小群、李蓝等主编：《汉语方言时体问题新探索》，中央民族大学出版社2014年版。

3.2.2 材料新

作者从1979年对关中方言区的51个点进行实地调查,30多年来从未间断过,积累的很多田野资料都是原始的。同时,作者还注意吸收先贤时彦的研究成果,从中寻找有益的启示。再者,作者还大量阅读有关关中方言的古今历史文献,借以证明关中方言语法中某些现象的历史来源。例如讨论构词一二章的30多万字材料中,很多都是首次使用的材料。如关中方言的ABA重叠式是在AB的基础上再加上A,多数用在歌谣里,比如富平歌谣《槐子槐》云:"槐子槐,搭戏台,他舅叫娃看戏来。又没袜子又没鞋,精片片脚跑的来。"这种重叠式还有"棒槌棒、蚂蚁蚂、拐子拐、扁豆扁、椿股椿、槐股槐、六女六、丫头丫、梆子梆、纽子纽、正月正、韭菜韭、当中儿当、边头儿边"等等。再如,作者为了寻求必要的文献印证,他专门阅读了"三言二拍"以及200多年前关中著名剧作家李芳桂的系列剧作等等。

3.2.3 现象与结论新

科学研究的任务,是从个别的现象中发现一般的规律。比如作者在本书第一章的构词研究中,指出人民币面值有"一分一分、五毛五毛、五十块五十块"等重叠形式,并于2004年10月在武汉华中师范大学举行的第二届汉语方言语法国际学术会议上作者调查过参加会议的学者,得到普遍肯定,因而作者得出的结论是"这种重叠形式是汉语的通语现象"。然而,这种现象研究普通话语法的好几代同仁似乎都没有注意过,看来,对普通话的一系列问题需要在调查的基础上进行更深入的研究。

四、结语

《关中方言语法研究》是一部很有价值的学术专著,很值得一读。该书语料丰富翔实、研究深入细致、方法科学严谨、结论新颖可信,是陕西方言语法研究著作中的一部力作。"最近几年来,陕西省关中地区的汉语方言引起了海内外方言学家的广泛注意。这个地区具有特殊重要的历史和人文地位,是研究汉语方言互相接触,互相交流,进而研究方言发展演变的一个典型地带。"①目前,陕西方言语法研究的成果较多,如邢向东的《陕北晋语语法比较研究》、兰宾汉的《西安方言语法调查研究》、黑维强的《陕北绥德话带"日"字头词语》、邵敬敏与王鹏翔的《陕北方言的正反是非问句——一个类型学的过渡格式研

---

① 张振兴:《关中方言代词研究·序》,孙立新:《关中方言代词研究》,三秦出版社2010年版。

究》、任永辉的《宝鸡方言的“给”字句》,等等。而孙立新教授的《关中方言语法研究》是众多陕西方言语法研究成果中较有分量的一部,尤其是对关中方言语法进行全面深入系统地比较研究,这在陕西方言语法研究方面还是第一部,因此,《关中方言语法研究》不仅对整个陕西方言语法,同时对晋语乃至整个汉语方言语法研究,都具有重要的理论意义和学术价值。

孙立新教授在关中方言语音、词汇、语法研究等方面均有很高的造诣,我们希望他能在此基础上更上一层楼,以更优异的成果去深化陕西以至于整个汉语方言的研究。

汉赋分类新探

一、引言

汉赋,作为汉帝国“一代之文学”[①],是有汉四百年间的主要文学现象,作品异彩纷呈,赋家蔚然林立。从文学样式说,汉赋是我国古代所独有的,因而最具汉民族特色;而且,两千年前后出现此种数以千计的赋作,或雍容华贵,或轻灵妍秀,或凝重浑成,或玲珑剔透,或雄肆恢宏,或短小精悍,或体物浏亮,或抒情委婉,或叙事简括,或议论剀切……它们以其独特的面貌,熠熠的光辉,彪炳于世界文学史册,“在后世犹有灿然的光彩”[②]。这足以使中华儿女引以为豪。

汉赋在汉文苑中的地位是显赫的,影响是巨大的。日本学者青木正儿说:“若是把汉代的文章大略的观察,则除了论辩、奏议、书说等以议论为主的实用文,凡是可以鉴赏文辞之类的艺术文,大概都用赋体,或者也可以说加了些赋的味儿。”[③]这是符合汉代文章实际的。然而,由于汉赋自身的和历史的原因,决定了它命运的坎坷:“从它形成以后,对于它的评价就存在着不

① 王国维:《宋元戏曲考序》,《全汉赋·前言》,北京大学出版社1987年版。

② [日]泽田总清:《中国韵文史》(上),上海书店1986年版。

③ [日]青木正儿:《中国文学概论》,重庆出版社1982年版,第106页。

同的看法。”[①]而且由于多方面的原因，不仅对其思想性、艺术性、在文学史上的地位等研究探索得远远不够（过去不少《中国文学史》无汉赋章节），而且连其分类体制也很少研究。笔者在参编古代文学教材时，遇到很多具体问题，于是在困惑中就对这些问题作了长时间的思考和探索。现就此提出粗浅的管见，以期对汉赋的深入研究、重新评价有所裨益。

长期以来，由于对汉赋的内涵和形式的理解有异，故各书所收赋的篇目不尽相同。现依照费振纲等先生主编《全汉赋》（北京大学出版社出版）所收赋篇为基础而加以探究。

《全汉赋》选目有明确、严格的标准，它剔除了一般选目中的“楚辞体”（如淮南小山《招隐士》等）和“楚声（歌）”（如刘彻《秋风辞》等），计收赋305篇：其中完篇228篇，勉强可读的残篇18篇，仅存残句者为35篇，存目（含存题2篇）18篇，存序4篇，阙讹难读1篇。现就前二者246篇进行探究、考索。

二、分类历史述略

汉赋的形式分类问题，历来聚讼纷纭，存在问题较多，直到现在，依然如故，所以值得深入探索、考校、分析。

按篇幅长短分，《全汉赋》计收各类体裁大赋48篇（按体式规模参以篇幅字数），各类体裁小赋198篇；如按表现手法分，体物大赋17篇、叙事大赋12篇、抒情大赋8篇、议理大赋11篇、咏物小赋91篇（含部分借物抒情者）、叙事小赋51篇、抒情小赋52篇、议理小赋4篇；若按体裁分（论证详后），骚体赋102篇、散体赋42篇、诗体赋28篇、骈体赋43篇、杂体赋31篇。

上述各种分类法，或有所依托，或空无依傍，不妥乃至谬误处肯定存在。所以这样划分，主要是想提出一种符合汉赋实际的分类方法，以便对其思想性、艺术性等的深入研究有利。

现在先让我们纵观一下对汉赋进行分类的历史状况：

最早提出分类的是班固。他在《汉书·艺文志·诗赋略》中说：“诗赋为五种。”其中第五种为“歌诗”，计28家，314篇，不属辞赋范围。其余四种分别是：（一）屈原赋之属：从屈原到王褒（含唐勒、宋玉、庄忌、贾谊、枚乘、司马相如、“淮南王群臣”、孔臧、刘向等）20家，赋361篇。顾实说“盖抒情者

① 费振纲编：《全汉赋·前言》，北京大学出版社1993年版，第2页。

也”。(二)陆贾赋之属:从陆贾至朱宇(含枚皋、严助、朱买臣、司马迁、扬雄、冯商等)21 家,赋 275 篇。顾实说是“主说辞者也”。(三)荀卿赋之属:从孙卿到路恭(含贾允、谢多、王商等)25 家,赋 136 篇。顾实说“盖主物者也”。(四)杂赋:从客主赋到隐书(含杂禽兽六畜昆虫、器械草木、成相杂辞等计 12 家,赋 233 篇)。顾实说:“盖多杂诙谐,如庄子寓言者欤?”[①]或如章学诚所说:“(前)三种之赋,亦如诸子各别为家,而当时不能尽归一例者耳。”“三种之赋,人自为篇,后世别集之体也;杂赋一种,不列专名,而类叙为篇,后世总集之体也。”[②]

对班固的分类,章炳麟、刘师培亦有新说。章说:“《七略》次赋为四家,一曰屈原赋、二曰陆贾赋、三曰孙卿赋、四曰杂赋。屈原言情,孙卿言物,陆贾赋不可见。其属有朱建、严助、朱买臣诸家,盖纵横之变也……”[③]刘说:“《班志》于区分之意不注一词。近代校雠家亦鲜有讨论及此者。自吾观之,《客主赋》以下十二家皆汉代之总集也,余则皆为分集。而分集赋复分三类。有写怀之赋,有骋辞之赋,有阐理之赋。写怀之赋屈原以下二十家是也。骋辞之赋陆贾以下二十一家是也。阐理之赋荀卿以下二十五家是也。写怀之赋其源出于《诗经》,骋辞之赋其源出于纵横家,阐理之赋其源出于儒道两家。”[④]

以上诸家对班固分类的解说,大体明晰,但有三点似应说明:

第一,屈原赋之属属“辞”(骚),与汉赋内涵不同;第二,各家的解说,小有不尽然处。如第二类,陆贾自是纵横家,但司马迁赋八篇,今存《悲士不遇赋》乃骚体抒情小赋;并非“主说辞者”,而扬雄赋十二篇今存七篇,更不止“说辞”;第三,从赋作者现存之赋看,班固的分类大体是按流派划分的。弄清这些,对整体把握汉赋,从而欣赏、评价,自有帮助,但尚不能解决汉赋体裁分类的问题,不利于指导深入细致的研究。

对汉赋的分类,特别应当提出南朝梁萧统编的我国第一部文学总集《文选》。萧把辞赋放在最前列,按其题材与内容分为京都、郊祀、耕藉、畋猎、纪行、浏览、宫殿、江海、物色、鸟兽、志、哀伤、论文、音乐、情事等十五类。如果

---

① 陈国庆:《汉书艺文志注释汇编》,中华书局 1993 年版,第 165—178 页。

② 章学诚:《文史通义》,转引自《中国古代文体概论》,北京大学出版社 1990 年版,第 88—89 页。

③ 章学诚:《文史通义》,转引自《中国古代文体概论》,北京大学出版社 1990 年版,第 85 页。

④ 同上。

再加上虽另归类而实为赋的“七”(如枚乘《七发》等)、“檄”(如司马相如《难蜀父老》)、“设论”(如扬雄《解嘲》)、“论”(如东方朔《非有先生论》)、“吊文”(如贾谊《吊屈原文》)等则为二十类。这足以显示汉赋的丰富多彩。当然,《文选》的分类多就外在形式或名称,所以用现代的分类标准衡量,则显得不尽妥当。但从分类中,我们可以了解到汉赋题材的多样性和内容的丰富性等。

三、体裁分类现状

对赋进行体裁分类,笔者见到较早的是明代徐师曾的《文体明辩》。他把从汉到明的赋分为四类,即古赋、俳赋、文赋、律赋。从赋史角度说,分类是可取的,故为中外学者所接受。但这种分类法是历时性的而非共时性的,可是要科学地对某一时代的文学现象作具体分析,又非依共时性原则不可。

20世纪30年代到60年代,刘大杰先生在《中国文学发展史》中总结研究成果说:“叙事赋、咏物赋、说理赋、拟骚赋,都同时排列在各家的集子里。”[①]这多是就手法说的。在论述汉赋的“体制”“题材”时又说:“抒情、说理、咏物、叙事各种体制,登临、凭吊、悼亡、伤别、游仙、招隐各种题材的赋,都出现了。”[②]这仍是手法和题材。但在《汉赋的发展与流变》一章末,他总括地说:“辞赋源于屈、宋、荀卿,一变而为铺采摛文的汉赋,再变而为魏晋的小赋,三变而为南北朝的骈赋,四变而为唐宋的律赋与文赋。”[③]

就历时性而论,无疑是正确的。刘先生之说源于徐师曾又有所前进,他说的骈赋即徐师曾说的俳赋,是六朝通行的一种赋体,讲究双句骈偶声律,字句工巧;实际上是押韵的骈体文。徐师曾说:“夫俳赋尚辞而失于情,故读之者无兴起之妙趣,不可以言则矣。”律赋,指唐宋以来科举考试所采用的赋体,讲究音韵和谐、对偶工整,于音律、押韵都有严格规定。文赋,指唐宋以来在古文运动影响下更加散文化的赋体。以上三者,与汉赋各体无共时性可言,兹不论述。

刘先生说的“汉赋”,即徐师曾说的“古赋”。王力等先生说:“汉代的赋是古赋。”[④]褚斌杰先生说:“古赋,主要是指产生于两汉的辞赋。”[⑤]除应说明

① 刘大杰:《中国文学发展史》(上),上海古籍出版社1982年版,第130页。
② 刘大杰:《中国文学发展史》(上),上海古籍出版社1982年版,第154页。
③ 刘大杰:《中国文学发展史》(上),上海古籍出版社1982年版,第160页。
④ 王力等:《古代汉语》(四),中华书局1984年版,第1354页。
⑤ 褚斌杰:《中国古代文体概论》,北京大学出版社1990年版,第89页。

"辞与赋也有区别"外,基本上是符合实际的。

特别值得称道的是褚先生对古赋即汉赋又进行了体制体裁的细致分类。他说:"古体赋,即汉赋,从体制上可以分为三类:一类是散体大赋,一类是'骚体'赋,一类是小赋。"[①]两年后在其文学史著作中又加以改进,说汉赋分为"骚体赋""散体大赋和抒情言志小赋三种形式"[②]。这一分类法已为文学史家所接受。于非先生主编《中国古代文学史》时说:"汉代的赋可以分为骚赋、大赋、小赋三类。"[③]一年多以后,于先生在其主编的全国高等师范专科教材中又说:"汉赋的体制,是汉代文人为充分反映充满活力的时代面貌和气象,吸取了荀况和楚辞的体制而形成和完善起来的,它包括骚体赋、散体大赋和抒情小赋三种形式。"[④]这一书的分类法基本上是褚先生二书的分类法。有此分类,比前几十年高校文科教材多数《中国文学史》避而不谈好得多;比只分为"大赋""小赋",说"汉赋可分为两种:一种是以铺陈事物为主的大赋……另一种是以咏物抒情为主的小赋"[⑤]科学得多。因为仅以"大""小"分之,对于研究汉赋几乎与不分无异。

然而,上述三种分法和三种赋的名称,愚以为除"骚体赋"很确切外,其余则是不太符合现存的240多篇汉赋的客观情况的。

第一,"散体大赋"仅是汉赋的一翼,且仅28篇左右,尚有其他体裁大赋20篇左右;更重要的是还有"散体小赋",如司马相如《美人赋》、孔章《谏格虎赋》、马融《琴赋》、边韶《塞赋》等14篇,故"散体大赋"无法涵盖汉赋中的"散体"一类。

第二,"抒情小赋"或"抒情言志小赋"不能代表现存的198篇小赋。因为:抒情小赋仅52篇,而叙事小赋几与之相侔,为51篇,咏物小赋达91篇之多,还有议理小赋4篇,这三种小赋大大超过"抒情小赋"。况且,"抒情"也不是"小赋"的专利。"大赋"而又"抒情"者,也不乏其例。如刘歆《遂初赋》、冯衍《显志赋》、班固《幽通赋》、张衡《思玄赋》等等。至于"抒情咏物小赋"仅为四类小赋之二类,无法以偏概全。

第三,"骚赋、大赋和小赋"的分类是由于用了双重的标准而致误。"骚"

① 褚斌杰:《中国古代文体概论》,北京大学出版社1990年版,第128页。

② 褚斌杰:《中国文学史纲要》(一),北京大学出版社1990年版,第252页。

③ 于非:《中国古代文学史》(上),高等教育出版社1988年版,第132页。

④ 于非:《中国古代文学教程》,高等教育出版社1988年版,第113页。

⑤ 江建名:《韵文概论》,高等教育出版社1987年版,第254页。

是形式体裁,“大”“小”是规模篇幅,前者包容后者,即骚体有大有小。246篇汉赋有骚体赋102篇,其中大者15篇,小者87篇,可见“骚”“大”“小”分类进退失据,无法显示汉赋的全貌。

分类是明确概念外延的一种逻辑方法。在对概念进行分类时,一方面要注意分类所得的各子项,其外延必须互相排斥而不能互相包容;另一方面还要注意每次分类必须按照同一标准进行。而上述骚体、散体与抒情三种名称却涉及表面形式和表现手法两个性质完全不同的标准,故无法相提并论;而“骚”“散”“小”并提,则是把表现形式(骚、散)和规模篇幅小混为一谈,其前二者是包容后者的(各体赋均有大、小之分)。用两个标准衡量区分同一事物,自然互相矛盾。打个不尽恰当的比喻,“骚”“散”“小”的分类,等于说人的性别可以分为男人、女人和小孩。这种无科学标准的分类法,进退失据,互相矛盾,实不足取。

也许正鉴于此,1992年出版《历代辞赋鉴赏辞典》时,马积高先生在“前言”——《说辞赋》中,“综合前人的研究成果”,“按照比较严密的文体分类原则”,对汉赋的“文体”分类,提出了新见解:“赋这种文体的涵盖面较广变化也较多,约而言之,主要有下列三个分支或三种分体。”具体如下:

一、“从结构形式和表现方法看,它们都是抒情诗体……或称为‘骚’,或称为‘辞’,或称为‘骚赋’。……”

二、“这种赋基本上是一种有韵的文……这些应统称之曰文赋。……”

三、“是以四言韵语为基本格式的一种……这类赋是四言诗的变体。”①

这里,马先生用严密的,统一的标准来分类,扬弃了“小赋”“抒情小赋”“咏物小赋”等与“骚”“散”并提的分类法,又新分出“四言诗的变体”一支。这确是汉赋体裁分类的一大科学性的进展,使汉赋第一次有了较科学的分类。但又说“这三种赋,如果用今天的文体分类标准来看,也可以说只有两大类:一、三两种为一类,是与诗相近的……”这,似乎显得太笼统,显示不出赋体“变化也较多”的实际,更重要的是“四言诗的变体”赋(名之曰“诗体赋”可以吗?)和骚体赋形式上的差别还是很明显的(详后);另外还有一个问题:“骚赋”“文赋”两大类确比“大赋”“小赋”两大类和“骚”“散”“小”等三分法科学,但把现存的240多篇汉赋科学地区分开来还是有不少困难的。所

① 历代辞赋鉴赏辞典编写组:《历代辞赋鉴赏辞典》,安徽文艺出版社1992年版,第4—5页。

以笔者千虑之后认为应该在马先生三分法的基础上再进一步深入、细致地予以具体分析。

四、体裁分类试拟

综观《全汉赋》所提供的丰富的可读篇目，可明确地看出，汉赋不仅题材广阔、内容丰富、手法多样，而且其体裁也是相当纷繁的：

第一种是源于楚辞、与《离骚》有密切关系的“骚体赋”。其体制特点是：体制上脱胎于楚辞，语句中亦多带“兮”；手法上亦多用“美人”“芳草”式的比喻；内容则侧重抒情，诗味较浓；语句结构特点也较鲜明，即多用所谓“骚体句”—x | xx |（虚词）| xx |（兮）。例如：登|兰台|（而）|遥望|（兮）……（司马相如《长门赋》）。骚体赋，专家、学者认识一致，不赘述。

第二种是源于战国纵横家的说辞和诸子中的问答体、韵散结合的“散体赋”（即马积高先生说的“文赋”）。其体制与特点是篇幅一般较长，结构宏阔，动辄千言（故有称“汉大赋”者）者有27篇，占各体大赋一半以上；结构方式多采用主客问答式；行文则韵散混用，散句稍多。其韵散组合规律是“序”和“尾”一般用散文，正文则以韵文为多，杂用散句。韵文以四、六言为主，杂以三言（多骈偶）、五言、七言或更长的句子。这种体裁，专家、学者认识亦一致。

对这类赋，有三点需加说明：一似不宜称作“文赋”，这不仅因为有陆机的赋体文论《文赋》，更因为赋史上“文赋”是另一专名——俳赋、律赋后受古文运动影响而产生的近于古文，趋向散文化的赋体。二似不宜称作“散文赋”[①]，因为“散文”有特定含义，且有称唐宋及以后的“文赋”为散文赋者。三似不宜称作“汉大赋”。因为这名称义界不精密，“汉大赋”还包括骚体大赋等20来篇。总之，以称“散体赋”为宜。

第三种是源于《诗经》的“诗体赋”。即马积高先生说的“以四言韵语为基本格式的一种”。诗体赋虽然是“四言诗的变体”，但毕竟又多一点文的格调韵味。其特点是以四言句为主，少数篇亦兼用三言句或六言骚体句。体制短小精悍，无动辄千言的长篇。如其中张奂的《芙蓉赋》、刘琬的《马赋》，均六句24字，蔡邕的《团扇赋》、徐干的《车渠赋》均八句32字。诗体小赋以咏物最多，羊胜、刘安《屏风赋》、孔臧《蓼虫赋》、扬雄《酒赋》、刘歆《灯赋》、

---

① 中国社科院文学所：《中国文学史》（一），人民文学出版社1962年版，第123页。

马融《围棋赋》等19篇。诗体抒情小赋仅贾谊《鹏鸟赋》、孔臧《鸮赋》、邓耽《郊祀赋》、蔡邕《青衣赋》等9篇。

诗体赋28篇,除贾谊《鹏鸟赋》、马融《围棋赋》两篇带"兮"外,大多赋作均明显像诗。由于它与四言诗区别较小,赋体特色不突出,故汉赋家写之较少,但毕竟独具上述特点、自成一体,在汉赋中占有不容忽视的一席地位,故以不附入骚体赋而独立存在为宜。

第四种是源于诗体赋、骚体赋而形成的"骈体赋"。其特点是注重句子的骈偶、用韵转换灵活;其骈偶句多用诗体赋四言形式和骚体赋六言句式。如果说和散体赋也有关系的话,那就是在某些注重骈偶的散体大赋中,有的骈偶段落就像一篇短小的骈体小赋。骈体小赋产生的时间有两种观点:一种是认为产生于西汉初。枚乘的《柳赋》、邹阳《酒赋》、公孙乘《月赋》、路乔如《鹤赋》、公孙诡《文鹿赋》等都是讲究骈偶而且句式相当工整。它们与东汉骈赋相似,甚至与魏晋后的俳赋亦有某些相似之处。因这些赋过于成熟,又出自《西京杂记》,故历来怀疑是伪作者不乏其人。另一种观点认为骈赋产生于东汉后期而由张衡开始,如翦伯赞主编《中国史纲要》说:"东汉后期,大赋稍趋衰歇,各种抒情状物的小赋代之而兴。"[①]这里说的是"各种",自含骈赋。马积高先生说:"骈赋始于何时,尚难作出绝对精确的判断。……可信较早的骈赋是张衡《归田赋》。它在当时似未推广。"[②]这些是不合事实的。事实是班彪早在《归田赋》前100年或前101年就写作了骈体赋《览海赋》:

(起首用四句骈体句,骈偶不严,略。)驰鸿濑以缥鹜,翼飞风而翔。顾百川之分流,焕烂漫以成章。风波薄其裔裔,邈浩浩以汤汤。指日月以为表,索方瀛与壶梁。曜金璆以为阙,次玉石而为堂。蓂芝列于阶路,涌醴渐于中唐。朱紫彩烂,明珠夜光。松乔坐于东序,王母处于西箱(厢)。(以下16句转韵两次,骈偶句12句)。[③]

全赋以骚体句骈偶,间用四言句,比王粲《登楼赋》、曹丕《柳赋》、曹植《九愁赋》骈偶有过之而无不及;而且达到晋·傅亮《感物赋》、梁·何逊《穷鸟赋》、陈·周弘让《山兰赋》骈偶程度,所以完全具备骈赋的特色。

按产生时间顺序说,还有杜笃《书赋》、崔骃《大将军临洛观赋》《大将西

---

① 翦伯赞:《中国史纲要》(上),人民出版社1983年版,第234页。

② 同上。

③ 陆侃如:《中古文学系年·系于公元37年》"归田赋,写于136—138年张衡任河间相期间"。

征赋》、班固《终南山赋》、李尤《东观赋》、张衡《归田赋》、朱穆《郁金赋》……其中《归田赋》是公认的汉骈赋代表作。霍旭东先生说："《归田赋》成为我国赋史上第一篇几近成熟的骈体赋。"各类骈赋已达43篇（咏物23篇、叙事13篇、抒情7篇），此分支（体裁）在汉代张衡前100多年的东汉初已经相当成熟则是肯定的。如果出自《古文苑》班婕妤的《擣素赋》是真品的话，则西汉末即有成熟的骈体赋①。

这里需要补充说明：骈体赋与骈体文不是同一历史平面的作品，而且与俳赋也有区别。骈体也不是沈约前后的专利品。先秦文有骈偶句，楚辞中骈句也很多，汉初的各体文章中，枚乘、司马相如的散体大赋之中，骈偶句亦大量使用，《子虚》《上林》中更有成段的骈偶句，故清李兆洛编《骈体文钞》所收之文即起自先秦，其中有汉代的骈文、骈赋多篇。

第五种是杂取骚体赋、散体赋、诗体赋、骈体赋而形成的"杂体赋"。其特点是：熔各体赋语言形式于一炉，具有各种体裁赋篇之长，从而形成自己独特的面貌：有的杂骚体、诗体赋为一篇，如李尤《辟雍赋》，诗中杂骚，亦诗亦骚，结合得自然妥帖，水乳交融；有的杂取诗、骚、辅以散句，如桓谭《仙赋》前半三分之一用工整的诗句，两对骚体句穿插其间，用四对散体赋常用的三字骈偶句，辅以两个散体句，充分显示出赋文错综的美，是其他赋体所无法达到的；傅毅的《洛都赋》以骚体骈偶句为主体（杂用两对三字骈偶），间用四个舒缓自然的长句。五处工整的诗体句，通篇错落有致而又浑然一体，具有骈体赋的整饬美，但又无法以骈体名之。

最高层次的杂体赋，竟四体于一炉。短篇如王逸《机妇赋》：起首用舒缓的散句，承以12句四言诗体句，紧接四个骈偶句。四个骚体赋句式和诗体句相配合，诗体句中又巧用散体常用的三言骈偶句，流畅之中，摇曳多姿。结尾处，三言骈偶紧锣密鼓结以诗句，俯仰生姿……长篇如杨雄《蜀都赋》：四言诗体叙起，接用散体赋的手法写"东""南""西""北"，用"于是乎""若夫""尔乃"等句首连接词语，亦具散体之美；篇中骈偶句亦随处可见：三言骈句如"蹦凄秋，发阳春……眺朱颜，离绛唇"等，四言骈句如"江东鲐鲍，陇西牛羊"等，五言骈句如"灵山揭其右，离堆被其东"等，多言骈句如"置酒乎荆川之闲宅，设坐乎华都之高堂"等，六朝常用的隔句（双句对偶）骈偶也已出现：

① 擣素赋：97句，有74骈偶，六言句为主，三言、四言、五言、七言转换灵活，似六朝俳赋。

“上稽乾度，则井络储精”；下按地纪，则“灾宫奠位”……结尾处则用带“兮”的骚体句……此杂体大赋与散体大赋不同：一、不采用主客问答体式；二、散句使用较少；三、杂取各体句式、手法，使文章灵活多变而纡徐自然，能挥洒自如，畅所欲言……

杂体小赋较大赋为多。其叙事小赋，如繁钦《征天山赋》以散体句简结叙起，紧承以骚体句式骈偶句，中间到结尾，除一对五言骈偶句外，全是四言诗体句，妙含部分骈偶，既统一又有变化，短短的百多字，几乎包涵了汉赋的所有体式，足见东汉杂体赋已臻成熟。建安时代刘桢《大易赋》则更具特色，散句起篇，结以鼎足俳偶句，中间四言句、六言句则明显地显示出俳赋的体式，甚至具有更后的文赋的色彩。这预示着赋体将发生新的变化。其咏物小赋，如张衡《温泉赋》，诗体起承以三言骈偶句，中间则以骚体句为主，结以“乱曰”，辗转腾挪，自然流利。

杂体抒情小赋可以赵壹《刺世疾邪赋》为代表：首段十二句，娓娓道来，散体韵味十足，但大部分句子都是宽松的骈体偶句紧接着用十六个整饬的四言诗体句，且间有骈偶。中间“原斯疾之攸兴”重点部分借用骚体，可贵的是句式、字数已有所改革，其骈偶句有长达九言者。此段，连词语（如“九重”“群吠”等）亦显示着骚体之韵味。结尾部分秦客五言诗八句，鲁生歌五言十句，既似骚的“乱曰”又独树一帜，汉赋的“骚”“散”“诗”“骈”四体，在小赋中均有所体现，但又不是其中的某一体，所显示的是自然天成，浑化无迹的错落美。它杂取了四体之长，形成了面目全新的体式。这一体裁，句式杂、韵味杂、手法亦杂，故称之曰“杂体”。尤其兼顾了汉语构词的特点和倾向骈偶的民族心理，而特重俳偶，故对以后俳赋的形成有着积极的影响。甚至可以说是俳赋的津梁或先导。如果我们把杂体赋和其后的俳赋（或谓之骈赋）比较读，即可体会出杂体赋、骈体赋和俳赋的亲缘关系。

由于各种体裁、句式间的互相渗透又互相影响，各种体裁，有时呈现出互相交叉的现象，划分起来，常常遇到似此似彼的乃至亦此亦彼的困惑。而由于汉赋自身发展的规律和社会时尚的影响，使赋家在写作时自然会自觉不自觉地追求新的表现方法。他们兴之所至，也会使用“不法之法”以显示自己的独特个性，从而使赋的体裁样式也随之而变化。

即使如上所述，但根据赋体各自的特点，从共时性角度用统一的标准来衡量，汉赋的体裁样式，亦似应为五种：即骚体赋、散体赋、诗体赋、骈体赋、杂体赋；就其规模篇幅而论，五类赋则均有大赋、小赋之分；就其表现手法而论，五类赋大都有体物（咏物）、叙事、抒情、议理（哲理）等四类。这样的分类法，标准划一，即可把240多篇汉赋科学地分开，且囊括无遗又不重复，故绝不会互相矛盾。

由于长期没有统一的标准和说法，形成同名异体或同体异名、名实不符的紊乱现象[①]，似应从历时性的角度分析一下中国的辞赋。是否可采用以下名称："辞赋"（以楚辞为楷模者）、"古赋"（汉赋；不用"汉大赋""新体赋"等）、"俳赋"（魏晋南北朝赋；不用"骈赋""小赋"等）、"律赋"（唐及其后之应试赋）、"文赋"（唐及其后更加散文化的赋体）。倘能如此，则紊乱庶可得以统一。

① 如称汉赋为古赋、大赋、汉大赋、新体赋、散文大赋与唐宋文赋混，骈赋与俳亦名同指。

后 记

汉语博大精深，魅力无穷。从1983年参加工作以来，我就对它产生了浓厚的兴趣。尤其是我在淮北教育学院教授汉语课程以来，经常要查一些工具书，如《辞源》《辞海》《汉语大字典》《汉语大辞典》《现代汉语词典》《学生古汉语字典》等。在吸取到丰富营养的同时，也不时会发现一些瑕疵（问题）。于是就将问题记录在卡片上，久而久之，问题积累多了，便渐渐产生了将积累的问题写成文章的想法。于是，20世纪90年代始我便尝试着写了《“鳌斯”辨证》《〈孔雀东南飞〉虚词例考》《〈孔雀东南飞〉训诂三考》几篇小文章。2000年以后，随着问题的逐渐增多，我又写成了《〈学生古汉语词典〉的成就与舛误》《〈汉语大词典〉器物注商》《〈汉语大词典〉释义考证》《说“以”》等，这些文章大多都是对古汉语的些许问题进行考释的（在写作过程中，淮北教育学院的彭杰副教授和琼州学院的李景新教授都给予了很多指导和帮助，我真诚地对他们表示感谢）。这期间，我还尝试写了几篇有关修辞的文章，内容有古代汉语的，也有现代汉语方面的。如《合典：典故使用的复杂形式》《〈岳阳楼记〉微观修辞三探》《“互文”在现代汉语中的表现》《谈现代汉语中的互文》等。

2005年8月上旬，我参加了安徽省语言学会开办的“安徽方言调查研究班”，在班上，聆听了中国社科院语言研究所张振兴教授和周磊教授、海南师范大学张惠英教授、北京语言大学赵日新教授讲授的“汉语方言研究的方法及其重要性、汉语音韵学知识、汉语方言的田野调查方法”等课程。2006年7月25日至8月10日，我又参加了由中国社会科学院语言所及人类学与民族学语言所、云南民族大学、上海高校比较语言学研究院、香港科技大学中国语言学研究中心联合举办的“语言调查培训班”，这次给学员上课的均是全国知名的语言学者，他们均从语言调查的实际入手开设课程。其中麦耘教授讲授了“历史音韵学”，刘丹青教授讲授了“方言语法调查”，潘悟云教授讲授了“方言语音计算机处理”，朱晓农教授讲授了“语音学和 praat 的使用”，陶寰教授讲授了“方言记音”，孙宏开教授讲授了“民语调查”并带着学员读国际音标，黄行教授讲授了“民语研究”，江荻教授讲授了“Toolbox 的使用”，这次的培训不仅使我学习了方言调查所需的基础知识，也使我学习了方言的田野调查技巧，更使我了解了 praat 软件的使用及其处理语音的方法。从此，我对汉语方言便产生了浓厚的兴趣。2006 年至今，我一直在不停地进行广泛的田野调查。主持了安徽省教育厅人文社会科学项目“淮北方言研究”(2008sk504)、教育部及国家语委中国语言资源保护工程专项任务“安徽汉语方言调查·相山”（YB1525A008）、教育部及国家语委中国语言资源保护工程专项任务“安徽汉语方言调查·亳州”（YB1713A010）、教育部及国家语委中国语言资源保护工程专项任务“安徽汉语方言调查·宣城”（YB1819A013）、教育部及国家语委中国语言资源保护工程专项任务“语言方言文化调查·安徽亳州”（YB1824A013），安徽省高等学校人文社会科学研究重大项目“亳州方言文化典藏”（SK2018ZD059）。撰写了《中国音韵流变及当前实行“双轨制”的必要性——兼谈皖北中原官话的语音特点》《皖北濉溪方言音系》《皖北濉溪方言本字考》《淮北方言中的近代汉语词语》《淮北方言词汇特点举要》《皖北方言的量词》《濉溪方言的介词》《淮北方言动词及形容词的体》《语保工程视野下的亳州方言口头文化资源及其保护》《皖北方言词汇的特点——兼与西北方言比较》等多篇有关汉语音韵和汉语方言的文章。

1998 年和 2006 年，我先后参加了安徽省语委和国家语委举办的“普通话水平测试员培训班”，并分别获得了省级和国家级普通话水平测试员资格。在对受测者进行普通话知识辅导和普通话水平测试的过程中，便发现不同层次的受测者常常会出现很多有关普通话知识和水平测试的问题，于是就写下了几篇有关普通话教学和测试的文章，如《普通话水平测试“三题”》《普通话水平测试指瑕》《普通话教学及其课件制作与开发》。其目的是为了总结经验，以便使受测者获取理想的测试等级。

另外，本书中有的论文是与其他作者合写的。如《皖北方言的量词》《皖北方言词汇的特点——兼与西北方言比较》《语保工程视野下的亳州方言口头文化资源及其保护》《淮北方言文化的抢救与保存》是与郭迪迪老师合写的；《皖北濉溪方言本字考》《淮北方言本字考》是与王旭东老师合写的；《淮北方言中的古汉语词》《淮北方言中的近代汉语词语》是与徐红梅老师合写的;《中国音韵流变及当前实行"双轨制"的必要性——兼谈皖北中原官话的语音特点》是与奚晶等合写的。

再者,本书"其他"部分还收入了汉语方言语法研究述评和当代方言学者著作的评论等文章,如《汉语方言近六十年来语法研究述评》《一部方言语法研究的巨著——评孙立新〈关中方言语法研究〉》等。因为这些文章所涉及的内容也反映了汉语的不同侧面,所以也收录于此。

本书的出版得到"安徽省教育厅省级质量工程项目'省级教学团队·语言学教学团队(编号 2019jxtd132)'课题"的资助。同时,亳州学院"亳文化研究中心、中文与传媒系"也给以资助,在此我表示衷心感谢!

由于本人学识和能力有限,书中一定还存在着不少舛误,敬请专家学者们批评指正!

郭辉于满笏斋

2021 年 6 月 6 日